中外交通史籍叢刊

清朝柔遠記

〔清〕王之春　著

趙春晨　點校

中　華　書　局

圖書在版編目(CIP)數據

清朝柔遠記/(清)王之春著;趙春晨點校. – 北京:
中華書局,1989.6(2008.4 重印)
(中外交通史籍叢刊;15)
ISBN 978 – 7 – 101 – 00027 – 6

Ⅰ.清…　Ⅱ.①王…②趙…　Ⅲ.中外關係 – 國際
關係史 – 1644 ~ 1874 – 史料　Ⅳ.D829

中國版本圖書館 CIP 數據核字(2000)第 01629 號

中外交通史籍叢刊

清 朝 柔 遠 記

〔清〕王之春 著

趙春晨 點校

*

中 華 書 局 出 版 發 行
(北京市豐臺區太平橋西里 38 號　100073)

http://www.zhbc.com.cn

E – mail:zhbc@ zhbc.com.cn

北京瑞古冠中印刷廠印刷

*

850 × 1168 毫米 1/32·17¼印張·2 插頁·341 千字
1989 年 6 月第 1 版　　2008 年 4 月北京第 3 次印刷
印數:4801 – 7800 冊　　定價:39.00 元
ISBN 978 – 7 – 101 – 00027 – 6/K·13

目　　録

3

前　言

　　明代中葉(十五世紀末、十六世紀初)之後，東西海道大通，西方國家爲尋求商品市場和殖民地的需要，紛紛航海而來，中西間交往日益頻繁。進入清代(十七世紀中葉以後)，這種頻繁交往的局面繼續發展。到清道光年間（一八四〇年），更爆發了鴉片戰争，以英國爲首的西方資本主義國家悍然用武力打開中國的門户，使中國一步步走上了半殖民地半封建的道路。帝國主義與中華民族之間的矛盾，成爲近代中國社會的兩大主要矛盾之一。因此，清代的中外關係，不僅在規模上大大超過了前代，其重要性也遠非歷朝所可比擬。適應這種情況，清人(特別是清末)有關中外關係的記述和論著之多也是空前的。其中王之春的《清朝柔遠記》(原名《國朝柔遠記》，亦稱《國朝通商始末記》或《中外通商始末記》)比較全面地記述了光緒以前清代的中外關係，特別是歐洲列强的侵華活動，就是這類著作中影響較大的一種。現將王之春的生平和《清朝柔遠記》一書内容簡單介紹如下。

一

　　王之春字爵棠，又作芍棠，湖南清泉(今衡陽)人，清道光二十二年(一八四二年)生，卒年不詳。他是明末清初著名思

1

想家王夫之的後裔，"少爲名諸生"（李元度：《椒生詩草》序），青年時期投身幕府，曾追隨曾國藩、李鴻章等人鎮壓農民起義，轉戰華北、西北數省，以"文人兼武事"的"才幹"受到湘淮大吏的賞識和任用。

同末光初（十九世紀七十年代）之際，王之春先後作爲李鴻章和彭玉麟的部屬率軍駐防於北塘海口和江蘇鎮江（京口）一帶。這時正是外國資本主義加緊侵華、引起我國邊疆發生普遍危機的時刻，日益嚴重的民族災難促使越來越多的愛國之士睜眼看世界，向西方探求新知，尋找自强禦侮的道路，王之春也是其中的一員。同治十三年（一八七四）日軍侵臺事件發生，更使王之春深受刺激。他在當時所作的一首詩裏寫道："事兼中外費調停，失險先如户不扃。棘手多時夷性狡，填膺有憾海風腥。兵端已啟防乘間，船政頻修想發硎。一紙新聞傳滬上，好音側耳可常聽。"（《椒生詩草》卷三）爲了總結鴉片戰爭的經驗教訓，王之春根據當時民間流傳的無名氏抄本《英夷入寇記》（實係魏源所著，由於政治原因一直不曾署名刊印，至光緒四年方以《道光洋艘征撫記》一名刊入魏源《聖武記》書中）改編點定，刊印了《防海紀略》一書。此書雖非王之春本人所著，但經他改編刊印，有利於這部愛國主義信史的流傳，對當時和以後的思想界起了積極的作用，其功自不可没。光緒五年（一八七九）左右，王之春又編成《清朝柔遠記》一書的初稿，記述清代自開國以來二百餘年間中外交涉的歷史，介紹世界各地的概況，闡述自己的洋務思想和主張。書成之後，頗受洋務派人士的重視，雖未付印，而"索閱者多，苦不暇給"（《清朝柔遠記》自序），"談時務者奉爲圭臬"（李元度：《椒生詩草》序)。

　　光緒五年冬,中俄伊犁交涉吃緊,日本又乘機在這一年正式宣佈吞併琉球,威脅我國的東部海疆。爲了掌握日本的動向,南洋大臣、兩江總督沈葆楨決定派人赴日查探,一向留心中外交涉事務的王之春成爲合適的人選。他此行往返三十餘日,游歷長崎、橫濱等地,多有所得。歸國後,他曾親赴北京,向朝廷"上萬言書,陳夷務,自請率鋭師規復中山"(李元度:《椒生詩草》序)。雖未被採納,却足以看出他當時的愛國激情。他又將這次日本之行的見聞和所得編寫成册,以《談瀛録》之名於光緒六年(一八八〇)刊刻出版。彭玉麟在給該書所寫的序言中贊譽它"言簡而義賅,俾日國情形一翻閲而瞭如指掌","誠防日以防俄之秘鑰,亦服日以服俄之韜鈐也"(《談瀛録》序)。

　　中法戰争前後,王之春奉調赴粵,先後担任雷瓊兵備道、高廉兵備道等職,並參加了中法雙方勘議中越界址的工作。據樊恭煦在《清朝柔遠記》跋語中講,王之春在這次勘界交涉中,表現得頗爲出色,"堅持舊址,據證明確,詰折夷使不少假借",得到朝廷使臣的信賴。不久,他便升任爲廣東按察使,並署理廣東布政使的職務。

　　光緒十七年(一八九一),在署理廣東布政使任內,王之春曾接待過東游來華的俄國沙皇世子尼古拉二世。因爲有這種關係,光緒二十年(一八九四)他以頭品頂戴湖北布政使的身份奉派出使俄國,弔唁俄皇亞歷山大二世逝世,並恭賀新皇尼古拉二世嗣位。當時正值中日甲午戰争,王之春此行似有"借俄之力以制倭人"的政治意圖。但是未等他從俄國出使歸來,

馬關條約業已簽訂。王之春使俄的政治意圖雖未能完全實現，
而他却得以游歷英、法、德、俄諸國，"周閱工廠，訪其政制，察
其異同"，增長了不少新知。光緒二十一年（一八九五）回國
後，他向朝廷上自強新政八條，主張修鐵路、重商工、開礦務、
變通科舉等。這次王之春出使俄國的行程日記，也於同年刊
刻行世，卽所謂《使俄草》八卷。

　　王之春在洋務運動期間雖不失爲一個有一定愛國心、追
求新知的開明官吏，然而他的思想却始終不曾跳出封建主義
體系的窠臼。十九世紀末、二十世紀初，中國社會急劇地向前
變化，王之春却只能充當清王朝死心塌地的走卒，越來越落伍
於時代了。光緒二十四年（一八九八），他在四川布政使任內
鎮壓了余棟臣起義，因此被升任爲山西巡撫（後調安徽）。光緒
二十八年（一九〇二），他又被派往廣西，以鎮壓正在烽火四起
的廣西農民大起義。在廣西巡撫任內，傳聞王之春主張以出
讓廣西鐵路和礦產權利爲條件，"借法兵法款，以平內亂"（《辛
亥革命》第一册第四八九頁），從而激起國內民衆的"抗法"運
動。光緒二十九年（一九〇三）春，上海等地愛國人士和在日
本的中國留學生紛紛召開"抗法"大會，通電清政府，要求罷免
王之春的職務。在全國民衆的憤怒呼聲中，王之春於當年閏
五月被革職。清廷並否認政府與聞借兵法人之事，"抗法"運
動方告平息。

　　王之春在政治舞臺上的最後一幕，是一九〇四年十一月
在上海發生的轟動一時的"刺王"事件。當時正值日俄戰爭，
王之春以卸職巡撫的身份居上海，倡"聯俄拒日"之議，"日日
會晤俄兵官、俄領事"（《警鐘日報》一九〇四年十一月十三

日），引起愛國人士的憤恨。當年十一月十九日，萬福華在上海英租界四馬路一枝春番菜館持槍行刺王之春，事未遂而萬被捕，受牽連入獄者還有黃興、章士釗等十餘人。此後，王之春更加聲名狼藉，已爲世人所不齒了。

王之春一生著述甚富，除上面提到的幾種之外，尚有《椒生詩草》、《椒生續草》、《椒生隨筆》、《船山公年譜》等，其中最重要的應說是《清朝柔遠記》一書。

二

前面已經提到，《清朝柔遠記》的初稿約編成於光緒五年（一八七九）前後。關於這一點，可以找出不少的證據。例如《椒生詩草》卷四所刊光緒五年王之春的"幕中周篆雲茂才九日感賦元韻"詩裏曾寫道："磨光輪鐵走天涯，憨媍謀猷說孔嘉。殺兔漫題梁苑冊，犯牛欲泛漢廷槎。"後面兩句之下分別自註："編成《柔遠記》"和"將有日本之行"。同書卷五所刊光緒六年王濟夫贈王之春的詩裏也有"大著已傳修史筆"之句，並註明："公著有《國朝柔遠記》及《談瀛錄》等書，採入史館。"再如《清朝柔遠記》諸刻本中皆載有王之春的自序，署明爲光緒六年仲夏撰，當是在該書初稿編成後所寫。從《清朝柔遠記》一書本身文字中考證，也不難得出相同的結論。如卷十九《蠡測卮言·聯與國》中曾寫道："法人自八十年前拿破侖兼併各國，有囊括四海之勢，厥後一就禽於英，八年前其侄復就禽於德。"拿破侖在法國開始當政是一七九九年底，其侄拿破侖三世被俘發生於一八七〇年普法戰爭之中，向後各推八十年和八年，正是光緒四、五年間（一八七八或七九年）。

本書初稿雖成於光緒五年前後，它的完整刻本却遲至光緒十七年（一八九一）以後方才問世（最早的完整刻本是光緒十七年廣雅書局本）。在此之前，光緒十一年（一八八五）廣州味古堂曾將王之春的《瀛海各國統考》和《蠡測厄言》十三篇刻印，書名亦稱《清朝柔遠記》，實際不過是該書附編的一個部分而已（同年廣東海墨樓和上海同文書局又據味古堂刻本石印發行）。至於《清朝柔遠記》的主要部分，卽正編十八卷，光緒十七年以前始終不曾刊行。從光緒五年到光緒十七年，中隔十餘年，在此期間王之春對《清朝柔遠記》的初稿可能作過不少的修訂和增補。北京圖書館藏有《清朝柔遠記》的一種抄本，共十册二十卷（第二十卷佚），篇目分卷皆與光緒十七年刻本同，但每卷條目却比刻本爲少。而且抄本文字有不少墨筆修改之處，改後文字大致與刻本相同。顯然，這是光緒十七年刻本出現以前的一種抄本，甚至可能就是王之春本人的稿本（因筆者手頭無王之春手迹，難以印證）。無論它是稿本還是傳抄本，都可以説明我們今天所看到的 《清朝柔遠記》一書，是王之春在光緒五年前後完成的初稿基礎上反復修訂和增補後刊行問世的。

三

本書共分二十卷，其中前十八卷爲正編，是以編年體形式敍述清代順治元年（一六四四）至同治十三年（一八七四）二百多年間中外交涉的歷史，以及清朝同邊疆少數民族關係的若干史事；後兩卷爲附編，包括《瀛海各國統考》、《蠡測厄言》、《沿海形勢略》、《環海全圖》、《沿海輿圖》、《三島（臺灣、澎湖、瓊州)分圖》等。其中《蠡測卮言》又分爲十三篇,卽:慎約議、聯與國、廣學校、精藝術、固邊圉、修船政、興礦利、防漏稅、強兵力、練民團、禁販奴、編教民、論鴉片。關於這部書的史學價值,主要有以下幾個方面:

(一)本書是十九世紀下半葉繼夏燮的《中西紀事》之後出現的又一部全面記述清代中外關係歷史的著作。與《中西紀事》相比較,《清朝柔遠記》既有一些與之相同的優點,又有自己的獨特之處。從相同方面看,二者皆係以清人敍清代史事,距離事件發生的時間不長(《中西紀事》定稿於同治四年,書中敍事訖於咸豐十年;《清朝柔遠記》初稿成於光緒五年前後,書中敍事訖於同治十三年),故見聞比較真確,具有顯明的時代性;而且,兩書作者都是具有一定愛國思想的留心時務之士,因此書中對外國資本主義在中國的侵略罪行、清朝封建統治者的腐敗無能和投降行徑都能有不同程度的揭露,而對於愛國官兵和廣大人民羣衆的反侵略鬥爭,也都有所反映和贊揚。從不同之處看,夏書採用紀事本末體,側重於若干重大歷史事件(如兩次鴉片戰爭)的記述,而王書則採用編年體,不僅給人更強的時間概念,而且內容也要全面得多。如果說夏書是以具有開拓性、內容翔實而著稱的話,那末王書就以條目清晰、知識廣博、文字精練見長。正因爲如此,後者在相當長時間內一直被視爲了解和研究清代中外關係史必讀的書籍之一。

(二)本書取材比較豐富,據王之春自己講,書中史實除彙輯有關上諭及頒發的官書之外,"並搜錄當時諸臣奏疏,與名臣撰述、西人圖誌及各家私著可採擷者,薈萃而成。間有得之聞見者，要必采訪確實，不敢稍涉虛誣"（《清朝柔遠記·凡例》)這些史實資料，雖然有不少後來因第一手材料(特別是清代檔案)的陸續刊佈降低了價值，但也有一些却因第一手材料的散失而成爲今日僅存的記錄，或者是與其它第二、第三手材料相互糾核的佐證。例如關於清初中外通商貿易的情況，關於一八五八年《天津條約》簽訂後桂良、花沙納在上海同英法美諸國公使商議通商善後事宜的細節，以及一八七四年日軍侵臺事件的詳細經過等，書中的記載至今仍具有較高的史料價值。

（三）本書在記述中外關係歷史時，對所涉及到的世界各國，逐一介紹其地理、歷史概況及明清時期對這些國家的不同譯名和稱謂，這在當時中國仍處於半閉塞狀態的情況下，具有傳播世界知識的啟蒙作用。在今天，儘管這些啟蒙性的知識人們已無需從這一類的書籍中去獲得，但它却可以使我們了解十九世紀下半葉中國人的世界知識狀況及對世界的看法，也可以幫助我們弄清楚明清以來對外國地名、人名譯音上的不同和變化，對於開展中外關係史研究和古籍整理均有一定的意義。

（四)本書附編中的《瀛海各國統考》、《蠡測卮言》十三篇，是王之春洋務思想和外交主張的集中論述，其中不少觀點在當時具有積極的意義。例如王之春主張同外國修訂不平等條約、廢除外國在中國享受的片面最惠國待遇及領事裁判權，要求提高外國貨入口關稅、撤除釐金以"收我利權，富我商民"，呼籲加強邊防、興辦西學學校、開發礦利、禁絕鴉片等，在洋務運動中曾產生一定的影響。《瀛海各國統考》和《蠡測卮言》十

8

三篇也因此曾多次單獨刊行,或收入當時的"時務新書"之內。今天,它們仍是研究洋務派人士外交思想的有用資料。

當然,作爲一部清人編寫的中外關係史著作,本書也存在着不少缺陷。從資料方面來説,本書利用第二、第三手的材料較多,但對這些材料缺乏細緻的考訂,造成一些以訛傳訛的情況。如《明史·佛郎機傳》記載葡萄牙人來華事,後之讀史者以佛郎機音似法蘭西,遂以法蘭西目之,本書亦沿襲了這一錯誤;魏源《海國圖誌》錯將麥加湖(今蘇聯貝加爾湖)認作呼倫貝爾泊,《聖武記·俄羅斯盟聘記》述《中俄尼布楚條約》內容諸多謬誤。時人何秋濤曾一一訂正之(見《朔方備乘》卷五十二"考訂《俄羅斯盟聘記》",卷五十三"考訂《海國圖誌》"),而本書卻照錄魏源的錯誤説法未改,不能不説是很大的疏漏。類似這種考訂不精的情況,書中還有多處,請讀者與其他著作和史料對照,注意鑒正,這裏就不一一列舉。在思想觀點方面,本書雖不乏愛國之忱和開明之論,但總的來説,仍未能脱出封建主義的思想體系,陳腐的華夷之辨和名教觀念時有流露,對封建統治階級的愚昧無知和軟弱無能,也有辯解美化之處(如對恭親王奕訢與英法美俄簽訂《北京條約》的辯解等)。另外,本書站在清王朝立場上談論"柔遠",反映了腐敗的封建統治階級愚昧無知和盲目自大的心理;本書在內容和體例上也未能將國內邊疆地區的少數民族同外國區別開來,很多地方説的都是國內少數民族,這都是較大的缺陷。

本書雖然有上述不足之處,但是它作爲距今一百餘年前完成的一部中外關係史著作,畢竟是瑕不掩瑜。因此,本書自十九世紀末刊行之後,很受社會歡迎,曾一再翻刻翻印,廣泛流傳。今天，它對於清代中外關係史的學習者和研究者來說，仍不失爲一本有用的參考書。

四

《清朝柔遠記》的刻本，主要有光緒十七年廣雅書局本和光緒二十二年湖北書局重刊本兩種（光緒十一年廣州味古堂刻本《國朝柔遠記》，因未包括本書的主要部分，故不計算在內）。這兩種刻本皆係王之春手訂，前者是王署理廣東布政使時刻印，後者則是王在湖北布政使任上所刊。二者文字基本相同，二十二年本僅對十七年本的個別文字訛漏作了補正，抽換了十七年本裏的《環海全圖》，代之以《地球圖》兩幅。除刻本之外，本書還有好幾種石印本，如光緒二十一年上海寶善書局本、光緒二十七年上海日新社本和同年上海申昌社本等。這些石印本皆係書商所爲，不僅印刷錯訛極多（甚至有將原刻本整頁漏印者），而且書名亦被擅改爲《國朝通商始末記》（或《中外通商始末記》、《各國通商始末記》、《通商始末記》），故其版本價值大大低於刻本。這次點校，是據光緒十七年廣雅書局本爲底本，校以北京圖書館所藏抄本和光緒二十二年湖北書局刻本，並參校了道咸同三朝《籌辦夷務始末》和《聖武記》、《中西紀事》、《朔方備乘》等書。除了訂正訛誤外，對光緒十七年刻本中原缺的"西洋教化王遣使入貢"等五條文字，今據抄本和光緒二十二年刻本予以補入。原書中還有一些清代的避諱字，如曆、丘、玄改作歷、邱、元等，則逕改回原字，不再出校記。爲了便於閱讀，書中各條陰曆紀年之下加註了公元。原書中雙行夾註，現均改排單行加括號。此外，還編製了《人名

10

索引》和《域外地名今釋》兩個附錄，以利檢閱。由於點校者水平所限，錯訛之處恐不能免，敬希讀者指正。

　　　　　　　趙春晨　一九八五年三月

彭　敍

《柔遠》一書，臣友王之春所輯也。之春以文人兼武事，馳驅江海間，防北塘，駐京口，遊歷日本長崎、橫濱，於中外交涉事見聞周洽，暇則博稽國朝掌故，凡有關於遠署者，提綱摘要，殫歲月之功，成爲是書，誠撫遠之宏圖，綏遠之良策也。

夫秦漢而還，多事四夷，往往兵連禍結，爲累世隱憂。卽勒石燕然山，繫單于頸致闕下，而財窮力竭，得其土不可治，得其人不可臣，隋珠彈雀之誚，所難免焉。至若兩晉、南宋已事，率皆君臣玩泄，養癰貽患，自小其朝廷，史册所書，千載下讀之，猶令人髮指，其罪烏可貸哉？昔宣聖與魯君論文武之政，於遠人則曰"柔"。誠以遠人不可遽怵之以威也，遽怵之以威，則彼必震動不安；又不可故示之以弱也，故示之以弱，則彼必狡焉思逞。此而求一至善不易之經，則非"柔"不爲功。且夫"柔"之云者，非我之自處於柔也，道在順其歸附之心，而孚之以誠信，則柔者益柔，所謂"燮友柔克"也。化其獷悍桀黠之習，而迪之以中庸，則不柔者亦柔，所謂"高明柔克"也。今觀所編，穆然仰見列祖神宗聲教四訖，廣乾坤覆載之恩，宏遐邇一體之量，揚玉冒之仁於罔外，消反側之萌於無形，用能梯山航海，視遠如歸，腹詠心歌，無遠弗屆。雖其間或剿或撫、或戰或和，不必盡歸一致，而變通盡利，要皆範躍冶之金，陶汰之以適於用，閑出林之虎，馴伏之以安其常。蓋自文、武以後，柔遠之政未有若是之盡美盡善，可以行久遠而無弊者。

臣奉命巡視長江，兼閱海防，屢欲彙纂我朝懷柔遠人之謨，宣布皇仁於中外，且舉數百年來先後任事諸公成敗得失之數，藉資法戒，期於臨事而不惑。而簡練務煩，苦無暇晷。此書實先得我心之所同然者，故序以行之。之春年甫強仕，喜著書，皆切於時務。異日才猷愈老，識見愈深，文章經濟當更有進於今茲者，則是書特其嚆矢耳。

光緒八年仲春上浣，臣彭玉麟謹撰。

譚　敍

　　嘗謂"惟聖知幾，亦惟聖因天"。天之欲合四海爲一家也，幾早見於康乾之世。幾見而先覺者，我聖祖仁皇帝、高宗純皇帝也。因天而弗違者，我文宗顯皇帝也。康熙三十三年，俄羅斯遣使來朝，上諭："外藩朝貢，固屬盛事，總當以柔寧中國、培養元氣爲根本。"乾隆四十一年，刑部奏駁李質穎讞英商獄，不得其平，傳旨申飭，反覆數百言。兩聖人燭微洞遠，若皆逆知後世之有洋務者，非知幾其神乎？道咸間海氛亟矣，文宗顯皇帝獨決大計，社稷轉危爲安，得以全力蕩平髮、捻，而海外各國亦化干戈爲玉帛，非因天弗違乎？士大夫生當其世，出顛隮，享承平，上下數千年，縱橫九萬里，胸中不能無感慨。有感慨，斯有論列，有發明。此《柔遠記》之所由作耳。

　　《記》凡二十卷，編年繫月，採輯至當，將使讀者於通商大局知其所原起，知其所滋蔓，並知其所究竟，甚盛心也。雖然，事之原起當所聞世，事之滋蔓當所見世，而事之究竟則尚在未來。吉凶悔吝，變動不居，至可喜亦至可懼。懼將奈何？心列祖列宗之心而已矣。心列祖列宗之心奈何？自治其內而已矣。十數年前人事之杌隉，既以因天心而挽回，數十年後天心之福禍，又將因人事而旋轉，理固有可必者。《記》有之："日月所照，霜露所隊，凡有血氣，莫不尊親。"在古人原非託諸空言，

3

在我朝尤可見諸實事。何以驗之？即於梯航重譯之十數國驗之，蓋莫不尊親之幾已倪也。於此時果能極深研幾，以承天睨，所謂"柔遠人，四方歸之"，盛業不可以是編爲左券之操也哉？

光緒八年，歲次壬午，仲夏月，臣譚鈞培謹敍。

衛　敍

語曰："前事不忘，後事之師也。"運會之變遷，人事之旋轉，雖智者憂深思遠，不能逆料於先時，而知其所究竟，惟一以前事爲法戒。而衷於至當不易之理，則百世之下猶可以燭照數計，固不事區區推測之私也。《易》曰："知幾其神。"《中庸》曰："至誠之道，可以前知。"蓋特此矣。我聖朝豐功偉烈，厚澤深仁，丕冒海隅，無有退遁。乃或膺重寄者，罔知大體，坐失機宜。往事具存，前鑒不遠，此王之春《柔遠》一書所由輯也。

夫閉關絕俗之說，無論在今日爲迂談也，卽質之三代盛王，亦豈狷然自好，劃堂奧而守之，謂聊固吾圉云爾哉？《禹貢》紀要荒，《周官》有職方氏之掌，明堂之位，九夷八蠻，如在幕庭。故凡含生負氣之屬，梯山航海，翕然麕至，固時勢爲之，不得不然者，亦列祖列宗聲教之所訖，非偶然也。誠務修其德政，則四海猶一家，如天君泰而百體從令。苟或失之，則指臂之間，亦驅使之所不及，遑論其他乎？道咸之間，海氛日熾，維時當事者每不諳於彼此之情形。自互市以來，申明條約，轉危爲安，而禍福倚伏之機，又卽在是。之春究心於當世之務，獨於中外交涉緣起、通商始末采摭不遺，較之近時《朔方備乘》、《瀛寰志畧》諸編，或跼蹐一隅，或侈張博物，皆無當於經世之實用。惟是書綜稽掌故，並恭錄歷朝諭旨，指示方畧，黜陟人材,非徒長駕遠馭之資,亦考鏡得失之林也。《詩》曰:"不愆不忘,率由舊章。"有心斯世者,可以統觀前事而深長思矣。

　　光緒九年,歲次癸未二月,臣衛榮光謹敍。

俞　叙

　　昔道光時有臣曰魏源,著一書曰≪聖武記≫,自開國之初用兵次第,以及康熙中勘定三藩,乾隆時蕩平回部,備載無遺,述皇朝武功之盛,以傳示後世,其意至深遠也。今光緒朝又有臣曰王之春,著一書曰≪國朝柔遠記≫,自順治以迄於同治,於中外交涉機宜以及通商始末,凡所以控御八荒、懷柔萬國者皆在焉,視魏源之書用意尤爲深遠。然源之書已風行於時,而之春之書知者猶罕。竊嘗受而讀之,喟然而歎曰:天之所以宏覆無外,而我國家所以長駕遠馭、陶六合爲一家者,其將在此乎!

　　晉皇甫謐≪帝王世紀≫云:"自神農以上有大九州,柱州、迎州、神州之等。黃帝以來,德不及遠,惟於神州之內分爲九州。"是說也,儒者或未之深信。及佛氏之書出,而四大部洲之說興,更爲儒者所不道。乃自泰西諸國通乎中夏,則海外五大洲,曰歐羅巴,曰利未亞①,曰阿細亞,曰南、北亞墨利加,曰墨瓦蠟泥加,固皆舟車之所至,人力之所通矣。以是推之佛氏四大部洲可信,而神農以上大九州亦可信。夫神農以上,如天皇、地皇之類,固荒遠難稽,而伏羲都陳,神農亦都陳,後又都魯,載籍有徵,學者亦皆信之。然則神農以上君臨大九州者,

————————————

　　① 利未亞、原作利末亞。明≪職方外紀≫作利未亞洲。末應是未字之誤。故改,後同。

皆吾中國聖人，而四夷無與焉。天下大勢，合久必分，分久必合。今遠人來覿，視道如咫，此蓋分而復合之徵。意者，吾中國有大聖人，將合大九州而君之，以復神農以上之舊乎？世徒見其人心計之奇巧，器械之精良，挾其長技凌犯我邊陲，則惴惴焉懼中國之不可以爲國，而不知治天下有本有末。其心計之奇巧，器械之精良，則天實啟之，使得以自通於中國者也，皆其末也。若夫其本，則固在我中國矣。當孟子時，有善戰者，有連諸侯者，有辟草萊、任土地者，人人以爲得富强之策，亦猶今西國之人心計奇巧、器械精良，雖孟子無以尚之也。孟子則一言以折之曰：“盍亦反其本矣！”所謂反其本，無他焉，省刑罰，薄稅歛，使仕者皆欲仕於其朝，耕者皆欲耕於其野，商賈皆欲出於其塗，鄰國之民皆仰之如父母。如此者，在孟子時不過朝秦楚、蒞中國，而在今日則雖統大九州而爲之君，不難矣。草茅微賤，不足窺測朝廷德意，然竊見聖天子精求吏治，勤恤民隱，一遇水旱偏災，疆吏未及上聞，而璽書已先下問，可謂得其本矣。異時德洋恩溥，使東西洋皆在怙冒之中，以復神農以前東西九十萬里、南北八十五萬里之盛軌，此一編也，非其嚆矢乎？愚故曰：視魏源之書，其意更深遠矣！

光緒十有一年乙酉秋八月，臣俞樾謹敍。

8

李 敘

古今之國勢,自唐虞三代至秦而一變,井田、封建諸法蕩焉無存,此一時也。自漢唐以後,至國朝道咸中而又一變,舉際天並海、從古不通中華之國,並梯山航海、重譯來同,此又一時也。斯二者,皆天也。雖然,天不變道亦不變,蓋至變中有不變者存焉。論者僉謂天主、耶穌諸教自明季闌入中土,懼奪吾堯舜孔孟之席,吾謂不然! 蓋不特彼教不能奪吾堯舜孔孟之席,且深幸堯舜孔孟之教將盛行於彼都,而特自今日始。何者? 堯舜孔孟之教,爲天地立心,爲生民立命,乃乾坤所繫以不敝者也。天地之生人爲貴,薄海內外諸國皆人也,皆可與入堯舜孔孟之道者也,特自古不通中國,又相去數萬里,禮聞來學,不聞往教,故不知有聖人,未得聞其教耳。天誘其衷,以互市故,朋遊於中土,而漸近吾禮義之教,自當幡然大變其故俗,尚何慮其奪吾堯舜孔孟之席哉?《中庸》不云乎:"惟天下至誠,爲能盡其性,則能盡人之性,能盡物之性。"物之性且當盡,況異域同在並生並育之中,若聽其外聖教而終失其性,何以贊化育而與天地參乎? 天心仁愛,聖人有教無類,必不忍出此也。聖人之道,譬如天地之無不持載,無不覆幬,是以聲名洋溢乎中國,施及蠻貊,舟車所至,人力所通,天之所覆,地之所載,凡有血氣者莫不尊親,故曰"配天",此正堯舜孔孟之實錄

9

也。其曰舟車所至，則今日之火輪舟車，聖賢早知之矣。此聖教將行於各國之大機括也。夫聖教在<u>中國</u>，亦以漸而及也。<u>堯舜</u>都<u>冀州</u>，其時惟今<u>山西</u>、<u>山東</u>、<u>直隸</u>、<u>河南</u>、<u>陝西</u>數行省爲中原，餘皆要荒服也。<u>孔孟</u>時，<u>吳越荆楚</u>尚爲蠻服。<u>宋</u>以來，<u>三江</u>、<u>兩湖</u>、<u>閩</u>、<u>越</u>、<u>黔</u>、<u>滇</u>、<u>川</u>、<u>粤</u>始大盛，文學比<u>鄒魯</u>。謂非聖教之自近而遠歟？我朝<u>雍正</u>中，<u>滇</u>、<u>黔</u>、<u>川</u>、<u>楚</u>、<u>兩粤</u>諸苗猺改土歸流，亦自開闢以來始沾王化。至<u>乾隆</u>中，<u>新疆</u>拓土二萬里，則中土業已遍覆無遺，繇是可以及外國矣。然則<u>堯舜孔孟</u>之教，蓋漸推漸遠，初無一息之停也。

　　臣友<u>王之春</u>有見於此，爰撰《國朝柔遠記》，自<u>聖祖</u>訖<u>穆宗</u>朝，凡懷柔泰西諸國之事蹟，皆備紀之。雖不無猗那先民之思，然正以見累朝聖人兼容並包如天之量。天欲使<u>堯舜孔孟</u>之教自中國以施及蠻貊，列聖先天而不違，故在二百年前卽已啟其機括。蓋天地無外，聖人無外，故列聖之包涵遍覆亦無外。吾知百年内外，盡地球九萬里，皆當一道同風，盡遵聖教。天下一家，<u>中國</u>一人之盛，其必在我朝之聖人無疑矣！目下泰西諸國，皆能識<u>華</u>文、仿中制，譯讀四子、五經書，丕變其陋俗。<u>英國</u>近有比遞斯尼教，以躬行實踐爲宗，此卽<u>堯舜孔孟</u>之正教也。彼其所謂<u>天主</u>、<u>耶穌</u>、<u>希臘</u>諸教，已自悟其非，而遷喬出谷矣。豈非自然之氣機動於不自知，列聖早已啟其端哉？

　　<u>之春</u>又以己意撰《蠡測巵言》十三篇，曰慎約議、聯與國、廣學校、精藝術、固邊防、修船政、興礦利、防漏稅、強兵力、練民團、禁販奴、編教民、論鴉片，皆時務切要之言。語曰："識時務者爲俊傑。"反是，則迂儒俗吏而已。當今日之時勢，強鄰相逼而來，幾成戰國之局，雖<u>孔孟</u>復生，亦不能不因時而立制，以

10

孔子固聖之時者也。孔子陳九經，曰柔遠人、來百工；孟子極論交鄰之道，已預知今日之時事。此十三篇者，皆救時之急務也。雖然，有本焉，富強其末也。孔子曰："足食足兵，必要其歸於民信。"又曰："庶矣富矣，必要其歸於教之。"孟子曰："修其孝弟忠信，可使制梃以撻堅甲利兵。"此我中國自堯舜禹湯文武周公以來歷世相傳之本務，而不可一日忘者也｜洋人所奉者天主，然而天道之所忌彼皆犯之。殘忍，天所忌也，洋人於火攻則精益求精，於鴉片則創鴆毒以害人，充其量不至盡天下之人類不止，犯天之忌一。機巧，天所忌也，洋人無事不用機械，犯天之忌二。強梁，天所忌也，洋人則以強凌弱，以衆暴寡，犯天之忌三。陰險，天所忌也，洋人吞噬兼併，每蓄意於數十年前，而坐收後利，犯天之忌四。狡猾，天所忌也，洋人智取術馭，得寸進尺，犯天之忌五。忘本，天所忌也，洋人不敬祖先，廢宗絕祀，犯天之忌六。黷武，天所忌也，洋人恃其船堅礮利，不戢勢將自焚，犯天之忌七。專利，天所忌也，洋人上下交征利，君臣、父子、兄弟懷利以相接，犯天之忌八。奢侈，天所忌也，洋人厚於自奉，窮奢極欲，犯天之忌九。忌刻，天所忌也，洋人暗分朋黨，彼此猜嫌，犯天之忌十。然則爲洋人計，由今之道，無變今之俗，亦斷難必其有終，故惟幡然改從堯舜孔孟之教，然後不失乎人之性，而無犯造物之所忌。此堯舜孔孟所以爲天地立心、爲生民立命，而吾中國之所以爲中國者，在此不在彼也。然則，言時務者雖師彼之所長，尤當以堯舜孔孟相傳不變之道爲本務，而後可與言富強也。

光緒十年甲申三月，臣李元度謹敍。

自 敍

夫先王之訓，耀德不觀兵；止戈之文，安民而和衆。是以崇密降於因壘，有苗格於舞階，雖近在要荒，但示懷柔之意，豈遠違聲教，必伸撻伐之威！

我國家文德覃敷，遐邇馴伏。四荒四極，八殥八紘，舉凡山經地志所不能詳，大章豎亥所未及步者，罔不重譯獻雉，叩關貢獒。納牛羊，稱唐帝之畜牲；進燕支，為漢宮之顏色。畏威懷德者數十國，薄來厚往者二百年。迨夫光豐以來，大肆要求，謂漢孰與我大？稱兵竟逆顏行。列聖心切保民，戒深黷武，含容如地，覆幬辟天，准予通商，重行立約，因所利而利之，視不勝猶勝也。說者慮滋蔓難圖、植荆受刺，謂他族之逼處，乃非種之當鋤。不知魏絳和戎，實深沉之至計；趙范挑釁，徒孟浪以貽憂。景延廣劍詡橫磨，范文虎舟矜遠泛，卒至禍延君國，傾覆全師。凡此前車，堪為殷鑒。或又謂，虎欲雖逐，象猛可馴，既悔罪而輸忱，不必操之以蹙；復效逆而犯順，何可示之以柔？歸獄於始事之人，責難於養癰之後。則同舟無共濟，隻手何以挽狂瀾？衆感出矢言，殺身究何裨時局？當事之苦心莫諒，異時之公論自明。

今者，回紇受盟，契丹結和，玉帛相見，敦槃聿修，固不必厪杞人墜天之憂，而續江統徙戎之論。然而揚湯不可以止沸，拖火懼厝夫積薪。竊恐鹵莽者冀儌倖以圖功，畏葸者徒因循而貽誤，不懲既往，曷救將來？否則徒習佉盧拉丁之文，僅通象譯狄鞮之語，遂以華洋關涉，委諸佁儈交通，適與為緣，動輒得咎。爰搜葺陳編，考證往事，自定鼎起，訖同治止，仿《綱目》編年之體，就中外交涉之端，詳晰編次，著為是書。俾顛末盡窺，得失互證，冀以默消夫隱患，實有難已之苦衷。欲使善於約束羈縻，或有裨於久安長治也夫！

光緒六年，歲次庚辰，仲夏月上澣，臣王之春謹敍。

凡　　例

一、此書事實，自恭錄列聖上諭及頒發官書外，並搜錄當時諸臣奏疏，與名臣撰述、西人圖志及各家私著可採掇者，薈萃而成。間有得之聞見者，要必采訪確實，不敢稍涉虛誣。所有管蠡之見，間附於後。

一、我朝統一寰宇，珍贐之貢史不絕書。是編本爲中西互市成和諸事而作，其於服從最久之藩部、屬國，年例貢獻與夫封册命使、錫賚讌犒，既列《王會》之圖，自有職方之掌，不及備錄。惟是聲教所訖，舟航雖直接東瀛，而輪蹄亦可徠西極，所賴我內外藩服扞蔽其間，考策陳編，莫非累朝文德所綏服，武功所戡定。茲取其勢有交通事相關涉者，並畧識其端，俾薄海咸仰瞻盛烈。

一、此書編年以紀事，於當日在事諸臣，仿史傳一律書名。惟意在表見事狀，除本官外，凡封爵、謚號不及備錄。至命官授職有關洋務者，並揭書以繫事。

一、自開國訖同治一朝掌故，惟起居所職、中秘所藏不能悉窺，其外間傳播於五大洲各國交涉事實，搜羅畢載。皇上沖齡嗣位，聰明天亶，聲靈震疊萬國，梯航來者日衆，容俟采訪著爲續編，故紀元以來事均未載。

一、我朝幅員之廣遠邁前代，其內府《皇輿全圖》及各家傳刻本，並五大洲各圖，皆考證所資。惟各直省沿海疆界、島嶼，前人雖間有圖繪，恒苦畧而不詳。兹特將沿海各口及臺、澎、瓊州各島，詳細繪列，著爲圖説，附諸卷末，俾言防海者得以覽焉。

一、中西和約内載，凡與各國公文，均不用"夷"字。此編惟恭録上諭並昔日奏牘，未便擅改，餘均遵照和約，不用"夷"字，以昭大同之盛。

一、此書搜輯陳編，詳稽往事，不過自備遺忘，未敢問世。而索閱者多，苦不暇給，遂付手民，以代鈔胥。至事迹糾紛，不無訛漏，容俟續補勘正焉。

卷　一

甲申　順治元年(公元一六四四年)

秋七月,修正曆①法。

　　初,明太祖取元《授時》爲《大統曆》,改太史院爲欽天監,兼置《回回曆》科。承用積久而差。萬曆九年,大西洋意大里亞國人利瑪竇來廣州香山澳,後入京貢方物。其人精推步之學,士大夫皆重之。自是而龐迪我、熊三拔、龍華民、鄧玉函等,後先踵至,皆善天文曆算。瑪竇以三十八年四月卒。其年十一月朔,日食,曆官推算多謬。五官正周子愚請譯迪我、三拔所攜曆法諸書,以資採擇。禮部因奏,取知曆儒臣與迪我、三拔同測驗。南京太僕少卿李之藻亦上西洋曆法,薦迪我等。時庶務因循,未暇也。

　　崇禎二年五月朔,日食,禮部侍郎徐光啟依西法推算,與《大統》、《回回》互異。光啟法驗,擢本部尚書,督修曆法。因請開局,舉之藻、華民、玉函,旋又徵西洋人湯若望、羅雅谷等,供事曆局,譯書演算,前後撰進曆書百卷。後山東參政李天經代爲監督,亦進曆書、星屏、儀晷。時言曆者四家:《大統》、《回回》外,別立《西洋》爲西局。又魏文魁以布衣言曆,徵爲東局。屢測星行、交食,惟天經等所推密合。十六

---

① 曆,原作厤,避清諱改,今改正,後同。

年三月朔，日食，測又獨驗。詔西法改爲《大統》曆法，值寇氛日亟，未及施行。

明年正月，李自成逼山西，詔輔臣李建泰督師剿賊，命若望隨征，修火攻利器。行未幾，賊鋒已逼京畿。建泰入保定，没於賊。賊敗，我朝召爲内院大學士。若望隨至京師，進所製星球、日晷、遠鏡并輿地屏圖，請應用諸曆依西洋新法推算。七月，上言：“敬授民時，全以節氣交宫與太陽出入晝夜時刻爲重，若節氣之時日不真，則太陽出入晝夜刻分俱謬矣。歷稽《大統》、《回回》舊曆，所用節氣止泥夫古，且北直之節氣，春分、秋分前後俱差一、二日，況諸方乎」新法之推太陽出入地平環也，則有此晝而彼夜、此入而彼出之理。若舊法以一處而概諸方，故種種差訛，難以枚舉。今以臣局新法，所有諸方節氣及太陽出入晝夜時刻，俱照道里遠近推算，明列篇首，開卷瞭然。”得旨試行。乃以新法造《時憲書》，頒行各直省。此我朝用西人治曆之始。

然西洋國俗，大都崇奉天主耶穌教，利瑪竇來華，即奉有耶穌經像，並盛言天主爲天地萬物之主宰。其徒黨繼至者，相率和之，或居京師，或在各直省，開堂禮拜，以其説煽誘愚衆。時廷臣已有惡之請驅斥者，特當事因其曆法準驗，不肯嚴爲禁絶，遂使彼教流染中華，議和戰、通貢市，胥此濫觴。萌蘖不扎，將尋斧柯，殆謂是哉」

臣按：利瑪竇之師丁氏，學於歐幾里（著《幾何原本》者），遂得私淑幾何宗旨，攜其書東來。一時士大夫，如徐光啟、李之藻等，爲之潤色其文詞，新法之行，實於此始。於是熊三拔、龐迪我等測驗於前，湯若望、羅雅谷等編纂於後。勝國祚終，書成而迄不能用。遭逢聖代龍興，因其成峽，用備疇人之掌，遂爲一代授時改憲之權輿。《記》有之曰：“有開必先。”其是之謂乎，至於其徒益繁，竟有藉新法以陰行其教法者，則當時楊光先已先見及之矣。

遣朝鮮侍子歸國。

朝鮮爲青州逾海之地，舜割爲營州，周以封箕子。本中國地，與盛京界鴨綠江。國初天聰崇德間，王師一再征之，入其都城，分署八道諸島，獲其王妃、王子、宗室及羣臣家屬。國王李倧委身歸命，質其二子淫、溰，奉正朔，歲時貢獻，有征伐調兵護從，一如明舊制。後雖屢以失期違約被詰責，然遺詔猶免其歲貢三之一。

是年，以平定中原，遣其質子還國，免歲貢之半。（其後康熙、雍正、乾隆三朝，屢減貢額，僅存什之一。）

乙酉　順治二年（公元一六四五年）
秋八月朔，日有食之。詔行新曆法。

先是，六月，湯若望上言：“臣於明崇禎年間，曾用新法製測量日月星晷、定時考驗諸器，連遭賊燬，臣擬另製進呈。今將本年八月初一日日食，照新法推步，京師所見日食分秒並起復方位圖像，與各省所見不同之數，開列呈覽。”及期，命大學士馮銓同若望赴臺測驗，與所算合。有旨行用新法。

冬十一月，以意大利亞人湯若望掌欽天監事。

湯若望既爲監正，累加太僕、太常寺卿，敕賜通微教師。

丁亥　順治四年（公元一六四七年）
夏六月，遣小呂宋使臣歸國。

小吕宋本名蠻里喇，一作馬尼剌，在臺灣沙馬崎東南，距廈門水程七十二更。（海中行船，分一晝夜爲十更，炷香爲度，每更約行六十里。）旁多小島，而以小吕宋爲大，四周各千餘里，土蠻居之。明洪武五年，其使偕瑣里諸國來貢。永樂八年，與馮嘉施蘭復貢。後久不至。地產金珠、瑇瑁、燕窩、海參、烏紅木、煙、糖、米、穀。閩人商販者至數萬人。

嘉靖中，是班牙來其地互市。是班牙即西班牙。（同治三年和約稱曰斯巴尼亞，或稱曰國。）隆慶中，遣其臣墨瓦蘭（一作米牙蘭）駕巨艦東來，抵蠻里喇。艷其土廣腴，謀襲取。乃厚賄遺王，乞地如牛皮大，建屋以居。王不虞其詐，許之。乃製牛皮聯屬至數百丈，乞如約。王業許諾，遂聽之。是班牙漸營室築城，設守禦。萬曆初，突以兵船襲殺其王，以其地爲屬藩，遣一酋來鎮。

萬曆四年，官軍追海寇林道乾至其地，國人助討有功，復朝貢。自是與中國通商貿易，歲倍已。又慮華人爲變，多逐之，歸留者悉被侵奪。

二十一年，其酋侵美洛居，役華人助戰。有潘和五者，爲其哨官，蠻人待華人虐甚，因謀刺殺其酋。和五等盡取其金寶甲仗，駕舟以歸，失路之安南。時酋子郎雷貓吝駐朔霧，聞之率衆馳至，遣僧至閩陳冤，乞戮仇人償父命。巡撫許孚遠以聞。上飭閩浙督撫禮遣之。

初，酋人被戮也，其部下居吕宋者盡逐華人於城外，孚遠遣人招還。然華人嗜利，趨死不顧，久之復成聚。其時礦稅使者四出，奸宄蠭起言利，有閻應龍、張嶷者，言小吕宋機易山素產金銀，採之可得厚利，詣闕奏聞。上納之，遣海澄

4

丞王時和偕嶷往勘。呂宋欲殺嶷，賴諸華人共解，獲釋歸。後呂宋疑天朝將襲取其國，諸流寓者為內應，謀盡殺之，先後死者二萬五千人。移書閩中守臣，言華人將謀亂，不得已先之。巡撫徐學聚等告變，嶷坐誅。上並移檄呂宋，數以擅殺罪。其後華人復稍稍往，而蠻人利中國互易，亦不拒。

崇禎末，遣使入貢，使臣留閩未還。先年，福建平，守臣送其使入都。至是，遣歸本國。

秋八月，佛郎機來廣東互市。

佛郎機卽法蘭西，一作佛蘭西，歐羅巴洲大國也[1]。東界日耳曼及瑞士、意大理亞，南界地中海、西班牙，西界西洋大海，西北界英吉利，北界比利時、日耳曼。北極出地四十一度至五十度，倫敦經緯偏西四度至東八度。舊三十三部，後改八十一部。山海四周，形勢險固。民性謙和，尚禮節，而易反覆機變。男女喜歌舞佚蕩。軍士尚勇好戰，前者傷亡，後者繼進。士好文學，精醫科、曆法。文字為各國誓約所循，語言為歐羅巴之官音。狀貌、衣服、器用與荷蘭、英吉利畧同。土產銅、鐵、鉛、錫、礬、煤、水晶、玻璃、鐘表、羽紗、呢絨、衣棉、蔗糖、葡萄。

其地漢以前皆山林，土蠻好擄掠，羅馬征服之（羅馬今意大里亞），漸知遵化。後土酋自立為國。唐玄宗時，有臣曰鎚者，才勇絕倫，回回侵逼，血戰破敵。其孫甲利王當德順時，平蠻靖難。時羅馬內亂，以兵取其地大半。後與羅馬教主議，復其西都之君號，羅馬教主亦冊為西朝之君。至宋

---

① 此處有誤。佛郎機是明人和清初人對葡萄牙與西班牙人之稱呼，此條所述佛郎機來華之活動及入據澳門經過，皆葡萄牙人所為，與法蘭西無涉。

時，國人往猶太國（卽如德亞，今土耳其藩屬），拜耶穌墓，與回回交惡，屢相攻戰。與英吉利搆兵，互相勝負。明正德時，路義第十二王好戰，爲日耳曼王所擄，贖歸。國中素崇天主，克力斯頓舊教與波羅斯特之耶穌教爭戰，國王征之不能克，乃聽民各隨所願，而崇舊教爲多。朝政有五爵分理。數百年來，嗣王多驕侈，不恤下，屢侵凌鄰國，府藏虛耗，斂怨臣民，常致有篡奪廢置之事。

其始來廣州也，以正德間據東南洋滿剌加（一名麻六甲，今英吉利屬地）地，逐其王，十三年，遣使臣甲必丹來貢方物，請封詔。給值遣還。其使久留不去，剽劫行旅，掠買良民，食小兒。其使火者亞三復夤緣江彬，得侍帝。十五年，御史邱道隆言："滿剌加乃勑封之國，而佛郎機敢倂之，且啗我以利，邀求封貢，決不可許，宜却其使臣，明示順逆，還滿喇加疆土，方許朝貢。"御史何鰲言："佛郎機最凶狡，兵械較諸番獨精，前歲駕大舶突入廣東會城，礮聲殷地，留驛者違制交通，入都者桀驁爭長，今若仍聽其往來貿易，勢必爭鬥殺傷，南方之禍殆無紀極。祖宗朝貢有定期，防邊有常制，故來者不多，近因布政吳廷舉謂缺上供香物，不問何方，來卽取貨，致番舶不絕於海澨，蠻人雜遝於州城，防禁既疏，水道益熟，此佛郎機所以乘機突至也。乞悉驅在澳番舶及番人潛居者，禁私通，嚴守備，庶一方獲安。"亞三侍帝驕甚。明年，武宗崩，下亞三吏。自言本華人，爲番人所使，乃伏法。絕其朝貢。其年七月，又攜土物求市。守臣請抽分如故事，詔復拒之。

嘉靖二年，遂寇新會之西草灣。指揮柯榮、百户王應恩

6

禦之，生擒其將別都盧、疏世利等四十二人，獲其二舟。餘三舟賊復接戰，應恩陣亡，賊亦敗遁。官軍得其礮，卽名爲佛郎機，副使汪鋐進之朝。其小二十斤以下，遠可六百步；其大七十斤以上，遠可五里。火礮之有佛郎機，自此始。（《職方外紀》：昔有佛王名類斯者，惡回回據如德亞，伐之，始制大銃。因其國在歐羅巴洲，回回遂概稱西土人爲佛郎機，而銃亦沿襲此名。《瀛環志畧》：火礮之法，創於中國。明初，元駙馬帖木兒王撒馬兒罕，威行西域，歐羅巴人有投部下爲兵弁者，攜火藥、礮位以歸，諸國講求練習，又變通其法，爲鳥槍，遂爲戰陣利器。）

自是諸番貢不以時及勘合差失者，悉行禁止。未幾，巡撫林富上言："粤中公私諸費，多資商稅，番舶不至，則公私皆窘。"因陳許佛郎機互市有四利。部議從之。自是佛郎機得市香山澳，又越境商於福建。二十六年，巡撫朱紈嚴禁通番。番無所利，則整衆犯漳州之月港、浯嶼。副使柯喬禦却之。後又犯詔安，官軍迎擊，生擒賊首李光頭等九十六人，紈用便宜斬之。怨紈者御史陳九德劾其擅專，給事中杜汝禎往驗，言："此滿剌加商人，往來販鬻，無僭號流劫事，不當擅誅。"紈遂被逮自殺。蓋不知是時之滿剌加卽佛郎機也。

紈死，海禁復弛，佛郎機遂縱橫海上無忌。而其市香山澳濠鏡者，至築室建城，雄踞海畔若一國。（此澳門有洋樓之始。然佛郎機旋去澳不居，今所居者乃葡萄牙也。）先是，暹羅、爪哇①、占城、浡泥諸國互市，皆在廣州，市舶司領之。正德時，移高州電白縣。嘉靖十四年，指揮黃慶納賄，請於

---

① 爪哇，原作瓜哇，誤，今改正。

上官,移之濠,歲輪課二萬金,佛郎機遂得混入。久而諸國皆畏避之。後偽稱滿剌加入貢,已改稱蒲都麗家。部議言必佛郎機也,乃却之。

番既築城,聚海外雜番,廣通貿易,至萬餘人。吏莫之詰,甚或利其貨寶,佯禁而陰許之。番又潛匿倭寇。總督張鳴岡檄番人驅倭出海,因上言:"今倭去而番尚存,有謂宜剗除者,有謂宜移之浪白外洋、就船貿易者。顧兵難輕動,濠鏡在香山內地,官軍環海而守,彼日食所需咸仰於我,一懷異志,我即制其死命,若移外洋,則巨海茫茫,奸宄安詰,制禦安施?似不如申明約束,無啟釁,無弛防,相安無患之爲愈。"從之,因設雍陌營,千人戍之。

天啟元年,監司馮從龍等毀所築城,番亦不敢拒。蓋番人本求市易,初無不軌謀,而中朝疑之過甚,不許其朝貢,又無以制之,故議者紛紛。然終明之世,此番固未嘗爲變也。

至是,廣督佟養甲疏言:"佛郎機國人寓居濠鏡澳門,與粵商互市,於明季已有歷年,後因深入省會,遂飭禁止。請嗣後仍准番舶通市。"自後每歲通市不絕,惟禁入省會。

臣按:劉淵入而晉室亡,祿山寵而唐室亂,非我族類,必鋤而去之,江統徙戎之論,不得謂非先機之哲也。佟養甲援明之舊,代佛郎機請許通互市,其意原欲廣聖朝招徠之仁,昭覆載之量,而豈知臥榻之側,他人原未可鼾睡哉! 履霜而凜堅冰,雨雪而先集霰,《春秋》之例,所以謹微而慎始者,良有以也。

壬辰　順治九年(公元一六五二年)

秋七月，欽天監監正湯若望進渾天、星球、地平、日晷儀器。

冬十二月，①西藏羅卜藏嘉穆錯達賴剌麻來朝。

西藏卽烏斯藏，古吐番，今唐古特（一作土伯特），在川滇西徼外。地分三部，爲三藏：前藏曰康爲察木多（亦曰喀木，在巴塘西）；中藏曰衛爲布達拉（卽吐番建牙之所），達賴剌麻居之；後藏曰藏爲扎什倫布，班禪剌麻居之。又併極西之阿里爲四部。北界青海河源（古星宿海），南界雅魯藏布江（卽大金沙江，上游爲古黑水，由緬甸入南海），西界雪嶺（卽岡底斯山，爲蔥嶺南幹），東南界怒江（江外卽野人境），西南界廓爾喀，通東印度（卽東天竺，今孟加臘，英吉利屬地）。居萬峯中，爲岷山、大小金沙、瀾滄、怒江諸源所流匯。地寒确，不宜稻穀，惟產青稞、豆麥、牛羊，仰中國茶布及諸布施，距京師萬四千里。

自唐太宗以文成公主下嫁吐番贊普，通中國。元世祖封番僧八思巴爲帝師、大寶法王，領其地，西藏遂爲釋教宗主。明代廣封法王、國師諸號，許世襲，通朝貢。

其地僧多於民，舊皆紅教（僧帽、袈裟俱尚紅），其後專習祕咒，流爲邪幻。有宗喀巴崛起，思改革，卽會衆自黃其衣冠，演大乘教。有二大弟子：曰達賴剌麻，曰班禪剌麻，皆能世以呼畢勒罕（華言化身）轉世，自言所往，弟子輒迎立之。達賴一世曰敦根珠巴，贊普之裔，世爲番王，亦出家嗣宗喀巴，始以法王兼藏王事。二世根敦嘉穆錯，自置第巴代

---

① 冬十二月四字原無，據二十二年本補。

理兵刑、賦稅,弟子稱胡土克圖,則分掌教化,始以活佛聞於中國。武宗遣使迎之不至。三世鎖南堅錯,名益震,紅教之大乘、大寶諸法王,多改從黃教,蒙古諸汗王皆拱手聽教令。時順義王俺答躬入藏,迎至青海。鎖南堅錯戒其好殺,勸東還,俺答亦勸其通中國,乃自甘州遣大學士張居正書,自稱釋迦牟尼比丘,然皆未嘗受封中國。

　　至五世羅卜藏嘉穆錯,當我朝崇德初,蒙古喀爾喀三汗請延達賴。明年,因厄魯特使遣達賴書,於是達賴、班禪及藏巴汗、青海固始汗,各遣使自塞外繞道至盛京,奉書及方物,並獻卦,驗知當一統。及定鼎燕京,復各遣使貢,獻表頌功德。詔遣使迎達賴。至是至京,上賓之於太和殿,建西黃寺居之。及行,餞之南苑德壽寺,授金冊印,封西天大善自在佛領天下釋教普通鄂濟達賴剌麻,命和碩親王碩塞以八旗兵送之。自是塞上諸部安謐,多賴其教誡以釋爭,而諸番、蒙古之嚮服中國,亦時藉其用焉。

丙申　順治十三年(公元一六五六年)

荷蘭表請修貢。

　　荷蘭(今和約中稱和國),俗稱紅毛,歐羅巴濱海之國,東界日耳曼、普魯社,南界比利時,西南界法蘭西,西北界西洋大海。北極出地五十度至五十三度,英倫經緯偏東二度至五度。地形低窊,築堤以禦海潮。人戶稠密,大似中國江蘇。田少而土膏腴,草茂可資畜牧,禽獸鱗介充斥。自昔專務通商,故國小而富饒,工技精巧,善造氈呢、羅絨、羽紗、嗶嘰、鐘表。

　　古土番部,羅馬征服之,繼爲日耳曼所據。蕭齊時,地

10

歸法蘭西，置酋長。法有内亂，諸酋自立，分十七小部。後有不爾痾尼亞，復併爲一。北宋時，海潮決堤，居民皆没，都城幾没，積水匯爲巨浸，曰亞爾零海。明成化中，爲奧地利亞所有。正德時，西班牙王兼王其地。荷蘭舊分南、北部，北卽荷蘭，崇耶穌新教；南則彌爾尼壬（卽比利時），崇天主舊教，王以峻法抑新教。荷蘭人阿蘭治起兵拒西班牙，破之，復自立國，分爲七部，遂晏然富庶百數十年。

商舟遠泛，與東南洋通貿易，於麻六甲、蘇門答臘遍設埠頭。噶羅巴島爲大、小西洋出入中國門户，富盛甲兩洋，亦據其海口，建設城邑，流通百貨。由是，迤東北之婆羅洲（卽大爪哇）、美洛居、巴布亞大小諸島，以次據岸立埠。大抵東南洋諸島國，惟小吕宋爲西班牙所有，餘皆屬之荷蘭。（小西洋諸島國多屬英吉利。）

嗣聞葡萄牙、法蘭西市香山澳，艷之。萬曆二十九年，遂以大艦巨礮薄香山，欲通貢市。澳人力爲防禦，引去。有久居大泥（暹羅屬）之奸商，誘之通賄税使高寀。其酋乃抵澎湖築舍，爲久居計，會撫按嚴禁通海，始去。

然是時法蘭西橫行海上，荷蘭思與爭雄，復東來，破美洛居各島。後又奪臺灣，據澎湖，築城設守。守臣懼禍，説以毁城遠徙，卽許互市。天啟三年，乃毁所築城去。已而互市不成，則復築城澎湖，掠漁舟運土，俾華人助築。尋犯厦門，官軍俘斬數十人。乃詭詞求款，仍泊舟風櫃仔，出没滸嶼、白坑、東椗、莆頭、古雷、洪嶼、沙洲、甲洲，濱海郡邑爲戒嚴。

巡撫南居益至，上言：“臣入境以來，番船五艘續至，與風櫃仔船合，凡十一艘，其勢愈熾。有小校陳士瑛，先遣往

11

交留巴(卽噶羅巴)宣諭其王,至三角嶼,遇紅毛船,言交留巴王已往阿南國卽荷蘭,因與土瑛偕至大泥,謁其王。王言交留巴已大集戰艦,議往澎湖求互市,若不見許,必至搆兵。蓋阿南卽紅毛番國,而交留巴、大泥與之合謀,必不可以理諭,非用兵不可。"部議從之。四年,遣將奪鎮海港口,城之。紅毛退守風櫃仔,益發兵攻擊。荷蘭窘,求緩兵。遂退兵,澎湖之警以息。而據臺灣者,猶教習土番,招誘華人耕作,築安平①、赤嵌二城以自固。崇禎間,爲鄭芝龍所破,不敢窺內地者數年,乃私貿外洋。十年,仍駕四舶來廣州求市,總督張鏡心力持不可,遁去。奸民知事終不成,不敢復勾引,而臺灣竟爲鄭成功所奪。

順治十年,因廣東巡撫請於朝,願備外藩、修職貢。至是,齎表請朝貢。部議五年一貢,詔改八年一貢,以示柔遠。

丁酉　順治十四年(公元一六五七年)

夏四月,欽天監秋官正吳明烜劾監正湯若望不實,議罪赦免。

回回科秋官正吳明烜疏言:"湯若望所推《七政書》,水星二、八月皆伏不見。今水星於二月廿九日仍見東方,八月二十四日又夕見。"又言若望舛謬三事:一删除紫炁,一顚倒觜參,一顚倒羅計。命內大臣等公同測驗,水星實不見。議明烜詐妄之罪,援赦得免。

己亥　順治十六年(公元一六五九年)

安南入貢。

安南,今越南國。北界廣東、廣西、雲南,西界暹羅,東

---

① 安平,原作平安,誤。據二十二年本改。

南際大海。北極出地自八度至二十三度，中綫偏西自八度至十三度。都於富良江南岸。（富良江，今亦曰紅河，源於雲南，曰河底江，即梨花江，又曰元江。）地產五金、絲茶、漆靛、木棉、肉桂、象牙、胡椒、諸香料。衣冠仍唐宋之制，職官、選舉、文字大都遵倣中國。坐則席地，貴人乃施短榻，尚循古制。

國中禁令甚嚴。紅毛人以鴉片誘據交留巴，復誘安南，安南覺其陰謀，犯者立置重典。又嚴禁天主教，有入教者，殲滅之。不與西洋通市。（乾隆中，阮光平以廣南篡據安南，引法蘭西人為助，與之通市，後遂據其西貢。）

地本古南交，秦以交阯隸象郡，漢置交阯郡，後改交州。唐置安南都護府。五代時，曲承美竊據，始自立國，為外藩。宋初封丁璉為安南郡王，三傳而為其臣黎桓所篡。黎亦三傳而為臣李公蘊所篡。李八傳無子，傳其臣陳日炬。陳歷十二傳而為其臣黎季犛所篡。前明張輔、沐晟等蕩平其地，置安南布政使。後簡定、季犛相繼復叛。

嘉靖元年，莫氏篡黎。上用張經言，封黎氏為安南都統使，莫氏為安平令。（其南界之林邑，古越裳氏地，西漢置九真、日南郡。漢末自立為國，後稱占城。宋時併於真臘，稱占臘。明代為安南所併，稱廣南，以交阯為東都，廣南為西都，鎮以重臣，為藩封。後廣南日強，乾隆、嘉慶中，新舊阮氏皆以藩封得國。）

是年，大兵征雲南，莫敬耀首納款，至軍貢方物。詔封為安南都統使。

13

夏六月，明鄭成功陷鎮江，進薄江寧，總兵梁化鳳大敗之。成功遁還海島。

　　初，明嘉靖中，海賊林道乾竄據臺灣，爲琉球人所逐，倭人又逐琉球而據其地。天啟時，泉州人鄭芝龍往附之，因家臺灣。倭旋爲荷蘭所逐，芝龍與其黨入海爲寇。崇禎中，巡撫沈猶龍招降之，敗荷蘭寇閩之師，積功官至都督同知。福王立，封安南伯。南都破，唐王稱號隆武，芝龍及禮部尚書黃道周等奉之。順治三年，唐王被執死，芝龍降於我朝，而芝龍娶倭婦所生子成功及兄子彩、聯等，并擁衆海上，猶奉隆武年號。而成功最強，連陷濱海諸府州縣。已而彩、聯之金門，廈門亦於七年盡爲成功所奪，遣使朝桂王永曆於湖南，封延平郡公，屢陷海濱諸縣，圍漳州。十年，朝廷下令招撫，令芝龍以書招之。彩、聯等皆降，獨成功不從。十四年，永曆遣使進成功延平郡王、招討大將軍。

　　至是，閩王師三路攻永曆於雲南，乃大舉，會浙江張煌言之師內犯江南，圖牽制。是月，以海艘乘風潮上，焚沿江木柵，斷橫江鐵索，破瓜洲，遂陷鎮江，進逼江寧，謁孝陵，移檄遠近，東南大震。

　　時上幸南苑，議親征。兩江總督郎廷佐佯通款以緩攻，崇明總兵梁化鳳赴援。化鳳望敵營不整，因大出師，以三路攻其前，以勁騎繞出山後夾攻，敵遂大潰，又燒其海艘五百餘。成功遂以餘艦遁還。

辛丑　順治十八年（公元一六六一年）
鄭成功攻臺灣，

14

逐荷蘭而取其地。詔徙沿海居民，嚴海禁。

鄭成功自江南敗歸，崎嶇海上日久，屢進取無功，謀奪臺灣為窟穴。會荷蘭通事何斌逋負巨債，投成功，請為嚮導。至是，進泊澎湖。紅毛以大舟沉塞港口。礮發，潮漲丈餘，數百艘倐抵岸，遂克赤嵌城。進圍王城，半載不下，乃絕水源以困之。荷蘭棄臺灣，以大舶遷去。鄭氏遂有臺灣，與金、厦兩島相犄角。

詔沿海居民三十里界外盡徙內地，禁漁舟、商舟出海，以杜勾通。總督李率泰遂遷同安之排頭、海澄之方田邊境八十八堡，安置內地。

卷 二

癸卯　**康熙二年**(公元一六六三年)

夏六月,荷蘭入貢。

　　荷蘭自順治十三年請貢,經禮部議准後,是年始由廣東入貢。刀劍八,皆可屈伸;馬四,鳳膺鶴脛,迅速異常。詔嘉賚之。

册封琉球國王。

　　琉球,東洋小國也,有三十六島,紆蟠如虬龍流動,故稱流虬,後改琉球。南北四百里,東西不足百里。在日本薩司馬南,值臺灣東北。都於那壩,其島較大,海風甚烈。地磽瘠少米,民食番薯。

　　唐宋以來始通中國。明初入貢,太祖賜以閩人善操舟者三十六姓。後日本虜其王,不屈,復送還國。修貢如常。舊有山北、山南、中山三部,後中山王并之。以國小而貧,爲日本所屬役,惟世奉中國正朔。

　　先是,國王尚質於明季請封未果,使者留閩,順治中轉送禮部,繳前敕印,循舊典差行人張學禮、副使王垓,賜一品服,往册封。尋以海氛未靖暫停。至是,仍差學禮等往竣事,賜王及妃蟒緞、綾綢各四十八匹。使還,隨貢槍刀、扇紙、琉黃、蕉布、胡椒等物。自是定貢三年一至,許販鬻中土貨

16

货物，免其税，國中資以爲利焉。

甲辰　康熙三年(公元一六六四年)
克厦門、金門，展沿海居民地界。

　　鄭成功既破荷蘭而有臺灣，朝廷遂誅芝龍及鄭氏在京者。元年，成功卒，長子錦(一作經)守厦門，入臺嗣立。靖南王耿繼茂、總督李率泰貽書招錦，錦請如琉球、朝鮮例，不報。時明桂王已滅，而錦猶奉永曆年號。至是，繼茂、率泰及降將施琅、黃梧等進兵，克厦門、金門、浯嶼，降其衆萬八千。錦遁歸臺灣。始展沿海居民界，復舊業。

十二月戊午朔，日食不應，黜湯若望。

　　初，徽州歙縣人楊光先告欽天監正湯若望傳天主教，且其造《時憲書》有十謬：一、不用諸科校正之謬；二、一月有三節氣之謬；三、二至二分長短之謬；四、夏至太陽行遲之謬；五、移寅宮箕三度入丑宮之謬；六、删除紫炁之謬；七、顛倒觜參之謬；八、顛倒羅計之謬；九、黃道算節氣之謬；十、曆止二百年之謬。禮科議駁不准。至是，又摘本年是月日食交會之誤狀告禮部，曰："湯若望陽假修曆之名，陰行邪教之實，散布邪黨於濟南、淮安、揚州、鎮江、江寧、蘇州、常熟、上海、杭州、金華、蘭谿、福州、建寧、延平、汀州、南昌、贛州、廣州、桂林、重慶、保寧、武昌、西安、太原、絳州、開封，並京師共三十堂。每堂一年五十餘會，每會收徒二、三十人，各給金牌、繡袋、妖書、會單，以爲憑驗。請照《大清律》左道、妖言二條治罪。"旨下禮部，會吏部同審，湯若望等及傳教之曆官李祖白擬大辟。免死。其作序之給事中許之漸罷黜。

17

乙巳　康熙四年(公元一六六五年)
以楊光先爲欽天監正。

　　是年,特授楊光先欽天監右監副,旋授監正。光先以但
知推步之理、不知推步之數,且以攻罷異端爲邪黨所忌,潛
伏殺機,恐遭陷害,力辭新職。疏凡五上,卒不准辭。

丙午　康熙五年(公元一六六六年)
封安南國王黎維禧。

　　時黎維禧繳呈明桂王永曆所給敕印,詔遣使封爲安南
國王。自後貢獻定六年兩貢,并進貢道由廣西太平府入關,
不由海道。

戊申　康熙七年(公元一六六八年)
秋七月,欽天監監副吳明烜罷,以治曆南懷仁爲監副。

　　懷仁大西洋人,於上初元來華,在監治曆,劾奏吳明烜
所造八年己酉歲《時憲書》《七政民曆》內,閏十二月應是九
年正月,又一年兩春分、兩秋分,種種謬誤。刑部議明烜罪,
奉旨從寬杖四十、革職。以懷仁爲監副。

己酉　康熙八年(公元一六六九年)
秋八月,議欽天監正楊光先罪。

　　光先在監數年,吳明烜爲監副,因本年置閏之誤,明烜
已爲南懷仁所劾,光先自覺其非,自行檢舉。但《時憲書》已
頒行,乃下詔停止閏月。下光先於獄。刑部議光先罪當斬,
上憐其年老,加恩從寬免死。至是改戌。後遇赦歸,行至山東
暴卒。(光先赦歸至山東暴卒,時有謂其爲湯若望之黨毒死
者,但《東華錄》只云"年老加恩免死",《疇人傳》只云"歸卒",

18

其遇毒死之説諸書皆無明文。當日傳聞之詞，未知確否。）

先是，湯若望雖罷黜，而羽黨實多。天主教傳布中國，光先自憤其先憂之隱不白於天下後世，嘗著《不得已》書，關其教法，深爲若望之黨所嫉。其《不得已》上篇云：

曆官李祖白，天主教之門人也，著《天學傳概》一卷。其言曰："天主上帝開闢乾坤，而生初人男女各一，子孫居如德亞國，此外並無人居。當是時，事一主，奉一教，紛歧邪説無自而生。其後生齒日繁，散走遷逐，遂爲大東、大西有人之始，即爲中國有人之始。夷考其時，當在伏羲氏。是中國之初人，實如德亞之苗裔，天學固其所懷來也。延至唐虞三代，君臣告誡於朝，聖賢垂訓於後，往往呼天稱帝，以相警勵。其在《書》曰：昭受上帝，天其申命用休；《詩》曰：文王在上，於昭于天；《魯論》曰：獲罪於天；《中庸》曰：郊社之禮，所以事上帝；《孟子》曰樂天、畏天、事天。何莫非天學之法語微言？是中國之教，無先天學者。"

噫！小人而無忌憚，亦至此哉！不思今日之天下，即三皇五帝之天下也。祖白謂歷代之聖君、賢臣是邪教之苗裔，六經、四書是邪教之微言，將何以分別本朝之君臣不爲邪教之苗裔乎？而弁其端者曰"康熙三年，柱下史毘陵許之漸敬題"，噫，異哉！史臣、諫官而亦爲此言耶？雖前明之季，學士大夫如徐光啟、李之藻、李天經、馮應京、樊良樞等，多爲天主教作序，然或序其曆法，序其儀器，序其算數，至進天主書像，未有序之者，實湯若望自序之。可見徐李諸人猶不敢公然得罪名教也。若望之爲書也，曰男女各一以爲人類之初祖，未敢直言覆載之內胥其教之子孫。祖白之爲書也，則

19

盡中國而如德亞之矣，盡中國之古先聖師而邪教苗裔之矣，盡歷代之聖經賢傳而邪教緒餘之矣，豈止妄而已哉！

天主教不供君親，是率天下而無君父者。而之漸之序曰："二氏終其身於君臣父子，而莫識其所爲，即儒者亦不能無弊。"噫，是何言也！二氏寺觀奉龍牌，尚識君臣。佛經言："供養千辟支佛，不如孝堂上雙親。"尚知父子。況吾儒以天秩、天序、天倫、天性立教乎！惟天主耶穌以犯法釘死，是莫識君臣；耶穌之母瑪利亞有夫名若瑟，而曰耶穌不由父生，是莫知父子。何顛倒之甚也！

楊墨之害道也，不過爲我兼愛，而孟子即拒之曰："楊墨之道不息，孔子之道不著。"《傳概》之害道也，苗裔我君臣，學徒我周孔。祖白之意若曰，孔子之道不息，天主之教不著。孟子之拒，恐人至於無父無君。祖白之著，恐人至於有父有君。而許君爲祖白作序，是拒孔孟而尊祖白矣。

耶教開堂於京師宣武門之內、東華門之東、阜城門之西，山東之濟南，江南之淮安、揚州、鎮江、江寧、蘇州、常熟、上海，浙之杭州、金華、蘭谿，閩之福州、建寧、延平、汀州，江右之南昌、建昌、贛州，東粵之廣州，西粵之桂林，蜀之重慶、保寧，楚之武昌，秦之西安，晉之太原、絳州，豫之開封，凡三十窟穴。而東粵之香山澳，萬人盤踞其間，成一大都會，暗地往來。若望藉曆法以藏身金門，而棋布邪教之黨羽於十三省要害之地，其意欲何爲乎？

明綱之所以不紐者，由廢祖宗之法，弛通海泄漏之律。徐光啟以曆法薦利瑪竇等於朝，以數萬里不朝貢之人，來而弗議其所從來，去而弗究其所從去，行不監守之，止不關防之,十三直省之山川形勢,兵馬錢糧,靡不收歸圖籍而弗之禁。古今有此玩待外國人之政否？我朝因明之待西洋如此,習以爲常,不察伏戎於莽,萬一竊發,百餘年後將有知予言之不得已者。

其下篇云:

天主教所事之像,名曰耶穌。手執一圓像,問:"何物？"則曰:"天。"問:"天何以持於耶穌之手？"則曰:"天不能自成其爲天,猶萬有之不能自成其爲萬有,必有造之者而後成。天主爲萬有之初有,其有無元而爲萬有元。超形與聲,不落見聞,乃從實無造成實有。不需器具,先造無量數天神無形之體,次及造人。其造人也,必先造天地品彙,以爲覆載安養之需,故先造天,造地,造飛走鱗介、種植等物。然後造人,男女各一,男名亞當,女名厄襪,以爲人類之初祖。天爲有始,天主爲無始,有始生於無始,故稱天主焉。次造天堂,以福事天主者之靈魂;造地獄,以苦不事天主者之靈魂。人有罪應入地獄者,哀悔於耶穌之前,並祈耶穌之母以轉達於天主,卽赦其人之罪,靈魂亦得升於天堂。惟諸佛爲魔鬼,在地獄中永不得出。"問:"耶穌爲誰？"曰:"卽天主。"問:"天主宰天地萬物者也,何爲下生人世？"曰:"天主憫亞當造罪,禍延世世苗裔,許躬自降生救贖,於五千年中,或遣天神下告,或託前知之口,代傳降生在世事跡,預題其端,載之國史。降生期至,天神報童女瑪利亞胎孕天主。瑪利亞怡然允從,遂生子,名曰耶穌。故瑪利亞爲天主之母,童身猶未壞也。"問:"耶穌生於何代、何年？"曰:"漢哀帝元壽①庚申

---

① 元壽,原作仁壽,誤,今改正,後同。

二年。"

　　噫，荒唐怪誕亦至於此哉！夫天，二氣之所凝，非可造而成者也。設天果有<u>天主</u>，則覆載之內四海萬國皆<u>天主</u>所宰制，必無獨主如<u>德亞</u>一國之理。且既稱<u>天主</u>，凡天下事皆<u>天主</u>主持，當其下生三十三年，誰代主宰其事？天既無主，則天不運行，地不長養，人不死生，物不蕃茂，乾坤或幾乎息矣！<u>天主</u>欲救<u>亞當</u>，胡不下生於造天之始，乃生於<u>漢</u>之元壽庚申？<u>天主</u>造人，當造盛德至善之人，以爲人類之初祖，猶恐後人之不善繼述，何造一驕傲爲惡之<u>亞當</u>，致子孫世世受禍？且其子孫中又有聖、有賢、有智、有仁，不盡<u>亞當</u>之所爲，又何人造之哉？<u>天主</u>下世救之，宜過化存神，型仁講讓，登一世於熙皞，其或庶幾，乃不識其大而好行小惠，惟以瘳人之疾、生人之死爲事，又安能救一世之雲礽，去惡而遷善，以還造化之固有哉？<u>釋氏</u>銷罪、崇善、去惡，彼教但以奉<u>耶穌</u>母子者即升之天堂，不奉者即下之地獄，使奉者皆善人，不奉者皆惡人，猶可説也，苟奉者皆惡人，不奉者皆善人，不已顛倒賞罰乎？謂佛墮地獄中永不得出，誰則見之？而<u>耶穌</u>生釘十字架，現身劍樹苦海，豈有主宰天地萬物之人而不能自主一身之性命乎？豈有造化世界之上帝而世人能戕之戮之乎？剽竊<u>釋氏</u>天堂、地獄之唾餘，而又反唇相謗，則雖<u>道教</u>方士之剽佛謗佛，不如是甚也。

　　且又援儒而謗儒，歷引六經之"上帝"，斷章以證其爲<u>天主</u>。而曰蒼蒼之天乃上帝所役使，或東或西，無頭無腹，無手無足，未可爲尊。況地爲衆足所踐，污穢所歸，安有可尊之勢？夫不尊天地而尊上帝，猶可言也，尊<u>耶穌</u>爲上帝，不

22

可言也。耶穌而誠全天德之聖人也，則必一言而爲法後世，一事而澤被生民，若伏羲、文王之明易象，堯舜之致時雍，大禹之平水土，周公之制禮樂，孔子之明道德，斯萬世之功也，耶穌有一於是乎？如以瘳人之病、起人之死爲功，此華佗良醫、祝由幻術之事，非大聖人之事也，更非主宰天地萬物者之事也。苟以此爲功，則何如不令人病、不令人死之功爲更大也？以上帝之聖神廣運，一一待其遇病瘳之，遇死起之，則已不勝其勞，況遇耶穌者一二，不遇耶穌者無窮，其救世之功安在也？

且利瑪竇之書，止載耶穌救世功畢復升歸天，而諱其死於王法。至湯若望，黠不若利瑪竇，乃並其受罪釘死直圖而布之，其去黃巾五斗米之張道陵幾何？世或以其制器之精奇而喜之，或因其不婚、不宦而重之，不知其儀器精者，兵械亦精，適足爲我隱患也；不婚宦者，志不在小，乃在誘吾民而去之，如圖日本、取呂宋之已事可鑒也。

《詩》曰："如彼雨雪，先集維霰。"《傳》又曰："鷹化爲鳩，君子猶惡其眼。"今者海氛未靖，譏察當嚴，揖盜開門，後患宜慮，寧使今日罝予爲妒口，毋使異日神予爲前知，斯則中國之厚幸也夫!

臣按：戰國時楊朱、墨翟之言盈天下，孟子不得已以能言拒之，甘負好辯之名，而堯舜禹湯文武周公孔子之道，賴以不喪於天下。後千餘年，佛老之説陷溺人心，韓子不得已作《原道》，以明先王之教，而堯舜禹湯文武周公孔子之道，亦得未墜於地。我朝定鼎之初，湯若望挾其新法，混入中國。一時喜其曆法準驗，稍弛中外之大防，遂致腥羶雜處。光先

23

不得已而爲是篇,言耶穌自稱爲上帝,雖與《福音書》稍歧,然閑先聖、闢異端,義正詞嚴,亦大有功於名教。而當時言天學者,右湯而左楊,抑何不思之甚耶」

冬十二月,禁直省立天主堂。

先是,欽天監官依舊法推算康熙八年十二月當置閏,南懷仁言:"雨水爲正月中氣,是月二十九日值雨水,卽爲九年之正月,不當閏,置閏當在明年二月。"監官多直懷仁言,乃改閏二月。遂特旨許西洋人在京師者自行其教。凡在各省開堂設教者,禁之。

庚戌　康熙九年(公元一六七〇年)
金川土司嘉勒巴內附。

金川在四川松潘廳徼外,有二源:一出小阿樹土司,經黨壩入境,爲大金川;一源較近,爲小金川。皆以山產金礦得名。二水合流後爲大渡河,西南會打箭鑪河而南,又東至嘉定,會青衣水,入岷江。漢冉駹外徼。隋置金川縣。唐維州地。明隸雜谷安撫司。其地萬山叢蓋,溪流洶湧,深寒多雨雪,惟產青稞、蕎麥,番居皆石碉。至是,其土司嘉勒巴來附。上以其俗崇西藏釋教,給演化禪師印,俾領其衆。

復起湯若望欽天監正。

自是,《時憲書》用西曆新法,永爲定制。(若望後以十七年卒。)

夏六月,意大里亞入貢。

意大里亞,一名以他里,卽《後漢書》大秦國(以其人長大,類中國,故中國人以此稱之,非其本名),又名犁靬。在歐羅巴洲南境,東北界土耳其、亞得利亞海,西南并界地中海,西北界法蘭西大山,北界瑞士,東北界奧地利亞。北極出地自三十八度至四十六度,英國中綫偏東自四度至十六度。本昔之羅馬國,即天主教宗國。

歐羅巴列邦建置本末,以額力西爲最著。(額力西一名厄勒祭,在意大里亞東,希臘其都城一區之地,昔并於土耳其,今希臘仍自爲一國。)當周時尚强盛,爲希臘諸國。漢始爲意大里亞所并,即羅馬也。國創於周,至漢而成泰西混一之勢,東西分裂在東晉,侵削在六朝及唐宋,宗社之墟在明景泰。祚歷二千餘年,而後法蘭西、英吉利代興,利瑪竇始以《萬國全圖》、幾何、曆法、天主耶穌經像汎海九萬餘里而入中國。故惟意大里亞足以綱紀大西洋,開古今中外一大變局。其羅馬語言文字、法制技巧,諸西國猶宗之。今疆土已裂爲十三國,國王雖偏處東方,而西部羅馬舊都之天主教化王,猶爲諸西國總持。

《萬國全圖》之説曰:天下有五大洲,一曰亞細亞,凡百餘國,而中國居其一。二曰歐羅巴,凡七十餘國,而意大里亞居其一。三曰利未亞(一作阿非利加),亦百餘國;四曰亞墨利加(即米利堅洲),地當全球之半,分爲南北二洲。最後得墨瓦蠟泥加洲(即澳大利亞,一稱阿塞尼亞),而五域中大地盡矣。爲天主教之説者曰,天主名耶穌,即救世主也,一稱基督,於漢哀帝元壽二年(西人言天主生年亦不一,有以爲在殷周者,有以爲在虞夏者,然以今西洋諸國紀年按之,則此爲合)產於亞細亞西境之如德亞國,即猶太也(今南土耳其藩屬)。天主爲上帝之子,代天行化,以聖教導民,嘗贖人之罪，代受酷刑，釘於十字架而死，死而復活昇天。其教傳播西土，有彼得羅者，產於羅馬，爲天主十二門徒之首，繼闡教化。又有伯多琭、寶琭二人，至羅馬講明天主事理，人多信之。而後總王公斯瑞丁立殿以崇奉之，即今意大里亞教化王所居。是教化王者，所以代天主在世佈教之君也。其說大畧如此。

今夷考教王，厥初爲教師。當劉宋時，羅馬① 西部爲北狄羕特族所據，教師乘機傅會《福音》之說，引誘諸蠻而鈐束之，遂操國權，而加特力教興焉。（天主教分爲三，總名克力斯頓教。加特力乃天主舊教之名，一稱洋教。又有額力教、波羅士頓教，爲諸國後起新教，一名西教。常以争教之故，結黨相攻代。）中值法蘭西滅羕特，以地歸教師，號"教化王"。以教人尊信天主，故又稱教主。總教主死，則各國分領之教主會推一老成者以嗣其位。諸有大事，則請命焉，奉爲聖父神師。各國有不遵教者，則滅其國，或廢其君。故各國王雖非其臣，莫不致敬盡禮。後雖其權稍替，然如法蘭西之創霸、英吉利北族之起兵，皆先請命天主，以至遠方來焚香者，歲以萬計。又拜天主母瑪利亞像，籲禱尤虔。故民多惰農自安，林多伏莽，捕亟則以天主堂爲逋逃藪。此意大里亞教王大致也。

顧國人習技能，善推步，往往挾度數之學以藏身，飾天主之說以惑衆。利瑪竇以萬曆九年來廣州，歷久始至京師。中官馬堂以其方物進獻，稱大西洋人。禮部奏言："《會典》止有西洋瑣里，無大西洋，真僞不可知。又寄居二十年方進

貢，則與嘉義特來獻琛者不同。且所貢天主及天主母圖，既屬不經，而所攜又有神仙骨。夫神仙飛昇，安得有骨？則唐韓愈所謂凶穢之餘，不宜入宮禁者。況此等方物未經臣部譯驗，徑行進獻，則內臣混進之罪有不容辭者。及奉旨送部，乃不赴部審譯，而私寓僧舍，臣等不知其何意。"不報。帝竟嘉其遠來，給賜優厚。公卿以下咸與晉接。利瑪竇安之，留居不去。其徒來益衆。有王豐肅（《職方外紀》以爲卽西班牙王，名亞豐肅，世傳歲差本原皆其考定，製爲一定圖像）、陽瑪諾者，居南京，專以天主教惑人，又盛誇其風土人物遠勝中華。禮部郎中徐如珂惡之，乃召兩人授以筆劄，令各書所記憶，悉舛謬不合，乃與待郎沈㴶、給事中晏文輝等合疏斥其邪說惑衆，且疑爲佛郎機所假託，乞亟行遣逐。給事中余懋孳亦以爲言。帝納之，令豐肅及龐迪我等俱遣赴廣東，聽還本國。時迪我等以明曆法，在欽天監同測驗，奏乞寬假，不報，乃怏怏去。豐肅尋變姓名，復入南京行教如故。他如龍華民、畢方濟、艾如略、熊三拔，皆意大里亞人。而湯若望、羅雅谷等既共纂成《崇禎曆書》，若望遂入本朝，官監正。至是，國王遣使奉表，貢金剛石飾金劍、金珀書箱、珊瑚樹、琥珀珠、伽南香、哆囉絨、象牙、犀角、乳香、蘇合香、丁香、金銀花露、花幔、花氍、大玻璃鏡等物。

大西洋去中國水程八萬里。其道由地中海西出大洋，南行過福島（島在利未亞洲之西，西人言地輿者，昔以此島爲中綫，以分東西緯度），東南行泛利未亞海，過大浪山，折而東，過西南海，東北行，過小西洋，又東行，至小呂宋，入廣東境。（此往時大西洋來華海道迂折所經，故稱八、九萬里。

後益熟悉道里,漸趨直徑。至同治間,各國商人在土耳其之東、埃及國蘇益微地,開蘇彝士新河百七十里,由西紅海達地中海,以通輪舟,較當日海道省二萬里。)

冬十二月,暹羅遣使請貢。

暹羅國在東南洋,東界越南,南界海,西南界滿剌加,西界緬甸,西北隅界南掌(卽老撾),北界雲南。北極出地八度至二十一度,中綫偏西自十四度至十八度。國都曰曼谷。環境皆山。東南海口卽舊水真臘。國有二大水:一瀾滄江,發源青海,經雲南入境,至柬埔寨①入海;一湄南河,發源雲南之李仙、把邊等河,由北境會諸水而南,入海。國西南有斜仔(一作垛仔)、六坤、朿脂勝(一作宋卡)、大年(一作大呢)、丁葛奴、彭亨諸番部,皆其屬國。地饒沃,產米尤多。百物豐盛,爲海舶市埠之最。有銀、錫、金剛、寶石、犀、象、翡翠、鸚鵡、火雞,沈速、伽南、降真諸香,烏木、蘇木、棕竹、貓竹、胡椒,豆蔻、阿魏、冰片諸藥料。材木作船甚堅美。民多習逸,俗崇佛教,寺像華侈。文字皆旁行,後乃稍習中國字。向惟知尊重中國。閩廣人在其地者甚衆,官屬亦多以中國人爲之。風俗勁悍,習水陸戰,堅木棚爲營,與緬甸同。

其國卽古越裳地,晉宋爲扶南王,隋唐爲赤土國及婆羅刹地。後分暹與羅斛二國。元時暹嘗入貢,始知其名。羅斛後並有暹境,明洪武中貢馴象,給賜印文,始稱暹羅國。與老撾、南掌、占臘、千賓、文萊鄰,後并爲所屬。萬曆二十年,倭據朝鮮,暹羅請潛師直擣日本。兵部石星主之,廣督

---

① 柬埔寨,原作東埔寨,誤。據二十二年本改正。

28

蕭彥持不可,乃已。其西屬國舊有滿剌加、柔佛,正德中爲法蘭西所破,而葡萄牙、荷蘭疊據之立市埠。(今英吉利於舊柔佛立市埠,卽新嘉坡。)然暹羅迄崇禎十六年猶入貢,其效順中國如此。

　　至是,遣使請貢,換給印敕勘合。許之。

癸丑　康熙十二年(公元一六七三年)
暹羅遣使朝貢。

　　暹羅既得請使還,其國王森烈拍臘照古龍拍臘馬嘑陸坤司由提呀菩埃遂遣使臣握坤司杳喇邪低邁禮,偕貳貢、三貢使臣等,具金葉表文,貢馴象、孔雀、鮫布、諸香。有旨褒嘉,頒賜敕印。自後職貢時通,其入貢由海道抵粵東。

春三月,吐魯番入貢。

　　吐魯番在天山南路。時回疆各城尚有元裔汗王,吐魯番蘇勒檀汗至是遣使入貢,疏言:“臣國塞遭變亂,不能進獻,今地方稍平,特遣兀魯和祭於一千八十三年二月十八日遠貢方物。”其紀年蓋用回教故也。(回教以摩哈默德離本國之年爲元,起唐高祖武德四年。)

甲寅　康熙十三年(公元一六七四年)
鄭錦陷漳州、泉州、汀州、邵武、興化及惠州、潮州諸府縣。

　　鄭錦自失廈門,衰弱不敢內犯。十二年冬,平西王吳三桂反雲南,靖南王耿精忠亦叛,告援鄭氏,許給以漳、泉二府。錦遂渡海而西,與合從,進陷漳、泉諸府。精忠旋背約。

秋八月,命治曆南懷仁鑄火礮。

29

西洋火器輕利，時三藩背叛，鄭錦復猖獗海上，因命南懷仁鑄西洋火礮三百二十尊，助大軍進勦。

丙辰　康熙十五年（公元一六七六年）

收復漳、泉諸府。

耿精忠與王師抗，屢敗挫，鄭錦又侵奪其地，前後受敵，乃於是年反正，導康親王傑書之師攻鄭錦，遂復漳州、泉州諸府。

俄羅斯人來。貽書其國察罕汗。

俄羅斯一作鄂羅斯，地跨亞細亞、歐羅巴兩大洲，北境又兼得亞墨利加洲葛西模斯之一隅。在歐羅巴者，有東、西、南、大、小、加區、南新藩俄羅斯七大部。（東俄羅斯卽比特革部，新都彼德羅堡所在。大俄羅斯則舊都莫斯哥所在。）在亞細亞者，爲東、西悉畢爾，卽西伯利部（一作西比里阿）。東、西悉畢爾各分二區，是爲新東藩之四大部。（四部：一都莫斯，一科利弗，東部一雅古薩，一甘查甲。）合歐洲七部，共十一大部。（《聖武記》以計由之舊都、莫斯哥之新都、西哈薩克之喀山，合悉畢爾爲四大斯科。又以奪阿藻東北之地曰司馬廉、曰郭羅多、曰佛羅尼三斯科，及索遷舊疆之那爾瓦，合爲八大斯科。又按《海國圖志》俄羅斯全圖，則於西七大部、東四大斯科外，又有依烏拉嶺東南、哈薩克西北之三大斯科。部落分合，難以强同，豈前後有變更，抑載記有紛錯耶？姑存此以備考。）大部稱爲大斯科，猶華言省治也。所屬有小斯科及柏興，則若府治、縣治然。疆域東接彌利堅洲（卽亞墨利加洲）之墨領海峽（墨領一作北令，或作伯淋）。

30

其古利羣島則界日本。東南界黑龍江、蒙古、新疆、哈薩克，與中國相首尾。南界黑海、裏海、波斯、土耳其。西界洲中海（一名波羅的海）、奧地利亞、普魯社、瑞典。北至冰海。北極出地自三十八度至七十八度，福島經綫自二十二度至一百六十八度。東西二萬餘里，幾得地球面八之一。國中央多坦平，惟東藩地負阿爾泰山、大興安嶺之陰。東西二洲間，則烏拉嶺，自裏海以屬北海，爲葱嶺北幹，中以一徑爲二大洲之關鍵。大抵種植材用皆產西、南境，東多砂磧、瀉鹵，北皆冰雪不毛，而產五金、珍寶及狐鼠、貂獺、海馬、鱗介之屬，人民罕居，夏則有晝無夜，冬則有夜無晝。

國人碧目深睛，鬚髮黃赤。黑睛者相傳漢李陵遺種。各部種族甚繁，有天主教、回教、釋教，各以地之相近唯所奉。性勇悍，樂戰鬥，騎兵尤趫捷。奴僕之數極多，五爵至以多寡爲產業之大小。稅則猶循什一之遺。兵則給農田使養兵，無事則兵亦助耕。國人向多獷野，近設學館，購書籍，雅尚文藝。朝以大臣分理國政，然事少定例，權皆其主自操之，故事多任臆，常生叛亂。

自昔不通中國。漢則渾窳、屈射、堅昆、丁零諸國，爲匈奴所屬。唐爲黠戛斯、骨利幹。宋初有女王，以國地分給其十二子。至元初，爲阿速、欽察、阿羅思、吉利吉思、昂可新諸國，日尋干戈，而太祖滅之，以封長子朮赤。（地皆在葱嶺北，未至東方。）阿羅思族裔逃於北海之計由，而臣於元。俄羅斯卽阿羅思轉音也。元亡，族姓爭，俄族亦內亂。明弘治中，有部長（部長名伊挽瓦爾西，或稱宜萬王，或稱以文第一王）乞援於西費雅國（卽瑞典國），假其兵以靖亂，又起兵盡驅蒙古，恢復舊疆，自立爲汗。又并東方之西比厘阿（卽東悉畢爾），始抗衡歐羅巴洲。傳至萬曆季年，國亂，有彼得羅王（一作比達王），發憤修政，潛遊荷蘭諸國船厰、火器局，講習工技，歸國選授才俊，建設藝館，遂破瑞典，而建新都，卽號彼得羅堡。（新都在東俄部，一名比特革。其北海舊都曰莫斯哥。自遷新都後，復還舊都，至道光中，爲佛郎機所燬。今仍都彼得羅堡。）攻取南方以資游牧，通海路以廣貿遷，招俊傑以任將帥，國勢日强，疆土益闢。

其與我朝通商也，當龍興之初，其東部曰羅刹者（《地里備考》以爲此係南俄部端戈薩司之兵，善騎善戰，領兵者爲彌特厘），由東洋海岸收毳鑛之貢，沿菴雅臘河至麥加湖（卽呼倫貝爾泊①），徑抵黑龍江北岸，據雅克薩、尼布楚二地，樹木城居之，侵擾諸部。時我大兵亦方定黑龍江索倫、達瑚爾及使犬、使鹿各部，兩師相值，各罷兵。嗣又越興安嶺南向侵掠布拉特烏梁海四佐領。崇德四年，我大兵再定黑龍江，毀其城。兵退，而羅刹復城之。順治十一年，遣兵逐之。十五年，調高麗兵逐之。又數遣大臣督兵，以餉不繼而返。而十二年及十七年，俄羅斯察罕汗兩附貿易人至京奏書，亦絕不及邊界事。

至是，其商人尼果賽等至。上召見之，貽察罕汗書，令管束羅刹毋擾邊陲。

丁巳　康熙十六年（公元一六七七年）
收復惠、潮諸府。

　　上年康親王之師收復漳州、泉州後，至是惠州、潮州亦

---

① 此處有誤。麥加湖不是呼倫貝爾泊，而是今蘇聯貝加爾湖。

32

反正。鄭錦遁入廈門。

戊午　康熙十七年（公元一六七八年）
鄭錦復侵沿海城堡。

　　　錦在廈門復集衆侵沿海城堡，詔復遷濱海居民，申舊
禁。

秋八月，遣意大里亞使臣歸國。

　　　意大里亞以九年入貢，至是，召見於太和殿，賜宴遣歸。
上以其遠泛重洋，傾誠慕義，錫賚之典視他國更優。

己未　康熙十八年（公元一六七九年）
總督姚啟聖、提督楊捷解漳州、泉州圍，進克海壇、金
門、廈門。

　　　鄭錦將劉國軒等復陷海澄，官軍死者三萬餘，都統赫穆
林、提督段應舉皆遇害。詔罷總督郎廷相，以姚啟聖代之，
與提督楊捷夾攻，解漳、泉圍。國軒遁還海澄，扼守諸島，相
持久不決。乃厚積舟師，并檄荷蘭夾板船助剿。未至，官軍
已克復海壇、海澄，進逼廈門。國軒遂棄金、廈二島，遁歸臺
灣。

庚申　康熙十九年（公元一六八〇年）
貝子賴塔貽書招鄭錦。

　　　先是，總督李率泰貽書招錦，至是，貝子賴塔復貽書招
之。錦請如約，惟欲留海澄爲互市地。姚啟聖不可。

辛酉　康熙二十年（公元一六八一年）
復展沿海居民地界。

　　　時沿海府州縣及金、廈二島均已收復，總督姚啟聖、巡

撫吳興祚疏請沿海民展界復業,從之。

壬戌　康熙二十一年(公元一六八二年)
築墨爾根①及齊齊哈爾城。

　　築城備俄羅斯侵軼也。自十九年附尼果賽等貽書察罕汗,久未有答書。而羅剎仍潛侵淨里溪等處,遷延不去,復東掠人畜於赫哲、費雅哈、飛牙喀、奇勒爾諸地,藪我逋逃,阻我索倫貂貢,將割據黑龍江東北數千里甌脫地。上以其密邇留都,不可滋蔓,又重開邊釁,因遣都統彭春等以兵獵黑龍江,徑薄其郭偵形勢。於墨爾根及齊齊哈爾各築城戍之,置十驛,通水運。又令喀爾喀車臣汗斷其貿易以困之。

癸亥　康熙二十二年(公元一六八三年)
夏六月,水師提督施琅征臺灣,平之。鄭克塽降。

　　先是,鄭錦頻年出兵在外,用陳永華言,命子克𡒄監國。長而才,然婢出也。二十年,錦卒,成功妻董氏入閒言,殺克𡒄,而立次子克塽,襲延平王。幼弱,不任事,事皆決於侍衛馮錫範,人心益失。於是總督姚啟聖奏:鄭錦死,子少,國內亂,時不可失。

　　時塽將劉國軒貽書啟聖,請如琉球諸國例,稱臣入貢。啟聖以聞,上不可,命進兵。

　　將出師,啟聖欲候北風,直取臺灣。施琅欲乘南風,先取澎湖,奏言:"澎湖不破,臺灣無取理;澎湖失,則臺灣不攻自潰。"請以戰艦三百、水師二萬,獨任討賊,而留督臣廈門濟餉。詔從琅策。

————————————
　　① 墨爾根,原作黑爾根,誤,今改正,後同。

34

時劉國軒擁衆守澎湖甚嚴，我軍次七罩灣，適潮漲，舟乘以進，會颶風夜發，怒濤山立。國軒壘壁環二十里，四面列巨礮。琅親督大艦衝圍，矢集，琅目不少却。國軒自率二萬人泊牛心灣，別屯萬人於雞籠嶼相犄角。琅乃分兵三路：以五十艘出雞籠爲奇兵，分敵勢；自督五十六艘，分八隊，攻其中堅；又以八十艘繼後。每路中復各分三隊，不列大陣，約以五艘攻其一艘，人自爲戰。酣鏖竟日，聲震數百里，焚百餘艘，殺萬有二千人。

凡海洋占候，雲合風生，雷鳴風止。是日將戰，黑雲起，敵方相賀，忽聞霹靂，皆驚愕失色，遂大敗。國軒由吼門冒險突圍而逸。我軍乘勝至庵耳門，膠淺不得入，泊海中十二日，潮不至。忽大霧，潮高丈餘，舟師平行而入。鄭氏驚曰："先王得臺灣，庵耳門漲。今復然，天也！"於是遣偏官鄭平英等齎表至施琅軍前降。

琅請頒赦招撫，上諭鄭克塽曰："帝王撫御寰區，仁覆無外，卽海隅日出之邦，無不欲其咸登袵席，共樂昇平。爾祖、父自明季以來，出沒海洋，盤踞島嶼。本朝定閩後，爾祖鄭成功竊據海隅，甘外王化。以及爾父鄭錦，勾引奸徒，窺伺內地，屢經剿撫，頑梗怙終。爾方童稚，妄思效爾前人，倚險負固，飄突靡常，故特選將練兵，出洋進剿。爾等果能悔罪投誠，率所部偏官軍民人等悉行登岸，將前罪盡行赦免，仍加恩安插，務令得所。爾等其審圖順逆，善計保全，以副朕宥罪施仁之至意！"克塽遂率劉國軒、馮錫範等，俱薙髮降。臺灣平。

臺灣在閩海中，縱千有餘里，衡四、五百里。地脈自福州鼓山越大洋，爲澎湖諸島，又東二百里，爲臺灣。起雞籠山，南盡沙馬磯，東南渡洋爲小呂宋，東卽大東洋，東北直琉球、日本，北則朝鮮、盛京，西北爲青、徐、江、浙海疆，西與福、泉、興、漳相值，西南走交、廣，檣帆相接。濱海土地饒沃，一歲三熟，山前多泉、漳、惠、潮民徙墾。山後皆土番，所居曰"社"，有三百餘社，分生、熟二種。生番居深林密箐，言語不通，熟番亦與居民雜處通市，而皆射生飲血，嗜殺械鬥。土産布、穀、五金、煤礦、毛羽、皮革、竹木、絲、漆、蔗糖甚豐。其地古不與中國通，罕有至者，卽《宋史》所謂澎湖東有毗舍邪① 國是也。明嘉靖後，海賊林道乾竄踞，後爲鄭成功所有。

至是，施琅言："臺灣一島之地，實腹内數省之屏蔽，棄之恐轉資荷蘭。"上可其奏，命籍之。初置府一，曰臺灣；縣三，曰臺灣、曰諸羅(乾隆時改嘉義，分設彰化)、曰鳳山，以知縣理之；又設兵備道一、總兵官一，以統轄之，飭戎備焉。

開海禁。

時沿海居民雖復業，尚禁商舶出洋互市，施琅等屢以爲言。又荷蘭以曾助剿鄭氏，首請通市。許之。而大西洋諸國因荷蘭得請，於是凡明以前未通中國、勤貿易而操海舶爲生涯者，皆爭趨。疆臣因請開海禁。設粵海、閩海、浙海、江海榷關四，於廣州之澳門、福建之漳州、浙江之寧波府、江南之雲臺山，署吏以蒞之。

乙丑　康熙二十四年(公元一六八五年)

---

① 毗舍邪，原作毗舍那，據《宋史》卷四九一改。

夏四月，黑龍江將軍薩布素圍雅克薩城。

　　先是，都統彭春征雅克薩城，二十三年正月，羅刹懼，乞
降，官軍獲其鳥槍以歸。未幾，羅刹潛據雅克薩如故，上命
黑龍江將軍薩布素等統兵圍之。阿達哈哈番馬喇言：“若取
羅刹田禾，則羅刹不久自困。”侍衛關保來，亦以爲然。上諭
令薩布素等酌議，或由陸路進，以所刈禾投江下流；或水陸
並進，以所刈禾船載以歸。已而薩布素等不能及時進取田
禾，詔責之，特命都統瓦山與薩布素等詳議以聞。於是會
奏：“我兵擬於四月杪水陸並進，抵雅克薩城招撫。如不納
款，則攻其城。倘萬難克取，卽遵前旨毀其田禾以歸。”上又
諭云：“兵非善事，不得已而用之。向者羅刹無故犯邊，收我
逋逃，後漸越界而來，擾害索倫、赫哲、飛牙喀、奇勒爾諸地，
剽劫人口，搶擄村庄，攘奪貂皮，肆惡多端，是以屢遣人宣
諭，復移文來使，羅刹竟不報命，反擾害益甚，爰發黑龍江兵
扼其往來之路。羅刹又竊踞如故，不送還逋逃，應卽剿滅。
今大軍將逼臨雅克薩城，姑再宣諭羅刹，倘仍抗拒，則大兵
相機而行。”

　　四月，官軍乘冰釋，水陸並進，將神威將軍火器置前，急
攻之。其頭目額克里舍勢窮乞降。克其城，歸其人於雅庫
舊部。

丙寅　康熙二十五年（公元一六八六年）

秋九月，詔薩布素班師。

　　是年正月，羅刹復以五百人攜火器來，據雅克薩，依舊
址築城以居。薩布素率所部二千人圍攻之，死守不去。值
荷蘭貢使在都，稱與俄羅斯逼鄰，乃賜書付荷蘭轉達其汗。

時察罕汗已卒，新察罕汗嗣立，知<u>中國</u>東方距己遼遠，且限於行國，非若西北之<u>西費雅</u>、西南之<u>圖里雅</u>（卽<u>普魯社</u>，今<u>布國</u>）① 近在肘腋所必爭也，於是商議復書。海道往還迅速，九月復書卽至，言："<u>中國</u>前屢賜書，本國無能通解者。今已知邊人搆釁之罪，自當嚴治，卽遣使臣詣邊定界，請先釋<u>雅克薩</u>之圍。"許之。遂詔<u>薩布素</u>等退師。

葉爾羌汗遣使來貢。

<u>葉爾羌</u>在<u>蔥嶺</u>東，漢<u>莎車</u>地。<u>順治</u>初，回疆各城尚皆有汗，皆<u>元太祖</u>次子<u>哈薩岱</u>之裔，非回回族。<u>哈密</u>有<u>巴拜汗</u>，<u>吐魯番</u>有<u>蘇勒檀汗</u>，<u>葉爾羌</u>則<u>阿布都汗</u>，皆以<u>葉爾羌</u>爲大宗，每表貢皆<u>葉爾羌</u>汗署名。至是，表貢稱"臣<u>成吉思汗</u>（卽<u>元太祖</u>）裔、承<u>蘇賚滿業汗</u>"。蓋是時尚未爲<u>回酋</u>所有，逮<u>準噶爾</u>攻破<u>回疆</u>各城後，無復表貢。

戊辰　<u>康熙</u>二十七年（公元一六八八年）
置<u>定海縣</u>。

<u>定海縣</u>舊曰<u>舟山</u>，一曰<u>翁洲</u>，在<u>寧波</u>海中，周百餘里，卽<u>越勾踐</u>欲徙<u>吳夫差甬東</u>之地。先是，<u>順治</u>三年，大兵定<u>浙東</u>，<u>明</u>監國<u>魯王</u>航海先至<u>舟山</u>，守將<u>黃斌卿</u>不納，遂入<u>閩</u>，<u>明</u>遺臣多附之。五年，其將<u>張名振</u>、<u>阮駿</u>陷<u>健跳所</u>，<u>王朝先</u>旋攻斬<u>斌卿</u>於<u>舟山</u>，迎<u>魯王</u>居之。七年，<u>閩浙</u>總督<u>陳錦</u>言："<u>浙東舟山</u>海寇及各寨山寇，皆以故國爲名，狼狽相倚，交通<u>閩粵</u>，窺伺<u>蘇松</u>，久爲東南之患。請進兵，由<u>定海關</u>出海，乘風潮半日可到，攻其不備。"<u>錦</u>旋與都統<u>金礪</u>等會兵，進破<u>四明</u>

---

① 此處有誤，<u>圖里雅</u>卽<u>土耳其</u>，非<u>普魯士</u>。

38

諸山寨,乘大霧渡海,克其城。魯王遁赴廈門。錦遂奏設陸兵千、水師二千以守。後又爲鄭成功所破據,官軍復攻克之。提督田雄言:"舟山不難於復,而難於守,請以滿兵駐防,增戰艦,補水師,分汛偵勦。"嗣因海警稍息,議政王等言:"舟山本棄地,守亦無用,應令都統率兵回京。"康熙二十三年,巡撫趙士麟、總兵孫惟統疏言:"舟山爲寧郡藩籬,請移定海總兵駐守。"二十五年,奏請設縣治。至是建縣,賜名定海,屬寧波府,而以舊定海縣爲鎮海。

秋九月,漠北喀爾喀蒙古各部來附。

喀爾喀蒙古:元太祖十五世孫達延車臣汗居於北庭(卽古北匈奴單于庭,元代稱和林),有子十一,徙漠南者爲敖漢、奈曼、巴林、札魯、克什克騰、烏珠穆沁、浩齊特、蘇尼特九部。其季子格呼森扎賚爾仍留漠北,析部衆分授七子,爲七旗,分東、西、中三路,各立汗掌之,是爲土謝圖汗及車臣汗、札薩克圖汗三部。

其地東界黑龍江,西界厄魯特,北界俄羅斯,南訖瀚海。以皆在漠北,故喀爾喀終明代不見於史。國初崇德時,平漠南插漢部,喀爾喀遣使貢名馬、甲冑、元狐、白貂鼠,及俄羅斯火槍、回部弓箙、鞍轡、阿爾瑪斯斧,詔定歲獻九白之貢(白駝一、白馬八,曰九白)。其後相繼歸誠。編入八旗駐京蒙古者,爲舊喀爾喀。有順治中及初元來歸,賜牧喜峯、張家兩口外之札薩克左右翼,爲內喀爾喀。其外喀爾喀,在漠北,中葉專佞剌麻,憚武事,所部復自相搆兵,爲厄魯特覬覦。準噶爾汗噶爾丹因之挑釁,是夏遂大舉入其庭。喀爾喀再戰再北,三部落數十萬衆瓦解,先後東奔。於是戴青、

39

台吉等二十八人各率所部入邊請降，旨准於汛界內遊牧。

　　至是，土謝圖汗與其弟率兩翼台吉及澤卜尊丹巴胡土克圖等，入汛界乞降，沿邊阿霸哈納諸台吉皆從之內附。

己巳　　康熙二十八年（公元一六八九年）
冬十二月，俄人來，歸雅克薩、尼布楚城。

　　先是，俄羅斯使臣費岳多羅額克里謝等由陸路至喀爾喀土謝圖汗境，文移往復，至是始與我領侍衛內大臣索額圖等會議於黑龍江。一循烏倫穆河（一作綽爾納河）相近格爾必齊河上游之石大興安嶺以至於海，凡山南流入黑龍江之溪河，盡屬中國，山北溪河盡屬俄羅斯；一循流入黑龍江之額爾呼（一作古）納河爲界，南岸盡屬中國，北岸盡屬俄羅斯。乃歸我雅克薩、尼布楚二城，定市於喀爾喀東部之庫倫，立石於黑龍江兩岸，刊泐會議條款，雜用滿、漢、拉提諾（一作喇第納）、蒙古、俄羅斯五體文字。於是東北數千里化外不毛之地，盡隸版圖。自後貿易之使每歲、間歲一至，未嘗稍違節制。

庚午　　康熙二十九年（公元一六九〇年）
秋七月，詔親征噶爾丹。八月朔，左翼兵大破之於烏蘭布通。

　　噶爾丹，西域厄魯特四衛拉蒙古之綽羅斯部台吉也，篡殺兄僧格長子索諾木阿拉布坦，而自立爲準噶爾汗。以詐力兼并四衛拉（曰綽羅斯，牧伊犁；曰杜爾伯特，牧額爾齊斯河；曰土爾扈特，牧雅爾，卽塔爾巴哈台；曰和碩特，牧烏魯木齊，徙青海），又思北併喀爾喀，使人激怒土謝圖汗。土謝

40

圖汗執而殺之，因藉詞報復，揚言借俄羅斯兵且至。喀爾喀探無是事，守備懈。噶爾丹因領勁騎襲破其帳。土謝圖汗潰遁，傾國大奔。途遇我使臣張鵬翮等往俄羅斯，喀爾喀遣使乞援。使臣以使事曉之。噶爾丹偵知我師不爲喀爾喀也，復蹴之，并擊破其左、右翼部及哲卜尊丹巴大剌麻等。於是土謝圖三汗及澤卜尊丹巴胡土克圖等部衆俱奔潰，先後投我漠南乞降。

噶爾丹亦遣使入貢，遂得兼有回部、青海、漠北，益驕蹇。上敕還喀爾喀侵地，率衆西歸，不聽。至是，以追喀爾喀逃人爲名，選銳東犯，侵及烏爾會河。尚書阿爾尼等以蒙古兵擊之，失利，侵及內札薩克。上遂詔親征，命撫遠大將軍裕親王全福爲左翼，安北大將軍恭親王常寧爲右翼。右翼遇賊於烏朱穆沁，戰復不利。噶爾丹遂乘勝而南。尋停止恭親王兵，命康親王傑書會兵駐歸化城。上巡兵至博洛河屯，回鑾。

八月朔，撫遠軍躪賊於烏蘭布通，大戰破其駝城。賊驚潰，噶爾丹夜遁。

辛未　康熙三十年（公元一六九一年）
車駕幸多倫泊，受喀爾喀蒙古汗王朝。

多倫泊（在獨石口外二百五十里）即元上都地。上以新附喀爾喀衆數十萬，宜訓以法度，先檄內、外札薩克各蒙古皆預屯多倫泊百里外，車駕臨莅，上三旗親軍營居中，八旗前鋒營二、護軍營十、火器營四分二十八汛環御營而列，傳諭內、外蒙古移近御營五十里，不得入哨內，屆期陳鹵簿，御帳殿於網城南，受朝賜宴。次日，上躬擐甲胄大閲，申嚴約束。土謝圖汗等具疏請罪。宣敕諭分左、右、中三路爲三十七旗，割內蒙古水草地，俾游牧近邊，仍留其汗號，比內札薩克各旗，而建彙宗寺於其地，以安其剌麻。

　　時噶爾丹與達賴剌麻及厄魯特各台吉遣使上尊號，却之。

卷　　三

壬申　康熙三十一年(公元一六九二年)

詔免朝鮮常貢。

　　先是，征準噶爾時，以火槍便利制勝，因立火器營，於是朝鮮國王進鳥銃三千桿。詔永免朝鮮黃金及青藍紅木棉等貢。

甲戌　康熙三十三年(公元一六九四年)

俄羅斯遣使入貢。

　　時有二犯逃入俄羅斯，俄羅斯遣人送回，理藩院行文獎之，遂復遣使入貢。上閱其章奏，諭大學士曰："鄂羅斯人材頗健，從古未通中國，距京師甚遠。自嘉峪關行十一、二日至哈密，自哈密行十二、三日至吐魯番，吐魯番有五種部落，過吐魯番即俄羅斯境。聞其國有二萬餘里。漢張騫出使西域，或即彼處。史載霍去病曾出塞五千里，想或有之，今塞外尚有碑記可考。至外藩朝貢，雖屬盛事，恐傳至後世，未必不因此反生事端。總之，中國安寧，則外釁不作，故當以培養元氣爲根本要務耳。"

丙子　康熙三十五年(公元一六九六年)

車駕復親征噶爾丹。噶爾丹遁走。

先是，噶爾丹自烏蘭布通敗遁後，仍侵掠我臣服之喀爾喀，且害我使人，而陰遣使誘內蒙古各部叛歸己。上恐勞師襲遠，欲復致其來，一戰覆之。因密諭科爾沁土謝圖親王沙津，遣人僞許內應。噶爾丹果沿克魯倫河而下，掠喀爾喀納木札爾陀音，遂踞巴顏烏蘭。因命安北將軍伯費揚古爲撫遠大將軍，從歸化城進發；揚威將軍覺羅舒恕、西安將軍博濟、振武將軍孫思克等由鎮彝取昆都倫一路，前後起程，皆爲西路。將軍薩布素統盛京、寧古塔、黑龍江、科爾沁兵，沿克魯倫河進，爲東路。上自統中路。

大兵出獨石口，皆赴瀚海，約夾攻。沙磧不宜車，乃留大礮，駝載子母礮。每駐營，上親撫士卒。行至滾諾爾，遇雪，從官及軍士服物由車運者，及暮不至。時一等侍衛海清從，上命海清以駝載既至之內府帳房及食物柴炭分賜，令棲息舉火。軍士歡躍，如慶更生。上又諭曰：“馬亦畏寒，其肥者猶可無恙，其瘦者或致凍斃，宜順風馳二三里許，令人圍繞之，使氣息漸溫，則無妨矣。可傳諭衆知之。”

行至西巴爾台，聞有俄羅斯助虜之信，大學士伊桑阿力請回鑾。上怒曰：“朕祭告天地宗廟出征，不見虜而返，何以對天下？且大軍一退，則虜盡銳向西路，不其殆乎！”遂躬率兵前行，諸軍以次進發，抵克魯倫河。

上手繪陣圖，指示方略，先遣使告以駕至。噶爾丹不信，登北孟納蘭山望，見御營黃幄龍纛，環以幔城，又外爲網城，軍容山立，大驚，拔營宵遁。因命領侍衛內大臣搜討近地。上親率前鋒追之三日，至拖諾山而還。噶爾丹中途欲拒戰，而衆奔不可止，沿途遺棄老弱、輜重、廬帳、器械無算。

44

上駐蹕克勒河朔①，而命領侍衛內大臣明珠盡運中路之糧以濟西師。

夏五月，撫遠大將軍費揚古大破噶爾丹於昭莫多。

　　噶爾丹西走，適西路兵遇之。時我師度磧，士馬飢疲，難馳擊，費揚古謂非反客為主、以逸待勞不可，乃距敵三十里止營，遣前鋒兵四百且戰且却，誘之至昭莫多。遵上所授方略，皆下馬步戰，約聞角聲始上馬，而麾左右翼步騎先據小山，陣於東，餘沿土臘河北陣於西。將軍孫思克以綠旗兵居中，據山頂臨之。賊爭山頂，鋒甚銳。我兵據險俯擊，弩銃迭發，藤牌繼之，每進輒以拒馬木列前自固。虜冒矢銃鏖鬥，至暮不退。費揚古遙望虜陣後人馬不動，察其婦女、駝畜，乃麾沿河伏騎，一橫衝入陣，一襲其輜重，山上軍奮呼夾擊，大敗之，夜追三十里。比曉收軍，斬數千級，降三千人，獲馬駝、牛羊、廬帳、器械無算。噶爾丹妻阿奴，頗哲敢戰，披銅甲，佩弓矢，騎異獸似駝，精銳悉隸麾下，至是亦斃於礮。噶爾丹以數十騎遁。

秋七月，命內閣、翰林院修《平定朔漠方略》。

　　時上因噶爾丹遁，逐之盡境而止，勒功於察罕拖諾山及昭莫多之山，班師凱旋。御史阮爾訓疏言：“我皇上御極以來，如天覆育，罔不率俾，乃冥頑如噶爾丹，自外生成，致聖主赫怒，躬董六師，親臨朔漠，恩威遠播，算無遺策。蓋自啟蹕以迄回鑾，往返一百日之內，跋涉五千里而遙，迅奏膚功，丕揚神武，為從古帝王所未有。請宣付史館，敬述方略，勒

---

① 克勒河朔，原作克勒和碩，抄本作克勒河朔，是，據改。

45

成一書，布之中外，傳示無窮。"詔下禮部、翰林。議如所請。是月，遂命內閣、翰林院等官修《平定朔漠方略》。

秋九月，葉爾羌回酋阿布都實特來降。

噶爾丹當強盛時，攻破天山南路各城，盡滅元裔諸汗。（乾隆中蕩平準部時，惟吐魯番舊頭目莽蘇爾自喀喇沙爾來降，外此西域已無蒙古遺種。）其回教祖謨罕驀德（一作摩哈麥，一作馬哈麻，又稱派罕巴爾）二十六世孫瑪墨特，已於明季與兄弟分適各國，自墨德（一作墨克，古天方，即波斯）東踰蔥嶺，居喀什噶爾。（乾隆時霍集占兄弟雖誅，其先世和卓墓仍令回戶管守，至今尚存。）子孫散處西域各城，人皆崇而奉之，亦各有長。時葉爾羌回教酋阿卜都里實特亦爲噶爾丹質諸伊犁，至是，噶爾丹敗，遂乘間率其子額爾克蘇爾虜脫身來降。上賜銀幣，遣官送至哈密，仍歸葉爾羌。

丁丑　康熙三十六年（公元一六九七年）
春二月，命平北①大將軍馬思哈、撫遠大將軍費揚古征噶爾丹。車駕幸寧夏。

噶爾丹屢敗後，精銳軍資喪盡，回部、青海、哈薩克皆隔絕背叛，欲西歸伊犁，則畏兄次子策妄阿拉布坦之逼；欲投俄羅斯，俄人拒不受。準部諸台吉絡繹來降。噶爾丹窮蹙無計，乃遣使納款行在，探朝廷意。詔數其罪，令親身來降，仍許以喀爾喀恩例待之。而噶爾丹倔強，終不至。

至是，乃遣馬思哈、費揚古分兩路進兵。每路兵各三千，每兵二名從僕一人、馬五匹，四兵合爲一伍，帶百日口糧

---

① 平北，原作北平，應爲平北之誤，故改。

46

前進。

車駕復幸寧夏，就近指授機宜。

閏三月，噶爾丹自殺，部屬皆來降，朔漠平。

時，車駕復自寧夏進駐白塔，噶爾丹左右親信聞大兵將至，皆密款附。噶爾丹遣其子塞卜騰巴珠徵糧哈密，爲回人禽獻。噶爾丹進退無地，至阿察阿穆塔臺仰藥死。其下丹濟拉(一作其侄丹吉喇)以噶爾丹尸及其女鍾齊海來歸，餘衆盡降。自是阿爾台山以東皆隸版圖，拓喀爾喀西境千有餘里，而反喀爾喀於漠北，增編爲五十五旗。

大臣請行慶賀禮，上曰："噶爾丹之死乃天所助。昔喀爾喀窮蹙來歸，不得不允其內附，噶爾丹假此搆難，犯我邊境，是以爰整其旅，爲一勞永逸之計。我師所至，無水之地而靈泉湧出，不毛之土而庶草蕃蕪，事悉稱意。今西北永寧，其不致獲咎者幸矣，宜先謝天。"

戊寅　康熙三十七年(公元一六九八年)

夏四月，減粵海關額稅。

上諭大學士等："廣東海關收稅人員搜括商船貨物，槪行徵稅，以致商船稀少，關稅缺額，且海船亦有自外國來者，如此瑣屑，甚覺非體。著減額稅銀三萬二百八十五兩，著爲令。"

置定海榷關。英吉利來互市。

英吉利(粵東初稱英圭黎，一作膺吃黎，或作諳厄利)，歐羅巴洲强國。地本三島，孤懸大西洋。迤東兩島相連，南英倫(一作英蘭)，國都倫敦(一作蘭頓)在焉；北蘇格蘭(一作斯葛蘭，一作斯哥西亞，又作師古泰）。迤西別島曰阿爾蘭（一作愛倫島，又作伊爾蘭）。三島各分數十小部，旁各有羣島。東界荷蘭，南界法蘭西海峽半日程，北至大北海，西至大西海。北極出地五十度至六十一度，經綫偏東一度至西十度有奇。都臨但西河（一作坦米斯，一作達彌塞河），宮室壯麗，舟車輻輳，商貨充牣，工藝精巧，爲歐羅巴一大都會。國有大書院以聚學徒，凡刑名、星曆、醫術、藝事各有師學，多藏書。文字用二十六字母，切字多，正字少，旁行斜上，謂之拉體納書。向奉克力斯頓天主教，後改婆羅特士頓，爲耶穌新教。人多長大，白肌，碧睛，髮拳黃，故亦稱爲紅毛。地産銅、鐵、錫、煤、呢、羽。其珍産異種，多從商舶採自遠洋。土雖腴而地狹人稠，歲以海舶移罪犯及窮民於荒島，給資墾闢。又奪據各島爲藩屬，如外大西洋之北亞墨利加洲，西南之亞非利加洲海濱，亞細亞洲之印度及各島，與東南洋之阿塞尼亞洲（此洲在南極下，西人最後得之，爲五大洲，卽澳大利亞島），凡數十處，遠者距數萬里，皆立市埠，收貢稅及種植，而以海舶聯絡之，故在西洋諸國，尤稱雄富。

其國古爲土番部落，後有北狄羗特族據之，漢時羅馬渡海略定其地，屬意大里者四百餘年。六朝時，羗特族卑勒敦據之，爲據蘇格蘭之斯各多、比德斯兩部所攻，求援於安各羅。安各羅亦羗特族，兵強地逼，因脅降之。後分爲七，唐貞元中，有豪酋平七國爲一。後大尼（卽嗹國）復據之。宋真宗時，英北族有酋曰威廉（一作給列爾美），請命羅馬教皇，伐大尼，破之，遂王本國。嗣王顯理第二，克伊琳大洲（卽阿爾蘭）。元至正中，併蘇格蘭國，旋分爲二。明初國屢

48

亂,以改尚西教（卽耶穌新教）與西班牙相攻,勝之,勢遂振。萬曆間,有女主卒無子,英人奉蘇格蘭王嗣位,二國合一,稱英吉利。

古不通中國,至天啓間始有聞,又未來華,故不見《明史》。順治初,其王遇弒,嗣王强民習洋教（卽天主舊教）,不從,招荷蘭王率兵至,荷蘭王遂入卽王位,是爲威廉第五。自後國勢益振。及臺灣平,開海禁,設四榷關,浙海關在寧波,商船出入海港,往返百四十里,中多礁石,每回帆巡去。英吉利貨船時往來澳門、廈門,復北泊舟山（卽定海縣）。寧波海關監督屢請移關定海縣,部議未許。

至是,監督張聖詔以定海港澳闊深,水勢平緩,堪容番舶,亦通各省貿易,請捐建衙署,移關以便商船,當增稅銀萬餘。詔可,乃於定海城外道頭街西建紅毛館一區,以安置夾板船水梢人等。此英吉利商船來定海之始,然時雖通市,亦不能每歲來華也。

己卯　康熙三十八年（公元一六九九年）
四川提督唐希順克打箭鑪。

打箭鑪在四川西徼,明正土司所屬,地高寒,因山爲城,西通裹塘、巴塘,達西藏。時西陲多擾,提督唐希順遣守備王允吉等率兵攻克之。以其地爲番夷互市、通貢總匯,入藏驛路所經,因定界於中渡。

庚辰　康熙三十九年（公元一七〇〇年）
俄羅斯遣使齎表至。

俄羅斯使臣齎表至京師,上諭大學士曰:"俄羅斯地方遙遠，僻處西北海之隅，然甚誠敬，噶爾丹窘迫求救於彼，曾拒而不答。曩者遣人分畫疆界，卽獻尼布楚地以東爲界。尼布楚等處原係布拉忒吳郎海諸部落地，彼皆林居，以捕貂爲業，人稱爲土中人，後俄羅斯强盛，並吞之，能遂獻還，允當軫念也。"

癸未　康熙四十二年（公元一七〇三年）

額濟納土爾扈特人來降。

　　　　土爾扈特種人在額濟納者，見朔漠盡平，亦相率來降。詔編置一旗，與阿拉山（卽賀蘭山）厄魯特蒙古同游牧甘涼塞外。

乙酉　康熙四十四年（公元一七〇五年）

冬十一月，詔翰林院習外國文字。

　　　　時大學士等以俄羅斯貿易來使齎至原文繙譯進呈，上閱之，諭曰："此乃拉提諾、託多烏祖克、俄羅斯三種文也。外國文有三十六字母者，亦有三十字、五十字母者，朕交剌麻詳考視之，其來源與中國同，但不分平上去聲，而尚有入聲，其兩字合意甚明，中國平上去入四韻極精，兩字合音不甚緊要，是以學之者少，漸至棄之。問翰林院四聲無不知者，問兩字合聲則不能知。中國所有之字，外國尚知之，特不全耳。此後翰林院宜學習外國文字。"

戊子　康熙四十七年（公元一七〇八年）

秋七月，免暹羅貢使貨稅。

　　　　暹羅國王森列照拍廣拍馬嘑陸坤司由提邪菩埃遣陪臣入貢，詔貢使所攜貨物免徵其稅。

己丑　康熙四十八年（公元一七〇九年）

秋七月，許商船由內洋販米赴<u>寧波</u>、<u>紹興</u>。

時<u>浙江</u>巡撫<u>黃秉中</u>疏言："<u>寧波</u>、<u>紹興</u>等處連歲歉收，米價騰貴，計惟招商可平<u>市</u>價，而<u>溫台</u>二府豐收米賤，格於出洋之禁，請許商民由內洋販運，以濟<u>寧</u>、<u>紹</u>。"從之。

辛卯　<u>康熙</u>五十年(公元一七一一年)

<u>土爾扈特</u>遣使入貢。

<u>土爾扈特</u>本<u>厄魯特</u>四<u>瓦剌</u>部(一作<u>衛拉</u>，卽<u>瓦剌</u>音轉)之一，其游牧地曰<u>雅爾</u>(卽今<u>塔爾巴哈台</u>)，爲<u>元脫歡</u>及<u>也先</u>裔，<u>明</u>季所部<u>和鄂勒汗</u>與鄰部有釁，率其子<u>書岱青</u>等投<u>俄羅斯</u>。<u>俄羅斯</u>以其行國也，指<u>裏海</u>、<u>額濟勒河</u>之南、<u>圖里雅</u>（卽<u>普魯社</u>）①東、<u>哈薩克</u>北無城郭地使之游牧。其舊地則<u>輝特</u>部居之。至<u>和鄂勒</u>曾孫<u>阿玉奇</u>，仍回舊部嗣汗，以女妻<u>策妄</u>。<u>策妄</u>離間其子<u>散札布</u>率萬五千戶來<u>伊犁</u>，盡沒入之，而逐<u>散札布</u>，<u>阿玉奇</u>遂全部仍投<u>俄羅斯</u>。

至是，聞<u>準噶爾</u>敗亡，遣使假道<u>俄羅斯</u>來貢。上欲悉其要領，旋遣兵部郎中<u>圖理琛</u>等往報之，假道<u>俄羅斯</u>，經<u>西悉畢爾</u>及<u>喀山</u>兩斯科。使臣過境，其邊臣以<u>察罕汗</u>命，致禮餼，以兵護行。往返三載，以五十四年三月歸，備記所經爲《<u>異域錄</u>》數萬言，繪圖呈覽。其河道大者曰<u>色棱格河</u>，曰<u>厄爾齊斯河</u>，皆發源<u>中國</u>(<u>色棱格河</u>出<u>漠北阿爾泰山</u>東，<u>額爾齊斯河</u>出<u>阿爾泰山</u>西)，流入<u>北海</u>。其近<u>北海</u>處，夏至無夜，冬至無晝。後<u>俄羅斯</u>人至，亦稱其地去北極二十度以上，爲<u>北海</u>，堅冰凝結，人不能至云。

---

① 此處有誤，<u>圖里雅</u>非<u>普魯土</u>，而是<u>土耳其</u>。

癸巳　康熙五十二年（公元一七一三年）
春二月，海盜程尚義降。

　　是月，上諭：“朕昨問投誠海賊程尚義，伊等出洋行劫，遇西洋船，懼其火器，不敢逼近，惟東洋船則掠其銀米，亦不盡取，以此商船仍往來不絶。中國與西洋，地方俱在赤道北四十度內。海洋行船，中國人多論更次（六十里爲一更），西洋人多論度數。自彼國南行八十度，至大浪山，始復北行，入廣東界，常六閱月，在海中不見一山。又自西洋至中國，有陸路可通，因隔俄羅斯諸國，行人不便，故皆從水路。俄羅斯距京都約萬二千里。西洋及土兒虎特（即土爾扈特）地方，皆與俄羅斯接界。俄羅斯倚土爾扈特馬匹，土爾扈特助之大敗雪西洋。又西去溫多斯坦、布海兒、夜兒根等處，産棉製甲，四十層可敵浙江棉八十層，曾以鳥槍試驗知之。又過哈密六百里，有吐魯番，去雪山百餘里。其人晝伏，至夜始出耕種，地甚熱而多石，日出時耕種輒熱死。又哈薩克卽古陽關地，其人性好鬥，常結隊以殺擄爲事，人心亦智，若婦女被人擄去，必乘閒手刃其人而回。地亦熱，草極肥盛，馬皆汗血，所産蘋果、葡萄、梨等物皆大而美。又西北回子種類極多，皆元後裔。又有一支在①小西洋，約十萬人，皆住帳房。惟北極下最寒，往時有人築室而居，明年往觀之，已無復存者，但見林間雪深數丈而已。昔人云，北海有積冰數百丈，信不誣也。”

丁酉　康熙五十六年（公元一七一七年）

-----

　　① 在，原作化，二十二年本作在，據改。

52

廣東碣石鎮總兵官陳昂請禁開堂傳教。

　　初，嚴傳天主教之禁，各省私設教堂未奉追毀，又以西人得自行其教，日久法弛，漸相煽惑。總兵官陳昂因言："天主一教，設自西洋，今各省開堂聚衆，此輩居心叵測，目下廣州城內外尤多，加以洋船所匯，同類招引，恐滋事端。乞循例嚴禁，毋使滋蔓。"從之。

戊戌　康熙五十七年(公元一七一八年)

秋九月，命皇子允禵爲撫遠大將軍，屯青海。

　　征準噶爾也。先是，噶爾丹自殺，其下丹濟拉以其尸并其女來歸，其兄次子策妄阿拉布坦初逃居土魯番，遣使乞降，已而乘隙收集伊犁，遂奪其尸以獻。上以策妄方親附，又其地遼遠，費轉輸，遂畫阿爾台山(即唐[①]金山)以西俾游牧。復成西域大部落，遂思併厄魯特爲一。杜爾伯特先已附之，於是追逐土爾扈特汗阿玉奇父子仍投俄羅斯，又贅和碩特汗拉藏之子丹衷於伊犁，而使大策零敦多卜於先年秋潛兵由騰格里入西藏，襲殺拉藏汗，遂自立爲四部總汗。是月，又覆我將軍額倫特、侍衛色楞援藏之師於喀喇河。

　　上恐其左右憑陵，將不可制，於是命皇十四子允禵爲撫遠大將軍，視師青海南北路，諸軍皆從大將軍取進止。旋起程，暫駐西寧。

以楊琳爲兩廣總督。

　　琳疏言："西洋人開堂設教，其風未息，請循五十六年例再行禁止。"報可。

―――――――――――――――――――――――――

　　① 唐，原作庚，誤。阿爾泰山在唐代稱爲金山，故改。

53

己亥　康熙五十八年(公元一七一九年)
夏六月，永寧協副將岳鍾琪撫定裏塘、巴塘。

　　四川打箭鑪西三百餘里爲裏塘，又西數百里爲巴塘，皆通西藏、西寧、雲南孔道，各有土司，舊屬前藏。時策零據藏，番酋多爲所誘。大軍將進討，都統法喇令副將岳鍾琪領綠旗先抵裏塘。其酋目達哇等語不遜，鍾琪乘其無備，擒送首逆七人，斬之。隨宣詔撫諭，進收巴塘。令成都教諭楊世祿先招撫其酋，結果翁、布二人遂齎其土地戶口册籍詣軍降。

庚子　康熙五十九年(公元一七二〇年)
春正月，詔大軍護噶爾藏達賴刺麻赴西藏。

　　第五世羅卜藏達賴刺麻之卒也，其第巴(官名)桑結欲專國，不使班禪刺麻代持教，欲使衆尊己，遂匿不發喪，唆噶爾丹，使覆喀爾喀。及噶爾丹敗竄，又使其胡土克圖濟隆代爲乞和，以誘我追師。及詔加詰責，始惶恐具奏，而立紅教之僞刺麻，與策妄及拉藏汗交惡。拉藏誅桑結而立博克達山之刺麻爲達賴。青海諸蒙古不之信，別以裏塘之噶爾藏嘉穆錯爲真達賴，擁至西寧塔爾寺坐牀。兩部争議未決，策妄已遣策零敦多卜侵藏，襲殺拉藏汗，而禁其所立新刺麻。及覆我援藏之師，上乃封噶爾藏爲宏法覺衆第六輩達賴刺麻，賜册印，命平逆將軍延信等自青海率滿、漢兵，及諸蒙古汗王台吉等，送之入藏，命護軍統領噶爾弼爲定西將軍，率兵自打箭鑪出，軍容甚盛。

免西洋人德克里罪。

54

初以妄行陳奏獲罪,詔從寬禁錮,未幾赦之。

秋九月,大軍入西藏,賊將策零敦多卜遁回伊犁,西藏平。

　　大軍既進,賊將敦多卜自拒中路,凡三襲我軍,皆敗走。將軍噶爾弼自南路進至察木多(卽前藏),奪橋據險,欲俟中路兵偕進,恐期久糧乏,用副將岳鍾琪計,卽招土司前驅,集皮船以渡,直趨布達拉(卽中藏)。分兵斷賊餉道,沿途招降番目,傳大小第巴、各廟剌麻宣示拯救至意。

　　時北路牽制之師將軍富寧安、傅爾丹、祁里德等,亦分途進擊準噶爾邊境,降其宰桑,焚其積蓄,獲牲畜萬計。敦多卜無援應,又腹背受敵,遂大潰,由騰格里舊路(騰格里海在布達拉西北,其北岸大山有鐵索橋之險,策零侵藏所經)竄還伊犁,得達者無幾。

　　兩軍既會於藏,搜討偽藏王達格咱、賊目藍占巴及宰桑剌麻助逆者。諸蒙古汗王台吉遂擁新達賴登座。詔賜以土地人民,而取博克達剌麻歸京師,以拉藏舊臣貝子康濟鼐掌前藏,台吉頗羅鼐掌後藏事。

　　蓋自五世達賴剌麻卒後(羅卜藏卒於康熙壬戌年),西陲擾亂三十餘年,至是始定。御製文紀事,勒石大招寺。(大招寺在布達拉之薩喇城,爲西藏諸城之首寺,爲唐公主所建,爲駐藏大臣會諸貝子、大剌麻議事之所。)時將軍有乘勝來年大舉之請,因哲卜尊丹巴剌麻代策妄請罪,諭令自戢,暫停進兵。

　　西藏既定,於是遣理藩院主事勝住偕剌麻楚爾沁等,往圖西徼外山川，以阿里西三百餘里之岡底斯爲天下衆山水之根，蓋即葱嶺南幹(時回疆未收，故疑岡底斯即崑崙)。

壬寅　康熙六十一年(公元一七二二年)

暹羅運米至，蠲其稅。

　　時暹羅貢使言其地米甚饒裕，銀二、三錢可買稻米一石，詔令分運米三十萬石，售於閩、廣、浙江，免收其稅。

癸卯　雍正元年(公元一七二三年)

安置西洋人於澳門。

　　閩浙總督覺羅滿保奏稱："西洋人雜處內地，在各省起天主堂，邪教徧行，聞見漸淆，人心漸被煽惑。請將各省西洋人，除送京効力人員外，餘俱安置澳門，其天主堂改爲公廨，誤入其教者嚴行禁飭。"奉諭："遠夷住居各省已歷年所，今令其遷移，可給限半年，委官照看，毋使地方擾累、沿途勞苦。"

甲辰　雍正二年(公元一七二四年)

春二月，撫遠大將軍年羹堯、奮威將軍岳鍾琪征叛酋羅卜藏丹津，破走之。青海平。

　　青海在西寧府西，瀦水七百餘里。(海中有二島，不通舟楫，惟冰合可通，即古弱水。)西回疆，南衛藏，北玉關，袤延二千里。古西戎地，漢爲鮮水諸羌，後爲吐谷渾。唐末入吐番，始隸衛藏。崇佛教，明封番酋爲禪師、國師，復併入套酋俺答。後元裔和碩特部(和碩特亦厄魯特四部之一)固始汗自西域來據之，南併衛藏。國初崇德中，遣使自塞外通貢。順治初，導達賴刺麻入覲受封，賜金冊印。旋卒，有十

56

子，一在套西，一在西藏，居青海者八部，叛服不常。及噶爾丹襲殺鄂齊圖汗（固始汗兄子），青海和碩特諸台吉懼，稍內附。康熙中，駕幸寧夏，時宣諭八台吉皆入覲，詔封固始汗子達什巴圖爲親王，餘授貝勒、貝子、公有差，爲近藩。

及達什巴圖子羅卜藏丹津襲爵，從大軍定藏歸，以唐古忒及青海舊皆和碩特屬部，己爲固始汗嫡孫，仍冀總長諸部，於元年夏誘諸部與盟，令復故號，而自號達賴渾台吉，以脅諸部，不從者加以兵。親王察罕丹津遂內奔河州關外。又誘青海大剌麻察汗諾們汗使從己。諸番剌麻等同時騷動，寇掠西寧。詔侍郎常壽往諭，爲所執。上乃命川陝總督年羹堯爲撫遠大將軍、四川提督岳鍾琪爲奮威將軍，討之。

羹堯先分兵防其內犯，又守險扼其入藏及通準噶爾之路，遣諸將分攻，潰其黨羽。各蒙古貝勒、貝子、公等多來歸，降其脅從部落十餘萬。

是年正月，鍾琪進攻黨賊剌麻，沿途焚其寨堡寺舍，斬馘六千，惟丹津負隅於柴木達（距西寧一千餘里）。羹堯請調兵四萬，分四路進攻（西寧、松潘、甘州①，布隆吉爾②）。鍾琪請乘春草未生，以精兵五千，馬倍之，兼程擣其不備。詔從鍾琪策。

是月出師，先後殲殪其守險偵伺之賊，賊無哨探，乃銜食衡枚，宵行百六十里，黎明抵其帳。賊猶未起，倉皇大潰，丹津衣番婦衣、騎白駝遁。官軍循河源西窮追至桑駝海，無路而返，而丹津已橫越戈壁投準部矣。俘其母、妻、弟、妹、

① 甘州，原作汪州，據二十二年本改。

② 布隆吉爾，原缺爾字，據二十二年本補。

逆目,斬馘八萬,降數萬,擄獲無算,往返兩月。

詔封羹堯一等公、鍾琪三等公,勒碑太學。鍾琪旋進勦黨賊土番,於莊浪衞西山(卽唐石堡城) 禽斬大半。賊釁乞降。又乘時勘定西寧番,奏做土司設番目,隸廳衞,而增置大通、安西、河州、柳溝各衞,改西寧衞爲府,青海辦事大臣駐節於此。追繳諸番兵器及明國師印,敕限每寺剌麻毋過三百,闢青海地千餘里,分賜各蒙古。

暹羅貢稻種、果樹。

暹羅貢船內梢目,水手九十六人本中國人,貢使求免回籍,許之。

夏六月,定來粵洋商船額數。

通政司右通政梁文科奏:"查香山縣澳門地方,明季嘉靖間租與紅毛居住,屢年來戶口日增,居心未必善良,不可不嚴加防範,以杜隱憂。今宜設一弁員在澳門彈壓,凡外洋人往來貿易,不許久留,並不許內地奸民勾通爲匪,則地方安靜,庶不致有意外之虞。"奉旨:"交兩廣總督孔毓珣詳細訪詢籌計,妥確以聞。"

毓珣回奏:"臣查其地原有香山協把總一員,帶兵五十名防守,又澳門內旱路十餘里,地名前山寨,設有城池、關門,不容西洋人擅入內地,現有都司、守備領兵駐防,四面妥設礮臺控制,是原有官兵彈壓,惟嚴飭用心巡查,無庸另議安設矣。惟是康熙五十六年定例,禁止南洋不許中國人貿易,澳門因係夷人不禁,獨佔其利,近年每從外國買造船隻,駕回貿易,船隻日多,恐致滋事。臣擬查其現有船隻,仍聽

58

貿易，定爲額數，朽壞准修，此後不許添置，以杜其逐歲增多之勢。至外國洋船每年來中國貿易者，俱泊省城黃埔地方，聽粵海關徵税查貨，並不到澳門灣泊。"報可。

秋九月，山東巡撫陳世倌請禁回教，不許。

　　東撫陳世倌疏言："左道惑民，律有嚴禁。如回教不敬天地，不祀神祇，另立宗主，自爲歲年，黨羽衆盛，濟惡害民，請概令出教，毀其禮拜寺。"上諭："此種回教原無一可取，但其來已久，且彼教亦不爲中土所崇尚，率皆鄙薄之，卽彼教中稍有知識，亦似有不得已之情，從無平人入其教門之理，則彼所謂教者，亦止此數，非蔓延難量之事。至彼之禮拜寺、回回堂，亦惟彼類中敬奉而已，何能惑衆？朕令汝等嚴禁眩幻駭人動衆之事，如僧、道、回回、剌麻等，其來已久，今無故欲一時改革禁除，不但不能，徒滋紛擾，有是治理乎？未知汝具何意見也。"

冬十月，安置西洋人於廣州。

　　時，上諭孔毓珣："如西洋人之安插，亦未甚妥。外來之洋船發放，尤屬不當。今命爾總督其地，其盡心竭力，一一料理。"毓珣奏稱："查各省居住西洋人，先經閩浙督臣滿保題准，有通曉技藝願赴京効力者送京，此外一概送赴澳門安插，嗣經西洋人戴進賢等奏懇寬免逐回澳門，發臣等查議。臣思西洋人在中國，未聞犯法生事，於吏治民生原無大害，然曆法、算法各技藝，民間俱無，所用別爲一教，原非中國聖人之道，愚民輕信誤聽，究非長遠之計。經臣議，將各省送到之西洋人，暫令在廣州省城天主堂居住，不許出外行教，亦不許百姓入教，遇有各本國洋船到粵，陸續搭回，此外各府州縣天主堂，盡行改爲公所，不許潛往居住，業會同將軍、撫、提諸臣具題。其澳門居住之西洋人，與行教之西洋人不同，居住二百年，日久人衆，無地可驅，守法納稅，亦稱良善。惟伊等販洋船隻每從外國造駕回粵，連前共二十五隻，恐將來船隻日多，呼引族類來此謀利，則人數益衆。臣擬將現存船隻編列字號，作爲定數，不許添造，並不許再帶外國之人容留居住，亦經具疏請旨。此安插兩種西洋人，是否妥協，伏候聖裁。再，外來洋船向俱泊於近省黃埔地方，來回輸納關稅。臣思外洋遠來貿易，宜使其懷德畏威，臣飭令洋船到日，止許正商數人與行客公平交易，其餘水手人等俱在船上等候，不得登岸行走，撥兵防衛看守，定於十一、十二兩月內，乘風信便利，將銀貨交清，遣令回國，則關稅有益而遠人感慕，亦不致別生事端矣。"

奉諭；"朕於西洋教法，原無深惡痛絕之處，但念於我中國聖人之道無甚裨益，不過聊從衆議耳。爾其詳加酌量，若果無害，則異域遠人自應一切從寬。爾或不達朕意，繩之過嚴，則又不是矣！"

乙巳　雍正三年（公元一七二五年）

春二月，詔安輯臺灣降番。

先是，福建巡撫黃國材於二年十一月疏報，臺灣鳳山縣南路山前生番歷歷等五社、北路山後生番八里岡等六十五社、諸羅縣北路山前生番本祿等四社男婦五千七百九十九名口歸化。至是，續報臺灣彰化縣內山巴荖遠①、麻著、獅

---

① 巴荖遠，原作巴萊遠，二十二年本作巴荖遠，是，據改。

子頭等社生番男婦八百五十一名口歸化。尋奉上諭："生番野性難馴，全在地方文武官弁安戢得法，封疆大吏當嚴飭屬員施恩布教，令其心悅誠服，永無變更，方不愧柔遠之道。"

秋八月，西洋教化王遣使入貢。

時教化王伯納地哆遣使臣噶達都易德豐表貢方物，使還，賜諭曰："覽王奏並進貢方物，具見悃誠。我聖祖仁皇帝怙冒萬方，無遠弗屆，龍馭升遐，中外臣民悲思永慕。朕纘承大統，勉思紹述前徽。教化王地處極遠，特遣使臣齎章陳奏，感先帝之垂恩，祝朕躬之衍慶，周詳懇至，詞意虔恭，朕心嘉慰。使臣遠來，朕已加禮優待。至西洋寓居中國之人，朕以萬物一體爲懷，時時教以蠲飭安靜，果能慎守法度，行止無虧，朕自推愛撫恤。茲因爾使臣歸國，特頒斯勅，并賜妝段、錦段、大段六十匹，次段四十匹，王其領受，悉朕惓惓之意。"①

秋九月，禁民入番船。

本年六、七月間，粵東到英吉利洋船三、法蘭西洋船一，皆載黑鉛、番錢、羽緞、哆囉呢嘰諸貨，又續到嗬沙國、咖喇吧國、嗎吧喇斯國洋船、英吉利洋船，皆載胡椒、檀香、蘇木、黑鉛，停泊黃埔。總督孔毓珣奏請委員彈壓稽查，不許內地閒雜人等擅入夷船生事，併嚴飭牙行公平交易，務在年內乘風信盡令開發歸國。

奉旨："嚴加約束，不可寬縱。"

丁未　雍正五年(公元一七二七年)

---

① "秋八月……悉朕惓惓之意"一條原缺.據二十二年本補。

蘇禄入貢。

　　蘇禄國在南洋小吕宋羣島西南、婆羅洲東北，地當赤道下，三島相連，島甚渺小，惟兼有婆羅洲東北隅地。由厦門往，水程百一十更。産明珠、玳瑁、蘇木、降香、藤條、鸚鵡。户口頗繁，而民食不足。本巫來由繞阿番族，勇悍善鬥，民多習爲海盗，地磽瘠，食不足，糴於别島。厦門商船至蘇禄，水程百二十更。國有東、西、峒三王，明永樂中并率妻子來朝，後併爲一。西班牙既據吕宋，再以兵攻蘇禄，反爲所敗。

　　是年，其王遣使至閩，貢方物，並求内附。上以其險遠，不許。

春三月，開閩省海禁。

　　閩督高其倬疏言："福、興、漳、泉、汀五府，地狹人稠，自平定臺灣以來，生齒日繁，山林斥鹵悉成村落，無田可耕，流爲盗賊勢所不免。臣再四思維，惟廣開其謀生之路。如開洋一途，前經嚴禁，但察富者爲船主、商人，貧者爲頭舵、水手，一船幾及百人，其本身既不食本地米糧，又得沾餘利歸養家屬。若慮盗米出洋，則外洋皆産米；慮透消息，則今廣東船許出外國，豈福建獨虞洩漏？慮私販船料，則中國船小，不足資彼之用。似開洋於地方有益，請弛其禁。"尋下廷議，行。

夏四月，葡萄牙入貢。

　　葡萄牙卽布路亞（一作博爾都噶亞，一作波耳都欺），歐羅巴極西小國。北界西班牙（卽大吕宋，一名日斯巴尼亞），西南臨大西洋。北極出地三十七度至四十二度，英綫偏西九度至十二度。國有三大江，皆源自西班牙。有二學，歐羅

62

巴高材多出其中。土産果實、絲綿，善釀葡萄酒。其地古名盧西達尼，本西班牙西境，後爲回國所併三百餘年。宋紹聖時，西班牙恢復故土，有臣曰英黎給，將兵有功，王妻以女，以盧西達尼數城封之。其子襲位，攻破回部，拓地漸廣，國人奉以爲王，是爲葡萄開國之祖。後與西班牙並立。明嘉靖間，有賢王以馬努以利，能立法制，稱極治。至孫英黎吉，當萬曆八年，阿非利加洲回部來侵，戰没無子，國仍爲西班牙所并，隸者六十年。西政貪殘，葡人起兵逐守者，復立故王支屬，與西搆兵二十餘年，賴英吉利起兵助之，國乃僅存。

先是，歐羅巴諸國元代以前罕通别土。葡人精天文、曆算，用儀器測量星日躔次度數，知水陸方向遠近，弘治間，國王遣善操舟者駕巨艦望南駛行，循阿非利加西洲之西沿海，越赤道下，遠大浪山(卽吸朴)東北行，歷阿非利加東境，抵五印度國。復東駛至麻六甲，又從蘇門答臘、噶羅巴海峽徧歷東南洋諸島，所至輒留葡人立新埠。

正德十一年，先後至中國舟山、寧波、泉州。隆慶初，至廣東香山縣濠鏡(卽澳門)，請隙地建屋，歲納租銀五百兩。時上方珍玩皆中涓取辦於粤，當事利其居積寶貨、便供給，總督林富代爲請，葡人遂築樓館、營埠市於澳，是爲歐羅巴通市粤東之始。後西班牙、荷蘭、法蘭西、英吉利諸國相繼東來，爭闢新埠，葡亦建藩部於南亞墨利加洲。嗣因國內亂，其小西洋、東南洋各埠咸被諸國侵奪，僅餘澳門爲諸國東來之逆旅。

萬曆初，意大里人利瑪竇①來華，士大夫方與講求曆

---

① 利瑪竇，原作利瑪寶，寶應是竇之訛，故改。

法，葡人亦以能治曆聞。朝議改用新法，亦居其人於澳門，故粵人稱居澳者爲大西洋。

其國終明代未嘗朝貢，至是，遣使臣麥德樂表貢方物抵粵。巡撫楊文乾遣員伴送至京。召見賜宴，於常賚外特賜人參、緞匹、瓷漆器、紙墨、字畫、絹、鐙、扇、香囊諸珍，加賞使臣。旋命御史常保住伴送至澳，遣歸國。麥德樂在澳天主堂率洋商誦經行禮，恭祝聖壽。

議入天主教烏爾陳等罪。

時，已革宗室貝勒蘇努子烏爾陳、蘇爾金、庫爾陳以結黨亂政後私入天主教，廷議請卽正法。奉上諭：“烏爾陳等不遵滿洲正道，崇奉西洋之教。朕令伊等悛改，遣王大臣等分晰開導，乃伊等固執不願悛改，如此昏庸無知，與禽獸奚別，何必加以誅戮！烏爾陳等非力能搖動政事、斷不可姑容於世者可比，此等人正法與否並無關係。今王大臣等因蘇努父子從前所行大逆不道，請將烏爾陳等卽行正法，所奏雖是，但朕從前已將伊等之罪暫行寬宥，今復將伊等正法，西洋人不知其故，必以爲伊等因入西洋教被戮，轉使伊等名聞於西洋。著將烏爾陳等交與步軍統領阿齊圖，擇一地方牢固鎖禁，俾得窮究西洋道理。如知西洋敬天之教，自然在朕前奏請改過也。”

宣諭釋、道、天主等教同異。

佛誕之日，適與西洋國使臣表賀事相值，上因諭廷臣云：“向來僧、道家極口詆毀西洋教，西洋人又極詆佛、道之非，互相訕謗，指爲異端，此皆以同乎己者爲正道，異乎己者爲異端，非聖人所謂異端也。孔子曰：'攻乎異端，斯害也已。'孔子豈以異乎己者概斥之爲異端乎？凡中外所設之教，用之不以其正，而爲世道人心之害者，皆異端也。如西洋人崇尚天主，天以陰陽五行化生萬物，故曰萬物本乎天，此卽主宰也。自古有不知敬天之人、不敬天之教乎？如西洋之敬天，有何異乎？若曰天轉世化人身，以救度世，此荒誕之詞，乃借天之名以蠱惑狂愚率從其教耳，此則西洋之異端也。朕意西洋立教之初，其人爲本國所敬信，或者尊之如天。倘謂立教之人居然自稱爲天主，此理之所無也。釋氏以清淨無爲爲本，明心見性爲功，若必棄置倫常、同歸寂滅，更妄談禍福、煽惑凡庸，藉口空門，潛藏奸宄，此佛教中之異端也。儒者守先王之道，讀聖賢之書，庶民奉爲坊表，倘以詩書爲弋取功名之具，科目爲廣通聲氣之途，或逞流言邪說以動人聽聞，或工艷曲淫詞以蕩人心志，此則儒中之異端也。凡中外設教之意，未有不以忠君、孝親、獎善、懲惡、戒淫殺、明己性、端人品爲本。其創設之人自非凡夫俗子，必有可取，方能令人久久奉行。至末學後人，敷衍支離而生種種無理謬說，遂成異端矣！彼西洋之教不必行於中國，中國之教豈能行於西洋？如蘇努之子烏爾陳等愚昧不法之輩，背祖宗，違朝廷，甘蹈刑戮而不恤，豈不怪乎？西洋天主化身之說，尤爲誕幻。天主既司令於冥冥之中，又何必託體於人世？若云奉天主者卽爲天主後身，則服堯服、誦堯言者皆堯之後身乎？此則悖理謬妄之甚者也！西洋人精於曆法，國家用之。且其國王慕義抒誠，虔修職貢，數十年來海洋寧謐，其善不可泯。蒙古之尊信佛教，惟言是從，故欲約束蒙古，則剌麻之教亦

不輕棄。而不知者輒妄生疑議，乃淺近狹小之見也。總之，
人心不公，見理不明，以同己爲是，異己爲非，互相誹譏，幾
同仇敵，不知人品類不齊，習尚不一，不能强異，亦不能强
同，且各有長短，惟存其長而棄其短，知其短而不昧所長，則
彼此可以相安，方得聖帝明王明通公溥之道，而成太和之宇
宙矣」"

六月，禁內地民久留外洋。

先是，康熙末，以噶羅巴及呂宋皆紅毛西洋泊船之所，
藏匿盜賊甚多，內地民希圖獲利，往往留在彼處，有旨交廷
臣議，准其附洋船帶回內地。至是，奉諭云："聖祖仁皇帝綏
靖海疆，且不忍內地之民轉徙異地，實仁育義教之盛心。但
數年來附洋船回者甚少，朕思此等貿易外洋，多係不安本分
之人，若聽其去來任意，不論年月久遠，伊等益無顧忌，輕去
其鄉，而飄流外國者益衆矣。嗣後應定限期，若逾限不回，
是其人甘心流移外方，無可憫惜，朕意不許令其復回內地，
如此則貿易之人不敢稽遲在外矣」"

秋九月，與俄羅斯訂《恰克圖互市界約》。

俄羅斯察罕汗卒後，其妃代臨朝，爲叩肯汗，遣使臣薩
瓦暨俄官伊立禮與我理藩院尚書圖禮善、喀爾喀親王策淩，
在恰克圖議定喀爾喀北界。自楚庫河以西，沿布爾固特依
山①，至博移沙嶺(咸豐八年《中俄和約》載有雍正六年所立
沙賓達巴哈之界碑，當卽此地)，爲兩國邊境，而互市於恰克
圖。議定，陳兵鳴礮，謝天立誓。(庫倫檔案載，雍正五年七

---

① 布爾固特依山，原缺依字，據下文補。

月十五日兩國大臣議定,由恰克圖、鄂爾懷圖兩處中間界址所立之鄂博起,橫至西邊鄂爾懷圖,色楞格河起至沙畢迺嶺,共立鄂博二十四處。由布爾固特依山南巴彥梁起,至東邊額爾古納河源之阿巴哈依圖山分界,共立鄂博四十八處。後嘉慶二十三年會勘一次,有手具地圖存案。)

定俄人來京就學額數。

    俄羅斯國界近大西洋者崇天主教,其南境近哈薩克者崇回教,其東境近蒙古者崇佛教。康熙間,嘗遣人至中國學刺麻經典,以綏東方之衆,並遣子弟入國子監,習滿、漢語言文字,居舊會同館,派滿洲助教一人、漢助教一人教習之。至是,定俄人來學刺麻者額數六人,學生額數四人,十年更代爲例。

冬十月,平臺灣叛番。

    高其倬疏報:“臺灣水連沙等社兇番,自康熙六十年朱一貴作亂後,不納賦餉,肆行劫掠。臣令臺廈道吳昌祚等率弁兵、番壯分路裹糧進勦,擒首惡骨宗等,各社相繼歸誠。”

<h1>卷　四</h1>

戊申雍正六年(公元一七二八年)

春正月,敕諭安南國王黎維裪定邊界。

　　先是,雲貴總督高其倬奏:"安南國邊滇疆界,有内地舊境一百二十里,應即清理,於賭咒河立界。"國王黎維裪具奏陳辯。上命總督鄂爾泰再行確查,給還八十里,於鉛廠山下小河内四十里立界。國王復疏辯。五年五月,頒敕:"該國王不必以從前侵佔内地爲嫌,中心疑懼,拳拳申辯,爲此無厭之求,則亦負懷遠之仁矣!"九月,復遣内閣學士任蘭枝偕左都御史杭奕禄等往諭。未至,國王奉敕悔罪,上表謝。

　　至是,復以鄂爾泰所查鉛廠山①山地立界,並敕杭奕禄等齎敕往,諭曰:"朕前令守土各官清疆界,原屬行之内地,未令清查及於安南也。督臣高其倬以職任封疆,詳考志書,兼訪輿論,知開化府與安南分界處當在逢春里之賭咒河,於是一面設汛,一面奏聞。比因該國陳奏,朕特降旨令撤汛另議立界,又恐高其倬固執己見,復命接任總督鄂爾泰秉公辦理。鄂爾泰體朕懷遠之心,定界於鉛廠山下小河,較舊界已縮減八十里,誠爲仁義盡至。朕統御寰宇,凡臣服之邦皆隸

_____

　　① 鉛廠山,原作鉛山廠,上下文均作鉛廠山,故改。

版籍,安南既列藩封。尺地莫非吾土，何必較論此區區四十
里之地？只以兩督臣定界時,該國王激切奏請陳訴,甚爲不
恭,該國王既失事上之道,朕亦無由施惠下之仁,非朕初心
也。頃鄂爾泰呈進該國王上年十二月章奏,知該國王深感
朝廷之仁,自悔從前之失,詞意虔恭,朕甚爲嘉悦。在王既
知盡禮,在朕便可加恩,況此四十里之地,在雲南爲朕之内
地,在安南仍爲朕之外藩,一毫無所分别,著將此地仍賞賜
該國王世守之。"

二月,減朝鮮貢米。

禮部題朝鮮國補進貢物,奉諭:"朝鮮年貢之例,每年貢
米百石,朕念該國路程遙遠,運送匪易,著減去稻米三十石、
江米三十石,每年進貢江米四十石,便足供祭祀之用,永著
爲例。"

夏四月,禁索洋船規禮。

先是,粤撫衙門内班門子胡龍超,持署巡撫阿克敦諭帖
往虎門,調取暹羅國船主葉舜德到省,押繳銀六百兩方准
開艙。舜德謂:"我輩仰慕天朝,航海載米,被風飄流到粤,今
去此銀兩,將來國王著落賠補,關係身家性命。"龍超不聽。
舜德因初來粤貿易,船已進港,不得已賣米繳銀。

至是,楊文乾來撫粤,舜德同番官乃喇禀陳前事。文乾
據奏稱:"皇上德威遐播,遠方絶域重譯來朝,竭誠進貢,爲
從來所未有,皇上格外加恩,何等深厚！而阿克敦反向遭風
之洋商勒索規禮,若傳至遐方，在阿克敦之聲名固不足惜,
其如天朝國體何？臣再四思維,即暫借公項銀六百兩,令司

69

道等傳齊番官、番商，當堂曉諭：此項銀兩並非署巡撫所得，俱係衙役家人勒索，今已究出，照數發還，免爾等回國賠補。葉舜德等感激皇恩，歡呼舞躍而去。請此後嚴行禁革，永著爲令。”奉諭：“料理甚當，可嘉之至1”

五月， 左都御史查郎阿率兵入西藏討叛台吉阿爾布巴，誅之，留兵駐防。

先年冬，西藏噶布倫(藏中官名) 貝子阿爾布巴及公隆布鼐、台札爾鼐等，忌貝子康濟鼐，欲投準噶爾。上命內閣學士僧格、副都統馬臘往藏撫綏，繼遣左都御史查郎阿，副以都統邁祿，領滿、漢兵，鑾儀使周瑛領川陝兵，與滇兵三路俱進。師未至藏，而台吉頗羅鼐已先率札什倫布及阿里兵邀其去路。至是，擒阿爾布巴等，獻於軍。

詔封頗羅鼐爲貝子，總前、後藏事，移達賴剌麻於裏塘，以避準噶爾，而留僧格、馬臘、周瑛等分駐其地，是爲大臣駐藏之始。又詔頒唐古特字律例，而收前藏之巴塘、裏塘隸四川，設宣撫土司治之；中甸、維西屬雲南，設二廳治之。立界碑於南礅寧靜山，嶺西各土司仍屬西藏。厥後與準噶爾成和，章嘉胡土克圖代爲達賴剌麻，請以巴塘、裏塘仍還前藏。詔以其商稅賜之，地仍內屬。

閏七月，禁運米出洋。

先是，上聞近海地方偷運米石出海之弊尚未盡除，諭交清查之員一併嚴查。是月，御史伊拉齊奏稱：“臣已與督撫臣會銜飭沿海文武各員嚴禁稽查，數月並無一盤獲。雖向有無賴小民因西洋人收買，希圖重價，將米石載小船偷渡出

70

界,近亦無之,惟間有窮苦漁船多買食米,零星賣與洋船。聞松江府城天主堂西洋人畢登榮莫滿,託言暫住養病,時或出門拜客,士民多有歸其教者。揆此西洋人常有貿易船隻往返走洋,恐有偷賣米石之弊。又聞各省尚有潛住之洋人,煽惑愚民,實無益於中國而有損政教。仰懇皇上飭江南督撫,令各府州縣細查,如有潛住之西洋人,盡行報出,作何遞送回澳之處,一面料理,一面奏明,通行各省督撫一體遵查,不惟黜異端以崇正學,亦可杜偷運米石出海之弊。"報可。

秋八月,浙江總督李衛請嚴日本防。

日本國古稱倭奴,唐始稱日本,在東海中,平列三大島:北曰對馬,與朝鮮相值;中曰長崎,與浙之定海相值,華商多互市於此,水程四十更;南曰薩峒馬,與溫、台相值。餘小島甚多,極東北之蝦夷島與俄羅斯東海屬島相距。北極出地自二十九至四十七度,自東北至西南縱斜約五千里,東西相去約九百里。物產不豐,惟出黃金、紅銅,習用中國文字,技藝皆精美。

其王相傳自開國不易姓。秦始皇遣方士徐福求仙,將童男女入海不返,遺種所在多有。漢始通中國,唐宋皆嘗入貢。元世祖遣范文虎興師十萬伐之,至平壺島,大風破舟,文虎等盡棄其師逃歸,自是有輕中國心。明初入貢,後屢寇掠沿海郡縣。嘉靖間,胡宗憲爲總督,以計擒斬渠魁,戚繼光、俞大猷等協力勦之,患始息。萬曆時,倭酋平秀吉寇朝鮮,幾爲所併。國朝龍興東土,始震懾聲靈,不敢復動,雖通商市，亦惟我之估舶往而彼不來。

　　至是，有蘇州余姓洋商言："倭王原中國人苗裔，歷世相傳，若土著爲之，則王不能享祚，民皆有災。臣下雖極強盛，猶奉以虛名，從無篡奪之事，而號令征伐一秉於上將軍，不由國王主持。因此將軍肯出重聘，倩內地人教演弓箭藤牌，偷買盔甲式樣。初有福州民王應如，於天文戰陣事涉獵不精而好談論，首受萬金爲教陣法，不久卽死。復薦一廣東長鬚年滿千總，每年受倭數千金，爲釘造戰船二百餘號，習學水師。又洋商鍾觀天、沈順昌久領倭照貿易，倭人信託。鍾復帶去杭城武舉張燦若教習弓箭，每年得銀數千。沈亦帶去蘇州獸醫宋姓療治馬匹。又商人費贊侯薦一紹興革退書辦，在倭講解律例，復因不能通曉，逐歸，曾留我等銅、鉛質當。凡貿易人到倭，皆圈禁城中，週砌高牆，內有房屋，開行甚多，名土庫，止有總門重兵守之，不許外走得知消息。到時將貨收去，官爲發賣，一切飲食皆其所給。回棹時逐一消算扣除，交還所換銅觔貨物，押往開行。至聘去之人，則另在隱密之地。造船之說，吾等嘗親聞之"等云。

　　浙督李衛聞知，遂奏稱："日本雖蕞爾島夷，恃其銅礮攻擊甚遠、刀械犀利非常，前明曾屢爲患。本朝威靈懾伏，屏迹多年，從無干犯中華。聖祖仁皇帝俞允會議，於東洋貿易止許內商往販，禁其自來，原有深意。今彼不惜重資，招集無賴，習學內地弓矢技藝，無故製造戰船，奸懷叵測，不無窺伺，恐乘隙欲爲沿海搶掠之謀。然前明水師未設，戰船不修，被其突犯，登陸始與接戰，使得展其跳躍之長，故從前江浙地方多受荼毒。今沿海水師星羅棋布，戰船駕駛精熟，官兵皆能奮勵用命，倭夷平素未諳水戰，設或有警，臣等聯絡鄰省會同堵截，邀於海中勦殺，攻其所短，自獲萬全，不致上廑聖懷。但彼狡謀惟在重利引誘，凡愚人孰不貪婪、往墮術中，故江、浙、閩、廣好事棍徒甘爲心腹，通風走線甚多，伊要得內地之信頗易，而中國欲知其耗實難。今若遽將訪出之徒張皇拿問，則販洋往來人多，傳至彼地，恐至激而生事。臣愚以爲，天朝之待外夷，罪惡昭著者必申征討之誅，若迹涉隱微，則當示以羈縻，防範未然。臣現密飭沿海文武營縣及各口稅關員役，藉盤詰米穀、軍器名色，嚴行稽查。凡出洋裝貨包箱各物，悉令開驗。一應水手、舵工、商人、奴僕附搭小客，俱著落牙行查明籍貫、年貌，取保結，限期回籍，返棹進口點驗，人數缺少者拿究。其水師兵船，嚴督各鎮協營整頓礮械，練習攻戰之具，不時哨巡，耀揚威武，以爲有備無患之計。一切廢弁，驗其因公挂誤原無大過、不在解發安置之列而人材尚可效用者，分別收錄食糧，不使閒居窮苦、爲人所誘。奸商無賴通同勾引之人，俟訪實後相機另行拿究，明正典刑。彼時倭夷聞之，知事已敗露，防範嚴密，自必震服天威，絕其邪心矣。”

奉上諭：“當年聖祖曾因風聞動靜，特遣織造烏林達麥爾森改扮商人往彼探視，回日復命，大抵假捏虛詞，極言其懦弱恭順，嗣後遂不以介意，而開洋之舉繼此而起。朕卽位後亦經念及，尚未暇諭卿，所以此奏深合朕心。又聞噶喇叭、呂宋聚有漢奸不下數萬，朕經屢次密諭閩、廣督撫加意體訪具奏，且復聞日本與朝鮮往來交好、蹤迹甚密云云。總之，安內攘外要不出前諭固本防患、盡人事以聽天命爲第一良

73

策也。"

冬十月,飭沿海邊備。

　　初,李衛奏稱:"日本島嶼與浙江、江南洋面最近,止三十餘更路程,風順四、五晝夜可到。今浙江原屬臣轄,江南沿海地方近又奉旨命臣節制,卽當知會督撫提臣調度嚴防。但其乘風飄忽,四路可通閩、廣、山東、天津、錦州等處,仰祈皇上密飭督撫諸臣一體留心防察,則雖有奸計亦無所用矣。"奉上諭:"所見甚是,隨便皆密令訪察防範。此通須諭旨一例及卿,庶不露卿首先陳奏之迹也。"

　　是月初六日,兩廣總督孔毓珣遂覆奏云:"思我皇上聖仁威武,四海嚮風,蕞爾島夷諒無他念,但浙江督臣李衛稱既有所聞,則粵東與日本亦屬一水相通,且南洋之禁初開,諸番羅列,防範自宜更加嚴密。臣已嚴飭沿海各鎮營勤練舟師,設備火器於汛口,出入人船嚴行稽查,礮臺時加瞭望。今奉諭旨,臣俟會審事畢,卽赴厓門、虎門、澳門附近緊要海口,親歷查察舟師并汛守礮臺,其不能周歷之處,分委道府大員巡查,如有應行奏聞之事,臣自當具摺密陳。至於水師,以礮火爲重,其砂礮等項必應存留。"奉上諭:"此事虛實未的,只可密飭防備,不宜明顯,致令風聲遠播,外夷生疑畏之心。"

冬十一月,立洋商總。

　　初,風聞日本勾誘中國無賴商民往彼教習技藝,於是嚴禁商船出洋,自外洋回棹之船亦加意盤查。嗣密訪察知別無狡志,又知與西洋天主教結爲世仇,雖東西海面俱通,彼

74

此不能相容，凡商船往倭，有奉此教者立即加害，並鐵鑄天主之形令下船諸人腳踹登岸，又彼地人惟沙思馬一處（日本轄八十一島，內有薩摩州，番言撒子馬，即薩司馬之訛音，地在日本西南）最為勇悍，其他①俱不足慮。浙督李衛奏稱："各洋商貿易不宜遽行禁絕，且從前止領夷人倭照，我天朝並未定有到彼作何管束稽查之法，今擬會同江南督撫諸臣，於各商中擇身家最殷實者數人，立為商總，凡內地往販之船，責令伊等保結，方許給以關牌縣照、置貨驗放，各船人貨即著商總不時稽查，如有夾帶違禁貨物，及到彼通同作奸者，令商總首報，於出入口岸處所密拿。倘商總徇隱，一體連坐。庶幾事有責成，可杜前弊。容臣到蘇公同議定辦妥，再為陳覆。"

至是，覆奏辦理東洋商船事宜，略云："綏來柔遠，聖主廣運之鴻模；杜漸防微，人臣守土之專責。日本海島小邦，密邇江浙，內洋向通市易，數年以來，設立倭照挾制客商，始則要求禮物，繼則勒帶人貨，干犯禁條，不一而足。臣每留心密訪，誠恐徑竇不塞，積久生端，隨將前奏所開先後拿獲各商人等親帶赴蘇，會同署江省督撫二臣范時繹、尹繼善復加細訊。內鍾覲天首先供吐曾為代帶武舉張恆暉，現在東洋，已令伊父寫信前往，設法喚歸。又費贊侯供認，曾帶崇明縣醫生周岐來往彼治病，業經回籍。經臣於途間喚到，面訊是實。據稱夷人每事訪求天朝故實新聞，諸樣書籍無所不有。又李昌謀供認，曾帶所畫慶祝萬壽圖、西湖四季及城隍山迎會景象，現有底稿起出，非係中國輿圖。

① 他，原作地，抄本作他，據改。

又柯萬藏、魏德卿二犯供認，曾於閩省請曾璧峰等九人前往東洋，在普陀洋面爲臣訪知，先差弁員等候盤獲。又沈順昌供認，曾允攜帶弓箭，未曾製備。其私造迷針箭頭一萬個，欲趁李商之船帶去情由，嚴訊堅未肯認。又鄭大山供，伊堂弟鄭大威現在東洋未回，曾往廣南代帶去家象、野象各一、象奴二人，尚存活象一，現在長崎。今年又託吳瑞觀帶象配數，緣風信不順未來。並訊據鍾觀天等供出，尚有楊澹齋帶去秀才孫太源、沈登偉，在彼講習《大清會典》、中原律例，未曾歸浙。又朱來章之兄朱佩章，先曾帶去閩人王應如教書，已病殁在洋。又閩商陳良選帶去廣東人，稱係寧波住居之年滿千總沈大成，實楊姓冒頂，前往教習陣法，現在彼處。又郭裕觀代帶僧人、馬匹各等情。今朱來章先經臣訪聞，誘喚至署問知情由，前已奏明，後又供出曾帶過各項書籍五百本，當卽收具的保，同俞孝行給與銀兩，各自置貨，密往東洋探信去訖。其陳良選因在日本未回，已令海口文武等候緝拿。郭裕觀係廈門人，密咨福建，尚未獲到。以上各供，與臣前所訪聞不爽，惟輿圖、盔甲、軍器式樣因未現獲，雖在狡飾，而臣揆其情節，大象尚由安南取送，則此等事皆有之。總緣夷人嗜利，於商船回棹時各指名令其攜帶違禁人物，不遂其請卽有措照退貨之舉，而商人貪倭照貿易，惟命是從，若不嚴加稽查，將來無所底止。伏思我皇上德威遠被，六合之內皆同胞與，況遠夷絲綿繒帛、服食器用久仰給於天朝，未便遽行概加屏絕。惟是各省商人多在江、浙二處出口，賢愚不等，散漫無紀，非設商總盤查無以專責成。臣與范時繹、尹繼善公同酌議，當面傳集洋商，博訪利弊，令其公舉殷實老練之人數名,臣等又加察訪甄別,派出閩浙各商李君澤等八名,立爲商總,責令分省稽查,一切盤驗擧首之法詳細開列,使之互相牽制,從此不敢妄有夾帶。其現在犯案各商,按其情罪輕重監禁、取保,並將家口查明,交鄰總看守,俟所遣朱來章、俞孝行回棹,及招歸張恆暐等到日,探明夷人實在行徑,再爲酌量定擬,請旨分別發落。合將臣等會核設立規條、飭行曉諭示稿繕進。再,查康熙五十六年定例,除空南通商外,其餘西、南諸洋禁止往販,今福建督臣高其倬奏請西、南諸洋許往貿易,已荷聖恩允准,臣愚以爲江浙與閩洋相同,自應循照福建近議准行則例,一體嚴行查驗"等云。

奉上諭:"覽詢訪各情形俱悉。此議甚屬妥協,事事俱宜如此留心。命卿總督浙江,朕於東南一隅早釋顧慮之念矣!此項商總既專責成,公私俱賴以濟,宜再三詳審,務須得人爲要。應達部者,咨部存案可也。"

己酉 雍正七年(公元一七二九年)
英吉利復來通市。

英吉利自康熙間通市後,亦不常來,至是始互市不絕。又,康熙末年廣東碣石鎮總兵陳昂奏言:"臣遍觀海外諸國,皆奉正朔,惟紅毛一種奸宄莫測,中有英圭黎(卽英吉利初稱)。諸國種族雖分,聲氣則一,請飭督撫關部諸臣設法防範。"從之。

減免暹羅例貢。

暹羅自順治初卽效貢職維謹,至是減免該國安息、速香、裂裟、布匹等貢,並御書"天南樂國"扁額賜之。

西南洋諸國來互市。

先是，康熙中雖設海關與大西洋互市，尚嚴南洋諸國商販之禁，自安南外並禁止內地人民往販。比因粵閩浙各疆臣以弛禁奏請，是年遂大開洋禁。凡南洋之廣南、港口、柬埔寨，及西南之埥仔、六坤、大呢、吉蘭丹、丁葛奴、單咀、彭亨諸國，咸來通市。

廣南國北接安南，漢曰南郡，晉唐後曰林邑、占城。明代占城爲安南所奪，以封其臣阮氏，爲附庸。阮氏本中國人，以地險兵强，自爲一國，屢與安南搆兵。（嘉慶季年，廣南耐王阮福映以舊阮滅新阮，始併安南爲一國，改號越南。）

港口國東南濱海，國王鄭姓，地數百里，真臘舊境，又稱本底國。

柬埔寨卽舊真臘，自稱甘孛智，訛爲澉埔只，轉爲柬埔寨（柬又有訛作柬者），一作平波底阿。其地北接占城，南際海，盡處爲爛泥尾。由粵虎門經七洲洋七千二百里。地近赤道，天氣炎熱，禾一歲數稔。土産鉛、錫、犀、象、翠羽、孔雀、瑇瑁、蘇木、降真、沈速諸香、檳榔、豆蔻、海參、燕窩，故舊名"富貴真臘"。其先本扶南屬國，王姓剎利氏，後並扶南有之。隋代入貢，至唐分爲二：北多山，號陸真臘；南多水，號水真臘。久復合爲一國。宋屢入貢，與占城爲仇，滅之而王其地，改號占臘。明初國猶富盛，職貢不絕。至國初已弱小僅存，爲安南、暹羅所役屬，不復仍真臘故號，自列於《王會》，竟與港口皆併於廣南。而廣南又併安南，稱越南焉。（越南以真臘故地爲西都嘉定省，今爲法蘭西所有，名西貢。）

柬埔寨西界暹羅內海。暹羅西南海岸有地由西北伸於

78

東南,連山如脊,山東有小國七:首曰垵仔,一作斜仔,距廈門百八十里。南曰六坤。再南曰宋卡(一作宋脚,閩音謂脚爲卡),或作宋腒勝,俗信佛,不食豬,與回回同,惟君臣嫡庶之分甚嚴。再南曰大呢,即大年。再南曰吉蘭丹。中華人多在二處采金,地多瘴癘,惟溪水清涼,浴之可已疾,俗嗜鴉片,土番善標槍,時出劫殺行人。再南曰丁噶奴,一作丁加羅,國人終身不出境,向無航海者。極南曰彭亨,音近邦項,當海濱地盡處,北極出地一度,離中綫偏西十三度。轉西即舊柔佛,有地曰息力(一作息辣),一名烏丁焦林,一名星架坡。往時丁噶奴、單呾、彭亨皆柔佛所屬,後番部徙別島,遂爲大西洋東來四達扼要之地。(嘉慶中英吉利據其地,名新嘉坡,爲南洋第一埠頭,閩粵人謂之新州府。)諸國地各數百里,皆狼臉裸國,巫來由番族類,裸跣夾刃出入,與真臘同俗,皆歲貢暹羅爲屬國。所產金、銀、鉛、錫、犀、象、翡翠、玟瑎、密蠟、胡椒、檳榔、沙藤、蘇木、冰片、沈速、伽楠香諸物亦略相同。

至是,海禁既弛,諸國咸來互市,粵閩浙商亦以茶葉、瓷器、色紙往市,後並准帶土絲及二蠶胡絲。其往也,由粵東虎門至魯萬山,經七洲洋,至舊柔佛,用未針計水程九千里。若由柔佛轉循海岸而西北,則爲麻六甲,明代已爲大西洋葡萄牙、和蘭叠據爲市埔矣(今又爲英吉利新藩)。

庚戌　雍正八年(公元一七三〇年)

夏五月,浙江總督李衛毀杭州天主堂。

　　初,西洋人德瑪諾在浙,有旨催令回京,瑪諾呈稱老病寒冬、長途難行，<u>李衛</u>委員驗明，代請寬限調治。至是，委員伴送至<u>廣東澳門</u>安插，<u>杭城</u>天主堂因此閒空，地方官請撥役看守。<u>李衛</u>奏稱："西洋人原異域外教，無知愚民多有貪伊厚利，暗入其教，並及駐防旗下亦染此風，甚有關係。臣前設法嚴禁，始知斂迹。此等深心結納，意欲何爲？乘此未可再留根株，以杜日久後釁。查勘規模制度，與佛宮梵宇不符，伏思海洋中惟天后最顯靈應，即外夷西洋各種人無不敬畏，本朝屢奉敕封襃崇，凡近海處俱有大廟，商民往來祈福，獨<u>杭州</u>控扼江海，未有專祀。臣意將天主堂改爲天后宮，擇德行羽流供奉香火，則祀典既清而異端靖其萌蘗矣。"報可。

<u>福建</u>巡撫<u>劉世明</u>請禁民習天主教。

時<u>閩</u>撫<u>劉世明</u>奏言："<u>福建</u>民習天主教者，闔家俱吃齋，臣通飭嚴禁。"得旨："但應禁止邪教惑衆者，從未有禁人吃齋之理，若將此等妄舉以爲盡心任事、實力奉行，則大誤矣₁"

夏六月，大將軍<u>傅爾丹</u>等率師征<u>準噶爾</u>，敗績，副將軍<u>查弼納</u>、<u>巴賽</u>、副都統<u>戴豪</u>、<u>海蘭</u>、<u>西彌賴</u>、<u>定壽</u>、<u>蘇圖</u>、侍郎<u>永國</u>死之。

<u>噶爾丹</u>既死，其姪<u>策淩多爾濟</u>奔<u>阿爾泰山</u>北，稽首稱臣，<u>仁皇帝</u>受降凱旋，朔漠蕩平。其後休養招徠，部落漸強，稍侵犯<u>喀爾喀</u>。<u>仁皇帝</u>練兵籌餉，爲深久計。會<u>策</u>逆死，子<u>噶爾丹策零</u>嗣，少年聰黠，善撫士卒，諸<u>台吉</u><u>樂</u>爲之用，上決意征之，命<u>傅爾丹</u>爲大將軍，副將軍<u>查弼納</u>、<u>巴賽</u>、副都統<u>戴豪</u>、<u>海蘭</u>、<u>西彌賴</u>、<u>定壽</u>、<u>蘇圖</u>、<u>馬爾齊</u>、侍郎<u>永國</u>、<u>塔爾岱</u>、<u>達</u>

福等皆從征。

八月,會師於科布多城。噶逆遣將偽降,言其國攜貳,與哈薩克迭戰經年,馬駝贏弱,可襲取也。傅欲進師,定壽請耀兵境上,全師凱旋,永國、海蘭等皆以爲然。傅不從,出境數百里,及博克託嶺,聞賊至,遣蘇圖往勦。傅移師東,陷和通淖爾(譯言下澤也),定壽、蘇圖等中矢殞。西彌賴率本部援之,兵潰身殉。永國、戴豪、海蘭自縊於幕杙上。查弼納躍馬舞刀,賊皆披靡,潰圍出,不見傅,恐蒙陷帥罪,復入陣死。達福殿軍被殺。巴賽血戰死之。惟塔爾岱冒鋒矢出,中槍血股征衫,蒙古醫以羊皮蒙之,三日始甦。

事聞,上震悼,貶傅爵,賜恤諸臣家。

辛亥　雍正九年(公元一七三一年)

滇徼外西南諸夷來貢獻。

先是,四年,雲貴總督鄂爾泰言:"雲貴大患無如苗蠻,欲安民必先制夷,欲制夷必改土歸流,始一勞永逸。"上知其才可辦寇,以爲滇粵黔三省總督,任以其事。

爾泰勦撫兼施,自四年至九年事大定。其在滇徼外,先革土司,後勦撫夷。及進勦瀾滄江內孟養、茶山諸土夷,則在滇西南極邊,界連緬甸。事平,升普洱爲府,於思茅橄欖壩設官置戍,以扼蒙緬、老撾門戶,惟瀾滄江外仍歸效順之車里土司,江內土蠻全改流設官。於是西南諸夷咸內附,効貢職。廣南富州土府州各願增歲糧,而永昌邊外孟連土司獻銀廠,維西邊外怒江(一作潞江)野夷(夷有怒夷、㺄夷。怒夷卽貉㺄野人,爲㺄裸烏魯爾菟族種,人名老卡止,割唇塗

81

以五色，獵牲爲食，又爲赤髮野人）歲輸皮幣於騰越州邊界，
老撾（卽南掌國，古越裳氏）、景邁（卽八百媳婦國）皆來貢馴
象。其四川、青海間別有番族土司小部落隸西藏者，不可勝
數。

巴爾布來附。

　　巴爾布卽巴勒布，亦作庫爾卡，又稱白布，或稱白木戎。
地形長狹，北接後藏雪山，東界哲孟雄，西南界孟加拉亞加
拉部（英吉利屬）。天道和暖，產稻穀。其人亦雕題種類，采
衣塗額，短身陰鷙，俗尚佛教。地分布顏罕、葉楞罕、庫庫木
罕三部，所屬仍有小部。

　　至是，遣使至藏，請內附。駐藏大臣具奏允准，頒敕書
三道，並賜蟒緞、玻璃、瓷器。旋於十二年三部罕各奉金葉
表章，貢哈達、珊瑚、琥珀、卡契、緞布、孔雀及地圖謝恩。後
爲屬部廓爾喀所併（在乾隆時）。

壬子　雍正十年（公元一七三二年）

噶爾丹侵喀爾喀部落，　超勇親王策淩大破之於光顯
寺。

　　初，傳爾丹既敗，虜勢日張，因闌入喀爾喀。時策淩遠
屯他戍，酋帥利其厚資，欲擄其游牧，其副曰："彼爲盟長，北
藩之最強者，若激其怒，以遏吾歸路，諸顏難生還也。"諸顏
譯言君也。不從，因破其塞，擄其妻孥，驅牛羊數萬以行，南
犯大青山。上命大學士馬爾賽佩撫遠大將軍印，一等侯李
枟副之，率兵數萬遏其歸路。虜知有備，因而南擄諸蒙古。
　　策淩聞警趨歸，知妻孥已被擄，計無所出。時理藩院侍

82

郎綽爾鐸轉餉至彼，因謁告故，且欲奔訴於朝。綽爾鐸笑曰：“蒙古諸藩以王為最，朝廷方倚以辦賊，今雖妻孥失陷，勁卒尚存，若統率諸部遏其歸路，可一戰成功，妻孥可全，疆域可復，朝廷必厚賚酬勞，收功遠矣！”策淩遂反斾向敵。其護衛某，能日行千里，嘗立高峰上拱手作鵰立狀，賊人不覺。因命其潛入賊營，悉知其虛實，然後檄調諸部落蒙古兵，得三萬人，曰：“賊衆三十萬，以一誅十，可以禦敵矣！”乃日行三百里，至光顯寺，曰：“其險已為吾據，賊雖百萬，可成擒也！”

寺左河右山，衆請登山據險，曰：“賊知吾據要害，若自上游以渡，反難成功也。”因命諸滿軍背水而陣，諸蒙古軍於河北，而自率勁旅萬人伏於山側，且屬諸將曰：“聞胡笳聲即率以進！”

部署始定，賊果大至。滿兵佯敗。虜衆適追掠間，聞陣後作胡笳聲，須臾旌斾徧滿山谷，策淩倏作蒙古語曰：“策淩在此阻君之行！”因率衆從右山下馳如風雨，擲帽於地曰：“不破賊不復冠矣！”我軍無不一當百，爭先用命，谷中之尸可踏而行也。河北諸蒙古聞笳聲，結隊以進，復半渡擊之。虜衆大潰，其副戰死，噶逆馳白駝夜遁，河水盡為之赤。

先是，馬爾賽之師屯於烏蘭城，以為虜不復經此，日置酒高會。李杕故馬戚，惟其言是用。諸路捷書至，諸軍咸欲出師立功，邀賊歸路，馬不許，賊竟得從容去。上大怒，斬馬爾賽於軍，杕遣戍。超勇王策淩等論功封賞有差。

瑞丁來互市。

瑞丁國即瑞典，一名蘇以天，又名綏亦占，粵中呼為藍旗國。在歐羅巴極西北境，與挪威（一作挪耳瓦，又作諾魯威）同一區，有連山脊起，自北而南，瑞在山之東境。東北接俄羅斯西費邪斯科（即瑞國芬蘭舊境割與俄人者），東南距波羅的海（即洲中海①），西距大洋，北至冰海。地形南北長而東西狹。北極出地五十五度至七十二度，英中綫自東五度至二十二度。北境岩嶤，荒寒少人，夏至日輪橫行地面，冬令夜長九時，不見日者七十五日，夏令晝長九時，不見月者七十五日，暴熱多蚊，過此則霰雪交集。南境稍沃可耕，多湖澤，五穀不足，民食番薯。俗奉波羅士頓特教（即洋教）。俗龐無盜，士好文學，專心技藝，推求金石草木性質，窮極天象，爲西土曆法之宗。土產銀、銅、鐵、錫、硫磺、木料、皮貨。

古爲土番部落，宋時有大酋建城邑，爲瑞典立國之始。與嗹國相爭，爲所兼併。明正德時全復故土。國初，其王加爾祿斯曾敗波蘭、大呢、俄羅斯三國之師，聲震一時，終以好戰而敗，割東境芬蘭以講於俄羅斯，國遂以削。

至是，始來華互市，計至廣東海程六萬里。

閏五月，平臺灣大甲西番。

閩撫趙國麟②奏："臺灣北路大甲西番殘害官兵，經總兵呂瑞麟、道員倪象愷已將脅從等社撫定，續有鳳山縣南路奸民聚衆傷兵，經提督王郡③追勦解散。其大甲西番土官率令全社就撫。"時議者因臺灣屢次叛亂，有請建郡縣城垣

---

① 洲中海，原作州中海，據前文作洲中海，故改。

② 趙國麟，原作趙德麟，德應是國字之誤，故改。

③ 王郡，原作王邵，查雍正十年福建陸路提督爲王郡，邵應是郡字之誤，故改。

者,上曰:"臺灣非内地比,其易於收復,亦因賊無險可據,設有城垣,必負嵎抗拒,更費兵力矣。"故臺灣郡縣,僅種刺竹爲衛。

秋七月,禁來粵洋船停泊黄埔。

粵東外洋商艘舊泊虎門口外,康熙五十年間移入黄埔(番禺縣境,距省城四十里),早晚演銅鐵大礮,居民驚恐。右翼鎮總兵李維揚謂:"省會之地,何得容他族逼處?"請飭令仍在虎門海口灣泊。有旨交總督鄂彌達、巡撫楊永斌閱看回奏。彌達等覆云:"臣等查虎門所屬巨海汪洋,風濤甚險,口外、口内皆不可長久灣泊。若現在夷船停泊之黄埔,逼近省城,一任洋商揚帆直入,早晚試礮毫無顧忌,未免駭人聽聞,該鎮臣所言實有可採。伏查香山縣澳門河下,上至沙窩頭,下至娘媽閣,地闊浪平,現今澳夷各洋船皆在此停泊,安穩無虞。況從前洋艘原泊此地,緣康熙二十五年粵海關監督臣宜爾格圖據澳夷目唛囉哆等結稱,澳門原設與西洋人居住,從無別類外國洋船入内混泊,題部覆准,故至今各洋船皆移泊黄埔。但臣等詳查澳門原係内地,西洋人不過貰居,豈容澳夷視爲己物?如云澳門爲西洋人之地,不便容別國洋艘停泊,豈黄埔内地顧可任其久停耶?請自雍正癸丑爲始,凡各外國夷船,仍照舊在澳門海口拉青角地方與西洋澳夷船同泊,往來貨物即用該澳小船搬運,仍飭沿途營汛往回一體撥槳船護送,礮位、軍器不得私運來省,如此則内地防範周密,夷船亦無漂泊之虞矣。"報可。

癸丑　雍正十一年(公元一七三三年)

春二月，禁販鐵出洋。

時有商民陳秦使販鐵出洋，經閩洋巡船查獲稟陳，總督郝玉麟、巡撫趙國麟將貨物入官，並奏請通行嚴禁。奉上諭："如此實心任事，何患諸弊不除、吏治民風之不就理也，殊屬可嘉之至！"

冬十二月，奸民蔡祖伏誅。

初，奸民蔡祖往呂宋日久，是年九月忽偕呂宋二番人來閩，並攜番錢四甲箱約五千金，於大担門外雇小船夜投漳州福河廠蔡家村，將招人入天主教。閩安協副將張天駿稟知總督郝玉麟，密諭汀漳道郭朝鼎、漳州知府王之琦查獲。船戶、水手供出蔡祖帶番人聖哥在後坂社嚴登家，立諭龍溪縣知縣孫國柱拿獲嚴登及聖哥，並搜出《天主教圖像》等書。蔡聞信潛逃，尋於安福縣西澳深山內捕獲。玉麟隨將蔡祖等所得聖哥銀及行李、番錢等給還，差員押往厦門，覓呂宋便船載回本國。《圖像》等書銷燬，船戶、水手等杖徒，蔡祖照左道惑人律絞決。

甲寅　雍正十二年(公元一七三四年)

準噶爾遣使求和，許之，撤西師，留屯戍。

青海羅卜藏丹津之走投準噶爾也，策妄納之。朝廷遣使索獻，不奉詔。西師旋罷。及策妄死，子噶爾丹策零立，狡黠好兵，屢犯邊。廷議討之，多以天時人事未至，難遽圖。大學士張廷玉以為當討，遂命傅爾丹為靖邊大將軍，屯阿爾泰山，出北路；岳鍾琪為寧遠大將軍，出西路。會策零遣使特磊表獻丹津，中途聞師出而返，因詔兩軍緩出。賊旋劫西路科舍圖牲畜，嗣又遣賊將大、小策零敦多卜犯北路官軍。喀爾喀親王策淩於九月秋大破之鄂楚勒河，十年秋又大破於哈剌麻齊泊，追至鄂爾昆河，擊斬大半。賊幾就殲，而我師以援應不至收軍。上震怒，斬縱賊失機將帥於軍前，而以左都御史查郎阿署定遠大將軍，張廣泗副之，復大破賊於布隆吉河。賊自是不敢深犯，而遣使請和。

　　上以大軍久暴露，至是降諭罷征，而遣侍郎傅鼐、學士阿克敦往準噶爾諭以利害。策零遂遣垂納木喀齋表請貢，有旨諭定疆界。比阿克敦等歸，又遣哈柳隨至京，奉表云："準噶爾台吉噶爾丹策零具奏恭進大皇帝聖明。去年令達什等以阿爾台遊牧事具奏，奉大皇帝諭旨：'爾請喀爾喀與厄魯特以阿爾台山爲界，俱照見在駐牧，無相掣肘，言辭恭順，朕甚嘉之。'故復遣使前往，幸蒙聖恩鑒允，不勝歡忭。又諭旨有云：'分界之處尚未指明。蒙古遊牧無定，若不指定山河爲界，日後邊民生釁，於久遠之計仍無裨益。'前者我遣垂納木喀具奏，亦正爲此耳。今議定界，請循布延圖河，南以博爾濟、昂吉勒圖、烏克克嶺、噶克察等處爲界，北以遜多爾庫奎、多爾多輝庫奎至哈爾奇喇、博木喀喇、巴爾楚克等處爲界，我邊界人等仍在山後遊牧，不得越阿爾台嶺，其山前居住蒙古部人，止在札卜堪等處遊牧，彼此相距遼遠，庶可兩勿牽涉。謹此具奏。"

　　奉諭："朕爲天下共主，無分畛域一視同仁，凡有奏請，可行則允之，不可行則却之，百請亦不允也。爾言厄魯特無過阿爾台遊牧，其言近理，朕即信之。又請蒙古止居札卜堪，現今蒙古遊牧原未嘗踰札卜堪也。爾又請循布延圖河，南以博爾濟等處、北以遜多爾庫奎等處爲界，請卡倫大半向前，布延圖、托爾和兩卡俱在爾國界中，意欲我卡倫稍向內移，此必不可行之事，爾豈不知，乃復牽率而言乎？況設卡防守，所用不過數人，何關輕重，然自我聖祖時設立之卡倫，豈可於今忽移動之乎？夫休兵息民，永歸和好，卽定界與否亦非要事，但使彼此遊牧互相隔遠，卡倫則安設如故。至科布多，並不復駐兵，止於每年應署地時各遣二、三十人前往巡視，約不相害。如此區處，爾之猜疑亦可盡釋矣。台吉其遵旨定議！"

凡使命往返，二載始定議，以阿爾台山爲界，厄魯特游牧不得過界東，喀爾喀亦不得過界西。遂量撤西師，北路築城於鄂爾昆河，留戍卒屯田防狄，西路則於哈密、巴里坤置戍。

夏五月，遣東波蔗孤綿難民回國。

上年八月，廣東欽州龍門協營汛有遭風洋人小船一、男婦大小三十四人，訊係東波蔗孤綿國人，前往暹丹貿易，行至東京海面，遭風擊破大船，過小船逃生，因西南風飄到。知州徐志培將船戶西利並難番男婦護送至省，總督鄂彌達飭司撫恤，給發口糧。至是，有內地二商船往安南港口，鄂彌達隨飭將難番按口計程給糧，令分搭二船便道回國。隨經奏聞，奉上諭："飄溺之患最爲危險，惻惻之懷何分中外，亟應加意撫恤。"

乙卯　雍正十三年(公元一七三五年)
春正月，小呂宋來廈門乞糴。

小吕宋麥收歉薄，附洋船載穀二千石、銀二千兩、海參七百斤來廈門易麥，提臣王軍以例禁五穀出洋奏請，詔曰："國家嚴禁五穀出洋者，乃杜奸商匪類暗生事端，若各國米糧缺少，隨時奏聞，朕尚酌量豐餘以濟之，今載穀易麥，更近情理，著均平糶糴以濟其用。"

丙辰　乾隆元年(公元一七三六年)

冬十月，裁減荷蘭稅額。

　　初，荷蘭通商粵省，歷年納稅尚輕，後另抽加一之稅，洋商深爲不便。至是，諭曰："朕聞外洋紅毛夾板船到廣時，泊於黃埔地方，起其所帶礮位，然後交易，俟交易事竣再行給還，至輸稅之法，每船按樑頭徵銀二千兩左右，再照則抽其貨物之稅，此向例也。乃近來夷人所帶礮位聽其安放船中，而於額稅之外，將伊所帶置貨見銀另抽加一之稅，名曰'繳送'，亦與舊例不符。朕思從前洋船到廣既有起礮之例，此時仍當遵行，何得改易？至於加添繳送銀兩，尤非朕嘉惠遠人之意，著該督查照舊例，按數裁減，並將朕旨宣諭各夷人知之。"

丁巳　乾隆二年(公元一七三七年)

秋閏九月，遣琉球難民歸國。

　　是夏，琉球有載粟米、棉花二船遭颶風傷損，飄至浙江定海縣境，總督大學士嵇曾筠等資給衣糧，修整船桅、器具，交還餘貨，咨赴閩省附回。奏上，諭曰："朕思沿海地方常有外國船遭風飄至境內者，朕胞與爲懷，內外並無歧視。外邦人民既到中華，豈可令一夫失所？嗣後有似此遭風漂泊人

89

船,著該督撫飭有司加意撫恤,動用**存公銀兩**,賞給衣糧,修
理船隻,並將貨物查還,遣歸本國,以示朕柔遠人之至意,永
著爲例。"

戊午 乾隆三年(公元一七三八年)
準噶爾汗噶爾丹策零請通西藏,并通市,許之。

　　初,厄魯特噶爾丹曾入西藏爲剌麻,歸篡其兄子,自言
受達賴剌麻封,爲準噶爾博碩克圖汗。及策妄阿拉布坦 ①
立,與拉藏汗結婚姻,而襲殺拉藏,禁其所立達賴,又搜各廟
寺重器送伊犂固爾札廟,而阿爾布巴等之害康濟鼐,亦欲往
投準噶爾。自是,留兵駐藏,皆以防準夷爲要。噶爾丹策零
初立,即請赴藏煎茶,聲言欲送還所擄拉藏二子。詔嚴兵
爲備。

　　至是,策零因成和,請通市,又請入藏煎茶,皆許之,人
馬皆限以數,於是盡罷西、北兩路兵。凡策妄、策零及後那
木札三世皆請赴藏煎茶,每費不貲,而朝廷亦賜茶葉、香帕,
以助其施焉。

庚申 乾隆五年(公元一七四〇年)
秋九月,蘇禄來請朝貢,許之。

　　先是,雍正六年貢方物,求內附,未許。是年,國王送回
內地遭風商船,並請朝貢,許之。

壬戌 乾隆七年(公元一七四二年)
冬十一月,優恤英吉利遭風巡船。

　　英吉利巡船在大洋遭風,飄至廣東澳門,遣酋目至省城

―――――――――

① 策妄阿拉布坦,原缺拉字,據前文補。

90

求濟。總督策楞令地方官給資糧、修船隻，遣之。

癸亥　乾隆八年(公元一七四三年)

秋九月，減免暹羅米船商稅。

　　先是，元年六月暹羅國王咨禮部言："往時欽賜蟒龍大袍，藏承恩亭上，歷世久遠，難保無虞，懇恩再賜一二。又每年造福送寺需用銅斤，求暫開禁採買。"部議不可，詔特賞蟒緞四匹，加賞銅八百斤，後不為例。至是，奉旨："暹羅商人運米至閩，源源而來。嗣後外洋貨船帶米萬石以上者，免船貨稅銀十之五，五千石以上者免十之三，卽載米不足五千之數，亦免船貨稅銀十之二。"嗣是閩撫陳大受奏言："閩商前赴暹羅販米，其國木料甚賤，應聽造船運回，給照查驗。"報可。閩督又奏准，商人赴暹羅運米至二千石以上者，查明議敍，賞給頂帶。

丁卯　乾隆十二年(公元一七四七年)

金川土司莎羅奔叛。

戊辰　乾隆十三年(公元一七四八年)

夏五月，禁商民從呂宋國天主教。

己巳　乾隆十四年(公元一七四九年)

大學士經略傅恆討金川叛酋莎羅奔，降之。

　　金川自嘉勒巴內附，庶孫莎羅奔以土舍從岳鍾琪征西藏羊峒番有功，奏授金川安撫司，遂自號大金川，而以舊土司澤旺為小金川，以女阿扣妻之。上卽位十一年，莎羅奔劫澤旺，奪其印與地，檄諭始還之。已，又攻革布什咱及明正土司，不遵諭反傷官兵。巡撫紀年請勦，命雲貴總督張廣泗督四川，進屯美諾（澤旺所居），以澤旺弟良爾吉從。

時莎羅奔居勒烏圍，兄子郎卡居噶爾厓。廣泗奏調兵三萬，分二路，一由川西入，分攻河東，一由川南入，分攻河西，皆阻險不前，諸將多失事。請增兵，上命大學士訥親往經略，起岳鍾琪赴軍自効。

訥親至，限三日取噶爾厓，總兵任舉戰没。廣泗輕訥親不知兵，以事相讓而實困之，將相不和，士皆解體。又良爾吉本與阿扣通，甚不利官軍之助小金川，陰爲賊耳目，廣泗以漢奸王秋之言信任之，師久無功。

上逮廣泗，廷訊不服，斬之。訥親尋亦賜死，而命大學士傅恒代其任。至則斬良爾吉、阿扣、王秋，斷內應，具奏軍事本末，略云："訥親初至，不察情形，惟嚴切催戰，致任舉敗没，銳挫氣索。一以軍事諉張廣泗，廣泗又爲奸人所愚，惟恃以卡攻卡，以碉攻碉之法，無如賊碉林立，致傷亡數千。臣查攻碉最爲下策：槍礮惟及堅壁，是我徒攻石而賊從暗擊，轉得攻人，且碉外開濠，兵不能越，而賊得伏其中，自下擊上。又戰碉高銳，建造甚巧，數日可成，缺壞隨補，頃刻立就，且人心堅固，至死不移，攻一碉難於克一城。即臣所駐卡撒左右山頂，即有三百餘碉，計旬日半月得一碉，亦非數年不能盡。惟有使賊失其所恃，而我乃得展其所長。臣擬俟大兵齊集，分地奮攻，而別選銳師旁探間道、裹糧直入，踰碉勿攻，繞出其後，即以圍碉之兵爲護餉之兵。番外備既密，內守必虛，我兵從捷徑搗入，則守碉之番各懷內顧，人無固志，可不攻自潰。"又云："嚮導必用土兵，小金川尤爲驍勇，今良爾吉已誅，澤旺與賊爲仇，驅策自可得力。至沃日瓦寺兵強而少，雜棱綽斯甲兵衆而懦，<u>明正</u>、<u>木坪</u>忠順而強幹不足，<u>革布咱</u>兵銳可當一路，雖各土司環攻分地之説不可恃，亦可資其兵力。前此每得一碉卽撥兵防守，致兵力日分，卽使毀碉，而賊又立卡，是守碉、毀碉均爲無益。今賊仍各處增碉，不知臣決計深入，不與爭碉，惟俟四面布置，出其不意，直搗巢穴，以取渠魁，必能報捷。"上以小醜勞師，二載誅兩大臣，又失良將<u>任舉</u>，已不釋然，及是聞其地險力艱，轉恨<u>訥親</u>、<u>廣泗</u>不早以實告，且屢奉皇太后息武寧邊之諭，反復寄諭命班師。

　　時兩路兵已連克碉卡，賊聞官軍決計深入，又斷内應，大懼。<u>莎羅奔</u>故德<u>鍾琪</u>，乃遣人乞降。<u>鍾琪</u>輕騎徑抵其巢。賊見其親至，大喜，翌日遂從<u>鍾琪</u>皮船出洞詣軍。<u>傅恆</u>升壇幄，責其抗命，<u>莎羅奔</u>稽顙誓遵六事，歸土司侵地，獻凶酋，還兵民，納軍械，供徭役，乃宣詔赦其死。諸番焚香作樂，獻金佛謝。班師，詔封<u>傅恆</u>一等威勇公、<u>岳鍾琪</u>三等威信公，立碑太學。

庚午　乾隆十五年(公元一七五〇年)
駐<u>西藏</u>都統<u>傅清</u>、 左都御史<u>拉布敦</u>誅叛賊<u>朱爾墨特</u>，死之。增兵戍<u>藏</u>。

　　　<u>朱爾墨特</u>，郡王<u>頗羅鼐</u>之子，襲父封，以駐藏大臣不便於己，先奏罷駐防兵，陰通書<u>準噶爾</u>爲外應，旋襲殺其兄，揚言<u>準</u>部兵至，聚黨謀變。<u>傅清</u>、<u>拉布敦</u>覺之，欲先發，而左右無一兵，乃以計誘至寺手刃之，旋爲賊黨所害。時<u>五世班禪</u>已卒，<u>達賴</u>使番部公爵<u>班替達</u>攝<u>藏</u>事，禽逆黨以聞。詔以二

臣先事靖變，贈一等伯，而命將軍策楞、班第來藏，永禁西藏及準部往來之路。自是西藏始不封汗王貝子，以四噶布倫分其權，而總於達賴剌麻。增駐藏大臣兵千五百戍之。

秋九月，準噶爾宰桑薩喇爾來降。

初，準部自噶爾丹以後三世皆梟雄，及十年噶爾丹策零死，次子那木札爾立，童昏狂惑，多戮宰桑，爲諸台吉所殱，立其庶兄剌麻達爾札。而大、小策零兩部裔欲立其弟策妄達什。大、小策零本同族台吉，以謀勇爲策妄父子兩世將兵，故大策零之孫達瓦齊與小策零之子達什達瓦首被翦鉏。故達什達瓦妻先率所部叩關來投，徙熱河，編旗籍。薩喇爾者，達什達瓦宰桑也，不自安，時賽音伯勒克又將奪其户口分賞各宰桑，故薩喇爾率所部千户來降。命安插察哈爾地方，尋授散秩大臣。及後阿睦爾撒納襲殺達爾札，而達瓦齊①篡立，其杜爾伯特台吉三車棱又率三千户來降。上俱封其降人，恤其部衆。

辛未　乾隆十六年（公元一七五一年）

夏六月，緬甸遣使來朝貢。

緬甸國，古朱波地，漢通西南夷，謂之撣，唐謂之驃，宋元謂之緬，又稱蒲甘乃。其王城在滇徼永昌南二千里。北界騰越野夷，東北界雲南、南掌（即老撾），南界暹羅並榜加剌海，西界東印度英吉利屬地，西北界前藏。北極出地自十五度至二十七，西綫自東八十九度至九十八。水有瀾滄江、怒江（怒一作潞），西有大金沙江（即檳榔江所匯，源出西藏，

---

① 達瓦齊，原作達爾瓦，據下文乾隆十九年秋九月條，應是達瓦齊之誤，故改。

名雅魯藏布江），皆自雲南貫境，國中恃以爲險。而大金沙西南與東恆河合流，入南海。天時溫熱，穀果極豐，禽獸繁衍，虎象甚多。産五金、鋼鑽、鹽硝、硫磺、信石、紅藍寶石。性貪詐，尚佛教。

唐宋皆貢中國，元數征之，明初置宣慰使司（明宣慰使司有六：曰車里，曰木邦，曰八百大甸，曰老撾，曰孟養，其一即緬甸，後增爲十）。萬曆間，其酋莽體瑞併吞諸部，又臣木邦、蠻暮、隴川、干崖①、孟密諸土司，屢犯邊。後爲劉綖、鄧子龍擣阿瓦（即緬都城），破入之，巡撫陳用賓又約暹羅夾攻破之，自是不敢内犯。永曆入甸，其臣李定國遣使約古喇、暹羅，議犄角攻裂其地，而大兵已取永明王於阿瓦，遂不果。雍正九年，緬與景邁交鬨，景邁（即八百媳婦國）遣使至普洱求貢，乞比暹羅、南掌，總督鄂爾泰疑而却之。緬偵知之，遂揚言亦將入貢，益兵攻景邁，破之，而貢竟不至。

怒江東有波童山銀場，與滇邊之茂隆銀場近，至是，場商吴尚賢説緬王莽噠喇以貝葉表文及塗金塔、馴象十叩關求貢。雲貴總督碩色以聞。上諭："朕思緬甸越在荒裔，自前明嘉靖後職貢不通，我朝定鼎之初，即能禽送朱由榔，傾心效順，兹復專遣陪貳齎表闕廷，向化奉琛，具昭忱悃。向來蘇禄、南掌等國入貢，筵宴賞賚俱照各國王貢使之禮，所有緬甸貢使到京一應接待事宜，亦應照各國王貢使之例，以示綏遠。"於是，親御太和殿受使臣朝賀，錫賚緬王緞帛玉器有差。

---

① 干崖，原作千崖，千應是干字之誤，故改。

卷　五

壬申　乾隆十七年(公元一七五二年)
春二月,布魯克巴入貢。

　　布魯克巴在後藏南, 北界前藏帕爾, 東界貉貐野人, 南
界阿薩密, 西南界孟加拉 (阿薩密、孟加拉今皆英吉利屬
地), 西界哲孟雄 (哲孟雄後爲廓爾喀所并)。東西長而南
北狹, 亦轄五十城, 爲紅教剌麻總持之地。天時、物産勝西
藏, 頗類中國, 産棉花、大黃, 惟漢民罕至。舊分布魯克(一
名德白拉乍)、葛畢(一名比斯尼)兩族。雍正十年, 兩族相
仇殺, 先後赴西藏投誠, 貝子頗羅鼐爲和解之, 尋各遣使入
藏奉表謝, 兩族旋合爲一。乾隆元年貢方物。至是, 其汗
諾彦林親又遣使入貢。上曰:“布魯克巴乃遐方部落, 傾忱
向化, 甚屬可嘉, 著優賞以示褒異。”(嘉慶後布魯克巴爲廓
爾喀所并。)

癸酉　乾隆十八年(公元一七五三年)
春二月,暹羅入貢。

　　先是,乾隆十四年暹羅入貢,有御書“炎服屏藩”扁額之
賜,至是,入貢并懇賜人參、犪牛、良馬及通徹規儀。內監部
議不可,詔賜人參。

96

夏四月,西洋博爾都噶里雅遣使入貢。

　　博爾都卽葡萄牙,一作布路亞,遣使巴哲格伯里多瑪諾入貢奉表,言:"臣父昔年仰奉聖主聖祖皇帝、世宗皇帝備極誠敬,臣父卽世、臣嗣服以來,纘承父志,敬效虔恭。臣聞寓居中國西洋人等仰蒙聖主施恩優眷,積有年所,臣不勝感激歡忭,謹遣一介使臣以申誠敬。因遣使巴哲格等代臣恭請聖主萬安,並行慶賀,伏乞聖主自天施降諸福,以惠小邦。至寓居中國西洋人等,更乞鴻慈優待。再,所遣使臣明白自愛,臣國諸務俱令料理,臣遣其至京,必能慰悅聖懷,其所陳奏伏祈採納。"得旨:"覽王奏並進方物,具見悃忱。"

甲戌　乾隆十九年(公元一七五四年)

春二月,蘇祿入貢。禁商民充外洋正副貢使。

　　時蘇祿國蘇老丹嘛喊味安柔律嶙遣使附閩人楊大成船入貢,福建巡撫陳宏謀以聞。部議:"查該國於雍正五年始奉表通貢,至乾隆七年復修職貢,茲該國王遣使嘮獨萬喳喇等齎捧表文、方物來閩,應如所請,給夫馬勘合,委員伴送來京。所帶土產貨物,聽照例貿易,免徵關稅。惟查該國以楊大成列爲副使,楊大成卽武舉楊廷魁,緣事被斥,復藉出洋貿易冒充該國副使,若不嚴加懲儆,恐內地民人習以爲常,出洋滋事,不應如該撫所題僅交原籍管束,請照例改發黑龍江充當苦差,並行文該督撫知照該國王,嗣後凡內地在洋貿易之人,不得令承充正副使。至該國王願以地土、丁戶編入天朝圖籍,伏思我朝統御中外,荒夷向化,該國土地、人民久在薄海臣服之內,該國王懇請來年專使齎送圖籍之處,應毋

97

庸議。"從之。

秋九月，<u>厄魯特輝特部</u><u>阿睦爾撒納</u>偕<u>和碩特</u>、<u>杜爾伯特</u>台吉來降。

　　<u>阿睦爾撒納</u>，<u>和碩特部拉藏汗</u>孫。其父<u>丹衷</u>妻<u>策妄</u>女，先生子<u>班珠爾</u>①，而<u>丹衷</u>被戮，妻改適<u>輝特部酋</u>，遺腹生<u>阿睦爾撒納</u>。及<u>噶爾丹策零</u>死，次子<u>那木札</u>嗣汗位，昏亂妄殺，諸台吉共殪之，而立其庶兄<u>剌麻達爾札</u>。<u>阿睦爾撒納</u>②性陰很，見<u>準部</u>内亂，思搆之而己乘其釁，與其黨謀立其弟<u>策妄達什</u>不遂，因與<u>大策零</u>之孫<u>達瓦齊</u>偕奔<u>哈薩克</u>。<u>達爾札</u>遣台吉將兵追討，<u>阿睦爾撒納</u>潛回舊部，簡精鋭突入<u>伊犂</u>，襲<u>達爾札</u>殺之，恐人不附己，以<u>達瓦齊</u>族貴，立爲汗，而己爲<u>輝特</u>台吉，居<u>雅爾</u>（即<u>塔爾巴哈台</u>）。以母兄<u>班珠爾</u>爲<u>和碩特</u>台吉，又娶<u>杜爾伯特</u>台吉<u>達什</u>女，而襲殺<u>達什</u>，脅降其子<u>納默庫</u>，而遷帳於<u>額爾齊斯河</u>。令行三部，恃功驕蹇，遂與<u>達瓦齊</u>生隙。<u>達瓦齊</u>因自領精兵三萬，使驍將<u>瑪木特</u>將兵八千，夾攻之。<u>阿睦爾撒納</u>不能抗，遂與<u>納默庫</u>、<u>班珠爾</u>挈<u>輝特</u>、<u>和碩特</u>、<u>杜爾伯特</u>三部衆東奔。至是，叩關内附。

　　上大喜，封<u>阿睦爾撒納</u>爲親王，二台吉郡王。<u>瑪木特</u>見諸台吉内附，必召大兵，又知<u>達瓦齊</u>不可輔，亦脱身來降，授内大臣。

乙亥　<u>乾隆</u>二十年（公元一七五五年）
春二月，王師征<u>準噶爾</u>，其部衆皆來降。

　　<u>阿睦爾撒納</u>之來降也，覲<u>熱河</u>，言<u>伊犂</u>可取狀。上久知

---

①　<u>班珠爾</u>，原作<u>班爾珠</u>，據《<u>清高宗實錄</u>》卷四七一改，後同。
②　<u>阿睦爾撒納</u>，原缺爾字，據上文補，後同。

98

其爲部衆畏服，可驅策嚮導、乘機大舉，大學士傅恆贊之，遂定議出師，以尚書班第爲定北將軍，阿睦爾撒納副之，瑪木特等爲參贊；永常爲定西將軍，薩喇勒①副之，班珠爾等爲參贊。降人三車稜、納默庫等皆以所部兵從。兩副將軍各領前鋒三千，皆準夷渠帥，建其舊纛先進。其同族大台吉噶爾藏多爾濟及舊回酋和卓木皆先後迎降，各台吉、宰桑道左獻酮酪、羊馬。至札哈沁，有得木齊巴哈曼集及宰桑敦多克各率戶口百千降，上諭軍機大臣：“如細查伊等戶口，恐其反生疑惑，當曉諭伊等仍舊安居，毋使驚懼，似此則投誠必多。”於是師行數千里無阻。

夏五月，師入伊犁，達瓦齊南遁，回人執以獻。

是月朔，西路軍皆會博羅塔拉河，達瓦齊素嗜酒，不設備，倉卒率宿衞走保伊犁西北格登山。我師長驅追襲，降人阿玉錫等以二十餘騎往覘，乘夜突搗其營。賊瓦解，多不戰而降。達瓦齊南走回疆，投烏什城，爲阿奇木伯克霍吉斯擒獻，並獲青海叛賊羅卜藏丹津。

上御午門受俘，皆赦其死，並封達瓦齊親王、霍吉斯郡王，入旗籍，回酋大、小和卓木在伊犁者，使歸舊部，於是天山南北二路皆不血刃而定。

秋八月，阿睦爾撒納叛。

初，厄魯特四部，部各有汗，綽羅斯治伊犁，和碩特治烏魯木齊，徙青海，杜爾伯特治額爾齊斯，土爾扈特治雅爾，不相君臣。自綽羅斯準噶爾強盛，伊犁始爲四部盟長，抗衡中

---

① 薩喇勒，原作薩賴爾，據《清高宗實錄》卷四八〇改。

國者數十年。上欲俟伊犁大定，仍衆建而分其力。而阿睦
爾撒納欲爲四部總台吉、專制西域，與其黨聚謀，逆蹟漸著，
將軍等密以聞。旨令阿睦爾撒納九月至熱河飲至，同四部
台吉受封。至是，阿睦爾撒納中途遷延，行抵烏隆古河，近
札布堪舊游牧，詭言暫歸治裝，由間道逸去，四出煽亂，伊犁
諸剌麻、宰桑蠭起應之。時大兵已撤，留伊犁兵僅五百，班
第等力戰被圍，死之，西路兵亦退。旨逮永常治罪，以定邊
左副將軍策楞代之，仍分兩路進討。

英人來寧波互市。

時英吉利商船收定海港，總商喀喇生、通事洪任輝、船
商華苗殊請於寧紹台道，轉詳大府，請收泊定海，運貨寧波，
許之。踰年遂增數舶。

丙子　乾隆二十一年(公元一七五六年)

秋七月，王師追阿睦爾撒納，進征哈薩克，連戰敗之。

哈薩克，回部之大者也，西人稱曰韃韃里，亦曰達爾給。
東北界科布多之烏梁海，南界塔爾巴哈台，東南界伊犁，北
界俄羅斯，西南界浩罕、布魯特、安集延、納木干諸部。地分
三部，左部鄂爾圖玉斯，右二部：齊齊玉斯、烏拉玉斯，亦稱
中部、西部。其左部自古爲行國，逐水草游牧，爲古康居，地
廣，草蕃茂，多馬牛，風俗、物產、文字略與蒙古準部同，而語
言稍異。西北境曰伊什河，地苦寒，其汗惟盛夏居之。右二
部則有城郭，爲古大宛、大夏地。北極自三十六至五十一
度，西縫偏東四十三至七十八度。

厄魯特強盛時，哈薩克皆爲所屬，歲納馬。是春，大兵

100

討阿睦爾撒納，長驅至特克勒河。阿逆遁入哈薩克左部，誘煽其汗阿布賚拒命。策楞以頓師不進褫職。至是，將軍達爾黨阿、哈達哈分西、北路進討。

阿布賚遣和集博爾根以四千騎走魯臘，而自率千餘騎西行。我西路軍進破和集前隊二千於雅爾臘山，擒其渠楚魯克，又破其後隊二千騎。而北路軍亦敗阿布賚於亳沙臘克山下，獲渠帥昭華什，遂抵伊什河，阿逆僅隔一谷。將軍信諜者言，令駐軍，阿逆復徐颺去。乃遣所獲渠帥歸，諭令禽獻阿逆。往返稽延，而準部降夷宰桑皆變，阿逆自哈薩克潛歸，會諸賊於博羅搭拉河，準部復大擾。

丁丑　乾隆二十二年（公元一七五七年）
秋七月，哈薩克來獻馬，請通貢市。

諸降夷之叛也，上以準部夷酋甫受封賞，歸輒叛，知厄魯特不可以德懷，是年三月，命左副將軍成袞札布出北路，右副將軍兆惠出西路，大加搜討。會諸部自相吞噬，又痘疫，死亡相望，官軍長驅至，賊皆敗走，逆酋先後授首。阿睦爾撒納復遁入左哈薩克，兆惠及參贊富德窮追深入其地。阿布賚汗懼，遣使請罪，表貢良馬，誓擒阿逆以獻。適阿逆往投，使人先收其馬，阿逆驚，徒步夜走，入俄羅斯界，乃擒獻其黨，而和集博爾根亦率三萬戶納款軍門。會其西部與中部搆兵，阿布賚使與我使臣單騎入兩陣間，指揮宣檄，皆解甲聽命。適富德方追準部逸賊至右部，軍于莽格特城，遂詣軍納款，齎表京師。其表文曰："哈薩克小汗臣阿布賚謹奏中國大皇帝御前。自臣祖額什木汗、揚吉爾汗以來，從未

101

得通中國聲教，今祗奉大皇帝諭旨，加恩邊末部落，臣暨臣族靡不歡忭，感慕皇仁。臣阿布賚願率哈薩克全部歸於鴻化，永爲中國臣僕，伏惟中國大皇帝睿鑒。謹遣頭目七人及隨役共十一人，齎捧表文，恭請萬安，並敬備馬匹進獻。謹奏。"

上諭："哈薩克汗阿布賚悔過投誠，稱臣入貢，遣使至營，情辭懇切，見在護送進京。哈薩克一部素爲諸厄魯特所畏，去歲叛賊阿睦爾撒納逃竄往投，我師追擒直入其境，阿布賚率其部落遠徙數千里，旋欲縛獻阿逆以贖前愆，爲阿逆所覺，遁回準噶爾，復肆鴟張。然阿逆所以煽惑諸厄魯特及回子等衆者，惟恃一哈薩克耳。茲阿布賚既已請降，約以阿逆如入其地必擒縛以獻，則叛賊失其所恃，技無所施，此一大關鍵也，朕心實爲之慶慰。哈薩克即大宛也，自古不通中國，昔漢武帝窮極兵力，僅得其馬以歸，史冊所傳，便爲宣威絕域。茲乃率其全部傾心內屬，此皆上蒼之福祐、列祖之鴻庥，以成我大淸中外一統之盛，非人力所能爲也」著將哈薩克汗阿布賚降表繙譯宣布中外，並將此通行曉諭知之。"

於是，授所部王公台吉世爵，定三年一貢，歲一市於烏魯木齊，以馬羊易緞布，而稅其百一，惟北哈薩克未通中國云。

秋八月，俄羅斯假道黑龍江運糧，不許。

俄羅斯請由黑龍江挽運本國口糧，上以其違約不許。

冬十一月，禁英商來浙互市。

廣督上言："浙關正稅視粵關則例酌擬加徵一倍。"部議從之。得旨：“楊應琚所奏勘定浙海關徵收洋船貨物、酌補贛關船稅及樑頭等款、並請用內府司員督理關稅一摺，已批該部議奏。及觀另摺所奏，所見甚是，前摺竟不必交議。從前令浙省加定稅則，原非爲增添稅額起見，不過以洋船意在圖利，使其無利可圖，則自歸粵省收泊，乃不禁之禁耳。今浙省出洋之貨價值既賤於廣東，而廣東收口之路稽查又加嚴密，卽使補徵關稅、樑頭，而官辦止能得其大概，商人利析秋毫，但予以可乘，終不能强其舍浙而就廣也。粵省地窄人稠，沿海居民大半藉洋船爲生，不獨洋行之二十六家而已，且虎門、黃埔在在設有官兵，較之寧波之可以揚帆直至者，形勢亦異，自以仍令赴粵貿易爲正，本年來船雖已照上年則例辦理，而明歲赴浙之船必當嚴行禁絕。但此等貿易細故，無煩重以綸音，可傳諭楊應琚，令以己意曉諭番商，以該督前任廣東總督時兼管關務，深悉爾等情形，凡番船至廣卽嚴飭行戶善爲料理，並無于爾等不便之處，此該商等所素知，今經調任閩浙，在粵在浙均所管轄，原無分彼此，但此地向非洋船聚集之所，將來止許在廣東收泊交易，不得再赴寧波，如或再來，必令原船返棹至廣，不准入浙江海口，豫令粵關傳諭該商等知悉。若可如此辦理，於粵民生計並贛韶等關均有裨益，而浙省海防亦得肅清。看來番船連年至浙，不但番商洪任輝等利於避重就輕，寧波地方必有奸牙串誘，並當留心查察。如市儈設有洋行及圖謀設立天主堂等事，皆當嚴行禁逐，則番商無所依託，庶可斷其來路耳。如或有難行之處，該督亦卽據實具奏。”

尋復奏：“遵旨曉諭番商洪任輝等回帆，並札行寧波、定

103

海各官一體遵照，見在並無設立洋行等情弊。"報聞。

戊寅　乾隆二十三年(公元一七五八年)
春正月，俄羅斯獻出阿睦爾撒納逆屍，準部平。

阿逆逃入俄羅斯，上命理藩院移文索之，俄羅斯以渡河溺死聞。既而患痘真死，遂移屍至恰克圖，請大臣往驗。上諭桑寨多爾濟等："據俄羅斯邊界報稱，逆賊阿睦爾撒納出痘身死，今將身屍送至恰克圖等處，請遣人驗看等語。看來逆賊阿睦爾撒納罪惡貫盈，身死屬實。琳丕勒多爾濟向認識阿逆，今天氣寒，逆屍尚未腐壞，接到此旨，桑寨多爾濟即遣琳丕勒多爾濟速往恰克圖驗看，並曉示彼處頭目云：爾等念兩國和好，將逆賊之屍送來，以彰信義，大皇帝深爲嘉悅。"

又諭："準噶爾一事，自用兵以來，伊犁既已蕩定，而哈薩克汗阿布賚等亦輸誠內嚮，實皆仰荷上蒼之默佑、列祖之鴻庥，獨因叛賊阿睦爾撒納逋逃未獲，以致勞我師旅，於今三年。蓋此賊一日未能成擒，則西事一日不能就緒，不得不極力追捕，以爲邊圉久遠之計，非朕好爲窮兵黷武，從前所降諭旨甚明。去歲聞阿逆竄入俄羅斯境內，俄羅斯向爲和好之部，定議彼此不許容留逃人，況阿逆罪大惡極，尤非他逃人可比，當令理藩院行文俄羅斯薩納特衙門向索。今據辦理俄羅斯邊界事務喀爾喀親王桑寨多爾濟等奏稱，俄羅斯畢爾噶底爾差圖勒瑪齊畢什拉等前來移文，內稱阿逆逃至伊境，渡河被溺，隨經救出拘禁，旋因患痘身死，今將屍獻出等語，若惟恐不能取信於天朝，而亟亟以獻屍爲確據者。夫以阿逆之貪殘狡詐，貽害生靈，負恩悖叛，天良滅絕，即暫

104

逃於顯戮，必難逭於冥誅，斷無久延視息之理，其身死諒無可疑。至俄羅斯之收留叛賊，始未嘗不欲撫而用之，及其已死，無可希冀，然後獻出，亦係其實在情節。且彼既以謹守舊約、克全信義爲詞，自不當逆料其詐，拒而不受，更行深責也。況國家之所期必獲者，不過阿睦爾撒納耳，今其人已死，其屍已得，準噶爾全局自可以告厥成功，朕惟以大公之心爲順應之擧，斷不肯恃我國威誅求過當。萬一所獻不實，意圖欺罔，則其曲自在俄羅斯，彼若妄生事端，則朕可以上告天地而下對臣民，再興師問罪亦未爲遲，卽無知苟安之徒，亦無從議朕爲好武矣。始議向俄羅斯索取阿逆時，衆人之議未必不竊議又生邊釁，是總不知駕馭外藩之道，示之以謙則愈驕，怵之以威則自畏，此二言若子孫世世能守，實大清國億萬年無疆之庥也。卽如漢唐宋明，和親稱侄，歲幣屢增，是亦遜讓之極矣，而於邊患寧稍救耶？卽如俄羅斯既已收留叛賊，若不嚴行索取，彼必不將屍獻出。設從史貽直、陳世倌所議，且將遷就隱忍，竟若叛賊一入俄羅斯遂無可如何者，所謂唾面自乾之爲，朕甚恥之！朕於軍國重務，惟有乘機度勢、因物順理，不但初無搆釁於俄羅斯之心，卽此用兵三年，雖未如康熙、雍正年間之久，而朕已慮衆人之勞，時切於懷，特因叛賊未獲，萬難中止，初非朕之本意也。向使前後在事諸臣果迅合機宜，則叛賊自不至逃竄，亦當早爲弋獲，何至展轉愆期？此用人不當，實朕之愧。然統計連年軍興，征調皆出自公帑，不但未加賦閭閻，而賑恤有加於往歲，此亦天下臣民所共知者。今逆屍已獲，伊犂全部悉入版圖，徐謀耕牧，纘承皇祖、皇考未竟之緒，而自古未通中國之哈薩克亦皆稱臣納貢，其於我皇清疆宇式廓、萬年久安之道，爲有益爲無益，朕亦不更置論。至葉爾羌、喀什噶爾等回部，原可計日平定，不必更煩動衆。所有阿睦爾撒納身死，俟解到之日驗明戮示，以彰國憲，先將此通行曉諭知之。”

未幾，厄魯特叛台吉舍楞害我都統唐喀禄，自伊犁復逃入俄羅斯。我使索之，又不與。上怒，絕其恰克圖貿易。

秋七月，布魯特來附。

布魯特分東、西部。東部五，爲古烏孫；西境西部十有五，則昔之休循、捐毒也。唐時爲大、小勃律。皆游牧無城郭，人貧而悍，好擄掠，疆域、風俗亦皆介準、回之間。

東部在天山北、準部西南，舊游牧特穆爾圖泊左右，爲準部所逼，西遷寓安集延，王師定伊犁，始復故地。散處新疆回疆卡外，部長稱“鄂拓克”，稱其君曰“比”。先年六月，將軍兆惠追厄魯特逸賊至其界，遣侍衛往諭其薩雅克、薩拉巴噶什兩部。其鄂拓克遣使獻牛羊百頭。將軍設宴而示之講武，咸大詫服，於是兼撫定霍索楚及啟台兩鄂拓克，凡四部共二千餘户。其薩婁鄂拓克亦以所部五千户來歸。五部并遣使入朝貢馬。

其西十五部在天山南及葱嶺西麓，部各百千户，皆以額德格納部長之。大兵追逆回霍集占徑其地，其渠阿齊畢（一作阿奇木）阻回酋與戰，奉書將軍，率所部二十萬口願爲臣僕。以未出痘不敢入中國，遣使朝京師。上嘉之，加其渠散秩大臣，頭目皆賞翎頂。

於是東、西兩布魯特皆內附，設二品至七品頭目，由將軍、大臣奏放，歲進馬、受賚，互市如哈薩克之例，遣使巡其部落如內地焉。

塔什干來附。

塔什干（干亦作㲀），《明史》作達失干，亦城郭回部，在喀什噶爾西北千三百里，東界布魯特，東南界浩㲀、那木干，東北連哈薩克右部，漢康居、大宛交界之地。平原，多園林果木，土宜五穀，民居稠密，舊爲右哈薩克屬部。是年，參贊大臣富德追討哈薩克錫拉至其地，遣使撫諭回衆。先有準噶爾逸賊額什木札布在其境內，即擒以獻。時所部吐爾占文與右哈薩克戰，我使諭以釋爭相睦，乃大感悟，奉表求內屬，遣使朝貢。惟又附浩㲀爲屬城，蓋以弱小介於哈薩克、浩㲀之間，故皆得而役屬之。

葉爾羌回酋霍集占叛，官軍進討，圍庫車，破其援兵。

回部在蔥嶺東、天山南路，即漢西域城郭三十六國，大小回城數十，莊堡千計，東西六千餘里，南北千餘里。舊皆佛教，今回教。初，回教祖國曰天方（今阿剌伯），在蔥嶺西數千里。當隋唐間（回教紀年起唐高祖武德四年），有墨德墨克國王謨罕驀德（一作瑪哈穆特，或作摩哈麥，或作馬哈麻，又稱派罕巴爾）生於麥加，性聰敏，初服賈，贅於寡婦家，大富，因入山讀書數年，欲於佛教、洋教外別創教門以自異，造經三十篇，禮拜持齋，禁食猪肉，徒黨日盛，遂據有廣土，鄰部皆畏而從之，其教遂蔓延西土。傳二十六世，有瑪墨特者，與兄弟分適異國，於明季東踰蔥嶺而居，各城靡然從之。

康熙中，值厄魯特盡執元裔蒙古諸汗，并質回酋於伊型，及噶爾丹敗，回酋阿布都實特自拔來歸，聖祖優郇之，遣歸葉爾羌，是爲霍集占之祖。至其子瑪罕木特，欲自爲一部，仍爲噶爾丹策零所襲執，并羈其二子，長布拉敦（亦作博羅尼都），次霍集占，使督回民墾地輸賦，即所謂大、小和卓木也（猶華言聖裔）。

二十年，王師定伊犁，釋布拉敦歸葉爾羌，使統舊部，而留霍集占居伊犁，掌回務。阿逆之變，集占助逆，王師再克伊犁，遁歸。布拉敦初欲集所部聽約束，霍集占以曾助逆自疑阻，欲乘準部反側未安、王師久勞，自立國，乃集其伯克、阿渾等自立爲巴圖爾汗，回戶數十萬皆靡。惟庫車、拜城、阿克蘇阿奇木伯克鄂對等不從，皆奔伊犁，我招撫之。副都統阿敏道旋被害於庫車。事聞，乃以雅爾哈善爲靖逆將軍，率滿漢兵萬餘進討。

五月，由吐魯番進攻庫車。霍集占兄弟率鳥槍兵萬餘，由阿克蘇捷徑來援。六月，我軍邀擊擒斬過半，霍集占兄弟率餘兵入庫車城。鄂對曰："賊不株困，圍城勢必遁，請伏兵兩要隘以待。"雅爾哈善不爲備，兩逆酋果以四百騎出西門夜遁。於是布拉敦奔喀什噶爾，霍集占奔葉爾羌，守庫車回酋阿布都亦以八月突圍出，餘衆開門降。

上乃誅失機之將軍、參贊，命將軍兆惠、富德自北路移師而南。兆惠以步騎四千先行，十月至葉爾羌。賊已堅壁清野、掘濠固守。我師就黑水河結營，賊數萬來攻，築長圍以困。我受圍三月，掘井得水，掘窖得粟，賊駭爲神。時富德在北路，聞黑水營圍急，即率兵三千冒雪赴援。

己卯　乾隆二十四年（公元一七五九年）

春正月,官軍大破回賊於葉爾羌,還駐阿克蘇。

時,副將軍富德中途遇賊五千騎,轉戰四晝夜,渡葉爾羌河,距黑水營三百里,賊愈眾,不能進。適巴里坤大臣阿里袞以兵六百解馬駝至,副都統愛星阿亦以千兵至,三路進逼賊壘,兆惠亦勒兵潰圍出。賊敗潰入城。兩軍還駐阿克蘇,俟師集繼進。

禁絲斤出洋。

時禁英吉利商船赴浙貿易,於是皆收泊廣東,每夏秋交由虎門入口。又時方嚴絲斤出洋之禁,兩廣總督李侍堯言:"近年英吉利洋商屢違禁令,潛赴寧波,今絲斤禁止出洋,可抑外洋驕縱之氣,惟本年絲斤已收,請仍准運還。"奏入報可。

夏六月,收復回疆各城,酋逆西遁,官軍追討至巴達克山,回眾皆降。

先是,四月,遣兵援和闐,復二回城。至是,兵二萬、馬駝三萬皆集阿克蘇,兆惠由烏什取喀什噶爾,富德由和闐取葉爾羌。逆酋見前此王師以四百戰數萬,以三千戰守數月,已震讋兵威,又回眾初念其先世,推戴恐後,及霍集占虐用其民,眾皆解體,莫肯效死,兩逆酋遂棄城,驅人畜逾蔥嶺西遁,欲投敖罕。不報,乃赴巴達克山。

我前鋒追及哈喇淖爾(卽蔥嶺巔之黑龍池),斬獲五百。又追及阿爾楚山,斬其驍將阿布都。又追至伊西洱庫河,乃巴達克山界。霍集占以萬眾據北山及迤東諸峯,決死戰。我師緣北山巔俯擊,又分扼其走路,賊無所逃,乃令鄂對等樹

109

回纛招降，凡降回衆二千、牲畜萬計。逆酋兄弟乃挈妻孥及舊僕數百人走巴達克山。

兆惠等遂撫定喀什噶爾、葉爾羌二城，投順者免罪。查出各城遷來回衆二千五百餘户，均送阿克蘇備屯田。以喀什噶爾爲參贊大臣建牙之所，節制南路各城，與葉爾羌、英吉沙爾、和闐爲西四城，烏什、阿克蘇、庫車、闢展爲東四城，并東路哈密、土魯番、哈喇沙爾共十有一城，分設辦事、領隊大臣鎮之。又各設三品至六品阿奇木伯克，理回務，不得專生殺。回疆平。

秋七月，下英商洪任輝於獄。

時，英吉利商人洪任輝必欲赴寧波開港，既不得請，自海道直入天津，仍乞通市寧波，並許粵海關陋弊。是月，命福州將軍來粵按驗。有徽商汪聖儀與任輝交結，擅領其國大班銀一萬三百八十兩，按交接外國、互相買賣借貸財物例治罪。監督李永標家人七十三等苛勒有狀，併擬罪如律。永標以失察革職。以誘唆之劉亞遍戮市。英商洪任輝，上命押往澳門圈禁三年，滿期交大班附舶押回。於是粵關規費裁改歸公。總督李侍堯因奏防範外夷五事：一曰禁夷商在省住冬；二曰夷人到粵令寓居洋行管束；三曰禁借外夷資本並雇倩漢人役使；四曰禁外夷僱人傳信息；五曰夷船收泊黃埔撥營員彈壓。皆報可。

冬十月，巴達克山來獻逆回酋馘，請歸附，遂入貢。

巴達克山一作八答黑商，葱嶺西南城郭回國也。漢烏秅國，距葉爾羌千餘里，北界敖罕，西界布哈爾，南界北印度

110

之<u>克什彌爾</u>。距北極三十六度，中綫偏西四十四度。<u>明永樂</u>中曾通貢。其地羣山環繞，城東負<u>徙多河</u>，兩岸有縣度之險，田土膏腴，兼耕鑿牧獵之利，戶口十餘萬。

先是，逆<u>回</u>酋<u>霍集占</u>兄弟率餘衆奔至其境，詭言假道往<u>墨克國</u>（一作<u>塞克</u>，即<u>波斯</u>）謁其教祖，而謀襲據<u>巴達克山</u>，又以其酋不親迓，怒斬其使，欲約鄰部擾之，縱兵肆掠。其酋<u>素爾坦沙</u>怒，拒戰于<u>阿爾渾楚嶺</u>，先後禽<u>布拉敦</u>、<u>霍集占</u>兄弟。副將軍<u>富德</u>進軍<u>瓦漢城</u>（即<u>窩罕</u>，在其國東北境），移檄索賊。<u>素爾坦沙</u>以逆酋與己同派罕<u>巴爾</u>，欲縛獻恐爲諸部所責。<u>霍集占</u>復陰約<u>塔爾巴斯國</u>使攻之，<u>温都斯坦</u>亦與兵謀奪逆酋兄弟。乃遷其兄弟于密室殪之，而獻其馘。（是時惟<u>霍集占</u>函首軍門，其<u>布拉敦</u>尸被盜去，二十八年，<u>巴達克山</u>始獲其尸，并妻子來獻。惟<u>布拉敦</u>次子逃入<u>敖罕</u>，故<u>敖罕</u>有逆酋遺孽。）率所部十萬戶降。

明年，遣使入朝，貢刀斧及八駿馬，受封賞甚厚，自是貢職不絶。

博羅爾來附。

<u>博羅爾</u>，<u>葱嶺</u>東南城郭<u>回</u>國也，北界<u>東布魯特</u>，東界<u>乾竺特</u>，南界<u>雪山</u>，西界<u>巴達克山</u>。去北極三十七度，偏西四十三度。四境皆山，西北有河，人戶三萬餘，有村落、室居，無文字。別一種族，與諸<u>回</u>部語言不通，衣帽似<u>安集延</u>，深目高鼻濃髭，男多女少，恒數人共一妻，俗甚陋。土半沙鹵，故人多貧苦。地惟多桑，葚爲糧，飲山羊血，馬湩爲酒。其酋曰"比"，以人口爲賦税，生子女納其半，賣於各<u>回</u>城爲奴婢，取值給用。至是，因<u>巴達克山</u>内附，亦舉所部三萬戶詣

111

軍納款。

冬十一月，浩罕來附。

浩罕即敖罕，一作霍罕，又曰哥干，葱嶺西回國，距喀什噶爾西五百里。漢大宛地，東界布魯特，北界哈薩克，西、南皆布哈爾環之。去北極四十一度，偏西四十六度。有四大城：曰瑪爾噶朗；曰納木干；最西為浩罕城，其酋居之；又有賽瑪爾堪廢城，即元人所置撒馬兒罕行省，以封駙馬帖木兒；最東一城曰安集延，其人好買，遠游遍天山南北路，故西域統名浩罕為安集延。四城皆濱那林河（一作納林河，水從葱嶺西流，入鹹海）。又有小城三，塔什干部雖哈薩克族，亦兼附之，故又稱浩罕八城。風俗略同南路諸回城，土著耕種，而富強勇鷙過之，性陰狡，習攻掠，與布哈爾為勁敵。

時大軍追逆回霍集占，逆酋遣使欲投安集延，不報。既而將軍遣侍衛撫定布魯特西部，至其境，其酋額爾德尼迓入城，日饋羊酒、瓜果、糗糧、氆氌、良馬，詢訪中國疆域物產、風俗形勢、兵馬器械。侍衛廣宣朝廷德化，額爾德尼畏慕奉表，并上將軍書，稱為"至威至勇，如達賚札西特之將軍"。旋貢馬京師，然亦無所謂"汗血"者。未幾，烏什之變，回賊所遣赴浩罕之巴敦布為布魯特禽獻。又，是時霍集占兄弟為巴達克山所殲，其遺孽逃至浩罕，尚留其地。

壬午　乾隆二十七年（公元一七六二年）
阿富汗入貢。

阿富汗即愛烏罕，一作尼士丹，又名阿付顏尼，在巴達克山西南，回部大國也。北界布哈爾，東界印度，南界俾路芝,西界波斯。東西二千餘里,南北千餘里,介漢大月氏、安息境,兼明哈烈、俺都淮之地。永樂間曾偕哈烈通貢。國分九部,有三大城,每城相距二十餘程,首部曰喀布爾(一作喀奔,一作甲布爾)。都城壯麗,戶口殷繁,天氣酷熱多雨,境多沃壤,俗重耕種,勝兵十五萬,惟鳥槍刀矛,無弓矢,土產鐵、錫、礬、鹽、硫磺、氈毯。國本波斯東境,明正德時,有巴爾卑者,割取三城爲國。康熙初,乘波斯衰亂,兼并全土。未幾,波斯復興,攻滅阿富汗。後波斯又亂,阿富汗王子仍收復東境,與波斯并立。

當逆回霍集占爲王師所敗,假道巴達克山,稱將赴阿富汗往默克祖國,爲巴達克山擒殺,阿富汗酋愛哈默特沙及溫都斯坦(卽北印度之塞哥,又稱克什彌爾)興師問罪。巴達克山懼,貽以中國文綺,具言霍集占負中國及擾己國罪,阿富汗遂與連和,以兵拒溫都斯坦渡河,而取其地。於是組織雕鏤,工匠畢備,奄宦傳令,文物爛然。阿富汗亦聞中國之盛,未知道里遠近,遂因巴達克山內附,遣使偕來,以覘中國廣大,于是年貢刀及四駿。後屢貢良馬。是爲中國回疆最西之屬國。再西則默克等回教祖國(卽今阿剌伯),皆古安息、條支境,過此卽地中海,接歐羅巴洲矣。

夏五月,寬絲斤出洋禁。

英吉利商人啮嘣等以絲斤禁止出洋,其貨艱于成造,求仍照前通市。粵督蘇昌奏稱:"洋商籲懇代奏,酌量准其配買,情辭迫切。"奉諭:"前因出洋絲斤過多,內地市價翔踴,是以申明限制,俾裕官民織絍。然自禁止出洋以來,並未見絲斤價平,亦猶朕施恩特免米豆稅、而米豆仍然價踴也,此

113

蓋由於生齒日繁,物價不得不貴。有司恪守成規,不敢通融調劑,致遠夷生計無資,亦堪軫念,著照該督等所請,循照東洋辦銅商船搭配綢緞之例,每船准其配買土絲五千斤、二蠶湖絲三千斤,以示加惠外洋至意。其頭蠶湖絲及綢緞綾匹,仍禁止如舊,不得影射取利。"自是,英吉利來廣互市,每船如額配買,歲以爲常。

秋九月,釋英人洪任輝於獄。

先是,英吉利船來粵,攜番官公班衙番文,懇釋洪任輝,疆吏飭駁。至是,三年屆滿,釋洪仁輝,交大班附舶載回,兩廣總督照會英吉利國王收管約束,毋任潛入內地。英吉利來粵商人由是知所斂戢。

癸未　乾隆二十八年(公元一七六三年)
冬十二月,准琉球買絲。

琉球國疏請購買絲斤,部臣議駁,旋奉諭:"琉球本宜遵循例禁,第念該國爲海澨遠藩,織紝無資不足以供章服,據奏情詞懇切,著加恩照英吉利國例,准其歲買土絲五千斤、二蠶湖絲三千斤,用示加惠外洋至意,餘悉飭禁如舊。所有稽察各關口岸及出入地方,仍加意核查,以杜影射。"

甲申　乾隆二十九年(公元一七六四年)
春正月,博羅爾遣使來朝貢。

博羅爾既因巴達克山內附,旋與巴達克山釁爭,來乞援。葉爾羌都統新柱爲遣諭巴達克山還俘罷戰,博羅爾遂遣使入朝,貢劍斧及玉柄匕首。又,博羅爾東有乾竺特,地接後藏,無城郭、宮室,鑿穴以居,有米麥。其俗敬火,每晨

114

向之禮拜。(卽唐代所稱景教舊俗。)其酋曰"汗"。國貧寡，
以人口爲賦，與博羅爾同俗。至是，亦同內附，歲貢金一兩
五錢。

布哈爾來附。

布哈(哈或作噶)爾卽西哈薩克，又稱塞（卽薩克之轉
音)，或稱札(一作甲)布西人，又謂之木哈臘，葱嶺西大回國
也。距葉爾羌四十驛，西北界俄羅斯，北界哈薩克，東界浩
罕，東南界巴達克山及克什彌爾，南界阿富汗，西南界波斯。
幅員恢闊，部落甚多，抱鹹海而達裏海，爲古大夏、大宛西
境，卽元之卜花爾。其鄂勒推帕等屬城匝阿母河左右，皆元
行省撒馬兒罕所轄。明永樂、宣德兩朝，陳誠、李達使西域，
皆嘗經其地。但彼時疆域甚小，其後撒馬兒罕分裂，布哈爾
得其地之大半，稱韃靼里(或作韃而靼)，都城曰布加拉亞。
去北極三十九度，西經偏東六十四度。氣候頗炎，冬無大
雪，産馬駝、棉布、金玉、珠寶、五穀及骨種羊。俗長騎射，性
强悍，時與浩罕搆兵。

昔惟與我通市，二十五年回部平，遣使敕諭，是年其部
長因巴達克山請，以所屬內附，蓋慕中國之盛大而來也。此
外或爲附庸小部，力不能自達天朝者，尚有數十部落。

秋七月，罷閩浙總督楊廷璋。

黃仕簡奏稱："廈門洋船陋規，內總督每年得受銀一萬
兩，巡撫每年得受銀八千兩。" 奉旨："朕以當此法紀肅清之
日，督撫受恩深重，何至任意貪婪若此？如果屬實，則大奇
之事。楊廷璋溺職負恩，罪實難逭。但此等陋習料非僅福

建一省爲然，別省幸而不致敗露，則亦姑置不究，今既訊有確據，豈可不示以創懲？楊廷璋擢任封疆以來，尚能實心任事，是以簡用大學士、仍留總督之任，乃不能正己率屬，致啟屬員巧爲逢迎，借端欺蝕之漸，不但不堪表率封疆，卽令其還京供職，亦有何顏面復厠綸扉耶？姑念其宣力有年，齒復衰邁，不忍遽① 加擯斥，著加恩賞給散秩大臣，來京效力自贖。”

秋九月，釋朝鮮國人犯禁罪。

時朝鮮國人樸厚贊等十人越江偷打貂皮，被駐防兵拿獲，部臣照會朝鮮國王。國王奏:“請卽正法。”上諭:“樸厚贊等違禁越江，卽行正法原屬罪所應得，第念向來此等罪犯曾邀格外從寬，若遽前後參差，未免或有向隅之憾，是以定擬時已有旨改爲監候。然在中朝字小之仁雖不妨過厚，而於藩服越邊之例禁又豈可稍弛？倘日久因循，該屬不知奉教條而輕犯法，轉非加惠該國至意。嗣後遇有似此罪犯，應將首惡之人明正典刑，以昭國憲。此案不卽照此處分者，以未經申諭於前，事同不教而殺，所不忍爲耳。該國王其約束所屬，宣示朝章，如復不悛，朕亦不能爲奸民曲法屢宥也。刑部可行文該國王知之。”

乙酉　乾隆三十年(公元一七六五年)
秋七月，籍桑寨多爾濟家。

定邊左副將軍成袞札布奏劾喀爾喀親王桑寨多爾濟私與俄羅斯貿易，上特命尚書阿里袞查辦，又派軍機章京往張

———————

① 遽，原作據，抄本作遽，依改。

家口，查得桑塞多爾濟將皮張物件私售屬實。奉諭："桑塞多爾濟自幼養育內廷，受恩深重，於停止俄羅斯貿易後理宜嚴加查禁，今乃首先給票射利，深負朕恩，其罪實難寬宥。著阿里袞查明伊祖丹津多爾濟所遺家產外，其餘俱照入官。"

秋八月，俄羅斯綽爾濟刺麻丹巴達爾札等請附。

瑚圖靈阿[1]奏稱："丹巴達爾札等遣索特巴稟稱，伊等游牧地近邊境，情願歸順天朝，但恐被俄羅斯追索，致生事端，請於和好改約時歸順方妥，並探恰克圖停止貿易之故，再請歸順時遣卡兵邀迎。"奉諭："丹巴達爾札等遣索特巴來稟，特以我停止恰克圖貿易，或搆兵端，如不歸順，伊等游牧地近，慮先受害，若豫歸順，又恐我擒執送還，故來探信。如遣人再來，瑚圖靈阿當云：'我皇上統一區宇，外藩慕仁歸化，無不容納，爾果輸誠歸順，代奏後必加恩收留。如恐執送俄羅斯，則從前俄羅斯曾收留我國逃人舍楞等，此時豈有將爾等送還之理？至于恰克圖貿易，特因俄羅斯近年諸事推諉，不能即速完結，且增加稅額，以致物價昂貴，是以停止，並非欲搆兵端。倘俄羅斯敢于滋事，彼時再行裁度。丹巴達爾札等如欲歸順，聽從其便，否則亦無抑勒之理，若請遣兵邀迎，我天朝亦斷不行此誘人之事。'曉諭後遣還可也。"

丁亥　乾隆三十二年（公元一七六七年）

冬十二月，將軍明瑞征緬甸，大破其兵於蠻結。

緬甸自莽氏吞併諸土司，惟暹羅、南掌（即老撾，古越裳氏）、景邁（即八百媳婦國）、古剌諸國與之抗，又忌茂隆銀場

---

① 瑚圖靈阿，原作瑚國靈阿，國應是圖之誤，據抄本改。

吴尚賢、波龍廠貴家(相傳爲明桂遺臣之後)、木邦土司。及場商吴尚賢說緬酋麻哈祖(一作莽噠喇)入貢，旋以事爲滇吏追還斃諸獄，而場衆散，緬酋亦爲木疏土司甕籍牙所纂，以兵擊破貴家、木邦。貴酋宫裏雁敗竄近邊，孟連土司奪其孥賄，爲貴酋妻囊占襲殺。永昌守楊重穀誘宫裏雁戮之，木邦酋亦走死。緬益無忌，擾及孟連、耿馬諸内屬土司。囊占並怨中國，嗾緬土目内犯車里土司，官軍三路俱敗。時三十年事也。

詔大學士楊應琚自陜甘移督雲貴。會賊漸退，官軍乘間收復，應琚遂奏緬可取狀，使人誘致孟密、孟養、整邁、蠻暮①諸土司，使獻土，實則地懸緬境，而移文檄緬，言不降卽進討。緬乃大出兵，攻陷木邦、景綫。時副將趙宏榜襲克新街，緬來爭，宏榜走還，賊尾而入，分兵圍騰越、永昌各營汛，襲猛卯城。應琚皆不以聞。

上廉得其實，諸將多以失守逗留論死，應琚亦以貪功掩敗賜自盡，而詔明瑞自伊犂以將軍兼雲貴總督，大舉征緬。議以將軍率大兵由木邦、孟艮攻東路，參贊額爾登額由孟密出新街水路，會于阿瓦(緬甸都城)。以前月出宛頂至木邦，獲積糧，留參贊珠魯納、按察使楊重英以兵五千守之，明瑞自率兵萬二千爲浮橋渡錫箔江，至蠻結。賊二萬立栅十六以待，領隊大臣觀音保麾兵先據山左，哈國興等三路登山俯薄之，一呼直逼其壘，連破三栅，餘皆宵遁，大獲糧械。捷聞，詔封明瑞誠嘉毅勇公。

臣按：　緬甸古朱波地，明時置三宣六慰，緬酋莽氏。至

---

① 蠻暮，原作蠻慕，依前後文慕應作暮，故改。

118

乾隆時，莽噠喇① 素畏茂隆、波龍（一作波童）二廠。茂隆廠吳尚賢者，石屏州民，家貧走廠，爲胡盧國大山王蜂筑所信任，與開茂隆銀廠，廠大贏，有壯丁數十萬。波龍廠貴家宮裏雁者（一作桂家宮裏燕），故永明遺裔，自號貴家，開波龍廠，亦有壯丁數十萬。二廠强盛，爲莽氏所畏，隱然爲滇省屏藩。既而尚賢思得胡盧王封號，説莽酋入貢，而已實欲乘其利。不得志，怏怏歸。滇大吏追繫之獄，餓死，而茂隆廠敗。宮裏雁素輸緬甸歲幣，及甕籍牙簒立，不復輸。甕酋攻之，宮裏雁不能支，攜家屬、徒衆千餘及資財內徙，寄住孟連地方。孟連土司刀派春② 收其兵器，户索銀三兩，令安插於猛尹各圈寨。雁不欲受土司管轄，已相嗟怨。總督吳達善知其有明代所遺七寶鞍，索之。雁不與吳，遂挈其妾婢六人赴石牛廠。派春又重索雁妻囊占牛馬、童女，囊占怒，襲殺派春，雁實不知。七月，永昌守楊重榖欲邀功，誘禽之。布政使姚永泰曰："孟連之變，雁不與知，況其夫婦不睦，避居兩地，今若留雁，可爲緬酋之忌。"按察使張坦麟審稱："雁雖堅供不知情，但勢窮來歸，先令妻屬詭計歸服，以致劫殺，应正法。"吳以前鞍不與，故切齒於雁，從張議殺雁，檄諭緬人，以雁既誅殺，囊占及凶目等當即拿送。時囊占已嫁緬酋之弟憎駁，緬人以爲有心指其淫行，益忿恨。會木邦罕黑相勾結，而二廠敗散，緬無所畏，遂侵擾內地之耿馬，闌入孟定。耿馬土司罕國楷、石牛廠委員周德會聞永順鎮田允中已進發，率練兵截殺普拉布。吳以德會爲殺良冒功，置之

---

① 莽噠喇，原作莽喇噠，依前文應作莽噠喇，故改。

② 刀派春，原作刁派春，據魏源《聖武記》卷六改。

法，而緬人益輕中國，遂侵猛籠、景綫各隘口。吳畏葸，惟戒官兵不與戰而已。嗣任總督劉藻挈丞令數員於除夕猝發，抵普洱，分檄各路之兵時發時止，人莫知所從。上以陝督楊應琚調任，而降劉爲巡撫，劉懼自裁。楊又信副將趙宏榜之言，謂各土司樂內附，懵駁之母勸其子臣服，有機可乘，率二百人襲蠻暮之新街。緬酋遣頭目僞乞降，宏榜不察，犒而遣之。永順都司劉天佑、騰越都司馬拱垣領兵四百自翁冷出關，會新街。宏榜方祭纛饗士卒，賊數千乘船猝至，力戰相持者兩日夜，遂與馬拱垣等潰圍屯鐵壁關。再戰木邦，復失利。有旨賜楊應琚自盡，遂詔將軍明瑞大舉討緬。時議二路出師，明瑞由錫箔路，參贊大臣額爾登額由猛密路，約相會於阿瓦，緬都城也。路經木邦，留參贊珠魯納等以五千人守之，爲後路聲援，明瑞以萬二千人擊賊于蠻結。賊結十六柵以待，領隊大臣觀音保、總兵哈國興登山三路俯擊，連破三柵，賊宵遁。蓋賊自新街交兵以來，從未經此大創，已首竄喙伏，不敢復抗矣。會明瑞一目中傷幾殞，數日稍愈，復進兵。至象孔，迷失道，而軍中糧匱，不能復進，又慮猛密之師或已先入，而將軍退兵則法當死，聞猛籠有糧，且與猛密近，遂定計赴之。時值歲除，駐兵數日，果多糧，食賴以濟，終不得猛密消息，遂還師。糧雖多，牛馬倒斃莫能運，人攜數升，餘焚之。賊掠我病兵，知糧盡，悉衆來追，綴我後至蠻化。我營山頂，賊營山半，明瑞伏兵箐中，晨起吹三波倫啓行。賊蟻附而登，萬衆突起，槍礮聲如雷，賊驚墜，自相踐踏，屍滿山谷，殺數千人，由是不敢追近。而賊之先一日過者，已柵於要路，攻之不入，得波童人引道由間路出。賊又先分兵襲木邦，陷我師，珠魯納死，楊重英被執，於是木邦之賊亦至。額爾登額之趨猛密也，攻老官屯不克，頓兵數月，奉詔援明瑞，遂撤師，於是老官屯之賊亦至。賊眾廬聚共四五萬人，而額爾登額之援兵終不至，還至小猛育，距糧台僅二百里，明瑞度兵可自達，乃令諸將達興阿、總兵哈國興等領兵乘夜出，而身自拒賊，相隨者領隊大臣觀音保、札拉豐阿、總兵常青、德福及巴圖魯侍衛數十人、親兵數百人。及晨血戰，無不一以當百。已而札拉豐阿中槍死。觀音保發矢連殪數賊，留一矢以箭簇殪喉死。明瑞身負數創，氣僅屬，力疾行二十里，拔劍割辮髮，令家人持歸報，而縊於樹間。蓋自章子壩遇賊，賊眾日增，我兵日減，孤軍無援，轉戰六十餘日，每晨起督戰，且戰且撤，及歸營率以昏時，勺水未入於口，糧久絕，僅啖牛炙，一臠猶與士卒同之，所攜皆饑疲創傷，而撫循備至，無一叛心，擬之漢李陵之禦單于，無以過焉！其死也，非不能自拔也，特以阿瓦未至、猛密無音，懼無以返命，遂誓以身徇。而上亦有全師速退之旨，以路阻未達，豈非天哉？方軍勢益蹙，明瑞戰益力，謂左右曰：“非不知竟死也，正欲使賊知國家威令嚴明、將士用命，則深知所畏，而後來者易於捷事耳。”其謀國之深，又豈徒慷慨赴死者？嗚呼，烈丈夫矣！

戊子　乾隆三十三年（公元一七六八年）
春，大軍引還，緬人來追，將軍明瑞、參贊觀音保皆死之。緬人貽書請和，不報。

　　先，我軍雖捷，而緬境益險狹，師進至象孔迷失道，賊燒屯積，馬牛乏草，度不能至阿瓦，乃向孟籠獲糧。至歲除，而北路之師無音問，乃取道大山土司，擬向木邦以歸。

緬知我軍糧盡，悉衆來追。我軍且戰且行，日三十里。至蠻化，我軍營山巔，賊營山半，明瑞謂賊輕我甚，乃五鼓吹波倫三啓行，而盡伏箐以待。賊聞聲爭上山來追，萬槍突出，賊潰墜，坑谷皆滿，殺賊數千。然是時賊已分路潰我木邦之師，戕珠魯訥，執楊重英。

軍旋凡六十日，至小猛育（距宛頂糧台二百里），追賊已蜩集數萬，而詔移北路赴援之師不至。明瑞乃令軍士乘夜出，度皆得自達，而自與巴圖侍衛、親兵數百斷後，與賊血戰。領隊大臣札拉豐阿中槍死，侍衛、親兵皆散，明瑞、觀音保皆死之。時二月十日也。

然明瑞之死緬人不知，懼再討，旋歸俘卒八人，齎貝葉書，附以楊重英及木邦土司苗溫之書，詣軍求和。書云：“昔吳尚賢至阿瓦，敬述大皇帝仁慈樂善，我緬王用是具禮致貢，蒙賜緞帛玉器，自是商旅相通，初無仇隙。近因木邦、蠻暮土司從中播弄，興兵争戰，致彼此損傷人馬。今特請循古禮貢賜往來，永息干戈。”副將軍阿里衮以聞。

上以軍所傷亡僅十之一二，然將帥、親臣皆捐軀，非大舉無以雪憤，命絶之勿報，而命大學士傅恆爲經略，阿桂、阿里衮爲副將軍，再圖大舉。

秋八月，復准俄羅斯來恰克圖互市。

瑚圖靈阿奏稱：“恰克圖通商一事，業將理藩院議定十三條行知俄羅斯廓密薩爾，廓密薩爾願一一欽遵辦理。”奉上諭：“俄羅斯既知遵照章程，著准其通商。其由内地前往

122

貿易人等，交理藩院辦理遣往。"（凡俄羅斯貿易之事，理藩院設庫倫辦事大臣掌之，與東、西兩將軍會商，皆行文于其國薩那特衙門。）

己丑　乾隆三十四年（公元一七六九年）

秋七月，經略傅恆征緬甸，孟拱、孟養土司皆迎降。

傅恆以四月至軍，徵滿漢兵數萬、馬騾六萬，軍械皆刻期集，恐師老氣懈，不如乘銳用之，不及俟霜降，是月渡戛鳩江而西（即大金沙江上游，亦曰檳榔江）。孟拱、孟養土司皆迎降，各獻馴象四、牛百頭、糧數百石于軍。緬人時方刈穫，未能集兵，又非其腹地，故歷二千里兵不血刃。士馬已觸暑雨，多疾病，又未習道路，勢難深入矣。

冬十月，王師大破緬於蠻暮江，復圍老官屯。緬人請和，師旋。

初，擬大軍渡戛鳩江，從孟拱、孟養由陸直擣阿瓦，偏師由東岸夾江下，取孟密，而遣提督哈國興率兵及工匠至野牛壩（在蠻暮）造舟，以通兩軍聲勢。至是，戰艦成，閩水師并集，阿桂東路軍從虎踞關至，乃迎經略合軍而進，以是朔渡江抵蠻暮，出金沙江。

緬已列舟江口，水陸來犯。國興及海蘭察率舟師乘上游上風蹴之，殺溺數千。阿桂循東岸令步兵矢銃兩發，而勁騎從左右鈔入，賊大潰。阿里袞西岸之師亦捷。而傅恆及阿里袞已病，乃擬不向阿瓦，而剿老官屯。

賊壘（前歲額爾登額阻兵此地）屯臨金沙江，我軍逼其東寨。寨據大坡，周二里，柵皆鉅木，環以三濠，外臥大樹，

銳其枝外向。我軍大礮擊之，木洞而柵不塌。哈國興斫箐
中百丈老篠爲長絚，募敢死士三千人夜往，鉤之輒斷，乃挾
膏薪踰濠火之，柵木濡潤不能爇。後穴地道、實火藥轟之，
柵突起丈餘，我軍挺刃以待，柵忽落。如是者三，不復動，蓋
柵坡迤下地道平進，土厚之故。然緬自是震懼，乃遣人立柵
遞文，請於兩軍適中處親來議款，復以其酋孟駁書至。阿桂
與諸將議進止，皆以水土瘴癘願罷兵，乃令明亮、國興等往，
會其頭目肭旺模，責以進表納貢、歸逃人、返土司侵地，緬亦
欲我歸其木邦、孟拱、孟養三土司，議未決而緬去，國興乃單
騎入其柵，定議而還。

　　時阿里衮已卒，傅恆以疾退居銅壁關，上以大軍再破
賊，足張國威，諭班師。於是緬酋遣使齎貝葉書詣經略，饋
方物，陳請入貢。遂焚舟鎔大礮而還，遷木邦、孟拱、蠻暮三
土司於關內。

辛卯　乾隆三十六年（公元一七七一年）
夏六月，土爾扈特來附。

　　土爾扈特阿玉奇之復投俄羅斯也，居額濟勒河兩岸，世
以南岸爲王庭，而居其台吉等於河北。自康熙中入貢後，至
乾隆十九年復貢。傳至阿玉奇之孫烏巴錫①，當二十二、三
年，王師定伊犂，凡厄魯特之逃入俄羅斯者，悉隸烏巴錫部，
爲新土爾扈特，於是兩岸各十餘萬户，氈幕、牲畜不可勝計。

　　初，康熙中，俄羅斯曾徵土爾扈特兵攻西費雅國。土爾
扈特兵不習戰，多創。至是，叩肯汗復徵其兵攻圖理雅，土

---

①　烏巴錫，原作烏錫巴，據何秋濤《朔方備乘》卷三十八"土爾扈特歸附始
末"改，後同。

爾扈特兵屢衄,其族台吉舍楞方叛殺我都統唐喀祿,自伊犁逃往,盛言伊犁可取狀,新投人同辭附和,勸還故土。烏巴錫年少信之,與其台吉、刺麻、宰桑定議,於冰合時將北岸部落同渡東徙。適河久未凍,烏巴錫遽率南岸十餘萬口啓行,沿途破俄羅斯邊城四。俄羅斯追之,已出境。將假道哈薩克,哈薩克力戰拒之。改道布魯特,布魯特羣起環攻其輜重、牲畜。乃改道各邊界戈壁地,絕水草旬日,飲牛馬血以行,人畜死亡大半,自去冬月至是,始及伊犁卡倫,僅存尫羸七萬餘口。

將軍舒赫德嚴兵爲備,遣人迎詰。烏巴錫與其下計議數日,始以慕化歸附爲辭,且云:"俄羅斯經典、教尚不同,願依中國,興黃教之地。"奏聞,廷議以降人中有叛臣舍楞,疑有奸,且受俄羅斯叛藩,恐啓釁。上以舍楞前竄時,我再檄索之,而俄羅斯不與,是我詞直,土爾扈特既背俄國,若復干我,彼將焉往?且求生而致死,不仁,急之使鋌而走險,不智,乃受其降,命理藩院移文其邊吏,告以土爾扈特本中國部落,舍楞乃我叛人,歸斯受之,無爽盟約。俄羅斯亦無他言,收其故地改建他藩部,與我通市如故。

封烏巴錫爲汗,以下王、貝勒、公、台吉有差,給牲畜、官茶、米麥、羊裘、布棉、氈廬,費帑金二十餘萬。供億宴犒,勞來相望。降夷息喘如歸,獻西洋鐘表、火槍及所受明玉印。乃賜哈拉沙地爲游牧,著勒土斯[1]土爲王庭,開都河兩岸可耕牧地如其故地,仍分新、舊二部,各設札薩克。新部二旗

---

① 著勒土斯,原作著勒士斯,士應是土之誤,據松筠《西陲總統事略》卷十一《土爾扈特源流》改。

在烏梁海烏古隴河，統于科布多參贊大臣；舊部在伊犁北路，統于將軍。有事徵調，合之康熙初綏服青海之舊土爾扈特四旗，與四十二年來降同阿拉善山（阿拉山即賀蘭山）游牧之額濟土爾扈特，故今有和博克薩素布勒罕，有齋爾，有晶河，有庫爾喀喇烏蘇諸土爾扈特各旗。

丙申　乾隆四十一年（公元一七七六年）

春正月，定西將軍阿桂俘金川叛酋莎羅奔及索諾木，兩金川平。

先是，莎羅奔歸順未幾，郎卡主土司事，漸桀驁，逐澤旺及革布咱土司，侵掠鄰境不已。詔總督阿爾泰檄九土司環攻之。阿爾泰姑息，但諭返諸土司侵地，即以安撫司印給郎卡，且許其以女妻澤旺子僧格桑，由是兩金川相倚為奸。時澤旺老病，郎卡亦旋死，三十六年，郎卡子索諾木誘殺革布咱土司，僧格桑亦再攻鄂克什及明正土司，遂與官兵戰。

上以前此出師本以救小金川，今小金川反悖逆，罪不赦，阿爾泰以歷載養癰，又按兵不進，賜死，命大學士溫福自滇赴川，尚書桂林為總督，溫福由西路、桂林由南路進討。僧格桑懼，求援索諾木。索諾木潛遣兵助逆。

次年春，克復諸土司地。未幾，官軍三千陷沒。桂林匿不以聞，被劾。乃以阿桂代參贊赴南路，以皮船宵濟，奪其險狹，進抵美諾，僧格桑及妻妾已先後竄入大金川。我軍至底木達，俘澤旺，檄索諾木獻僧格桑，不應。上以賊酋同惡相濟，宜一舉並滅，命溫福為定邊將軍，阿桂、豐伸額為副將，軍分三路入。

126

三十八年春，温福以扼險不得前，別取道駐營木果木，令提督董天弼屯守底木達。温福仍襲前此以碉卡逼碉卡之法，修築千計，兵二萬餘大半散於各卡。索諾木陰使小金川頭目由美諾溝出，煽諸降番使復叛，遂羣起應之，首攻陷天弼營，劫糧台，而潛襲木果木。温福不嚴備，賊突薄大營，四面躪①入。温福中槍死，師大潰。海蘭察赴援，殿衆由間道出。小金川復陷，惟阿桂軍獨完。乃授阿桂定西將軍，副以明亮，增調健銳火器營、索倫、吉林兵進剿，轉戰至美諾，盡復小金川。

敕進討大金川。而大金川自初用兵以來，增壘設險，嚴密十倍。大軍三路進攻，阿桂首克羅博瓦山，既阻那穆山，乃從間道克色淜普寨，又力克薩斯甲重險，乘勝直臨遜克宗壘（勒烏圍外障）。賊震懾，酖殺僧格桑，獻其尸及妻妾，頭目至軍乞赦己罪。阿桂檻送京師，而攻益急，賊亦死守，乃冒險克墨格山（距勒烏圍二十里）。賊退守康薩爾山。復頓兵兩月，四十年春，力攻克之。復聚守朗噶寨，巢愈近，守愈堅，且地多雨雪，又數月乃克之。

七月，始抵勒烏圍。其官寨西臨河，碉牆堅厚，柵卡層立，敗賊咸聚守。我軍先破卡寨柵數十重，南路明亮軍攻河西以絕其援，而以大礮環轟官寨，破之，則莎羅奔兄弟、頭目已先遁赴噶爾厓矣。

九月，復進攻西里碉。柵中槍礮雨下，我兵亦立柵以漸進，逼焚其木城。次攻克科布曲山，遂進據瑪爾古山，俯瞰賊巢。索諾木之母、姑、姊妹及番目多出降，惟賊心腹死黨

① 躪，原作躙，應是躪之誤，故改。

127

皆在圍中，而河西軍之阻額爾替山、又阻札烏古山者，至是河西分拒之賊內顧喪膽。明亮、富德亦所向克捷，合軍徇各險皆下。

十二月，三路軍皆會噶爾厓，築長圍斷水道困之，大礮晝夜霆擊，飛走皆窮。索諾木窘急，遣其兄乞哀，不許，乃從莎羅奔及頭目、妻子挈番衆二千出寨，奉印獻軍。

蓋自王師討小金川，閱二載而有木果木之潰，又復小金川，移師進討大金川，又閱二載餘，至是，始克蕩平，獻俘廟社，論功行賞有差，而緬甸、西南夷皆震懾矣。

冬十月，飭邊疆將軍督撫護恤夷商。

時刑部奏駁廣東巡撫李質穎咨稱革監倪宏文賒欠英吉利商人貨銀萬餘兩無還，問擬杖責未協，議將倪宏文改擬杖流、監追，奉旨將李侍堯申飭，李質穎交部察議，令查倪宏文家產變抵，仍勒限一年監追，再照部議發遣，如限滿不完，即令督撫司道及承辦之府州縣於養廉內照數攤出，傳旨賞給夷商收領回國，以示體恤。諭旨且謂："夷商估舶冒越重瀛，本因覓利而至，自應與之公平交易，使其捆載而歸，方得中華大體。若遇內地奸民設局賒騙，致令貨本兩虧，尤當如法訊究。乃李質穎僅擬薄懲，而欠項則聽其自行清結，有斷無追，竟令外洋孤客負屈無伸，豈封疆大臣懲惡綏遠之道？幸而刑部奏駁，朕始得知，為之更正。若部臣亦依樣照覆，其錯謬尚可問乎？中國撫馭遠人，全在秉公持正，令其感而生畏，方合政經。若平日視之如草芥，任聽地棍欺凌，而有事鳴官，又復袒護民人、不為清理，彼既不能赴京控訴，徒令蓄怨於心，歸而傳語，豈不輕視督撫？且朕此番處置，非止為

128

此事，蓋有深慮。漢唐宋明之末季，多昧於柔遠之經，當其弱而不振，則輕忽而虐侮之，及其強而有事，則又畏懼而調停之，姑息因循，卒至釀成大釁而不可救。宋之敗，明之亡，皆坐此病，不可不引爲殷鑑也。方今國家全盛，遠近震懾威靈，自不敢稍萌異志，然思患豫防，不可不早杜其漸。此事督撫皆以爲錢債細故，輕心掉之，而不知關係甚大，所謂涓涓不息將成江河者也。朕統馭中外，一視同仁。如內扎薩克諸藩，恭順誠服，朕皆撫若兒孫，每至必歡欣踴躍，與舊滿洲、蒙古之執役無異，卽新附之準夷、回部，年班來者，朕亦必聯之以情，待之以禮，厚其餼賚而遣之，衆亦莫不懷德感恩，幾與內扎薩克相等。卽如伊犁與哈薩克易馬一節，或哈薩克所驅至者本不皆善馬，原不妨如法擇而取之，若既是可用之馬，卽當按其所值與之市易，始能經久無弊。或所給緞匹輕薄，暗減其價，彼貿易已非一日，皆能悉其底裏，口卽不言，而心豈能允服？既違立法通市之本意，其流弊且無所底止，朕每以此厪懷，該伊犁將軍不可不實力妥辦，以裕永久之規。若聽其日趨日下而不知返，朕一有所聞，惟該將軍是問。又如朝鮮、安南、琉球、日本、南掌及東洋、西洋諸國，凡沿邊、沿海等省分，夷商貿易之事皆所常有，各該將軍督撫等並當體朕此意，實心籌辦，遇有交涉詞訟之事，斷不可徇民人以抑外夷，卽苗疆、番境諸省，亦當推廣此意妥行。若仍視爲具文，再有此等事件，一經發覺，或經朕訪聞及言官糾劾，必將該將軍督撫重治其罪，不能視此案之僅與議處也。將軍督撫皆當善體朕意，毋怠毋忽，自可寓久安長治之計。卽我世世子孫，敬體朕意，守而勿失，億萬年無疆之慶，

詎不在是邪？此旨著傳諭各將軍督撫一體遵照，並著入於
交代，令後任永遠遵行，勿稍玩忽。並另錄一分，交上書房，
俾皆恪循罔懈。"①

丁酉　乾隆四十二年（公元一七七七年）
春正月，勅諭哈薩克部阿布賚。

　　金川平，各藩部益震懾，阿布賚遣使朝覲，請獻塔什罕
三萬户。不許，賜諭曰："爾所奏托忒字表文，稱爾願將數世
徵貢之塔什罕三萬户人丁獻納。前爾使鄂札爾齊至伊犁呈
請將軍，將軍行文飭駁，朕謂其所辦甚當。今爾復以此請，
朕統一寰宇，爾哈薩克、布魯特、霍罕、安集延回衆，皆朕臣
僕，一視同仁，前爾因爭塔什罕土地，向霍罕額爾德尼搆兵，
遣都勒特克呀前來請援，經伊犁將軍飭駁，朕曾降旨宣示，
爾今復以塔什罕爲爾數世徵貢之屬裔，欲納於朕，是爾無力
爭奪，欲假天朝兵力耳。爾哈薩克、塔什罕皆朕之臣僕，豈
肯爲爾攻彼乎？他部如有謀取爾哈薩克者，亦將允其請乎？
汝惟善自保守游牧，不可妄生覬覦也。再，爾稱阿渾曾言經
内有白帽之人屛逐默克，哈薩克等深懼斯言，願永爲臣妾，
不加屛逐。斯言甚怪！天朝於外藩，恭順則撫恤之，鴟張則
剿滅之，兩金川負朕厚恩，復敢抗王師，故殄滅耳，今爾歸順
已久，朕方加惠撫恤，豈肯無故屛逐？故特賜諭旨，惟期永
荷朕恩，恭順自効，無妄行逆億，以自速禍也"。②

庚子　乾隆四十五年（公元一七八〇年）
秋七月，西藏羅卜藏巴丹伊什班襌剌麻來朝。

---

　　①"冬十月……俾皆恪循罔懈"一條原缺，據二十二年本補。
　　②"丁酉……以自速禍也"一條原缺，據二十二年本補。

130

初，四世班禪剌麻羅卜藏垂吉崇德中同達賴通貢，順治初，達賴入覲，班禪以年老未偕。至是，六世巴丹伊什來祝上七旬萬壽，詔倣札什倫布廟式建須彌福壽廟於熱河，接見于避暑山莊之澹泊誠敬殿。舊以賓禮優之，惟跽不拜，至是班禪固請拜，從之。至京，接見于南苑德壽寺，仍居西黃寺，昔世祖禮達賴處也。未幾，以痘終京師。比舍利龕歸，車駕幸西黃寺送之。時七世達賴年少未受封，及班禪卒，乃使齎册印往封。

初，上習蒙古語，及平回部、金川，習回語、番語，及班禪入朝，復習唐古特語，重譯朝見，告語如一家。

外此，五世達賴大弟子章嘉胡土克圖康熙中自藏來朝，命住持彙宗寺（在多倫泊）。章嘉通宗乘，爲世宗藩邸所敬禮。其第二世呼畢勒罕轉生多倫泊，曾奉詔來京，譯定《大藏》經咒，又佐莊親王允祿修《同文韻統》。是爲黃教第四支，與哲卜曾丹巴一支皆亞于達賴、班禪，二支皆以神異鎮服僧俗。而藏中之紅帽、黑帽各小支，皆不能與黃教等。

又，達賴、班禪及哲卜尊丹巴歲遣貢使，不列朝見年班。餘如駐漠南北蒙古及洮岷之大剌麻，各有班期，或歲至，或三歲至。惟入朝貢① 則仍內地冠服之制。

甲辰　乾隆四十九年（公元一七八四年）

米利堅來購茶。

米利堅（米一作彌）即美理哥，西語名育奈士迭②（猶華言合衆國也，故又稱兼攝邦國，今《和約》中即稱合衆國，又

----

① 貢，原作黃，據上下文意應爲貢，故改。
② 育奈士迭，原作奈育士迭，誤，今改。

稱美國），粵東俗稱花旗（其旗方幅，紅白相間，右角上另作一小方黑色，上以白點繪北斗七星形），北亞墨利加洲大國也。北界英吉利屬地，東界亞蘭的海（卽大西洋），西界大洋（又稱外大西洋，卽大東洋），南界美詩哥及得撒（一作德沙）海灣。東西約萬里，南北數千里。北極出地二十五度至五十二度，西線自西七十度至百二十七度。押罷拉旣俺大山環其東，落機大山繞其西。此洲山自北而南，以落機爲宗，猶亞細亞之昆侖也。水以密士失必（一作米西悉比）爲綱，曲折萬里，會密蘇爾鼇河南入海，猶中國之黃河也。此外名水曰阿巴拉濟哥剌，曰哥倫比亞，曰朝比勒，曰德拉瓦勒。北境迤西有大湖，分四汊：曰衣羅乖（一作翁大羅），曰休侖，曰蘇必力爾，曰密執安。迤東又有伊爾鼇及安剔衣鼇阿二湖相屬。諸湖皆北與英吉利屬地分界。國中平原沃野數千里，水土平良，天時和正，土產五金、礬礦、石炭、絲麻、蠟蜜、五穀、蔬果、棉花、材木、藥料。凡二十七部，外有四小部。首部爲戈攬彌阿（一作哥倫米阿），都城在焉。（立國始由華盛頓，其都城卽以華盛頓爲名。）

其地明以前尚荒蕪，民居亦罕。（外國史略云，美理哥未闢之初，土人以獵爲生，食肉寢皮，不知開墾，然今鋤地掘出墳墓，似古有廣大城邑，或日本、高麗曾到之地）。弘治五年，意大里人哥倫（一作閣龍）請西班牙國王遣船，初尋得此土。十年，又有亞美理哥（卽墨利哥）至此，遂以名洲。繼有哥爾德斯訪得此洲赤道北土。而葡萄牙人嘉奴東經利未亞洲（一作阿非利加洲）歷印度至中華而東，遂西抵美理哥而返，繞大地一週，始知爲圓體。是時英吉利亦調船航海，抵

132

北洲開墾。法蘭西、和蘭諸國聞風踵至，各據爲屬，互爭不已。

萬曆間，英吉利首開創費治彌亞之地，建城置官。天啓中，因人衆遂分居新韓賽、羅底島及緬部，名新英吉利。康熙初，又奪荷蘭屬地，改新約基，旋並奪瑞典之新遮些、底拉華。時法蘭西亦開墾新地，於其北建礮台以防英。英總制止之不可，請於王，遣兵船與戰三載。英佛兩將皆創死，而英卒奪據其土。蓋百數十年漸拓，而有十三部、户口百數十萬。

以後商賈日盛，英人心侈，遂欲加重税餉。時有公司船自中國販茶至，例賣者納税，而責令買者納之，土人不服，於是南駕羅連部相約不買公司茶，費治彌亞①、新約基茶船皆被驅逐，波士頓之茶至爲土人投諸海。王聞大怒，發兵至，將他税皆強勒倍徵，民死不肯從。各部衿耆會議，欲與客民仍前和好，收回新令、撤兵，英王不聽，增兵焚掠，居守大酋督征愈急。衆皆怒，遂潛約各部出壯丁，整戰艦，推華盛頓爲帥，於乾隆四十一年檄告各國，數英吉利王凌虐之事，遂自立新國以拒英。英王見檄益怒，愈增兵入境。時新國事起倉卒，軍需器械未備，華盛頓激勵其衆，奮力拒戰。經年而英師漸老，又得法蘭西、和蘭等皆有憾於英，出兵相助，凡血戰八年，各國之師數十萬，傷亡不可勝計。英王知終不可勝，議和罷兵，聽自立國，盡割其南境腴壤，而僅存北鄙不毛之地。

華盛頓既定國，欲謝兵柄歸，衆恐英人敗盟，堅留之，於

---

① 費治彌亞，費字原缺，據抄本補。

是仍各部舊領，不設君長，而推**華盛頓**爲大伯理璽天德，即總統也。仍以四年或八年爲限，任滿則從各部中公擇可者，不世及。

新國既立，即於是年遣船至**中國**購茶，是爲**米利堅**來**粵**互市之始。

乙巳　乾隆五十年(公元一七八五年)
冬十月，釋西洋人**巴亞里央**於獄。

先是，**大西洋**人入**中國**者，**意大里亞**爲多，自曆用西法，因許其設堂京師，自相傳教，於是踵門受廛之輩，皆以入京當差爲名，而**歐羅巴洲**各國聞風而來者，足跡遂遍于各直省。**巴亞里央**私入內地傳教，經**湖廣**地方官查拿，究出**直隸**、**山東**、**山西**、**陝西**等省俱有私自傳教之人。事聞，交刑部審，擬永遠監禁。旋諭："此等人犯不過意在傳教，尚無別項不法情節，且究係外夷，未諳國法，若永禁圄圖，情殊可憫，俱著加恩釋放，交京師天主堂安分居住。如情願回洋者，著該部派司員押送回**粵**，以示柔遠至意。"

丙午　乾隆五十一年(公元一七八六年)
封**鄭華暹羅**國王。

暹羅鄰**緬甸**東南，與**緬**世仇。自**明**巡撫**陳用賓**曾約**暹羅**夾攻**緬**，破之，而**桂王**入**緬**，其臣**李定國**遣人約**古剌**、**暹羅**犄角攻**緬**，各遣使報諾，而**吳三桂**已取王於**阿瓦**。故**緬**事起，**楊應琚**亦有約**暹羅**夾攻之奏。王師再舉，亦有用**暹羅**之議。值**暹羅**爲**緬**殘破，議遂寢。未幾，**暹羅**竟爲**緬**酋**孟駁**所滅。

134

四十三年,暹羅民憤緬苛虐,推其遺臣鄭昭起兵,盡復舊封。復出師侵緬,航海來貢,且告捷。朝廷不使亦不止也。及昭子華嗣立,亦材武。緬酋孟雲不能支,徙居蠻得。

至是,華仍表貢請封。詔封華暹羅國王。

戊申　乾隆五十三年(公元一七八八年)

緬甸來貢。

先是,老官屯之役,與緬目議款班師,緬旋以木邦、孟拱、蠻暮三土司未歸,不肯入貢,且貽書來索。阿桂遣都司蘇爾相齎檄答之,復被留。敕阿桂於秋冬率偏師擾之。阿桂以偏師不可深入,不如休息數年,外約暹羅,同時大舉。上以大舉非計,乃罷阿桂,以大學士溫福代之。旋值金川叛,阿桂、溫福皆赴四川,緬亦方用兵暹羅。三十八年,緬目得魯蘊遣孟迤等入關議,時方急金川,不暇問。未幾,緬酋孟駁死,子贅角牙立。四十一年,兩金川平,緬懼再討,請入貢,並求開關市。因出蘇爾相,而楊重英不至。乃命阿桂及李侍堯重赴滇,勘邊界,嚴兵備。

緬酋孟魯殺贅角牙自立,國人又殺孟魯而立甕籍牙季子孟雲,前此兵釁皆未與聞,又值暹羅復國,與之構難,乃思附中國。既聞暹羅鄭華受封,益惴甚,於是由木邦齎金葉表文、金塔一、馴象八及寶石、番毯諸物款關,稱臣入貢,並歸楊重英等。表言己嗣國家,深知孟駁父子前罪,久欲進貢,因暹羅侵擾,是以稽遲。上乃諭暹羅罷兵。

庚戌　乾隆五十五年(公元一七九〇年)

秋九月,安南阮光平入朝。

初，安南國王黎惟譓明嘉靖初爲其臣莫登庸所篡，惟譓走保清華，其孫維潭破莫復國，實其臣鄭氏、阮氏之力，世爲左右輔政。後鄭棟乘阮死孤幼，出之使王廣南，而自專國事。至棟將篡國，而忌廣南之强，乃誘其土酋阮岳、阮惠攻滅廣南王。及棟死，其子内鬨，惠起廣南兵攻滅鄭氏。而阮氏復專國，國王黎維禟犒以兩郡。維禟旋卒，嗣孫黎維祁立，惠又盡取象載珍寶歸廣南，而使貢整留鎮都城。整思扶黎拒阮，以王命率兵奪回象五十。惠旋使其將阮任攻破東京。整戰死，維祁出亡，遣使投訴中國。時五十三年事也。

明年，朝廷命粵督孫士毅及提督許世亨出師討惠。惠敗走，克復東京，維祁復國。惠復集廣南之衆於正月朔夜來襲，皆以象載大礮，官軍倉卒禦敵，衆寡不敵，遂潰。維祁挈家先遁，士毅奪渡富良江，走還鎮南關，世亨及總兵張朝龍以下皆擠溺死，維祁母子復來投。

惠既踞安南，自知賈禍大，懼王師再討，又廣南方與暹羅搆兵，聞暹羅貢使將入京，恐乘其後，乃叩關謝罪乞降，改名阮光平，遣其兄子光顯齎表入貢，言守廣南已九世，與安南敵國，非君臣，又蠻觸自相争，非敢抗中國，且請立廟祀死綏將士，並請親覲京師。

上以維祁再棄國，並册印不能守，是天厭黎氏，不能存立，阮光平既請親覲，非前代莫黎僅貢代身金人之比，且安南自五季以來，曲、矯、吳、丁、陳、莫、阮互相吞噬，前代曾郡縣其地，反側不常，不足廑南顧憂，乃允其請。維祁編旗籍，安置京師。

至是，光平來朝祝上八旬萬壽，宴熱河山莊，班親王下、

郡王上，賜冠帶，封安南國王，遣歸。後二年卒，子光纘嗣
立。

緬甸遣使來朝貢，詔封孟雲緬甸國王。

　　時值上八旬萬壽，緬酋孟雲遣使朝貢，乞敕封。又緬自
中國閉關市以來，土產象牙、蘇木、翡翠、碧玐，銅廠恃雲南
官商採買者，皆壅滯，且頻年用兵暹羅，國用日絀，至是並請
開關市。皆許之，旋遣使賜敕印，封孟雲緬甸國王，定十
年一貢。

卷　六

壬子　乾隆五十七年（公元一七九二年）

秋七月，大學士福康安討廓爾喀，降之。

　　廓爾喀本巴勒布念四汗城名，地當孔道，故名獨著。自古不通中國，俗强很，習攻戰。既以小部兼併布顏罕、葉楞罕、庫庫木罕三部，五十八年其酋剌納巴都爾復併哲孟雄、巴作木朗、洛敏湯諸部，疆域廣長數千里，戶口百餘萬，遂與我西藏以交易滋擾。

　　初，後藏班禪剌麻以四十五年來朝，祝上七旬萬壽，朝廷禮之如達賴剌麻，錫賚優渥，王公以下布施山積。是冬班禪卒於京師，舍利西歸，其兄仲巴方治商上事（商上，藏中掌財賦之秩），珍璓資貨盡爲所有，一無施舍。其弟舍瑪爾巴亦以紅教不得分惠，憤唆廓爾喀藉商稅增額、食鹽糅土爲詞，於五十五年春入寇。唐古特兵不能關，我援剿之。侍衛巴忠等復調停賄和，以賊降飾奏，諷其遣酋瑪木野入貢受封。明年，藏中歲幣爽約，廓夷責負償，復冒險深入，大掠札什倫布。仲巴挈資先遁，剌麻俱潰走，全藏大震。

　　上知駐藏諸臣不足恃，命大學士福康安爲大將軍，超勇公海蘭察爲參贊，率兵進征，由青海草地至藏。是夏，所調索倫及金川土練兵皆集，敗其屯留濟隴、絨轄之賊，盡復藏

138

地。六月，大舉深入，首奪鐵索橋之險，次破東覺嶺之險，進至雍雅山，直抵朗古。廓夷震懾乞降，不許。復三路進攻，六戰六捷，深入七百餘里，踰大山二重，奪其夾河北岸之山。其南岸大山後，卽其國都陽布之地。

是時，其國南鄰印度之披楞，卽孟加拉，亦卽甲臘爾，《明史》作榜葛利，已爲英吉利屬部，披楞其都城名，一名噶里噶達，佯以兵船赴援，而陰窺其邊境。廓夷兩支大敵，益懼，再遣使軍前乞哀。時我軍進攻小挫，而境愈險，且恐大雪封山難返，乃允其降。盡獻所掠藏中財寶，歸被執之噶布倫，而獻舍瑪爾巴之尸，並貢馴象、番馬、樂部，請永遵約束。定五年一貢。所貢象、馬由定結大路經披楞之巴爾底薩小部，迂道月餘始至藏。其部長備米草、人夫護送，並蒙賞賚。大軍摩崖紀功而還，留土番兵三千、漢蒙古千戍藏。

自是，駐藏大臣行事儀注始與達賴、班禪平等，其四噶布倫及番目缺均大臣與達賴會同選授，定經費、巡查額制，事權始一。又以歷輩達賴、班禪各多親族，營私專利，致召兵戎，自是特頒金奔巴瓶，供大招寺，遇呼畢勒罕出世，互報差異者，納籤瓶中，誦經降神，駐藏大臣會同達賴、班禪於宗喀巴前掣之，以息爭。蓋漠南北與青海各蒙古及滇蜀各邊土司，皆崇信黃教，邊民強橫，故因慈悲以銷殘殺，假靈異以降服其心，此神道設教之微意也，而非乘用兵之後，亦無由變革焉。

與俄羅斯訂《恰克圖市約》。

先是，俄羅斯納我叛賊舍楞，絕其恰克圖貿易。已而復開市。五十四年，又以納我叛人閉市，嚴禁大黃、茶葉出口。

至是，俄人復以爲請，乃由庫倫辦事大臣與訂《市約》五條，有云："恰克圖互市於中國初無利益，因你薩那特衙門籲請，是以開市。"

癸丑　乾隆五十八年（公元一七九三年）
秋八月，英吉利來朝貢。

先是，五十七年十月，英吉利商人波朗、亞兔、質臣等來廣州，以其國王雅治命稟請督府："因前年大皇帝萬壽未申祝釐，今遣使臣馬戞爾尼等將由天津入貢。"經粵督郭世勳奏聞，奉諭："准其所請。"至是，英吉利使臣至京。

庚午，上御萬樹園大幄次，引見正使馬戞爾尼、副使司當東等。已卯，賜英吉利國敕書，曰："咨爾國王，遠在重洋，傾心向化，特遣使恭齎表章，航海來庭，叩祝萬壽，並備進方物，用將忱悃。朕披閱表文，詞意肫懇，具見爾國王恭順之誠，深爲嘉許。所有齎到表貢之正副使臣，念其奉使遠涉，推恩加禮，已令大臣等帶領瞻覲，錫予筵宴，疊加賞賚，用示懷柔。其已回珠山之管船官役人等六百餘人，雖未來京，朕亦優加賞賜，俾得普霑恩惠，一視同仁。至爾國王表內懇請派一爾國之人住居天朝照管爾國買賣一節，此則與天朝體制不合，斷不可行。向來西洋各國有願來天朝當差之人，原准其來京，但既來之後，卽遵用天朝服色，安置堂內，永遠不准復回本國。此係天朝定制，想爾國王亦所知悉。今爾國王欲求派一爾國之人住居京城，既不能若來京當差之西洋人在京居住，不歸本國，又不可聽其往來，常通信息，實爲無益之事。且天朝所管地方，至爲廣遠，凡外藩使臣到京,譯館供給、行止出入俱有一定體制,從無聽其自便之例。今爾國若留人在京,言語不通,服飾殊制,無地可以安置。若必似來京當差之西洋人,令其一例改易服飾,天朝亦從不肯強人以所難。設天朝欲差人常住爾國,亦豈爾國所能遵行?況西洋諸國甚多,非止爾一國,若俱似爾國王懇請派人留京,豈能一一聽許?是此事斷斷難行,豈能因爾國王一人之請,以致更張天朝百餘年法度?若云爾國王爲照料買賣起見,則爾國人在<u>澳門</u>貿易非止一日,原無不加以恩視。卽如從前<u>博羅都噶爾亞</u>、<u>意大理亞</u>等國,屢次遣使來朝,亦曾以照料貿易爲請,天朝鑒其悃忱,優加體恤,凡遇該國等貿易之事,無不照料周備。前次<u>廣東</u>商人<u>吳昭平</u>,有拖欠洋船價值銀兩者,俱飭令該總督由官庫內先行動支帑項,代爲清還,並將拖欠商人重治其罪。想此事爾國亦聞知矣,外國又何必派人留京,爲此越例斷不可行之請?況留人在京,距<u>澳門</u>貿易處所幾及萬里,伊亦何能照料耶?若云仰慕天朝,欲其觀習教化,則天朝自有天朝禮法,與爾國各不相同,爾國所留之人卽能習學,爾國自有風俗制度,亦斷不能效法<u>中國</u>,卽學會亦屬無用。天朝撫有四海,惟勵精圖治、辦理政務,奇珍異寶並無貴重,爾國王此次齎進各物,念其誠心遠獻,特諭該管衙門收納,其實天朝德威遠被,萬國來王,種種貴重之物,梯航畢集,無所不有,爾之正使等所親見,然從不貴奇巧,並無更需爾國製辦物件。是爾國王所請派人留京一事,於天朝體制既屬不合,而於爾國亦殊覺無益,特此詳晰開示,遣令貢使等安程回國。爾國王惟當善體朕意,益勵款誠,永矢恭順,以保乂爾有邦,共享太平之福。”

　　又因其使臣越分干請、罔知大體，使諭使臣於朝，復敕
誡其王，諭曰：“據爾使臣稱，爾國貨船將來或到<u>浙江</u>、<u>寧</u>
<u>波</u>、<u>珠山</u>及<u>天津</u>、<u>廣東</u>地方收泊交易一節。向來西洋各國前
赴天朝地方貿易，俱在<u>澳門</u>設有洋行，收發各貨，由來已久，
爾國亦已遵行多年，並無異語。其<u>浙江寧波</u>、<u>直隸天津</u>等
處，均未設有洋行，爾國船隻到彼，亦無從銷賣貨物。況該
處並無通事，不能諳曉爾國語言，諸多未便。除<u>廣東澳門</u>地
方仍准照舊交易外，所有爾使臣懇請向<u>浙江寧波</u>、<u>珠山</u>及<u>直</u>
<u>隸天津</u>地方泊船貿易之處，皆不可行。又據爾使臣稱，爾國
買賣人要在天朝京城另立一行，收貯貨物發賣，傚照<u>俄羅斯</u>
之例一節，更斷不可行。京城爲萬方拱極之區，體制森嚴，
法令整肅，從無外藩人等在京城開設貨行之事。爾國向在<u>澳</u>
<u>門</u>交易，亦因<u>澳門</u>與海口較近，且係西洋各國聚會之處，往
來便益，若於京城設段發貨，爾國在京城西北地方，相距遼
遠，運送貨物亦甚不便。從前<u>俄羅斯</u>人在京城設館貿易，因
未立<u>恰克圖</u>以前，不過暫行給屋居住，嗣因設立<u>恰克圖</u>以
後，<u>俄羅斯</u>在該處交易買賣，即不准在京城居住，亦已數十
年。見在<u>俄羅斯</u>在<u>恰克圖</u>邊界交易，即與爾國在<u>澳門</u>交易
相似。爾國既有<u>澳門</u>洋行發賣貨物，何必又欲在京城另立
一行？天朝疆界嚴明，從不許外藩人等稍有越境攙雜，是爾
國欲在京城立行之事，必不可行。又據爾使臣稱，欲求相近
<u>珠山</u>地方小島一處，商人到彼即在該處停歇，以便收存貨物
一節。爾國欲在<u>珠山</u>海島地方居住，原爲發賣貨物而起，今
<u>珠山</u>地方既無洋行，又無通事，爾國船隻不在此停泊，爾國

142

要此海島何用？天朝尺土俱歸版籍，疆址森然，卽島嶼沙洲亦必畫界分疆、各有專屬，況外夷向化天朝、交易貨物者，亦不僅爾英吉利一國，若別國紛紛效尤，懇請賞給地方居住買賣之人，豈能各應所求？且天朝亦無此體制，此事尤不便准行。又據稱，撥給附近廣東省城小地方一處，居住爾國夷商，或准令澳門居住之人出入自便一節。向來西洋各國夷商居住澳門貿易，畫定住址地界，不得踰越尺寸，其赴洋行發貨夷商，亦不得擅入省城，原以杜民夷之爭論，立中外之大防。今欲於附近省城地方另撥一處，給爾國夷商居住，已非西洋夷商歷來在澳門定例，況西洋各國住廣東貿易多年，獲利豐厚，來者日衆，豈能一一撥給地方分住耶？至於夷商等出入往來，悉由地方官督率洋行商人隨時稽察，若竟毫無限制，恐內地民人與爾國夷人間有爭論，轉非體恤之意，核之事宜，自應仍照定例，在澳門居住方爲妥善。又據稱，英吉利國夷商自廣東下澳門、由內河行走貨物，或不上稅，或少上稅一節。夷商貿易往來，納稅皆有定則，西洋各國均屬相同，此時既不能因爾國船隻較多，徵收稍有溢額，亦不便將爾國上稅之例獨爲減少，惟應照例公平抽收，與別國一體辦理。嗣後爾國夷商販貨赴澳門，仍當隨時照料，用示體恤。又據稱爾國船隻請照例上稅一節，粵海關徵收船科，向有定例，今既未便於他處海口設行交易，自應仍在粵海關按例納稅，無庸另行曉諭。至於爾國所奉之天主教，原係西洋各國向奉之教，天朝自開闢以來，聖帝明王垂教創法，四方億兆率由有素，不敢惑於異說。卽在京當差之西洋人等，居住在堂，亦不准與中國民人交接、妄行傳教，華夷之辨甚嚴。

今爾國使臣之意，欲任聽夷人傳教，尤屬不可。以上所諭各條，原因爾國使臣妄說，爾國王或未能深悉天朝體制，並非有意妄干。朕於入貢諸邦，誠心向化者，無不加之體恤，用示懷柔，如有懇求之事，若於體制無妨，無不曲從所請，況爾國王僻處重洋，輸誠納貢，朕之錫予優加，倍於他國。今爾使臣所懇各條，不但於天朝法制攸關，即爲爾國王謀，亦俱無益難行之事。茲再明白曉諭，爾國王或誤聽爾下人之言，任從夷商將貨船駛至浙江、天津地方，欲求上岸交易，天朝法制森嚴，各處守土文武恪遵功令，爾國船隻到彼，該處文武必不肯令其停留，定當立時驅逐出洋，未免爾國夷商徒勞往返，勿謂言之不豫也。其懍遵毋忽，特此再諭。"

冬十二月，遣英吉利使臣返國。

初，英吉利貢舟至天津，七月抵都後，貢舟卽先還泊定海。及獻見事畢，九月貢使回國，上令使臣由內河至定海放洋，特簡軍機大臣戶部侍郎松筠以兵護行，所過提鎮陳兵接護。貢使於路求請寓寧波市茶、絲各物，松筠爲奏懇免稅。既而抵杭州，以行李、從人登定海貢舟，使臣仍請道內河達廣。上念其重譯輸忱，許之，飭松筠回京，命兩廣總督長齡督帶過嶺。是月，使者自粵乘貢舟返國。

蓋此次英人藉貢陳乞，本謀立馬頭、減關稅，如澳夷事例，意望舟山(卽定海縣，以舟、珠音近，故又稱珠山)。既未遂所求，上恐其至澳勾煽他國夷商開邊釁，故特簡重臣，陳兵衛護行，諭旨、覆奏皆用六百里馳遞、火票排單。嗣上念英夷貪狡，終恐日久生心，復以前頒該國王敕諭二道宣示兩廣總督入交代內，俾後來知所從焉。

144

乙卯　乾隆六十年（公元一七九五年）

英吉利復入貢。

　　　先是，五十八年英吉利貢使將歸，有旨許再來款貢。時在粵之大班波郎上事：國王備貢物由商船寄粵，請代進。署兩廣總督朱珪譯其副表，以前年貢使入都、賞賚優渥，藉乞表悃忱，又言天朝大將軍前年督兵至的密，英國曾發兵應援。的密即廓爾喀，此指五十七年大學士公福康安用兵西藏時也，英人蓋以是明其效順之忱。奏入，敕書、賜賚如例。

己未　嘉慶四年（公元一七九九年）

廣南酋阮福映禽獻海寇。詔暴安南納叛之罪。

　　　安南王阮光平父子以兵篡國，國用虛耗，商舶不至，乃遣烏艚船百餘、總兵十二，以採辦軍餉爲名，多招中國海盜爲嚮導，入寇閩、粵、江、浙各省。奏禽海賊，屢有安南兵將及總兵敕印，詔移知安南，初不謂國王預知也。會黎氏甥農耐王阮福映乞師暹羅，克復農耐，奪其富春舊都，並縛海賊莫扶觀等來獻，皆中國奸民受安南僞職者，又上攻克富春時所獲阮光纘封册、金印，詔以“阮氏父子臣事天朝，乃招納叛亡，藪奸誨盜，負恩莫大，今國都、册印不保，滅亡已在旦夕，足徵傾覆之不爽，其命兩廣總督吉慶赴鎮南關勒兵備邊，俟阮福映攻復安南全境以聞”。

壬戌　嘉慶七年（公元一八〇二年）

春三月，英人窺澳門。

　　　時，英吉利突來兵船六，泊雞頸洋，淹留數月，意窺澳門。

住澳之大西洋人稟訴兩廣總督吉慶，云："英吉利兵船泊零丁洋，距澳甚近，欲登岸借居洋房，恐其滋事，懇求保護。"吉慶飭洋商宣諭回國，至六月始去，特遣其酋陳謝，謂法蘭西欲侵澳門，故舉兵來護，訛言請勿輕信，意將掩其迹也。會住京之西洋人索德超等言其事於工部侍郎管西洋堂務大臣蘇楞額，上聞馳詢，吉慶以英人開帆日奏，得旨："有犯必懲，切勿姑息；無隙莫擾，亦勿輕率。"

秋七月，薀端多爾濟請巡俄羅斯邊界。

時，喀爾喀親王薀端多爾濟請巡查恰克圖東西卡倫，奉諭："俄羅斯交界四十七處卡倫，向來未定巡查之例，今薀端多爾濟奏稱明年四月親查恰克圖西十九處卡倫，後年再查恰克圖東二十八處卡倫，逾十年與庫倫辦事大臣輪流一次往查，亦屬嚴肅邊界之意，著照所請行。但俄羅斯人等多疑，著薀端多爾濟於巡查卡倫以前，明白曉諭，使俄羅斯固畢爾納托爾等知巡查原欲永清二處交界，並無別故，自不至心生疑懼也。"

冬十二月，封阮福映爲越南國王。

阮福映復破東京，盡有安南，遣使入貢，備陳搆兵始末，爲先世黎氏復仇，其舊封農耐本古越裳地，今兼并安南，不忘世守，乞以越南名國。詔封福映越南國王，而歸黎維祁遺櫬及黎臣懷故土者還國。蓋新阮篡黎十餘年而復滅於舊阮。例仍六年兩貢並進。

乙丑　嘉慶十年（公元一八〇五年）
春三月，英吉利來貢。

146

時英吉利國王遣其酋多林文附商船來粵獻方物，奉表
云：“英吉利國王雅治管愛倫等處地方，呈天朝大皇帝。從
前太上皇帝恩威遠播，四海昇平，今大皇帝仁慈威武，天下
太平，均同一德，凡有本國人來中國貿易，俱蒙一體公平恩
待。因天朝百姓不能來我國貿易，我已分付在港脚等處地
方官員，如與中國相連地方遇有天朝百姓兵丁人等，務要加
意相待。卽遇有別項事情，要我出力，我亦十分歡喜效力。
我與法蘭西國前已修和，因和之後伊國强悍無理，是以我今
復與伊國戰爭。我今本意原欲和好無事，豈料伊國强橫凌
辱，致我不能忍受，又於海口地方設立重兵，顯有歹意，我恐
被伊國佔奪，無奈亦止得設立重兵防守，並非意存好鬥。我
雖然與伊國戰爭，仍可照舊來中國貿易通好，並無阻滯。那
法蘭西國海口雖有重兵，我已用兵圍住，伊不能出口，此外
又多派兵船護送，是以我貿易船隻可保無虞。又幸遇大皇
帝聖明，卽使法蘭西國有著人到中國謠言疏間我國，我想大
皇帝必不聽信。再伊國不獨存心想戰，占奪我國，並欲占奪
我之屬國。伊國若兵力不能相敵，伊必另設陰謀。卽伊國
恃强設計，我國均能設備提防，可保無虞。查該法蘭西國內
已亂十三年，法蘭西老國王爲人甚好，竟被伊國人弒害，深
爲可憫可恨，如今伊國有一人做國長，存心無道，意欲惑亂
人心，使通國之人不顧五倫，不畏天地。我想伊斷不能惑亂
中國，大皇帝英明素著，定然洞察其奸。恭祝大皇帝長享四
海昇平之福。具本國些須土物，伏乞大皇帝賞收。”

經粵督倭什布繙譯呈進，並奏云：“查英吉利國王表內
所稱與法蘭西國爭鬥及法蘭西有著人到中國謠言疏間等

147

語,查係嘉慶七年六月間,有住澳之夷目委黎多寄信與在京之西洋人索德超,言英吉利有大戰船六隻近澳門停泊,恐有覘覦情事,轉呈管理西洋人大臣蘇楞額具奏,諭旨查詢,經前督臣吉慶查奏:'英吉利護貨兵船均已陸續回國,其泊澳門外時並未滋事,因該國向來恃強,澳夷是以驚疑。'今該國王表文所稱謠言疏間之語,自係指前事而言。本年該國亦有護送貨四兵船來廣,隨貨船仍回國,並無絲毫滋事。且貿易夷船,英吉利貨物最細,較別國買賣殷厚,該國目商均稱恭順。臣等窺測其隱,因與法蘭西蠻觸相爭,恐為離間,有妨貿易,故於表內特陳其事,密詢洋商潘致祥等,僉稱係此意。該二國僻居西北海外,去粵東甚遙,斷無虞別滋事端,語似可信,可以仰慰聖慮。"

嗣奉廷寄,覆奏云:"伏查外洋各夷商並該國商船,俱無兵船,惟該國王貨船始有兵船四隻護送,在虎門外交易後,同貨船回國,不少逗留,臣等亦派兵役防送。至各夷貨船均有礮火器械,自資防範,原准攜帶。該國原表'歡喜效力'等語,自係聞洋面不靖,或需伊等出力之意。如澳門夷目願備兵船幫同出洋緝捕,臣以體制不符,出示停止,揣其情形,不過藉協捕為名,冀免此船出入納稅。而英夷得聞此事,亦希效尤免稅,又恐澳門夷船有功,或待彼國冷淡,意不過如此。有師國夷船,既大多載礮火,洋盜俱不敢搶劫,澳門等處又至各船巡防,不致少有疏失,可以無慮聖念。"

奏入,上命齎貢入京,按例頒賞,並諭新任總督那彥成以"整飭戎備,勿令澳門近地致有竊掠,貽笑遠人。其護貨兵船停泊,總當循照舊規,勿令逾越為要"。

夏四月,禁西洋人刻書傳教。

　　御史蔡維鈺奏請嚴禁西洋人刻書傳教,奉諭:"京師設
立西洋堂,原因推算天文、參用西法, 凡西洋人等情願來京
學藝者,均得在堂棲止,乃各堂西洋人每與内地民人往來講
習,並有刊刻書籍、私自流傳之事。在該國習俗相沿,信奉天
主教,伊等自行講論、立説成書,原所不禁,至在内地刊刻書
籍,私與民人傳習,向來本定有例禁,今奉行日久,未免懈
弛,其中一二好事之徒,創立異説,妄思傳播,而愚民無知,
往往易爲所惑,不可不申明舊例,以杜歧趨。嗣後著管理西
洋堂務大臣留心稽察,如有西洋人私刊書籍, 卽行查出銷
毀,並隨時諭知在京之西洋人等,務當安分學藝,不得與内
地民人往來交結。仍著提督衙門五城順天府,將坊肆私刊
書籍一體查銷,不得任聽胥役藉端滋擾,致干戾咎。"

圈禁西洋人德天賜於厄魯特營房。

　　廣東民陳若望私代西洋人德天賜遞送書信、地圖,拿解
刑部,並究出傳教、習教多人。刑部奏將各犯分別定擬, 得
旨:"德天賜膽敢私行傳教,不惟愚民婦女被其煽惑, 兼有
旗人亦復信奉, 並用漢字編造西洋經卷,至三十一種之多,
若不嚴行懲辦, 何以關異説而杜歧趨? 且該國原係書寫西
洋字,内地民人從無傳習,今查出所造經卷俱係刊刻漢字,
其居心實不可問。此在内地愚民已不得傳習,而旗人尤不
應出此,關繫人心風俗者甚巨。所有寄信人陳若望、在堂講
道之漢軍周炳德、會長民人劉朝棟、趙廷畛、朱長泰、漢軍汪
茂德,或往來寄信,或展轉傳惑,著照刑部所擬, 發往伊犁,

給厄魯特爲奴，仍先用重枷枷號三個月，以示懲儆。民婦陳楊氏，以婦女充當會長，尤屬不安本分，著發往伊犁，給兵丁爲奴，不准折枷收贖。民人簡恒，曾代爲寄信，請人傳教；漢軍佟恒善，經反復開導，執迷不悟。俱著枷號三個月，滿日發往伊犁，給厄魯特爲奴。周炳德、汪茂德、佟恒善既自背根本，甘心習學洋教，實不齒於人類，均令銷去旗檔。德天賜來京當差，不知安分守法，妄行刊書傳教，實爲可惡，著圈禁厄魯特營房，交慶傑嚴爲管束，以杜煽惑。"

五月，管理西洋堂事務常福罷。

甲申朔，上諭："向來西洋堂事務，俱派總管內務府大臣管理，而歷任總管之大臣等，不能實心經理，其派委司員亦不常川稽查，大率有名無實。卽如近日德天賜等妄行刊書傳教，煽惑旗民，此皆由歷任該管大臣官員等平日不能認真查察，以致伊等敢於私通書信、往來交結。現在管理西洋堂事務之常福，著無庸兼管，改派祿康、長齡、英和管理。其應如何設立章程、嚴加管束之處，著祿康等悉心妥議具奏。"

尋議酌派司員到堂稽查，設立堆撥輪流巡綽，撤毀堂額天主字樣，禁止旗民彼此往來，封禁該堂女堂房屋，稽察海淀各堂寓所，譯驗該國投寄信書，編造服役人數册檔，示諭習教治罪條款，禁止收買藥材洋草，從之。

禁旗人習天主教。

時有佟瀾、色克舒敏、李慶喜，因傳習天主教革職，交刑部審辦。刑部奏："佟瀾等俱願出教，請革職、免其治罪。"奉諭："佟瀾等均係旗人，且任職官，輒敢棄背根本、學習洋

150

教,見雖據供明真心改悔,但恐因一時畏罪求免,伊等全家久爲邪説所惑,一經釋放,或仍私相崇奉,其言殊難憑信。佟瀾、色克舒敏、李慶喜仍著在刑部羈禁,將伊家屬傳至,令其當面告誡,各將洋教不祀祖先、不供門竈等事全行改革,仍交各旗查明伊全家出教屬實,由該管參佐領具結詳報,再行釋放。如釋放後再敢私行習教,卽加倍治罪,決不寬貸。"

秋,暹羅入貢。

　　時暹羅貢表,又言方出師攻緬獲捷,復頒敕諭解之。緬聞,亦叩關求入貢,疆吏以非貢期却之。緬亦自是循例修貢不絶。

冬十一月,申嚴粤省傳教禁。

　　奉上諭:"軍機大臣等:本日朕恭閲皇考高宗純皇帝《實録》乾隆四十九年十一月内欽奉聖諭,以'西洋人蔓延數省,皆由廣東地方官未能稽察防範所致。向來西洋人情願進京效力者,尚須該省督撫奏明允准後,遣員伴送來京,何以此次羅瑪當家竟公然分派多人赴各省傳教」澳門距省甚近,地方官平日竟如聾瞶①,毫無覺察,自有應得處分。倘嗣後仍有西洋人潛出滋事者,一經發覺,惟該督撫是問,卽當重治其罪'等因。又奉聖諭,以'孫士毅奏委員伴送西洋人德天賜等四人進京,已敷當差,嗣後可無庸選派,俟將來人少需用之時,另行聽候諭旨'等因。仰見皇考禁絶邪説、訓誡嚴明至意。當德天賜等進京效力之時,在京西洋人已敷當差,卽諭令停止選派,可見西洋人等來至内地授徒傳教、爲

————————————

　　① 瞶,原作瞶,應是瞶之誤,故改。

害風俗，早在聖明鑒察之中。粤省澳門地方洋舶①往來，該國人等自因赴廣貿易、與内地民人勾結，始能惑衆傳教，如果粤省稽察嚴密，何至私越内地乎？本年因江西省拿獲爲西洋人送信之陳若望，及山西省民人李如接引西洋人若亞敬傳教等案，業經根訊明確，分別懲創。嗣後著該督撫等飭知地方官，於澳門地方嚴查西洋人等，除貿易外如有私行逗留、講經傳教等事，即隨時飭禁，勿任潛赴他省，致滋煽誘。其有内地民人暗爲接引者，即當訪拿懲辦，庶知儆懼。並當曉諭民人等，以西洋邪教例禁綦嚴，不可受其愚惑，致蹈法網，俾無知愚民各知遷善遠罪，則西洋人等自無所肆其簧鼓，即舊設有天主堂之處亦不禁而自絶，此尤潛移默化之方。該督撫等惟當善爲經理，實力稽查，絶其根株，正其趨向，亦整風飭俗之要務也。"

冬十二月，禁俄羅斯商船來粤互市。

先是，有噶哩國商船二來粤請互市，總督那彦成駁不許，監督阿克當阿不候札覆，遽令開艙卸貨，有旨將阿克當阿同前監督延豐、巡撫孫玉庭議處。至是，總督吳熊光查奏，得旨："據吳熊光等奏，查明噶哩國即俄羅斯國，向例止准在恰克圖地方通市貿易，本有一定界限。今該國商船駛至粤東，懇請越關卸貨，自應照例駁回，乃延豐擅准進埔卸貨，實屬冒昧。且該國商船於十月于八、十七等日先後進口，延豐於二十九日始行具奏，又于咨商總督後，並不候那彦成回咨，輒以'意見相同'之語捏詞入告，其咎甚重。前經

---

① 舶，原作泊，二十二年本作舶，據改。

152

降旨,將延豐降爲七品筆帖式,尚不足以示懲，延豐著卽革職。接任監督阿克當阿,因延豐已准該夷商起卸一船貨物,亦卽不候那彥成移知,率准後船進埔卸載,吳熊光、孫玉庭未經查明,遽准開船回國,均屬辦理未協，不能無咎,吳熊光、孫玉庭、阿克當阿均著交部議處。嗣後遇有該國商船來廣貿易者，惟當嚴行駁回，毋得擅准起卸貨物，以昭定制。"

戊辰　嘉慶十三年(公元一八〇八年)

秋九月,英人謀襲澳門,不果。

　　初,英吉利有大班喇咈者,約孟甲剌(卽孟加臘)兵頭以兵船十艘窺伺安南,爲安南所爐,無顏返國,以所餘艘順抵粵洋。其船大者番梢七百,中者二百,小者百人,他槍礮、劍刀、火彈稱是。舊制英吉利護貨兵船泊十字門外,時貨船未至，乃紿言護貨。既而兵頭度路利揚言: 法蘭西侵據大西洋,國主遷於亞美利加洲,英吉利與大西洋世好，慮法蘭西入澳滋擾,因以兵來助。其實不得逞於安南,思佔澳門爲補牢計也。澳夷不敢校。然英人懼中國不從,亦未敢顯言據澳。

　　總督吳熊光飭洋商諭大班,俾兵船且夕回帆。度路利不聽,將入澳登岸定居。澳夷理事官委黎多服從,詭云國主有書，許令安置。八月二日,以二百人入三巴寺、百人入龍嵩廟,以二百人踞東望洋、百人踞西望洋。在三巴寺者,復移於西洋市樓。

　　熊光與監督常顯諭洋商挾大班赴澳慰遣,堅不肯行,乃

153

下令封艙,禁貿易, 斷買辦, 移駐澳左翼、碙石二鎮師船五十、紅單船三十六,自虎門進省防護。而英吉利復續來兵船八,每船番梢六七百,泊雞頸九洲洋。虎頭門在東莞縣,爲中路海洋進口要隘,左翼鎮駐兵於此,建礮臺焉。是月朔日,以三兵船闖入虎門,進泊黃埔。

　　熊光奏聞,得旨:"英吉利夷人藉稱大西洋地方被法蘭西佔踞,該國因與大西洋鄰好,恐大西洋人之在澳門者,法蘭西欺阻貿易,輒派夷目帶領兵船前來幫護,所言全不可信,而且斷無此理。見在先後到船九隻,皆帶有礮械、火藥等物,竟敢灣泊香山縣屬雞頸洋面,並有夷兵三百名公然登岸,居住澳門三巴寺、龍嵩廟,分守東西礮臺,實屬桀驁可惡。該員等見將該國夷船停止開艙,派員劘切曉諭,俟夷兵退出澳門方准起貨,並稱夷人若再挨延,卽封禁進澳水路,絕其糧食,所辦尚是。但究竟如何嚴切曉諭,及見在作何準備之處,全未奏及,所辦太軟。邊疆重地,外夷敢心存覬覦、飾詞嘗試,不可稍示以弱,此時如該國兵船業經退出澳門則已,如尚未退出澳門,吳熊光卽行遴派曉事文武大員,前往澳門嚴加詰責,以'天朝禁令綦嚴,不容稍有越犯。大西洋與法蘭西彼此搆釁,自相爭殺,原屬情事之常,中國並不過問,卽如近年緬甸、暹羅二國互相仇殺,業經叩關求援,大皇帝一視同仁,毫無偏向,至於中國、外藩,自有一定疆界。試思中國兵船從無遠涉外洋向爾國地方屯紮之事,而爾國兵船輒敢駛進澳門,登岸居住,冒昧已極。若云因恐法蘭西欺侮西洋,前來幫護,殊不知西洋夷人既在中國地方居住,法蘭西焉敢前來侵奪,以致冒犯天朝? 卽使法蘭西果有此事,

154

天朝法令俱在，斷不能稍爲姑容，必當立調勁兵，大加剿殺，申明海禁，又何必爾國派兵前來，代爲防護？若云洋匪未净，欲思効力天朝，尤屬無謂，海洋盜匪屢經剿辦，不過東竄西逃，既經兵船四路禽拿，不日即可殲盡餘孽，又何藉爾國兵力乎？看來竟係爾國夷人見西洋人在澳門貿易，趁其微弱之時，意圖佔住，大干天朝例禁矣。爾國臣事天朝，平素遣使進貢，尚稱恭順，乃此次無知冒犯，實出情理之外，本當即行拿究，姑先明白曉諭。爾若自知悚懼，即速撤兵開帆，不致片刻逗留，尚可曲恕爾罪，仍准爾國貿易，若再有延挨，不遵法度，則不但目前停止開艙，一面即當封禁進澳水路，絕爾糧食，並當調集大兵前來圍捕，爾等後悔無及’。如此逐層曉諭，義正詞嚴，該夷人自當畏懼懍遵。吳熊光等仍當密速調派得力將弁，統領水路官兵，整頓預備，設該夷人一有不遵，竟當統兵剿辦，不可畏葸姑息，庶足以伸國威而清海澨，此於邊務夷情，大有關繫。該督不此之慮，而惟緄緄於數十萬稅銀，往復籌計，其於防備機宜全未辦及，吳熊光、孫玉庭均懦弱不知大體。且吳熊光、孫玉庭此次來摺僅由馬上飛遞，亦屬遲緩，此次著由五百里發往吳熊光等即速遵辦，並傳諭常顯知之。”

又諭：“英吉利國所遞原稟，繙譯進京，朕詳加披閱，稟內所敍之詞，多不恭順。如所稱該國王多派戰船兵丁赴中國海面，若法蘭西國人來至澳門，預備防堵等語，殊不成話。該國王既知爲中國海面，即不應派兵擅入，況法蘭西國夷人並未來至澳門，何得藉詞越進？天朝兵精糧足，即外藩部落，或敢桀驁思逞，不難聲罪致討，若蠻觸相争，叩關求救，天朝一

155

視同仁，斷無偏護，何須該國王豫籌防堵耶？又稱法蘭西係各國仇人，該國王派兵作敵，以期保護中國、博勒都雅、英吉利三國買賣等語，尤屬謬妄，試思天朝臣服中外，夷夏咸賓，蕞爾夷邦何得與中國並論？又稱天朝海面盜案甚多，商販被劫，該國王派備兵船，情願效力剿捕等語，究係意存輕視。見在海洋水師兵船梭織巡緝，沿海各口岸斷絕接濟，盜匪日形窮蹙，豈轉待外夷相助？種種措詞背謬，於邊務夷情大有關繫，該督等接閱夷稟，早當驅逐駁飭，乃止以‘停止開艙、封禁進澳水路、絕其糧食’虛言由尋常馬遞入告，且該督等具奏後，該國夷船曾否退去，亦未據續行馳報，吳熊光不應如此糊塗懈怠，實出意想之外！試思邊防重地，任令外夷帶兵闖入、佔據礮臺，視爲無關緊要，不知有何事大於此事者？該督等接奉此旨，即將夷船見在情形及如何密飭籌備之處，速行奏聞，無論退去、未退去，即由五百里具奏。”

冬十一月，遣永保赴粵查辦。

先是，吳熊光撤香山虎門兵回營自衛，九月二十三日，度路利率兵目十餘、散兵四十、水梢二百，自黃埔以三板船三十餘直抵會城，入洋館。二十六日，又載三板船十餘，以禁斷買辦爲名，云至十三行公司洋館取其儲蓄，碣石總兵黃飛鵬時統師駐省河，飛礮擊之，斃英兵一，傷英兵三，始懼而退，其入夷館者自若也。又值封艙令下，大班請還累年洋帳，載所已市茶出口，或退茶洋行，而價銀、息銀全償，監督常顯嚴詞飭駁，續來商船皆泊零丁洋，停其帶引入埔。會英吉利祖家（卽歐羅巴本國）一船主至，以封艙懟大班曰：“犯中國而絕市，雖得澳門，猶石田也，不如已。”先時英船七月抵廣，換貨後十月即可回帆，至是停滯港外數月，各國商人亦咸怨之。十月十日，奉抗延剿辦之諭，各路官軍雲集，距澳門八里之關閘、二十里之前山寨復增兵防守，英人乃大恐，慮其貿易之停也，始議遷賄澳番，約以番銀六十萬圓犒軍。

澳番輸款，英吉利之兵總悅，大班乃具狀歸誠，請給買辦、復開艙以入埔，其入澳英兵撤遣回國，熊光許焉。是月七日，遂先後起椗去。十一日，復開艙驗貨。熊光遂以英吉利兵船全數退出澳門入奏。

奉諭："此次該國夷人自七月來至澳門，住守數月有餘，夷情叵測，必有所爲而來，何以又無故而去？且所稱'見聖諭嚴明、兵威壯盛，業已不敢抗違'之語，所見係何諭旨？所派係屬何兵？並未一一聲敘。況夷稟尚未呈遞，吳熊光輒稱'夷船風信一過，即不能開行，如果切實懇求，即准其開船'，見好於夷人，豈非示之以弱乎？外夷來至內地貿易，輸納稅課，原因其恪守藩服，用示懷柔，並非利其財貨，若沾沾以徵權爲重，無怪該夷人肆意居奇，意存輕視也。永保馳抵粵東，即會同韓對詳查英吉利夷船因何擅入內地？自七月至今，呈遞夷稟幾次？吳熊光如何批示？所稱水陸兩途嚴密佈置官兵，所派係屬何兵？節次稱奏派員剴切曉諭，並'聖諭嚴明'之語，所見係何諭旨？所派係屬何員？因何全行退出？有無豫准開艙貿易之事？逐一奏聞。仍嚴切曉諭英吉利夷人，以'爾等擅入澳門，實屬冒昧，斷不能仍准貿易。倘自知悔罪畏服，倍加恭順，於二、三年後再行懇請，彼時爾國貨船亦止准在澳門以外停泊，俟奏聞大皇帝，候旨遵行。

157

設再欲攜帶兵船，卽當永斷貿易，聲罪致討'。倘永保到彼後吳熊光業已准令開艙，卽當查明因何允准，是否係該國夷人具稟懇求，抑係吳熊光先行准令開艙，該夷始行退出之處，一併據實具奏，不可稍有隱飾。"

旋罷吳熊光，以永保爲兩廣總督，韓崶爲廣東巡撫。

卷　七

己巳　嘉慶十四年(公元一八〇九年)

春二月,增築澳門礮臺。

時,永保道卒,韓對抵任,查閱澳門,奏稱":澳門西洋人舊設礮臺六坐,自伽思蘭至西望洋,礮臺迤南沿海一帶,石坎形勢低矮,上年英吉利夷兵由此登岸,今擬加築女牆一道,增高四、五尺,共長二百餘丈。該處夷民等亦歡欣願辦。"奉旨俞允。於是前山寨設遊擊、守備、水師千總各一,把總、外委、額外外委各二,募馬步兵四百,分左右哨,爲前山營。一把總率兵六十防關閘,汛其閘外之望厦村,並派弁兵協防。又於虎門亭之新埔山添建礮臺,蕉門海口排樁沈石,以杜繞虎門進獅子洋之路,層疊鈐束,以資控制。

夏四月,吳熊光謫戌伊犁。

時奉上諭:"各省封疆大吏,守土是其專責,遇有關涉外夷之事,尤當立時親往勘辦,務臻妥協,方爲無忝厥職。前此吳熊光在兩廣總督任內,英吉利商船帶兵入澳,佔據東望洋、娘媽閣、伽思蘭三處礮臺,雖向係西洋商人防守所設,但究在中國地面,卽與闌入內境無異。吳熊光身任封圻,卽應立時驅逐。況此次該夷兵遇官兵開礮,並不敢稍有抗拒,及奉有嚴飭諭旨,亦卽畏懼開帆遠去,是該夷兵尚知震懾天威，無他伎倆，設吳熊光於該夷兵登岸之初，即親往彈壓，曉以大義，一面調集官兵防守，該夷兵自必知所畏憚，即時退出，庶足宣示國威。吳熊光於此等要事，遲至月餘始行具奏，既未親往查辦．該夷兵目求見，又止派員往諭，並不面詢斥逐，雖開艙在夷兵既退之後，而許其開艙究在夷兵未退之先，是奏報既屬遲緩，辦理又形畏葸。且屢次夷人具稟及吳熊光批示，並轟斃夷兵等事，俱未入奏，亦屬含糊。吳熊光由軍機章京蒙皇考高宗純皇帝不次超擢，用至軍機大臣，經朕簡用，歷任三省總督，非新進不曉事者可比，乃種種錯謬，實屬孤負委任。吳熊光前已革職，著拿問，交軍機大臣會同刑部審訊，定擬具奏。"熊光尋遣戍伊犁。

夏五月，定《廣東互市章程》。

時百齡代永保任兩廣總督，抵任二日，馳赴澳門詢訪，盡得英人覘覦實情，遂奏請俟本年英吉利國貨船到時，預遣員弁偵探。得旨："所見甚是。該國夷人素性強橫譎詐，雖見據夷商喇咈所稟夷兵不敢再來之語，亦未可深信。上年該夷人來澳時，吳熊光等不立行查辦，既失之於寬，此時自應濟之以猛，俟該國貨船到時，先期留心偵探，如再敢多帶夷兵、欲圖進口，即行調集官兵，相機堵剿。倘止係貿易船隻，並遞謝罪哀懇稟件，亦應飭令停泊港外，該督一面奏聞，候朕降旨遵行。"

百齡又奏酌籌《民夷交易章程》，經軍機大臣議覆，奉諭："所議甚是。嗣後各國護貨兵船，俱不許駛入內港。夷商銷貨，令即依限回國，並令洋商早清夷欠。其澳內西洋人，不准再行添屋，民人眷口亦不准再有增添。引水船戶給照、銷照，俱責成澳門同知辦理。夷商買辦，選擇殷實之人始准承充。至向來夷貨到粵，皆由該國自行投行、公平交易，以順夷情而服夷心，今該督等請由監督不論殷商、乏商，按股鬮籤，竟以外夷貨財爲調酬乏商之計，事不可行，著仍查明舊例，妥協辦理。”

六月，造米艇。

先是，吳熊光督粵，請造登花戰船，緝捕洋盜。至是，百齡奏：“查登花船難於購料成造，仍請添造米艇，以期迅速竣工，俾資緝捕。”奉旨：“粵省勦捕匪船，米艇具有成效。前此吳熊光忽以米艇不能遠出外洋，請改造登花艦二十號，往來外洋緝捕，將米艇全行收入內洋防守，見經百齡等查明，此項船隻所需桅舵大料因須在外洋購覓，是以二年以來未能購得，且此時即購料成造，一經風浪觸損，將來亦無料換修，仍屬不能應用。況粵洋綿亘四千餘里，止仗此二十船之力在外洋策應捕盜，寧不顧此遺彼？皆吳熊光全無主見，不過遷其臆度之詞，妄思更改，而於空言陳奏之外，仍無實際，斷不可行。百齡等現已估計船身價值，計其一船所需，足造米艇兩隻，請將原估登花船二十隻工料銀十五萬四千餘兩，改作大、中、小米艇四十號，以期節浮糜而便駕駛，所議甚是，著即照所奏辦理。”

又諭云：“遂溪縣東海地方，先經吳熊光議請設立參將專營，在督撫各標抽丁防守，嗣吳熊光又以東海不產磚木，奏請停止建營，改募水師，添船緝捕，今據百齡等查明，該處沙土鬆浮，建築城堡、礮臺難資經久，又與廣州灣遙相對，以一隅駐守之兵，當四面可通之路，亦復難資控制，是此事亦不可行。吴熊光始則並未詳細確查，繼知事有所難，又復回護前議，不肯據實奏明更改，一味遷延，且如何改募水師、添船若干，並如何派人管帶之處，亦全未議及，殊屬因循閭茸，毫無振作。茲百齡等請將新造米艇二十隻專在東海巡防，以二十隻在西路洋面策應，其配駕巡兵即於通省水師按數勻派，既可無庸建立營汛，亦無庸改募水師，其吳熊光原議裁撤督標後營及提督兵丁之處，本與營制不符，且陸路口岸防守緊要，斷不可輕議裁革，百齡等所見皆是。此時應行分別歸伍、撤募之處，亦均照所奏辦理。至目下粵洋緝捕緊要，而水路營伍皆屬廢弛，該督等務當振刷精神，實力整頓，以期設一兵得一兵之力、添一船得一船之用，方爲不負委任。"

庚午　嘉慶十五年（公元一八一○年）

英商請減行用銀，不許。

行用者，每價銀一兩，奏抽三分，以給洋行商人之辛工也。繼而軍需出其中，貢項出其中，各商攤還洋貨亦出其中，遂分內用、外用名目。此外尚有官吏之需求，與間遊之款接，亦皆出於入口、出口長落之貨價，以故洋利漸薄。是年，大班喇咈等訴於廣東巡撫韓封，略曰："始時洋商行用減少，與夷無大損益，今行用日夥，致壞遠人貿遷。如棉花一項，每石價銀八兩，行用二錢四分，連稅銀約四錢耳，茲棉花進口三倍於前，行用亦多至三倍，每石約銀二兩，即二十倍矣。他貨稱是。各洋行費用皆由祖家貿易攤還，其何以堪？伏懇照舊酌量裁減，遠人幸甚！"

韓對與總督、監督及屬僚核議,僉謂洋人無利可獲,或可杜其偕來,遂不許。

辛未　嘉慶十六年(公元一八一一年)

秋七月,申嚴洋人傳教禁。

時奉上諭:"西洋人居住京師,原因其諳習算法,可以推步天文,備欽天監職官之選。昨據管理西洋堂務大臣查明,在京者共十一人,除福文高、李拱辰、高守謙三人見任欽天監監正、監副,南彌德在內閣充當繙譯差使,又畢學源一人通曉算法,留備敘補,賀清泰、吉德明二人均年老多病,不能歸國,此外學藝未精之高臨淵等四人,俱已飭令回國。見在西洋人之留京者,止有七人。此七人中,其有官職差使者,出入往來俱有在官人役隨地稽查,不能與旗民人等私相交接;其老病者,不過聽其終老,不准擅出西洋堂,外人亦不准擅入,管理大臣及官員弁兵巡邏嚴密,諒不敢有聽其傳教惑眾之事。至外省地方,本無需用西洋人之處,即不應有西洋人在境潛住。從前外省拿獲習教人犯,每稱傳播始於京師,今京師業已按名稽核、徹底清釐,若外省再有傳習此教者,必係另有西洋人在彼煽惑,地方匪徒私自容留,不可不加之厲禁。除廣東省向有西洋人來往貿易,其居住之處應留心管束,勿任私行傳教,有不遵禁令者,即按例懲治外,其餘各直省著該督撫等飭屬通行詳查,如見有西洋人在境,及續有西洋人潛來者,均令地方官查拿具報,一面奏聞,一面遞交廣東,遣令回國。如地方官辦理不力,致令傳教惑眾,照新定條例嚴參重處。若內地民人私習其教,復影射傳惑者,著地方官一律查拿，按律治罪。將此通諭知之。"

甲戌　嘉慶十九年（公元一八一四年）

春正月，禁洋商運銀出洋。

　　蘇楞額奏稱："近年來夷商賄通洋行商人，藉護回夷兵
盤費爲名，每年將內地銀兩偷運出洋，至百數十萬之多，復
將低潮洋銀運進，任意欺蒙商賈，以致內地銀兩漸形短絀，
請旨飭禁。"奉上諭："夷商交易，原令彼此以貨物相準，俾中
外通易有無，以便民用，若將內地銀兩每年偷運出洋百數十
萬，歲積月累，於國計民生均有關係。著蔣攸銛、祥紹查明
每歲夷商等偷運足色銀兩出洋實有若干，應如何酌定章程、
嚴密禁止，會同妥議具奏。"

冬十一月，禁英人傳教。

　　先是，乾隆間英人司當東隨入貢使臣至京，後貢使歸，
司當東留住澳門，誘惑愚民甚衆。至是，上特降旨："聞有英
吉利夷人司當東，前於該國入貢時曾隨入京師，年幼狡黠，
回國時將沿途山川形勢俱一一繪成圖册，到粤後又不回本
國，留住澳門已二十年，通曉漢語。定例澳門所住夷人不准
進省，司當東在粤既久，夷人來粤者大率聽其教誘，日久恐
至滋生事端。著蔣攸銛等查明司當東有無教唆勾通款蹟，
如查有實據，或遷徙安置，奏明妥辦。"

冬十二月，申定《互市章程》。

　　兩廣總督蔣攸銛密陳洋商貿易及酌籌整飭洋行事宜，
奉上諭："粤省地方瀕海，向准各國夷船前來貿易，該夷商遠
涉重洋，懋遷有無，實天朝體恤之恩，然懷柔之中，仍應隱寓

164

防閑之意。近來英吉利國護貨兵船，不遵定制停泊外洋，竟敢駛至虎門，其詭詐情形甚爲叵測。蔣攸銛示以兵威，派員詰責，該大班始遞稟謝罪，此後不可不嚴申禁令。該夷船所販貨物，全藉內地銷售，如呢羽、鐘表等物，中華儘可不需，而茶葉、土絲，在彼國斷不可少，倘一經停止貿易，則其生計立窮。《書》云：'不寶遠物，則遠人格。'該督等當深明此意，謹守定制，內固藩籬，不可使外夷輕視。嗣後所有各國護貨兵船，仍遵舊制，不許駛近內洋，貨船出口，亦不許逗留。如敢闖入禁地，卽嚴加驅逐，倘敢抗拒，卽行施放槍礮，懾以兵威，使知畏懼。所有該督等請嚴禁民人私爲夷人服役，及洋行不得搭蓋夷式房屋，鋪戶不得用夷字店號，及清查商欠，不得濫保身家淺薄之人承充洋商，並不准內地民人私往夷館之處，均照所議行。"

乙亥　嘉慶二十年(公元一八一五年)

春三月，申禁鴉片煙。

　　鴉片煙，一曰波畢，一曰阿芙蓉，又曰阿片，本罌①粟殼所造，產印度之孟阿拉(卽孟加臘，一曰明呀哩，首部曰加爾吉達，又有八咀拿及麻哈默那，皆孟阿拉屬邑，均產鴉片)及曼噠喇薩(卽麻打拉薩)、孟邁(一作孟買，又稱港脚)、馬剌他(一作麻爾窪)、盎叽哩、唧肚(二部皆在小西洋)諸處，有公班、白皮、紅皮、大小土之分。明中葉始入中國(見李時珍《本草綱目》及龔雲林《醫鑑》)。康熙初，以藥材入口，每擔稅銀三兩，又每包加稅二兩四分五釐，時尚無吸食(雍正中，

————————————

① 罌，原作鶯，據抄本改。

165

年希堯刊《集驗良方》,屢載鴉片,亦不聞吸食)。其入內地,附西洋諸商船,歲不過二百箱。

自英吉利在孟阿拉購片土,立市埠,至乾隆二十年因攜衅翦滅孟阿拉,乘勝蠶食五印度諸部,其中、東、南三部則全為所役屬,地產棉花(棉花亦元太祖用兵印度時移種入中國,稱吉貝布),又產鴉片,英人倍徵其稅,遂專擅印度鴉片之利。(此外產鴉片之地,惟馬剌他不盡屬英轄,而煙土亦多由英埠孟邁出口。又跨亞歐兩洲間之都魯機,亦歲有千餘箱,米利堅運之來華。)其運載亦附英人船,旗船名格拉巴,約載三百蔥(千六百八十斤為一蔥)。每箱載兩滿,每滿各重六十七棒(十二兩為一棒,棒一作磅)。其價自一千三百至千五百魯卑不等(五十先令值一魯卑,二魯卑值一番銀),以分售各處。(英吉利本國原禁食鴉片,外洋吸食者有都魯探、印度及無來由各番族。)乾隆季年,閩粵吸食漸多,粵督奏禁入口,然官吏奉行有名無實。嘉慶初元,申禁鴉片,蔥船在黃埔者改泊澳門或急水門,而私銷如故,每年已三、四千箱

至是,粵督蔣攸銛等奏查禁鴉片章程,奏上諭:"鴉片煙一項,流毒甚熾,多由夷船夾帶而來,嗣後西洋貨船至澳門時,自應按船查驗,杜絕來源。至粵省行銷鴉片煙,積弊已久,地方官皆有失察處分,恐伊等瞻顧因循,查拿不力,嗣後有拿獲鴉片煙之案,除查明地方委員等有得規故縱情事、應嚴參辦理外,其僅止失察者,竟當概行寬免處分。至所請獲與販煙斤自二百斤至五千斤以上,分別紀錄加級,及送部引見,並軍民人等拿獲獎賞,以及誣良治罪之處,俱著照該督

等所請行。"

冬十月,西洋人蘭月旺伏誅。

時,湖南耒陽縣查獲西洋人蘭月旺授徒傳教,巡撫翁元圻以聞。奉諭:"蘭月旺以西洋夷人潛入內地,遠歷數省,收徒傳教,煽惑多人,不法已極。著翁元圻嚴切訊究,審明後將該犯問擬絞決,奏明辦理。其供出之犯,按名查拿務獲,並飛咨各該省一體嚴緝究辦。耒陽縣知縣常慶查緝認真,於此案辦竣後送部引見,再行施恩。"

十一月,禁買洋人奇巧貨物。

時蔣攸銛等奏:"查洋商拖欠夷人貨帳銀兩,業經停利歸本,請勒限分年清還。"奉上諭:"此項洋商節年拖欠夷人貨帳銀兩,據該督等查明,各行欠項自嘉慶十七年至十九年,共還過銀一百三十萬兩零,見尚欠夷帳一百六萬兩,按照欠數多寡,分定年限歸還,該商等經此次清釐之後,自應遵照定限,一律清還,毋令再有拖欠。惟是該夷人以貨易貨,乃壟斷盤剝,任令疲商賒欠,卽明知有不得過十萬之舊章,朦朧匿報,亦應嚴行飭禁。近年內地銀兩為外夷貿易攜去者,動逾百萬,日久幾同漏卮,著該督撫及該監督留心稽察,如外夷有以奇巧貨物攜至洋行,私行留用此等物件,飢不可食,寒不可衣,令其將中土財貝潛就消耗,殊為可惜,果能實力禁絕,該夷人等知內地不寶異物,不能行銷,則來者漸少,易去銀兩亦必日減,亦節財流之一道也。"

丙子　嘉慶二十一年(公元一八一六年)
夏六月,英吉利遣使入貢。

167

初,英吉利迭修職貢,未如所望,舉兵來澳門,又不得逞,仍思藉貢輸忱,以希恩澤。五月,英吉利公使加拉威禮來粵東遞稟,云:"英國太子攝政已歷四年,感念純皇帝恩德,仰慕大皇帝仁聖,於上年九月遣使起程,來獻方物,仍循乾隆五十八年貢道,由海洋舟山一路至天津赴都,懇總督先奏。"

時總督蔣攸銛方入朝,巡撫董教增權總督事,許番官晉見。故事督撫大吏見暹羅諸國貢使於節堂,貢使皆拜伏,如陪臣禮,加拉威禮不肯,迫洋商白總督,議相見儀,往復再三。教增不得已,許之。

其日,總督及將軍、兩副都統、海關監督畢坐節堂,大陳儀衛。加拉威禮上謁,免冠致敬,通事爲達意。教增離座起立,問英吉利國王好,復坐,乃詢貢使行日程途,允爲入告。加拉威禮徑出。此即所議相見儀也。當教增立詢時,將軍以下皆振衣起,副都統張永清獨據案不少動,意殊拂然。

比教增奏入,而貢使羅爾美都、副貢使馬禮遜乘貢舟五已達天津,上命戶部尚書和世泰、工部尚書蘇楞額往天津,率長蘆鹽政廣惠料理。貢使來京,一晝夜馳至圓明園,車路顛簸不堪,又衣裝皆落後。詰朝,上升殿受朝會,時正使已病,副使言:"衣車未至,無朝服,何以成禮?"和世泰懼獲譴,遂飭奏兩貢使皆病。上怒却其貢不納,遣廣惠伴押使臣回粵。

秋七月,蘇楞額、和世泰、廣惠等降革有差。

初,英吉利貢使齎表,上覽表文失辭,抗若敵體,復鋪張伐法蘭西戰功,有要挾意,又值理藩院迓接不如儀,上故疑

168

使人之慢，絶不與通。羅爾美都①等既出都，有以實入告者，上始知不盡貢使之罪，復降諭錫賚，追及良鄉，酌收貢物，仍賜國王珍玩數事，並敕諭其王，交兩廣總督蔣攸銛，俟貢使至粵頒發。

敕諭曰："爾國遠在重洋，輸誠慕化，前於乾隆五十八年先朝高宗純皇帝御極時，曾遣使航海來庭。維時爾國使臣恪恭成禮，不愆於儀，用能仰承恩寵，瞻覲筵宴，朕是以錫賚便蕃。本年爾國王復遣使齎奉表章，備進方物，朕念爾國王篤於恭順，深爲愉悦，循考舊典，爰飭百司，俟爾使臣至日，瞻覲宴賚，悉倣先朝之禮舉行。爾使臣始達天津，朕飭派官吏在彼賜宴，詎爾使臣於謝宴時，卽不遵禮節。朕以遠國小臣，未嫻儀度，可從矜恕，特命大臣於爾使臣將次抵京之時，告以乾隆五十八年爾使臣行禮悉跪叩如儀，此次豈容改異？爾使臣面告我大臣，以臨期遵行跪叩，不至愆儀。我大臣據以入奏，朕乃降旨於七月初七日令爾使臣瞻覲，初八日於正大光明殿賜宴頒賞，再於同樂園賜食，初九日陛辭，並於是日賜遊萬壽山，十一日在太和門頒賞，再赴禮部筵宴，十三日遣行。其行禮日期、儀節，我大臣俱已告知爾使臣矣。初七日瞻覲之期，爾使臣已至宮門，朕將御殿，爾正使忽稱急病，不能動履。朕以正使猝病，事或有之，因止令副使入見，乃副使二人亦同稱患病，其爲無禮，莫此之甚」朕不加深責，卽日遣令歸國。爾使臣既未瞻覲，則爾國王表文亦不便進呈，仍由爾使臣齎回。但念爾國王數萬里外奉表納賮，爾使臣不敬恭將事，代達悃忱，乃爾使臣之咎。爾國王恭順之

———————————————
① 羅爾美都，原脱都字，據前文補。

心，朕實鑒之，特將貢物內地理圖、畫像、山水人像收納，嘉爾誠心，即同全收，並賜爾國王白玉如意一柄、翡翠玉朝珠一盤、大荷包二對、小荷包八個，以示懷柔。至爾距中華過遠，遣使遠涉良非易事，且來使於中國禮儀不能諳習，重勞唇舌，非所樂聞，天朝不寶遠物，凡爾國奇巧之器，亦不視爲珍異，爾國王其輯和爾人民，慎固爾疆土，無閒遠邇，朕實嘉之，嗣後無庸遣使遠來，徒煩跋涉，但能傾心效順，不必歲時來朝，始稱向化也。俾爾永遵，故茲敕諭。"

又諭："此次英吉利國進貢使臣至天津海口登岸，特命蘇楞額、廣惠傳旨賜宴，令其謝宴行三跪九叩禮，如合式，即日帶京，如不諳禮儀，具奏候旨，其原船勿令駕駛，仍由原路回津，泛海回國。蘇楞額、廣惠故違旨意，徑行帶來，又縱令原船私去，伊二人之咎在此。因事已不妥，又命和世泰、穆克登額迎赴通州演禮，以七月初六爲限，限內如儀，再行帶來，滿限尚未如儀，即行參奏候旨。和世泰、穆克登額於初五日含混具奏，初六日徑行帶來。朕於未初二刻御勤政殿，召見伊二人，先詢以演禮之事，伊二人免冠磕頭，云並未演禮，及至再問以'既未演禮，何不參奏？'和世泰云：'明日進見，必能如儀。'此一節伊二人之咎已同前二人矣。至初七日早膳後，卯正二刻，朕傳旨升殿，召見來使，和世泰初次奏稱：'不能快走，俟至門時再請。'二次奏稱：'正使病泄，少緩片刻。'三次奏稱：'正使病倒，不能進見。'即諭以'正使回寓賞醫調治，令副使進見'，四次奏稱：'副使俱病，俟正使全愈後，一同進見。'中國爲天下共主，豈有如此侮慢倨傲甘心忍受之理？是以降旨逐其使臣回國，不治重罪，仍命廣惠護送

170

至廣東下船。近日召見廷臣，始知來使由通州直至朝房，行走一夜，來使云：'進見朝服在後，尚未趲到，便服焉能瞻謁大皇帝？'此等情節，和世泰見面時何不陳奏？即或遺忘，或晚間補奏，或次日一早具奏俱可，直至將次升殿，總未奏明情節。伊二人之罪，重於蘇楞額矣。若豫先奏明，必改期召見，成禮而返，不料庸臣誤事至此！朕實無顏下對臣工，惟躬自引咎耳。四人之罪，俟部議上時再行處分，先將此旨通諭中外及蒙古王公等知之。"

尋議上，得旨："蘇楞額革去工部尚書、鑲紅旗漢軍都統，加恩以三品頂戴降補工部左侍郎，仍留總管內務府大臣；廣惠降內務府八品筆帖式；和世泰革去理藩院尚書、鑲白旗漢軍都統，仍留公爵、總管內務府大臣；穆克登額革去禮部尚書、鑲黃旗漢軍都統，降補鑲黃旗漢軍副都統。"

冬十二月，英吉利貢使回國。

先是，英吉利貢使返粵，總督蔣攸銛亦宴賚如常，仍免其歸舟茶稅，遵將辦理一切奏聞。奉上諭："英吉利國貢使不能行謝宴禮儀，乾隆五十八年到粵時並未給與筵宴，此次自無庸強令入宴行禮。該督等所奏頒賞使臣筵席三桌，仍賞給牛羊等物，所辦甚是。至另片所請再行頒發諭旨，宣明該貢使等失禮之咎，令該國王自行查辦，殊可不必。前該督所奏刊刷告示，發給該國來粵貿易各船，朕即諭以'六合之外，存而不論'，降旨飭令①停止。該督尚未接到，復為此奏。總之，此事蘇楞額一誤於前，和世泰再誤於後，朕權衡裁度，恩威並濟，厚往薄來，辦理已為允協，此後勿庸多煩詞

---

① 令，原作定，二十二年本作令，據改。

171

説。該貢使如此狡詐，即頒發諭旨，伊歸國後亦豈不能隱匿，捏造虛詞以自文其過？竟當置之不論，較爲得體。俟該貢使到粤，該督於接見時，當堂堂正正，諭以①：‘此次爾等奉國王之命來天朝納貢，不能成禮，即屬爾等之咎。仰荷大皇帝深仁大度，不加譴罰，仍賞收爾國王貢物，頒賞珍品，此乃天高地厚之恩，爾等回國，不可不知感激。至爾國向在粤東貿易，即係爾國一定口岸，倘將來再有進貢之事，總須在粤東收泊，候督撫具奏，請旨遵辦，毋得徑往天津。即駛至彼處，該官吏亦必遵旨駁回，爾等豈非跋涉徒勞？’如此明白宣諭，伊等自當畏威懷德，不必與之辯論曲直也。朕又思，英吉利國於乾隆五十八年入貢時，懇請在浙江寧波貿易，此次該國貢船來往經過浙洋，並未寄椗，其意似專欲來天津貿易，以遂其壟斷之謀。該督總當設法將伊國來津之意嚴行杜絕，使之不萌此念，即來亦不能徑達，方爲妥善。至波臣等五人，既均係夷商，見在仍准該國貿易，自不必全行驅逐，致啟其疑，即聽從其便可也。”

是月，英吉利貢使回國。瀕行，攸銛等復宴於海幢寺，曉之曰：“大皇帝不寶異物，後可勿勞貢獻。如必欲入貢，廣東爲爾國貿易之所，貢舟應收泊廣東，毋徑赴天津，致令駁回。”使臣唯唯。攸銛復曰：“爾國通市廣州，於今百年，凡爾之俸餉經費，一惟於市，取辦市之資，每歲以數千萬計，其利溥矣！中國之裨益於爾尤大矣！繼今以往，宜効順，毋自誤。”使臣應聲曰：“凡市，中國與本國兩利，毋徒爲我計也。”

---

① 以字原缺，據抄本補。

於是，天津增設水師，置總兵官一。未幾，又省之。

丁丑　嘉慶二十二年（公元一八一七年）

春三月，雲南徼①外逆夷高羅衣伏誅。

時臨安邊外逆匪高羅衣滋事，雲貴總督伯麟以勦撫事具聞，得旨："逆夷高羅衣膽敢自稱窩泥王，並將附從漢奸等偽封官職，裹脅至萬餘人，搶據江外土司地方，復率衆搶渡，窺伺地方，實屬罪大惡極。事關邊境軍情，伯麟此摺僅由三百里具奏，殊屬不曉事體。嗣後奏報皆當由五百里馳遞，俟辦理完竣，卽由六百里馳奏。見在偽封軍師之漢奸章喜業經禽獲，訊明該逆等犯事緣由，伯麟、雙林等已派調本省官兵及廣南土練定期進勦，此事務須一鼓撲滅，不可因循疲玩。如見調兵力尚有不敷，貴州官兵素稱矯捷，該督卽行添調，或一千名，或五百名，迅速來滇，選派曾經出師、打仗奮勇將弁帶領，迅卽進勦。此時賊衆初集，兵貴神速，趁此煙瘴未起之時，立卽禽渠掃穴，不可靳惜小費，遷延時日。若辦理遲緩，一至暑熱瘴生，官兵卽須撤退，使賊得以乘眼裹脅，秋冬再舉，則勞費更重。伯麟等務勉力辦理，將首逆高羅衣及逆俉高借沙等尅期禽獲，凌遲處死，其餘烏合之衆，自必卽時瓦解。其章喜一犯，暫行牢固監禁，俟首逆就禽，質訊明確，一并凌遲，以伸國法而靖人心。"

未幾，悉數禽獲，誅之。上又諭云："首犯高羅衣，以江外夷民，膽敢謀逆滋事，據該犯供稱：'因江西、湖廣等處漢人在夷地貿易取利，甚爲刻苦，遂借驅逐漢人爲名，聚衆謀

---

① 徼，原作繳，應爲徼之誤，故改。

逆'等語。夷民愚蠢無知，多因內地民人私往夷地，或潛相
煽惑，或激生事端，釀成大案，致勞兵力，戕害生靈。此案拿
獲之偽軍師<u>章喜</u>一犯，卽係<u>漢奸</u>。見將首從各逆悉數殲獲，
邊境敉寧，正當趁此出示曉諭，嚴飭沿邊各州縣，凡內地民
人，不准私往夷地貿易，侵奪夷人生計，若有私越邊境者，查
明嚴禁治罪，務令弭患未形，勿再滋生邊隙爲要！"

己卯① <u>嘉慶</u>二十四年(公元一八一九年)

冬十二月，禁<u>厦門</u>洋船運茶。

時，<u>董教增</u>奏<u>閩省厦門</u>洋船請仍販②運茶葉，上諭軍機
大臣等："所奏甚屬非是。前<u>閩浙</u>等省販<u>粵</u>茶葉，多由海道
運往，經<u>蔣攸銛</u>以洋面遼闊、漫無稽查，恐有違禁夾帶等弊，
奏請仍照舊例，改由內河行走，業經明降諭旨，通行飭禁。自
諭禁之後，洋面日見肅清，海口無從偷漏，卽黠夷如<u>英吉利</u>，
不能串通奸商私用售買，亦皆遵奉禁令，虔受約束，爲法甚
善，必應永遠遵行。今<u>董教增</u>忽請准<u>厦門</u>洋船仍販運茶葉，
則與由海販<u>粵</u>何異？明係受奸商慫恿，冒昧陳請。<u>董教增</u>
著傳旨申飭，所奏不准行。"

---

① 己卯，原作己亥，誤，<u>嘉慶</u>二十四年干支應爲己卯，故改。

② 販，原作返，據抄本改，下同。

卷 八

辛巳　道光元年（公元一八二一年）

申鴉片煙禁。

　　　　初，禁鴉片時已裁稅額，禁雖嚴，而私銷益廣，價亦日增，鴉片蠆船泊於<u>澳門</u>者，繼仍移入<u>黃埔</u>，皆於貨物中夾帶私售。至是查出，奉旨重申前禁，凡洋艘至<u>粵</u>，先由行商出具所進<u>黃埔</u>貨船並無鴉片甘結，方准開艙驗貨，其行**商容隱**，經事後查出者，加等治罪。

壬午　道光二年（公元一八二二年）

以<u>阮元</u>爲兩廣總督。

　　　　時，鴉片蠆船又改泊<u>急水門</u>、<u>金星門</u>等處，勾①結內地奸民往來傳送，包買則有窩口，說合則有行商，賄通則有關卡衙門一切規禮，攬運則有快艇護送，甚至礮械拒捕。於是蠆船歲來<u>粵</u>漸增至萬箱，洋商易貨無多，輒載銀出洋。<u>元</u>憂之，乃疏禁鴉片，以嚴馭洋商爲務，遇事裁抑之。有洋船在<u>黃埔</u>殺人，<u>元</u>必得犯人乃已。洋商不能庇，犯人自刎死。又有擊殺民婦者，亦絞決抵罪。洋人憚之。然<u>元</u>當日又有'**暫事羈縻，徐圖驅逐**'之密奏，後乃日卽因循矣。

丙戌　道光六年（公元一八二六年）

---

　　① 勾，原作鈎，據抄本改。

秋八月，回孽張格爾寇回疆，陷西四城。詔授大學士長齡揚威將軍，討之。

　　初，回酋大、小和卓木以叛爲巴達克山禽殪獻馘，布拉敦（亦名博羅尼都）長子阿布都里旋亦俘入，次子薩木克留匿浩罕，有三子，次張格爾，以誦經祈福傳食諸部落，奸回假以歛財惑衆。嘉慶末，喀什噶爾參贊大臣斌静荒淫失回衆心，張格爾始糾布魯特數百寇邊。官軍敗之，禽斬幾盡，張格爾棄騎逃出塞，官軍亦返。上褫逮斌静，代以永芹。

　　嗣是，逆回屢寇掠内地，回多爲其耳目，往捕輒遁。領隊大臣以兵二百出塞，捫之不獲，則縱殺游牧之布魯特妻子百餘。其酋汰列克[1]憤甚，率所部追覆官軍於山谷。詔以伊犂將軍慶祥代永芹。奸回阿布都拉陰通賊，堅稱逆裔無子，慶祥信之，不爲備。

　　是夏六月，張格爾糾布魯特、安集延五百人由開齊山路突至回城，拜其先和卓之墓（地去喀什城八十里）。協辦大臣舒爾哈善、領隊大臣烏凌阿率兵千往勦，殺賊四百，圍大瑪雜。賊突圍出，各回應之，旬日萬計。慶祥盡調營卡兵還，令烏凌阿、穆克登布將之，迎戰渾河，先後没於陣。賊遂圍喀什噶爾。

　　張格爾懼我援兵速至，求助於浩罕，許以喀城玉帛子女。浩罕酋將萬人至，張格爾尋悔，酋怒，卽自以所部攻城。不下，率兵宵遁。張格爾遣兵追覆其衆，降者三千，勢益張。

　　是月，喀城陷。英吉沙爾、葉爾羌、和闐相繼陷。伊犂

_____

① 汰列克，原作汰克列，應是汰列克之誤，據魏源《聖武記》卷四"道光重定回疆記"改。

將軍長齡奏："逆酋已據巢穴，全局轟動，斷非伊犁、烏魯木齊援兵六千所能克復，惟有速發大兵四萬，以萬五千護糧，二萬五千進戰。"詔授長齡揚威將軍，山東巡撫武隆阿、陝甘總督楊遇春均參贊，會兵阿克蘇，特頒密諭十條，指授方略。而賊陷各城後，進至渾巴什河（距阿克蘇四十里）。時援兵自庫車、哈拉沙至者，擊敗其渡河之賊。賊退走南岸，我兵亦渡河，再敗賊，禽斬千百。賊遂不敢窺河北，東四城始無虞。

丁亥　道光七年（公元一八二七年）

廣東巡撫朱桂楨毀英商公局。

初，粵城外民居失火，多斥為平壤，英商欲廣其公局，以次侵占，拓地數里，地當渡口，居民欲返故地不得，控於總督。李鴻賓置不理，粵人謂其受賄，乃乘其入覲，控於巡撫朱桂楨。桂楨素有威望，洋商憚之，受控立置通事於獄。洋行懼誤開艙，事免究，乃親督拆①毀之。

春三月，大軍克復回疆西四城，逆回張格爾敗竄浩罕。

賊陷各城，盡戕兵民，雖黑帽回亦以非其支派，縱白帽回虐之。阿克蘇阿奇木伊薩克等潛遣人赴和闐，結黑回各伯克，縛偽帥獻城。會冬封山，兵阻，城復陷。

二月六日，大軍發阿克蘇。深入半月，未見賊已糧盡，日食瘦駝羸馬。賊忽決河阻我軍，戈壁中轉得水，以飲士馬。進至洋阿巴特，賊二萬據橫岡，我兵分路奪岡，賊敗潰，禽斬其半，盡得糗糧、牲畜以濟師，乘勝至沙布都爾回城，破賊數

---

① 拆，原作折，據二十二年本改。

177

萬,殲其渠。復進至阿瓦巴特回城,賊依岡背河,我軍以勁騎各五百分探間道,繞賊後,晨壓賊壘而軍,步兵居中,騎兵張左右翼進。賊佯退,欲誘我登岡而反乘之。我軍槍礮進逼,藤牌兵虎衣虎帽躍入陣,賊馬驚亂,而我千騎已突擊其背。賊大潰,禽斬各半,殲安集延二渠。

追至渾河北,賊悉衆十餘萬背城阻河而陣,築壘列銃,勢張甚。我軍先遣死士夜擾,終夜譁囂。會大風起,撼木揚沙,大霧晦,楊遇春曰:"天贊我也!"霧晦中,賊不辨我多少,又不虞我卽渡,且客兵利速戰、難持久,乃遣千騎繞下游牽賊勢,遇春自率親兵驟渡上游,前鋒扛礮轟之,聲勢與風沙相并,賊驚擾。比曉,我兵盡渡,乘勢衝入,賊土崩,遂復喀什噶爾。張格爾已先期遁浩罕,獲其甥侄及安集延夷帥推立汗、薩木汗,并從逆伯克,先後殺賊無算,生禽四千。遇春及提督楊芳遂分途復英吉沙爾、葉爾羌、和闐。

上以出師期殄元惡,乃臨巢兔脫,棄前功,留後患,長齡等皆受譴,仍勒限捕賊。

冬十二月,參贊大臣楊芳追禽張格爾於喀爾鐵蓋山。

張格爾初以厚利啗安集延入寇,及四城破,安集延搜括回戶,張格爾又濫誅殺,失回衆心,及逃至浩罕不受,傳食諸部落亦漸不能供。時中國馳諭諸部,禽獻者爵郡王,賊愈遠颺。長齡令楊遇春、楊芳出塞拚捕。遇春屯色勒庫,芳屯阿賴(阿賴,葱嶺之脊,脊以西水皆西流,爲喀城赴浩罕之路)。絕徼餉道愈艱,而芳遇浩罕伏賊,鏖戰一晝夜,始嚴陣出險。

上責諸將孤軍突入,老師糜餉,命留兵八千防喀城,餘九千令隨遇春入關,以芳代參贊。又將軍等曾密奉手諭,以

178

'事平後,可否倣土司分封之例'令籌議。長齡言:"愚回崇信和卓,猶西番之信達賴,已成錮習,卽張逆就禽,尚有子姪在浩罕,終留後患,勢難以八千留防之兵,制百萬犬羊之衆。若分封伯克,如伊薩克等效順,均非白回所心服。惟有赦回酋博羅尼都之子阿布都里,乾隆時羈在京師者,令歸總轄四城,庶可服内夷、制外患。"武隆阿奏善後,亦言:"留兵少①則不敷戰守,兵多則難繼度支,不若以兵餉歸并東四城,無需更守西四城漏卮。"上均責斥之,命直隸總督那彥成以欽差大臣赴回疆,代長齡籌善後。

　　是月,長齡等密遣黑回出卡,揚言大兵全撤,喀城空虛,諸回翹首以望和卓木。張格爾果復率步騎五百,欲乘官軍歲除不備入卡,煽衆圖襲喀城,仍由開齊山入阿木古回城。黑回要拒,賊知有變,卽折奔出卡。芳率兵三路追至喀爾鐵蓋山,擊斬幾盡。張格爾棄騎登山,見勢逼,欲自刎,副將胡超等督兵奪刀,生禽之。

　　捷聞,詔封長齡二等威勇公, 楊芳三等果勇侯,阿克蘇貝子伊薩克②晉郡王,餘賞賚有差,郊勞受俘如舊典。

戊子　道光八年(公元一八二八年)

春正月,英大班部樓頓遁回。

　　初,洋船到口,大班等恭請紅牌來省館,詰朝穿大服、佩刀劍,詣各洋行,行商或先辭以事不見,俟再來然後往答,一惟行商言是聽。自來船益多,銷茶益盛,行商爭仰厚潤於洋船,將到行商卽出遠迎。又常踞十三行之英酋能通漢字漢

---

①　少字原缺,據魏源《聖武記》卷四《道光重定回疆記》補。
②　伊薩克,原作伊克薩,據前文改。

語,常矜其出入口稅餉歲幾百萬,而澳番貨稀稅少,翻得坐享澳門市易租賃之利,每欲效之,遇新來商船,多方煽勵。嗣因粵撫拆毀圍牆柵欄,商船皆泊零丁洋,不入口開艙,以八事入稟要挾。又糾各國人附勢,惟米利堅不從,謂:"我國有船至汝英國貿易,必遵英國制度。今來中國圖覓利耳,如無利卽請汝亦不來,何喋喋也?"向例洋船到卽開艙交易,事畢止一、二月,及寄碇外洋既久,貨物霉蒸,食用亦絀,大班部樓頓見難了事,至是潛附舟遁歸。而行商以貿易久擱,行用無出,齊至澳解勸。適有火輪船自孟加拉來者,令其作速開艙,毋誤貿易,事遂寢。

粵洋行司事謝治安以罪下獄。

先是,洋商在粵通市,定制不得攜家屬。自大班公司既設,出入自便,是秋遂有大班挈一洋婦來粵城。時東裕洋行司事謝治安為置肩輿出入,久之侈然自大,翻不許行中人乘轎入館。大吏聞之,立拿究,治安死獄中。大班輒架大礮洋館外,設兵自衛,大吏恐激變,乃遣通事諭令撤兵礮,速遣洋婦回國。於是洋行具稟,託以大班患病,需人乳為引,請俟稍愈遣之。

辛卯　道光十一年(公元一八三一年)
冬十月,浩罕求復通貢市,許之。

初,張格爾就禽,逆妻及子布素普(時年六歲)尚留浩罕(一云張逆子有布作、魯克二人,皆在浩罕),又助逆之阿坦台、汰列克未獲,長齡、那彥成并檄諭浩罕縛獻逆屬。浩罕遣使來賀,言被虜兵民可獻出,惟回經無縛獻和卓子孫之

180

例。那彥成屢遣間購之，并招諭布噶爾、巴達克山、達爾瓦斯諸部使與浩罕攜貳。上以幺麼無關邊患，敕防兵嚴守卡倫，禁其貿易以困之，不必貪功生釁。那彥成遂先後奏安內制外數十事，悉允行，因嚴禁大黃、茶葉出卡，而盡驅內地夷商。

諸夷被逐出卡，并沒其資，咸憤怨，聞大軍已班，遂奉張逆兄玉素普爲和卓木，糾布魯特、安集延將入寇。回郡王伊薩克密報賊警，喀什噶爾參贊大臣札隆阿不信，及十年八月，警至，始遣兵禦之，敗績，卡外賊遂猖獗。

詔參贊大臣哈朗阿、楊芳赴阿克蘇調兵進剿。而賊已圍喀城及英吉沙爾，又分寇葉爾羌。辦事大臣璧昌率漢回兵屢却之，札隆阿亦三敗賊衆。而伊犁參贊大臣容安將援兵抵阿克蘇，不卽進敗賊，復葉爾羌，而喀、英二城圍久不解。

上逮容安，以哈豐阿領其兵，進破其中途之賊。比至英吉沙爾，賊已罄掠回城，皆解圍出塞。伊薩克先以疑謗黜，還舊職。葉城阿布都滿以助守功，仍襲其祖霍吉斯郡王封。

時浩罕聞大兵將三路出討，亦築邊牆，又遣使求貢俄羅斯乞援，俄人不受。浩罕乃遣頭目赴喀城，訴前事，請通貢市。欽差大臣長齡以聞，命悉如所請。浩罕大喜，遣使來，抱經盟誓，納貢通商，而以兵巡俄羅斯界，張聲勢。然浩罕於二十二年竟爲布噶爾所破滅，虜其王子、伯克，遣使來告捷，立浩罕酋之弟爲布噶爾附庸。

癸巳　道光十三年(公元一八三三年)

英商公司罷。

西洋市廣東者十餘國，皆散商，惟英吉利有公司。公司者，數十商集資營運，贏則計本均分，凡通商他國之始，造船礮、修河渠、占埠頭、築廬舍，費輒巨萬，故惟衆力易擧，不足則國王亦貸以資本，資其轉運，故貿易一出於公司。其局初立於印度，繼立於粵東，及通市日久，壟斷他商，揮霍公帑，費愈重，利愈微。又初設公司，限三十年，及限滿，而公司欲專其利，不肯散局，以助本國兵餉爲詞，請再展三十年，而開支仍多浮冒，且於運回之貨居奇踊貴，百物滯銷。國人皆不服，屢控國王，請廢公司，爲散商各自貿遷，類爲大班等所持，故公司與散商交惡。

初，公司資本銀三千萬圓，主事二十四，商首領二人，司機密，每商捐銀二千五百圓贍之。道光十年，本國計入公帑銀萬有五百萬圓，公費出九千萬圓，公欠項千五百萬圓，公司貿易已無利。十二年，計資貨自本國及印度運出者，估價三千萬圓，而所售回僅千六百萬圓，公司乃遠遜散商。國主慮其黨與日多，駸不可制，是年遂散公司局，盡收帑本，聽商自運而第征其稅。

甲午　道光十四年（公元一八三四年）
盧坤復請設英公司。

初，廣東英公司未散時，各大班恃其勢大金多，每抗衡中國官吏。至是，公司散，勢本渙而易制，時盧坤新任粵督誤聽洋商言，以英公司雖散，而粵中不可無理洋務之人，遂奏請飭令洋商寄信回國，仍援前例，派公司大班來粵管理貿易。英國王遂遣領事律勞卑(一作勞律)以是秋由澳來粵。大吏以未經通報闖入省河，疑非其國王所遣，乃派員押回澳門。

丙申　道光十六年(公元一八三六年)

英人遣義律來粵。

律勞卑既逐，英國王繼遣義律來粵，議在粵設審判衙門，專理各洋交涉訟事，其貿易仍聽散商自理。然其時各洋資本首推英商，而義律是冬攜妻子來粵，名雖爲約束商人、水手，不管貿易，實則總攝其事，洋行尤謹事之，在粵諸番咸仰其鼻息，不敢異同。

定食鴉片煙罪。

時鴉片煙禁循名不核實，徒資奸蠹，是歲已銷至三萬餘箱。太常寺卿許乃濟上言：“近日鴉片禁愈嚴，而食者愈多，幾遍天下。蓋法令者，胥役棍徒之所藉以爲利，法愈峻則胥役之賄賂愈豐，棍徒之計謀愈巧。臣愚以爲，匪徒之畏法，不如其鶩利，且逞其鬼蜮伎倆，則法令亦有時而窮。究之食鴉片者，率皆浮惰無志、不足輕重之輩，亦有愈者艾而食之者，不盡促人壽命，海內生齒日繁，斷無減耗户口之虞，而歲竭中國之脂膏，則不可不早爲之計。閉關不可，徒法不行，計惟仍用舊制，照藥材納稅，但祇准以貨易貨，不得用銀錢購買，應將紋銀、番洋一體嚴禁偷漏。又，官員、士子、兵丁不得漫無區別，犯者請立加斥革，免其罪名，該管上司及統轄各官有知而故縱者，仍分別查議。似此變通辦理，庶足以杜漏巵而裕國計。”有旨交議。而一時議者，謂其有傷政體，於是内閣學士朱嶟、給事中許球封章迭上，并陳澳門近日情形，請嚴治漢奸。

奉上諭："鴉片煙來自外洋，流毒内地，例禁綦嚴，近日言者不一，或請量爲變通，或請仍嚴例禁，必須體察情形，通盤籌畫，行之久遠無弊，方爲妥善。著鄧廷楨等將摺内所奏，如販賣之奸民、説合之行商、包買之窯口、護送之蟹艇、賄縱之兵丁，嚴密查拿各情節，悉心妥議，力塞弊源，據實具奏。至許球另片所稱澳夷情形，是否實有其事，著一并議奏。"

是時，鴉片弛禁之議已絀，疆臣奏覆悉請嚴定販賣吸食罪名，凡吸煙販煙，例禁始而枷杖、繼而流徒者，至是請皆以死論。

丁酉　道光十七年（公元一八三七年）
廣東復設水師巡緝船。

先是，鴉片躉船由澳門移入黃埔，道光初嚴旨查禁，乃復移至零丁洋（在老萬山内，其地水路四達）。洋貨艘至，先以鴉片寄躉船，而後以貨入口，閩、浙、江蘇商船皆在洋販運，粤則在口内議價後，潛從口外運入。六年，總督李鴻賓專設水師巡緝船，而巡船受私規銀，日且逾萬，私放入口，其年突增至躉船二十五艘、煙土二萬箱。十二年，盧坤督粤，因裁撤之，而奸商私販日充斥。至是，總督鄧廷楨復設巡船。而巡船仍沿舊規，且與之約，每萬箱另餽數百箱與水師報功，甚至師船代運進口，副將韓肇慶以此獲功，擢總兵，賞孔雀翎，而鴉片遂歲至五六萬箱矣。

戊戌　道光十八年（公元一八三八年）

夏四月，鴻臚寺卿黃爵滋奏禁食鴉片行保甲連坐法。

　　鴻臚寺卿黃爵滋奏請將鴉片從嚴懲辦，以塞漏卮，意在嚴吸食之罪名，定保甲之連坐。其略云："近年銀價昂而錢價賤，每紋銀一兩，易制錢千，今則兌一千六百有奇，耗銀於內地，實由粵中洋船鴉片煙盛行，漏銀於外洋也。蓋自鴉片流入中國，道光三年以前每歲漏銀數百萬兩。其初不過紈袴子弟習爲浮靡，嗣後上自官府搢紳，下至工商優隸，以及婦女、僧尼、道士，隨在吸食，粵省奸商勾通兵弁，用扒龍、快蟹等船運銀出洋，運煙入口。故自道光三年至十一年，歲漏銀一千七八百萬兩，十一年至十四年，歲漏銀二千餘萬兩，十四年至今，漸漏至三千萬兩之多。福建、浙江、山東、天津各海口，合之亦數千萬兩。以中土有用之財，填海外無窮之壑，易此害人之物，漸成病國之憂，日復一日，臣不知伊于胡底？查鴉片煙製自英吉利，嚴禁本國人勿食，專以誘他國之人，使其軟弱。既以此取葛留巴，又欲誘安南，爲安南嚴禁始絕。今則蔓延中國，槁人形骸，蠱人心志，喪人身家，實生民未有之大患，其禍烈於洪水猛獸，非雷厲風行，不足以振聾發聵①。請仿《周官》重典之法，治以死罪。"

　　又云："耗銀之多，由於販煙之盛；販煙之盛，由於食煙之衆。無吸食自無興販，則外夷之煙自不來矣。今欲加重罪名，必先重治吸食。"

　　又云："伏請飭諭各督撫，嚴飭府州縣清查保甲，預先曉

---

　　① 聵，原作瞶，應爲聵之誤，故改。

諭居民，定於一年後取具五家互結，仍有犯者，准令舉發，給予優獎，倘有容隱，一經查出，本犯照新例處死外，互結之人照例治罪。通都大邑，往來客商責成鋪店，如有容留食煙之人，照窩藏匪類治罪。現任文武大小各官，如逾限吸食者，照常人加等，子孫不准考試。官親、幕友、家丁，除本犯治罪外，本管官嚴加議處。各省滿、漢營兵，照地方官保甲辦理，管轄失察之人，照地方官辦理。庶軍民一體，上下肅清，漏卮可塞，銀價不致再昂，然後講求理財之方，誠天下萬世臣民之福。"

疏上，詔內廷諸臣及各省將軍、督撫會議速奏。時**湖廣總督林則徐**奏最剴切，言："鴉片不禁絶，則國日貧，民日弱，十餘年後，豈惟無可籌之餉，抑且無可用之兵。"上謂深識遠**慮**之言，遂詔來京，面授方略，以兵部尚書頒欽差大臣關防，**赴粵東查辦。**

己亥　道光十九年（公元一八三九年）
春正月，欽差大臣林則徐至廣東查禁鴉片煙。

林則徐是月馳驛抵**粵**，與兩廣總督**鄧廷楨**申嚴煙禁，**頒**新律，以一年又六月爲限，吸煙罪絞，販煙罪斬。

時嚴拿煙犯，洋人不敢庇匿，於是鴉片躉船悉寄碇**零丁洋**，凡二十二艘。聞欽差至，將徙避。**則徐**欲窮治其事，咨會水師提鎮，飭各營分路扼守，傳令在洋躉船，先將鴉片悉數繳銷，方准開艙。又傳集十三洋行商人**伍怡和**等，令傳諭各洋公司商人，估較煙土存儲實數，令卽稟覆，并索歷年販煙奸商**查頓、顛地**二人。**查頓**聞風遁去。**義律**先知其事，託

186

回澳門住冬不至。各洋商觀望，遷延不覆。

及事亟，義律始來省，入洋館中，如弗聞。適顛地乘間逃脫，則徐遂以兵役監守洋館，而於省河琶洲、獵得二礮臺設橫筏，以斷其小舟往來，移咨海關監督，封閉各洋泊黃埔船貨物，停其貿易，撤其沙文，而羈禁之（凡漢人受雇洋館、充其買辦者，曰沙文）。

洋人供應既窘，消息不通，躉船之在洋面者，亦以兵役防守、斷其水陸接濟，餉道垂絕。義律懼，始謀於各商，通查躉船所存煙土，實數呈出，凡二萬二百八十三箱。餙卽駛赴虎門，候收繳。

夏四月，欽差大臣林則徐毀鴉片煙土。

先是，則徐會同鄧廷楨赴虎門，咨會提鎮統各營兵船分布口門內外，海關監督駐稅口稽查，於是泊零丁洋之躉船二十二艘，先後駛至虎門，繳出煙箱，如數收畢，每箱償茶葉五斤。復傳集外洋各商，令其具結“永不售賣煙土，事後犯者，人卽正法，貨船入官”。

據奏奉旨：“所繳鴉片煙土，餙卽在虎門外銷毀完案，無庸解送來京，俾沿海居民及在粵夷人共見共聞，咸知震懾。該大臣等唯當仰體朕意，核實稽查，毋致稍滋弊混。”則徐遂會同督撫提鎮，率員弁悉集虎門，監視銷毀，將煙土就海灘高處樹柵開池，浸以鹽滷，投以石灰，頃刻湯沸自焚，啟關隨潮入海。是時，中外屏懾，遂下令盡逐外洋躉船與澳門奸匪。

躉船一朝失利，遂生觖望，義律恥見挫辱，遂以此鼓動

187

國人,教唆國主。英吉利國王謀於上、下議院,僉①以‘此項貿易本干中國例禁,其曲在我’。遂有律士丹衙門遞稟求禁,並請禁印度人栽種波畢。又有地爾洼者,在倫敦(英國都)作《鴉片罪過論》,以爲既壞中國風俗,又使中國猜忌英人,反礙通商之局。英王聞而是之。然自燒煙之信傳入外洋,茶絲日見翔踊,銀鋪利息長至六分,義律遂以爲鴉片興衰實於國計民生兩有關係,國王惑焉。則徐因兩次照會該國王,始則懾之以威,繼則懷之以德,詞義嚴正。

秋七月,廣東水師參將賴恩爵敗英人於九龍山。

時,林則徐諭令各洋船先停洋面候查,丈量船身入水漬痕尺寸,必無夾帶鴉片斤兩者,方准入口開艙。各國商俱唯唯如命,英義律獨違抗不肯具結,謂必俟其國王命定章程,方許貨船入口,而遞稟請准其國貨船泊近澳門,不入黃埔。則徐嚴駁不許,又禁絕薪蔬食物入澳。義律率妻子及被逐奸商,與住澳之五十餘家,同遷去澳,寄居尖沙嘴貨船。

義律甚慚憾,乃潛招其國兵船二,又取貨船配以礮械,假索食突攻九龍山。參將賴恩爵揮兵發礮,沉其雙桅船一。其所雇蜑船逗留漢仔者,亦旋爲水師攻毀。

義律懼,求澳門洋人轉圜,願遵新例,惟不肯卽交毆斃村民之犯,又遞稟請毋逐尖沙嘴貨船,且俟其國王之命。水師提督關天培以兇犯未繳,擲還其稟,而義律益怨。

以林則徐爲兩廣總督。

冬十月,廣東水師提督關天培擊敗英人。英船遁出外

---

① 僉,原作簽,據抄本改。

洋。

時我師船五艘在洋巡歷，英船見我師紅旗，遂來攻。天
培發礮應之，斷其船頭鼻，又壞其桅樓。英兵多落海死，餘
遁還尖沙嘴。時英人又窺我官涌岡營，以小舟登岸來攻，亦
多爲我礮所斃。我師連勝，英船恐我師乘夜火攻，又毒水
泉，無可吸飲，義律乃宵遁出老萬山外洋。

十一月，罷英吉利互市。

先是，申嚴煙禁，大理寺卿曾望顔請封關禁海，盡停各
國貿易，林則徐力陳不可。及義律抗兵，旋奉上諭：“英吉利
夷人自議禁煙後，反復無常，若仍准其通商，殊屬不成事體。
至區區關稅，何足計較！我朝撫綏外國，恩澤極厚，英夷不
知感戴，反肆鴟張，我直彼曲，中外咸知，自外生成，尚何足
惜！其即將英吉利國貿易停止。”於是遂下封港之令，自廣
州、澳門大小河口，悉派師船封禁防範。

英貨船先後三十餘艘，皆不得入，其往來偵探之船，爲
我師船搜捕，人煙俱獲，一日數起，英商人人怨懟義律。義
律不得已，於是復遣人投棄乞恩，言今諸事擾亂，心多憂慮，
自後願照《大清律例》辦理，請仍許英夷回居澳門。則徐以
新奉諭旨，難驟更，復嚴斥，堅與之絕。而英貨船皆泊老萬
山外洋，不肯去，惟以厚利咭島濱亡命漁舟、蜑艇送致薪蔬，
且以鴉片與之市，故寄碇雖遙，而冒險趨之若鶩。

廣東增嚴海防。

林則徐自至粵時，即使人日探刺外洋情事，翻譯洋書，
購其新聞紙，具知洋人藐水師而畏海濱梟徒及漁船蜑户，乃

募壮丁五千人，給月餉銀六圓、贍家銀六圓，其費皆各商捐助，於虎門橫檔嶼設鐵鍊、木筏、暗樁，購各國洋礮二百餘，增列兩岸守之，而雇同安米船、紅單、拖風船六十備戰艦，以大舟二十、小舟百備襲攻。則徐親赴獅子洋校閲，并購舊洋船爲式，令兵勇日習躍登中艙、分攻首尾之法，務乘晦夜、據上風，爲萬全必勝計。其内河各口非有沙礁者，盡增防兵，守禦屹然。

庚子　道光二十年（公元一八四〇年）
春正月，廣東遊擊馬辰焚匪船於長沙灣。

林則徐既督粤，與水師提督關天培密籌，水師船未可遽出外洋，乃以所募漁船、疍艇配以弁兵，令遊擊馬辰率之，先分赴各洋島澳潛伏，約晦夜乘潮退往，潮漲還，出其不意，突攻之於長沙灣，焚運煙濟英匪船二十餘，并岸上篷寮，生禽奸民十餘，焚溺無數。英船倉皇開避。我兵乘潮急退，無一傷者。

夏五月，林則徐遣兵逐英人於磨刀洋。

時，英船、匪船泊磨刀外洋，林則徐遣師船往襲之以火，焚英杉板船二，斃英弁目數人。有英船帆桅著火，棄碇逃去，延燒大小匪船十餘，禽獲漢奸十餘。

時義律先回國請益兵，其文武多主戰，其商賈皆不欲，最後卜於羅占士神，三得戰鬮，國王遂命其外戚伯麥率兵船十餘及印度兵船二十餘來粤，遂以其先至之大小兵船十二、火輪三泊金星門。則徐以火艘十，每兩船綆以鐵索，乘風潮往攻，英船皆亟避去。又懸重賞，募斬獲英酋目以下等級有

190

差,獲兵艦者火藥礮械繳官,餘悉充賞,於是漢奸皆爲英人所疑忌,盡遣去。英人莫測內地虛實,不敢復駛進粵海口。

閩浙總督鄧廷楨敗英人於廈門。

英人見粵防嚴密,徘徊旬月無隙可乘,遂起碇乘風東北去。林則徐飛咨閩浙沿海各省嚴防。閩督鄧廷楨偵知英船將取道廈門,預募水勇在洋巡邏,時英船泊南澳島西北,水勇僞爲商船,乘夜駛近英艦,突以火罐噴筒攻其柁尾,殲英兵數十,焚其帆桅二艘。英人猶疑海盜,仍駛至廈門遞書,求通貿易,廷楨不答。英船來攻,廷楨調水師迎擊口門外不克,乘夜以師船收港。時水師提督陳階平已先期告病,因督兵備道劉耀春固守礮臺,囊沙疊垣自衛,敵礮不能透,遂轟破其兵艦一。英船屢却,遂復乘南風犯浙。

六月,英人寇定海,知縣姚懷祥、典史全福、總兵官張朝發死之。

定海縣卽舟山故地,四面皆海,無險可扼,英船自閩洋遁至,偵其無備,思據焉。初游奕洋面,守者以爲買舶,不設備。是月初四日,洋艘分二幫,一向西北駛(此卽義律赴天津之船,時未至定海也),一北入定海,火船、兵船大小二十六艘,輪煙蔽天。時總兵張朝發將親督水師出洋,令中軍遊擊羅建功護在營遊擊王萬年等分路堵剿。

翼日,突有洋艘二駛至道頭街,知縣姚懷祥偕建功登舟詰之,則手出文書,脅懷祥獻城。(時英統兵者,一統領水師伯麥,一統領陸路兵官布爾利。其文稱:"啟定海縣主,速將所屬海島堡臺一切投獻,惟聽半個時辰,卽行開礮轟擊"等語。)懷祥不答,退謀於朝發,請於道頭街扼守。朝發曰:"城非吾責,吾領水師知扼海口而已,不可縱之登岸。"時英船已連檣而進,建功等以外洋礮火利於水、不利於陸,請以水陸各兵半撤至近城之半路亭扼守,半撤入城登陴接應,朝發不可。

次日,朝發督水師出港口,有英杉板舟徑來投函(此即聲明粵東燒煙歸咎林、鄧,與所遞天津書略同),朝發不受,麾軍士開礮擊之,英舟乃逸。

初七日,英兵船並列口門內外,朝發統各營放礮相持,英人以飛礮自桅檣上注攻,其左右軍各營潰,兵士傷亡無數,船亦碎沉。朝發方親接戰,猝中礮傷左股,不能軍,親兵救之回鎮海而殞。於是英舟徑泊城下。

先是,朝發出港,懷祥與典史全福謀城守,令四門皆塞以土袋,語建功曰:"在外者主戰,戰雖敗不得入;在內者主守,守雖潰不得出。"蓋欲以致之死地交相屬也。及朝發敗,建功等託以城門重閉不得入,相繼回鎮。事亟,懷祥見城內無兵,預遣全福赴村堡募鄉勇數百,甫至即潰。懷祥獨坐南城上,英兵梯城入。懷祥奔赴北門,以印交僕送府,自投明魯王諸臣叢葬處梵宮池死之。全福持刀立獄門,有勸之去者,曰:"吾職在此,安敢逃?"及寇至,大罵不屈,被戕。

臣按:懷祥號履堂,福建侯官人,嘉慶戊寅舉人,道光乙未大挑補定海縣。是年五月蒞任,即修葺張太傅肯堂止水亭。初,太傅守翁州,築雪交亭於邸中,夾以一梅一梨,開花則兩頭相接,語人曰:"此吾止水也。"後大兵破翁州,公及四姬、一子婦、一女孫、諸僕婦暨參軍事之儀部蘇兆人等廿七

192

人，共殉於此。一時相繼殉難者吳稚山尚書並監國妃嬪，及大臣文武等數十人，皆葬於北門補陀之茶山，名曰同歸域，其下為成仁祠，祀殉難諸臣，即懷祥投水處也。懷祥殉難之前二日，集幕中諸人，語之曰：“守土之義，不可不死。君等寇至則去，盍早圖之？”乃各按館金遣去，揮淚而別。觀此，知懷祥非徒惓於友誼，即造次顛沛間亦從容不苟。出北門過成仁祠，曰：“此昔人殉難處，吾何憾？”遂投池死。昔太傅以雪交亭為止水，死志已決，今懷祥到任即首葺之，不踰月而難作，則是亭又懷祥止水之先識也。典史全福，字疇五，甘肅人，性剛直，幹事明決，卒與懷祥同殉。總兵張朝發，以七月五日歿於鎮海，當其受傷落水，遇救回鎮，豈有意逃死哉？撫臣謂其愎諫撤守，以致喪師失城，未免不樂與人為善，故士民憐之。海外彈丸之地，纍然為古戰場，越二百年劫運重逢，前有殉國之義旅，後有死職之三忠，舟山片壤，浩氣鍾焉，與弔湘哀郢，同千古矣！

以伊里布為欽差大臣，赴浙視師。

時伊里布任兩江總督，特旨命為欽差大臣，馳赴浙江視師勦賊。

秋七月，廣東禦英人，敗之。

定海既陷，英人分出之船復游奕於閩粵各洋，突攻關閘（在澳門後）。我守兵礮沉其數小舟，傷英兵數十。已而林則徐偵英帥士密兵船五在磨刀洋，遣副將陳連升、游擊馬辰率五艘勦之，每艘兵五百。馬辰一艘先至，即乘上風攻之，礮破英帥船頭鼻，遂欹側，英兵多溺。英帥窘甚，以小舟十

193

餘來圍，舟小礮低，我船外障木排，襯以糖包，無損，而英船乘間遁，獲其帥旗。

八月，英義律來天津要撫。

時大學士琦善任直隸總督，義律乃駛至天津，以其國巴里滿衙門照會中朝宰相書遣人詣大沽口上之，大略言粵東燒煙之釁起自林、鄧二人，因及索價不與，遭其訴逐，是以越境而來，遂入浙港之由，且多所求索：一索貨價；二索廣州、廈門、福州、定海、上海各港口爲市埠；三欲敵體平行；四索犒軍費；五不得以外洋販煙之船貽累岸商；六欲盡裁洋商浮費。義律又言，在浙時曾遞書總兵，不受，再遞書巡撫，亦不受，不得已始越天津呈訴。

琦善據奏，遂力持撫議。天津道陸建瀛謂："英船尚踞定海，逆情顯著，而託以請撫爲詞，是據邑以要我也，請以此時奪其舟船而羈繫其酋長，俾繳還定海，然後徐議之。"琦善不可。旋宴其酋目二十餘人，皆連蜷箕踞，有舞槍飛刀於座上者。琦善爲之動色，以溫言撫之，許以奏乞大皇帝格外恩施，並遣重臣詣粵東平反煙案，英酋大喜。

時火輪兵船先後至津者八艘，聲稱尚有兵船在後。義律見琦善假以辭色，因張大其國之富強及船礮之堅利，出入抗行，意得甚。及議定後，遂起碇去。

以琦善爲欽差大臣赴粵。

義律之在天津督院遞詞乞撫也，有"中堂若赴廣東，我們卽可永遠和好"之語，琦善深祕之。義律既去，遂請入都面陳撫事。中樞力贊之，遂頒欽差大臣關防，令琦善馳赴粵

194

東查辦。

烏爾恭額免。

時浙撫烏爾恭額以失守海疆自請嚴議，奉旨革職留任，續因英人赴津，追論其事，奉上諭："烏爾恭額當該夷前在浙江投遞稟帖，欲求轉奏，乃於接收時並不將原書呈奏，遽行擲還，以致該夷船駛往各處紛紛投訴，實屬昏憒，致誤機宜。烏爾恭額著伊里布委員解交刑部治罪。"烏爾恭額被逮入都，奉旨交大學士、軍機大臣同刑部會訊，供稱："當日夷人投遞書函，已在攻破定海之後，況書係固封，其中措詞是否得失，未便拆①閱，自念守土之官既失城池，罪名難逭，今未克復定海，即為呈奏原書，為罪更大，是以送還，謹於籌辦摺內將退還原書大略情形具奏，未經詳晰聲叙，係因彼時防守海口，安撫居民，日夜籌畫，精神昏憒，不知請旨定奪，自揣謬妄糊塗，辜負天恩，祇求從重治罪。"遂敕沿海督撫，遇夷船投書，即收受馳奏。

臣按：烏爾恭額在浙不能預防邊患，授之以瑕，咎無可諉，而其不受英人投遞之書，未為謬妄。琦善欲徇義律之請，遂謂其壅下情於上達，實則還書之舉，尚不外持之以正也。

託渾布代英義律奏事。

義律行過山東，巡撫託渾布具犒迎送，奏曰："義律、馬利遜等自天津回南，過山東內洋，接見時甚為恭順，聲稱伊等此來志在乞恩，今幸蒙大皇帝鑒察，欽差大臣赴粵東查辦，不勝欣感，不敢在途滋擾。詰以來船止五隻，餘船抵何

_____
① 拆，原作折，據文義應為拆，故改。

處？據稱：伊等初來曾糾約孟雅喇國兵船四十隻（孟雅喇即東印度之孟加喇）爲後援，嗣蒙恩旨，恐該國不知情由，誤行侵犯，故由天津起碇後，先撥船三隻由天津迅速回南，止其前進云。”

先是，琦善在上前多造膝語，廷臣皆未之聞，迨東省奏至，始知義律之來意，謂此行如蒙允准，卽回粵聽候查辦，否則糾約兵船在後，卽張紅旗圖滋擾，於是中外皆知琦善之志衰而氣餒矣。

罷兩廣總督林則徐。

初，定海告陷，上以邊釁之開，燒煙實啟之。時粵東奏報拿獲煙犯，奉硃批：“外而斷絕通商，並未斷絕，內而查獲奸犯，亦未能盡除，無非空言搪塞，不但終無實濟，反生出許多波瀾，思之曷勝憤懣！看汝何以對朕也？”林則徐遂具摺請罪，附片請戴罪赴浙圖剿，大意謂：該夷所憾在粵，而滋擾乃在浙，粵省無可乘之隙，故窮蹙而思他逞也。則徐旋罷，以怡良暫署總督事。

以江蘇巡撫裕謙署兩江總督。

時裕謙署兩江總督，見英寇披猖，深懷憤激，聞琦善粵東之行，不禁浩歎。適義律南歸，迂道過江蘇，裕謙懸重賞購之急，乃潛赴鎮海。

伊里布犒英師。

時英義律由天津來浙，乘肩輿入伊里布大營，衢州守備周光璧厲聲叱之，始步而入。伊里布方接琦善撫議咨會，與義律分庭抗禮，諸將皆莫敢言，並遣家丁張喜赴英船犒師，

196

往來不絕。

英水師統領伯麥踞定海數月,聞撫事定,聽洋艘四出游奕。至餘姚,有土人誘其五桅船入攔淺灘,獲黑、白番數十人,內番婦一人,裝飾甚盛,有傳爲外洋公主者。伊里布聞之,飛檄餘姚縣設供張,委員護送入粵。

冬十二月,英人陷沙角,副將陳連升及其子舉鵬、千總張清鶴死之。

琦善以十月抵廣州,尋授兩廣總督,至卽查義律繳煙印文,欲求林則徐罪不可得,則欲斬首劫英船之副將以謝英人,軍情憤怨。義律又請撤沿海諸防。虎門爲廣州水道咽喉,水師提督駐焉,其外大角、沙角二礮臺,燒煙後益增戍守,師船、火船及蜑艇、扒龍、快蟹悉列口門內外,至是,裁減兵艘,遣撤壯丁殆盡,而水師多化爲漢奸。又撤橫檔暗樁,而義律乘舟往來,反得探水誌徑,內地虛實盡泄。凡報漢奸、緝鴉片、探敵情者,輒被訶斥,務反則徐所爲。又專任漢奸鮑鵬往來傳信,其人本義律所奴視,於是益輕中國。

義律遂日夜增船櫓,造攻具,招納叛亡,首索煙價(義律初在天津投書,但索貨價,及見內地報書不復及禁煙事,遂索煙價),繼求香港馬頭,且行文趣琦善速覆,而數遣人挑戰。琦善亟使人欲諭止之,義律曰:"戰而和,未爲晚也。"是月十五日,突攻沙角礮臺。副將陳連升兵六百,英船礮攻其前,而漢奸二千餘梯山攻其背。連升以地雷、扛礮擊斃英兵四百餘,而火藥已竭,援兵不至,英人並力攻礮臺,陷之。連升及子舉鵬、千總張清鶴皆力戰死之。

英人又以火輪、三板赴三門口，焚我戰船十數艘，水師亦潰。

總兵李廷鈺乞援，琦善不許。

英人進攻大角礮臺，千總黎志安受傷，推礮落水，潰圍出。礮臺陷，英人悉取水中礮，分兵戍守，於是虎門危急。水師提督關天培守鎮遠礮臺①，總兵李廷鈺守威遠礮臺，游擊馬辰守靖遠礮臺，各僅兵數百，遣弁告急不應。廷鈺回至省城，哭求增兵，以固省城門戶，琦善恐妨撫議，不許。文武屬僚亦皆力求，初允遣兵二百，繼增至五百，以小舟乘夜暗渡，分布各礮臺，惟恐義律知。而義律仍挾兵力索煙價、香港，並行文水師提督，限三日內回覆。

琦善據奏，略曰："該夷不候回文，輒行攻擊，迨兩礮臺破後，提臣請將該夷前次來文從權照復，藉作緩兵之計，庶可量爲布置，函致前來。伏思此間水師兵械、技藝廢弛已久，經該夷猖獗之後，益形氣餒，爲今之計，總須設法先行止住夷船，俾得並力籌辦。而該夷前日來文，本戰後再商之説。臣以該夷續有所請，其來文接收與否，反屬兩難，若如該提臣所稱，將前日來文從權照復，而今次情形已與前日不同，該夷既不候照復，此間更不值覆伊前日之文。惟思該夷前日具報之書，總應聽候回文，何以輒先滋擾？不若借此作爲詰問之詞，觀其是何意見，再行登復，庶以後該夷續有來文，係其稟復文書，既於國體無傷，或仍可設法羈縻。甫經備文去後，復准提臣函稱：十六日將虜我官兵何一魁釋放，

---

① 鎮遠礮臺，原作靖遠礮台，下文馬辰亦守靖遠礮臺，故此靖遠有誤。據《鴉片戰爭》(II)第 564 頁《林少穆先生家信摘錄》改，後同。

仍致該提臣文書一件,交其隨帶,經提臣籤復發去,隨又一書列明請求各款,聲稱聽候於三日內照復等語。隨代提臣具覆,將文稿寄交繕發,告以業經行文諮詢,俟其登覆再辦。"

廓爾喀請效順。

廓爾喀西南境與英人所屬東印度孟阿臘(一作孟加拉,或作八察)接壤,世相仇也。是時,聞英人入寇,卽致書稟駐藏大臣,言:"小國與底里(一作第里)之屬地相接,每受其侮,今聞底里與京屬搆兵,京屬屢勝,小國欲率所部往攻底里所屬,以助天討。"時廷臣不知底里卽英吉利屬地孟阿臘,京屬卽指中國之廣東,顧答以:"蠻夷相攻,天朝例不過問。"於是廓人罷攻印度之師,而英人入寇無內顧憂矣。(後江寧款議成,英人歸印度者以此大驕廓爾喀,廓爾喀則反唇於駐藏大臣云。一說當英吉利大擾江浙時,廓爾喀因求助餉往攻印度不許,遂自以兵乘虛往攻,大有破獲。英人回救不及,乃以所得中國銀數十萬贖其俘千人以和。)

<h1>卷　九</h1>

辛丑　道光二十一年（公元一八四一年）

春正月，琦善以香港許英。

　　粵東時已許償煙價銀七百萬圓，而英義律索香港甚力，
琦善慮虎門失事，許之，而未敢入奏，乃歸浙江英俘易定海。
義律度香港未可驟得，先遣人赴浙繳還定海，續請獻出沙
角、大角礮臺以易之。琦善乃以出查礮位爲辭，陰與義律訂
期會於蓮花城。義律出所定貿易章程，並給予香港全島，如
澳門故事，皆私許之。

琦善、伊里布罷。

　　時義律繳還定海，伊里布在浙接粵東咨文，遂以收復定
海聞。上諭："伊里布不遵諭旨，惟知順從琦善，屢次奏報，
始以兵礮未集藉詞緩攻，繼以接得繳還定海之札即信以爲
真，殊非初命赴浙剿辦之意，仍令折回本任。"

　　時上已知琦善不足任，遂命宗室奕山爲靖逆將軍，尚書
隆文、湖南提督楊芳爲參贊大臣，赴粵剿辦。琦善罷。

暴英人罪。

　　先，義律因琦善許給香港，請用關防爲據，琦善未敢遽
從，但屬其安靜守候。既咨伊里布以收復定海、省釋囚俘，
遂據義律來文附奏，上大怒。奉詔："覽奏曷勝憤懣，不料琦

善怯懦無能一至於此！該夷兩次在<u>浙江</u>、<u>粵東</u>肆逆，攻占縣城、礮臺，傷我鎮將大員，荼毒生民，驚擾郡邑，大逆不道，覆載難容，無論繳還<u>定海</u>、獻出礮臺之語不足深信，卽使真能退地，亦只復我疆土，其被戕之官兵，罹害之民人，切齒同仇，神人共憤，若不痛加剿洗，何以伸天討而示國威？<u>奕山</u>、<u>隆文</u>兼程前進，迅卽馳赴<u>廣東</u>，整我兵旅，殲茲醜類，務將首從各犯、通夷漢奸檻送京師，盡法處治。至<u>琦善</u>身膺重寄，不能聲明大義、拒絕要求，竟甘受其欺侮，已出情理之外，且屢奉諭旨，不准收受夷書，膽敢附摺呈遞，代爲懇求，是何居心？且據稱同城之將軍、都統、巡撫、學政及司道府縣均經會商，何以摺內<u>阿精阿</u>、<u>怡良</u>等並未會銜？所奏顯有不實。<u>琦善</u>著革去大學士，拔去花翎，仍交部嚴加議處。"

籍<u>琦善</u>家。

　　時，<u>義律</u>以<u>香港</u>業經<u>琦善</u>允給，遽諭居民以<u>香港</u>爲<u>英</u>屬埠，又照會我<u>大鵬</u>營副將，令將營汛撤回。<u>粵</u>撫<u>怡良</u>以聞，略言："自<u>琦善</u>到<u>粵</u>以後，如何辦理，未經知會到臣。忽外間傳說，<u>義律</u>已在<u>香港</u>出有僞示，逼令該處民人歸順彼國等語。方謂傳聞未確，蠱惑人心，隨據水師提督轉據副將稟鈔僞示前來，臣不勝駭異。惟<u>大西洋</u>自前<u>明</u>寄居<u>香山</u>縣屬之<u>澳門</u>，相沿已久，均歸<u>中國</u>之同知縣丞管轄，而議者猶以爲非計。今該夷竟敢脅<u>天朝</u>士民，占踞全島，該處去<u>虎門</u>甚近，片帆可到，沿海各州縣勢必刻刻防閑，且此後內地犯法之徒必以此爲藏納之藪，是地方既因之不靖，而法律亦有所不行，更恐犬羊之性，反復無常，一有要求不遂，必仍非禮相向，雖欲追悔從前，其何可及？伏思聖慮周詳，無遠不照，何待臣鰓鰓過計，但海疆要地，外夷公然主掌，並敢以天朝百姓稱爲英國之民，臣實不勝憤懣！一切駕馭機宜，臣無從悉其顚末，惟於上年十二月二十八日欽奉諭旨，調集兵丁，預備進剿，並令琦善同林則徐、鄧廷楨妥爲辦理，均經宣示臣等，晤見時亦請添募兵勇以壯聲威，固守虎門礮臺，防堵入省要隘。今英夷窺伺多端，實有措手莫及之勢。現既見有夷文僞示，不敢緘默，謹照錄以聞。"

奉上諭："香港地方緊要，前經琦善奏明，如或給予，必至屯兵聚糧，建臺設礮，久之覬覦廣東，流弊不可勝言。旋又奏請，准其在廣東通商，並給予香港泊舟寄住，前後自相矛盾，已出情理之外。況此時並未奉旨允行，何以該督卽令其公然占踞？怡良所奏，覽之曷勝憤懣！朕君臨天下，尺土一民莫非國家所有，琦善擅予香港，擅准通商，贍敢乞朕格外施恩，且伊被人恐嚇，奏報粤省情形，妄稱地理無要可扼，軍器無利可恃，兵力不堅，民情不固，摘擧數端，危言要挾，不知是何肺腑？如此辜恩誤國，實屬喪盡天良。琦善著卽革職拿問，所有家產卽行查抄入官。"

初，琦善之陛辭也，面諭以"英夷但求通商則已，如要挾無厭，可一面羈縻，一面奏請調兵"，未令其撤防專款也。及英人攻陷礮臺，上震怒，有"煙價一毫不許，土地一寸不給"之旨，並調四川、貴州、湖南、江西兵赴剿，命林則徐、鄧廷楨隨同辦理。然琦善不與則徐、廷楨議事，又不增兵爲備。時將軍奕山、參贊楊芳、隆文已在途次，廷寄令兼程赴粤，而琦善仍以定海收復、撫事可成，續奏香港地勢及現在籌辦情形。上恐奕山等到粤，復踵權宜請撫故轍，將琦善前後摺奏

202

及硃批交將軍等閱看。復奉廷寄，言："英夷種種不法，殊堪髮指！前有旨，令楊芳先行赴粵會防，並令奕山等兼程前進，計已接奉遵行。該將軍等到粵後，務卽會集各路官兵，一意進剿，不可存一通商之見，稍涉游移，更不可因有繳還定海之事，少加寬縱。"又密飭將軍等，訪查當日琦善與義律屢次晤面談論香港之事，彼時有無官員在旁？該夷目與琦善有無私相餽送之事？逐一查奏。

以兩江總督裕謙爲欽差大臣，赴浙視師討英。

初，裕謙代伊里布任兩江總督，聞伊里布在浙逗留不敢進兵，心弗善也。至是，伊里布回任，上命裕謙爲欽差大臣，馳赴浙江，會提督余步雲迅剿。裕謙始專任浙事，意謂犬羊之性，非大加懲創無以善後，遂上書主剿，並以義律心懷叵測，繳還定海之說恐售其欺，請飭壽春鎮總兵王錫朋統各鎮官兵仍行前進。奉上諭："所奏極是。逆夷攻踞定海之後，奸淫搶掠，荼毒生靈，凡我士民，志切同仇，人思敵愾。裕謙此次赴浙，以順討逆，以主逐客，以衆擊寡，必當一鼓作氣，聚而殲旃。朕佇望該大臣迅奏膚功，懋膺上賞。"

時定海、鎮海等處尚有英船四出游奕，裕謙遣兵節次焚剿，並誅其酋目一人。初，英將踞定海，虐使定民，用法嚴酷，殺人者先以刀割裂其皮，納入水銀，周身灌注，活剝而懸焉。裕謙旣獲其酋，亦令如法誅之。又英人之死於定海，令掘其尸焚之通衢，以洩定民之憤。事聞於粵，粵東撫事方定，英人又以報復爲詞，以圖犯浙。

春二月，英人寇虎門，水師提督關天培死之。

時義律聞大兵將至，所請必不行，謀先發，初六日，以火輪兵船直抵虎門。提督關天培守鎮遠礮臺，礮中英舟一。有頃，英船連檣而進，我軍衆寡不敵，紛紛潰散，天培中槍自刎，礮臺陷。威遠、橫檔各礮臺聞警亦潰，總兵李廷鈺、副將劉大忠皆敗走。虎門陷，各隘所列大礮三百餘，並林則徐前購西洋礮二百餘門，皆爲敵有。

英師乘勝直薄烏涌，湖南兵千餘初至，倉卒出禦。粵兵退，湘兵且戰且走，阻水溺死者半。總兵祥福拒戰不克，與麾下二將赴敵死之。烏涌去省六十里，城中大震。

十三日，參贊楊芳抵粵。時各路官兵未集，而虎門內外舟師悉被毀，楊芳議以堵爲剿，使總兵段永福率千兵扼東勝寺陸路，總兵長春以千兵扼鳳凰岡水路，亦僅掘濠築壘，未沉船下樁，獵得及二沙尾稍狹，雖堵塞而無兵礮守禦。英人初憚楊芳宿將威名，又不悉內河形勢，未敢深入，而漢奸盡探虛實以報。

二十四日，英船將闖入省河，經鳳凰岡官兵擊退。倏潮長，南風大起，英人又增兵船、杉板三十餘艘，乘風擁至。官兵轟擊，英船恃其堅厚，冒死深入，飛礮、火箭並力注攻。楊芳懼蹈虎門覆轍，復議羈縻。

美利堅爲英人請款。

時英人雖扼險要，然見朝廷赫怒，琦善鎖逮，恐林則徐起用，我軍一振，和議永絕，且洋船兵費浩大，亟欲通商以裕餉。又，初停止英人貿易時，迭經上諭，仍准西洋恭順之各國照常通商，及英人犯順，各國商船俱阻外洋，不得入黃埔，各國亦皆咎之。及虎門、烏涌潰陷，於是美利堅、法蘭西諸國貨船隨英船後進口。適鳳凰岡官兵與英人相持，美利堅領事赴營，請進埔開艙，兼爲英人緩煩，謂英人既繳還定海，仍不敢更有他求，惟通商乃天朝二百年來恩例，懇仍循舊制，並呈出義律筆據，有"不討別情，惟求照常貿易，如帶違禁貨物，即將貨船入官"之文。又言英之商人並未隨同滋事，若該貨船入口，藉可制服師船。時定海師船亦至粵，舳艫相望，遍樹出賣鴉片之幟。楊芳見敵入堂奧，守具皆乏，而煙價、香港皆不索，亦欲姑藉此緩兵，以退敵收險，遂與巡撫怡良聯銜奏請。上以其復踵權宜請撫故轍，嚴旨切責不許。

三月，詔林則徐會辦浙江軍務。

時靖逆將軍奕山、參贊隆文及總督祁墳並抵廣州，奕山問計於林則徐，則徐言："寇勢已深，新城卑薄，無險可守，宜遣人計誘英船退至獵得、大黃滘之外，連夜下椿沉船，岸上迅壘沙城，守以重兵、大礮，爲省城外障，俾彼不能制我之命，而後調集兵勇、船礮，以守爲戰，俟風潮皆順，葦筏齊備，再議乘勢火攻，應出萬全。"奕山不能用。

有詔："林則徐以四品京堂馳赴浙江，會辦軍務。"蓋去冬浙閩總督顏伯燾與浙江巡撫劉韻珂、兩江總督裕謙並有密疏陳林則徐、琦善功罪，至是裕謙赴浙代伊里布，故有是命。

夏四月，官軍夜襲英人不克。英人犯廣州城。

義律聞和議未可成，復索煙價及香港。楊芳以攻具[①]

---

① 具，原作其，據文義應爲具之誤，故改。

未備,水勇未集，不欲浪戰。奕山見各省兵至者萬有七千，合粵兵數萬，遂聽部將之言，冀倖一勝，以提督張必禄屯西礮臺出中路，楊芳由泥城出右路，隆文屯東礮臺出左路，以四川餘丁及祁墳所募水勇三百駕小舟、攜火箭噴筒分路而伏，於朔夜突攻英船。適逆風，焚其二梜船二、杉板小船五，英兵焚溺死者數百，義律自洋館登舟竄免，並誤傷美利堅人數十。英兵大集，反乘順風以攻我，我兵退保入城。英船入碇十三洋行前，河南兵禦之，殺傷相當，毀我師船三艘。

時總兵段永福守天字礮臺，副將岱昌、參將劉大忠，守泥城礮臺，總兵長春守四方礮臺。義律仍投書約戰。翼日，英兵水陸並攻，我兵皆反走。天字礮臺八千斤礮未放卽爲英兵錮以鐵釘。泥城爲佛山鎮要道，岱昌、大忠聞礮倉皇遁，港內筏材、油薪船及水師船六十餘艘皆爲英兵及漢奸所爐。遂回劫十三洋行，燒城外市廛，火光燭天。

英又分兵繞東而北，往攻四方礮臺。臺據省城後山，俯瞰全城，層崖峭徑，一夫可以當關，山下英兵僅①百餘，而守臺兵千望風爭竄，墜崖死者無數。督撫聞急，飛檄圍中新至水勇往援。將軍阿精阿以省城緊要，令截回，礮臺被奪。英人既據險要，乘夜築土城，運礮藥於上，於是圍城軍民如坐阱中矣。英人日夜以火箭、礮彈俯擊入城，幸大雨不燕，箭彈多墜空地。然外城低薄，英人並力專攻東南隅，人無固志。楊芳日坐城樓督戰，急輒身當其衝。廣州知府余葆純復請講款，義律索煙價千二百萬，美利堅商人居間，許其半。議既定，奕山慮傷國體，乃奏初八日焚擊大挫凶鋒，續稱義

<hr>

① 僅，原作儘，據文義應爲僅之誤，故改。

律窮蹙乞撫，求准照舊通商，永不售賣鴉片，將所償費六百萬改爲追交商欠，上乃不復深詰。約限五日交銀，先令粵海關出二百萬圓，餘從藩運兩庫給之。且約將軍及外省兵先出城，英船始退虎門。

十六日，奕山、隆文退屯金山。隆文憤恚病卒。

廣州義民敗英人於三元里。

初，將軍、參贊屢奏粵民皆漢奸，故遠募水勇於閩，令官兵擒捕，不問是非皆殺之。又湖南兵以騷擾故，與民勇相仇。而英人初不殺粵民，所獲鄉勇皆釋還以市恩。及英兵日肆淫掠，與粵民結怨。撫議既定，士民以大帥無謀、官兵怯懦，議論沸騰。適英人以得賂，撤四方礮臺兵肆掠城外，初十日，將擾佛山鎮，取道泥城，經蕭關三元里，里民憤起報復，號召各鄉壯勇，槍械雲集，四面邀截。英兵終日衝突不能出，死者二百餘，殄其渠帥伯麥、月霞畢，獲其兵符、黃金劍、雙頭手礮。義律亟馳援，復被重圍。時揭竿起者百有三鄉，不械而集，衆至數萬。義律亟遣人突圍出，告急於余葆純。葆純慮敗撫議，馳往解散，竟翼義律出圍登舟免。

時三山村民亦擊殺英兵百餘，獲二礮及刀槍九百餘件。佛山義勇三百餘亦圍攻各英兵於龜岡礮臺，乘風縱毒煙以眯其目，殄英兵數十，又擊破應援之杉板船。新安縣武舉庚體羣，於初四日以火舟三隊，自穿鼻洋乘夜潮至虎門攻其後，比英船驚覺，火舟已逼，後艙火藥轟發，毀其大兵船一，餘船遁竄。十七日，英船漸退出，大船有膠淺者，鄉民復將截而火之，欲奪回講款之銀。義律移文總督，出示曉諭，衆始解散。

事先後上聞，詔責諸帥調集各省兵，何反不如區區義
勇？俱交部議。義律亦慚憤，强出僞示，言"百姓此次刁抗，
姑與寬容，後毋再犯"。粵紳民亦回檄討之。義律偵知內河
有備，竟不敢報復，且知粵市之未可復開，思變計矣。

秋七月，英人犯廈門，陷之。總兵江繼芸及副將凌志、
都司王世俊死之。

英人之受款廣州也，我師則救一時之危，英亦亟欲得銀
以濟餉，皆未及議通商章程。及義律受困三元里，畏粵民之
悍，不敢入內河貿易，各洋商又不肯赴香港，乃復索尖沙
嘴①及九龍山，將軍等弗許，而內河修復礮臺，增設要害，不
復能闌突。羣商以咎義律議款時未索他埠，乃詭稱英國王
褫義律職，改命璞鼎查爲兵帥，欲復擾沿海。又英人曾犯廈
門失利，故意圖犯浙，藉修閩怨。

閩浙總督顏伯燾赴廈門增防，而輕鄧廷楨之僅僅自守、
不能用攻，遂請餉造戰艦五十、募新兵五千、水勇八千，欲出
洋馳擊，而於口門外鼓嶼、青嶼、大、小擔，增三礮臺，備
多而力分。及粵東議款成，有旨裁兵節餉，而閩洋日來洋艘
游奕。方督修船礮，備出洋攻擊，初九日英船已泊鼓浪嶼。
翼早馳進廈門，先以火輪船東西往來，試礮路。我兵鏖於嶼
口，礮沉其火輪兵船五。而英諸船蜂擁齊進，以多船注攻一
礮臺破，再攻一臺，以小舟分路登岸。我守青嶼、仔尾嶼、鼓
浪嶼之兵雖三面環擊，而礮臺皆磚石，未疊沙垣，自辰至酉，
大半被毀，官軍不能存立，水陸皆潰。金門鎮總兵江繼芸中

---

① 尖沙嘴，原作沙尖嘴，應是尖沙嘴之誤，故改。

礮落水死，延平協副將淩志、署淮口都司王世俊、水師把總紀國慶、楊肇基、季啟明皆力戰死。英人反旋我大礮轟官署，皆毀。興泉永道劉耀椿、同知顧效忠皆走。伯燾退保同安。

英人據廈門肆掠，鄉民陳姓以五百人抗英五千衆，英用車礮，民用抬槍，英兵死者百、傷者千、陳姓死者三人、傷者十三人耳。英人遂不敢久駐，大幫駛赴浙江，惟留數艘駐鼓浪嶼。伯燾即以收復奏聞。

八月，英人復攻廈門，副將林大椿、遊擊王定國戰死。

英人留鼓浪嶼之酋復招工匠增造小舟，爲窺伺內河計。至是，復以大船五、小船三十餘入廈門木椿港，礮沉我師船五，副將林大椿、游擊王定國中礮死。提督普陀保、總兵那丹珠督兵禦之，礮沉其大船一，始退出。

初，顏伯燾力排撫議，意氣甚銳，及至喪師，奉諭："逆夷沿海滋擾，廈門尤其垂涎之地，該督不能先事預防，致倉卒失事，咎無可逭。姑念夷人冢突而來，弁勇奮力抵拒，擊沉夷船六隻，此時業已收回，著從寬免其治罪，降三品頂戴留任。"

英人復陷定海，總兵葛雲飛、鄭國鴻、王錫朋死之。

裕謙正月赴浙，英船時已去定海。謙任事剛銳，而未嫻武備，力援林則徐，而則徐旋有遣戍新疆、改赴河工之命。蓋廣東鹽運使王篤於召見時，救琦善而排則徐。及則徐去，而浙事亦無所倚。

時各省方裁兵節餉，忽聞英人在粵新增兵船，聲言將移

209

兵入浙。時伏暑，南風潮旺，裕謙方次嘉興，乃奏以統帶來浙之江寧駐防兵並徐州鎮兵五百，前赴鎮海，相機籌辦，因言："洋人以通商爲命，而通商有一定馬頭，奕山等既爲籲懇天恩，自當籌及全局，與之要約堅定，爲一勞永逸之計，斷無僅令其退出虎門，仍復滋擾他省之理。現既聞有赴浙之謠，何以不向該逆詰問明白，轉行咨飭嚴防？以致沿海各省訛傳不一，不但各省調防之官兵未便請撤，卽居民人等亦皆當同仇敵愾，舍本業而荷戈以待。應請旨飭下靖逆將軍奕山，向該逆嚴行詰問，究竟是否誠心乞撫，抑仍是得步進步之故智？使各省有所遵循，臣不勝翹悚待命之至！"

其時英人赴浙語雖傳播，而奕山以撫事方定，未便上聞，遂復奉廷寄諭："該夷赴浙滋擾，既屬風聞，從何究其來歷？且果別有思逞，斷無先將傳播逗漏之理。著裕謙仍遵前旨，將江浙調防官兵酌量裁撤，不必爲浮言所惑，以致糜餉勞師。"及裕謙抵鎮海，而廈門已告陷，於是飛檄定海總兵葛雲飛同嚴州鎮總兵鄭國鴻、安徽壽春鎮總兵王錫朋，統各鎮兵五千，嚴守定海。

是月初，英酋濮鼎查、郭士利等果以大小火輪兵船二十九艘先犯乍浦，以礁險不利而退。十二日，復犯定海。初以四舟駛進竹山門，我軍礮破其頭船大桅，退去。十四日，英兵繞吉祥門入攻東港浦，爲我礮所却，由竹山嘴登岸。國鴻等督兵禦之，殺傷相當。會連日陰雨，轉戰泥淖中，士卒漸疲。十七日，英人三路進攻，以小舟渡兵登山，撤舟死戰，首陷曉峯嶺。錫朋中槍死，壽春營潰。有頃，竹山門兵亦潰，國鴻死之。雲飛扼道頭街，孤軍巷戰，敵揮刀削其半面，猶

210

手矛殺數人，植立崖石間而死。定海復陷。

上聞，謂其以四千殘師當二萬巨寇，均從優賜恤。

初，英師退去，議築定海外城，雲飛欲包市埠於內，左右以山為城。有靜者曰："天下無一面之城，此海塘非外城也，敵若左右踰山入，卽在城內矣，備多則力分，山峻則師勞，請環內城為郛，勿包市埠，勿倚外山，庶城足衛兵，兵足守城。"裕謙未親勘，不以措意，至是失事，果如所言。

英人陷鎮海縣，欽差大臣裕謙及狼山鎮總兵謝朝恩死之。英人進據寧波府。

英人踞定海數日，乘勝自蛟門島進攻鎮海。鎮海以笠山為外障，招寶山為內屏，上有威遠城，明代築以禦倭者。時鎮海防兵僅四千，裕謙使提督余步雲率其半守之，總兵謝朝恩率其半守金雞嶺相犄角，而自駐鎮海城督之。及定海警至，裕謙上東城，見招寶山張白旗，疑之（西洋戰則張紅旗，和則挂白旗），乃約期盟神誓眾，步雲託足病不赴。

二十六日，英船薄鎮海，分犯各營。裕謙登城督戰，惟金雞嶺兵力戰，擊殺英兵數百。而步雲詣城上，請遣外委陳志剛赴英師議款，又請退守寧波，不許。步雲初不令士卒開礮，英兵向招寶山，復以小舟載兵，由山後石洞攀而上，步雲卽棄礮臺西走。裕謙令截止潰兵，不能止。英據招寶山俯攻鎮海城，金雞山守兵見之亦亂。朝恩率親兵三百拒戰，中礮死。

二山既陷，督師營亦潰，英兵自北門入。裕謙知不可為，令副將豐伸泰護關防送浙江巡撫，遂由東門赴學宮，投

211

泮池。未絶，家人至，援之出，輿至寧波，有傳英人以十萬金購裕謙者，左右復以小舟載抵餘姚而瞑。進至西興壩（左蕭山縣境），巡撫劉韻珂探弁至，爲購棺衾。抵杭州，死已五日，顏色猶生。

時鎮海文武皆棄走，寧紹臺道鹿澤長遁入慈谿，縣丞李向陽死之。寧波距鎮海六十里，忽聞步雲走還，郡中大驚，而英人探水至邵港，於是知府鄧廷彩以下皆覓小舟奔上虞。步雲復單騎走，居民遷避一空。

二十九日，英人以大小兵船直薄靈橋門，城虛無人，其酋郭士利率衆入，踞府署，張僞示安民。郡以西水漸淺狹，英人旋以杉板小舟進至餘姚，我兵望風潰。復犯慈谿，城中逃散已盡，英人亦不守，焚掠而去。

臣按：鎮海之地，明人刻石於威遠城上，以爲"平倭第一關"，蓋浙省之咽喉，而東南之門戶也。使裕謙當日以步雲守孤懸之定海，三帥抗天險之雄關，步雲雖有貳志，何至開門揖盜？又使於白旗預懸時申明軍法，如穰苴之斬莊賈，原不爲專。抑或如魏絳之於揚干，戮其麾下一人以殉，則諸將弁必皆股栗自致於死地。計不出此，以三鎮敢死之將，而置於必不可守之城，以庸碌無能之人，而授以險要必爭之地，卒至以隨侯之珠而彈千仞之鵲，力竭軀捐，無裨國事，是豈有數存其間耶？然一腔熱血，報國拳拳，烈魄忠魂，原不讓唐之張巡、宋之劉錡以獨步矣！而論者謂其以剛愎取敗，比之楚子玉、趙括，不亦過哉？

法蘭西來粵輸情。

初，英人再犯定海，乞援於法蘭西。時有法兵頭至香

港，傳聞英酋濮鼎查自浙潛回，屢與法兵頭會，遂有奏英逆
糾集天竺、法蘭西、小呂宋諸國同惡相濟者，有旨："交靖逆
將軍奕山曉諭解散。"於是法兵頭懼以助逆干天朝詰責，自
香港來粵垣求見。奕山聞其有兵船在後，欲令反攻英人。
兵頭答稱："英法新和無釁，此來先須講款，若款議不允，方
可藉詞交兵。"奕山疑而遣之。

仿造安南船礮不果。

　　時有越南國人阮得烘來廣州，訴新會船户梁潘輝等昔
曾遭風漂至越南，壞船借伊銀未償，在省守候追欠，復呈稱，
伊見英人如此猖獗，不過恃船堅礮利，本處戰船力不能敵，
越南所造船頗堅厚，皆甘露鬼子駕駛，如中國給國王文書，
當可代造，每船約費四百金，但越南與英人近無嫌隙，事宜
機密。語經上聞，敕下兩廣總督祁墳、廣東巡撫梁章鉅並廣
西巡撫周之琦一體訪確。

　　墳等覆奏云："越南雖產木植，若造堅厚大船，亦非數百
金所能辦，卽造成該船式樣，本地無人駕駛。前督臣林則徐
仿製越南軋船四隻，內港外洋均不可用，是其明徵。又，越
南之於天朝，久稱恭順，聞昔曾戰敗英人，至今兩不侵犯，此
特見之前人説部，係嘉慶十三年事，迄今三十餘年，英人日
見強肆，且與越南未再交兵，未聞有英人畏懼越南之語。"

　　又續奏略云："臣等以此事所關重大，因據越南國人阮
得烘稟詞，會同隨時密訪。有貿易越南之順德縣民人周彥
才來省稱，本年八月伊甫自越南回家，越南現因英人滋事，
亦隨時警備，造戰船數隻，每船三桅、四十餘槳，船身以硬木
爲之，厚五六寸或七八寸不等。又仿造英吉利屬國新洲貨

船十餘,皆堅重有餘而靈動不足。該國銅礦少,鐵礦亦不甚大,又寓兵於農,戰陣多以象力取勝,能陸戰而不善水戰。該國由都城出海三十餘里,各外國貨船如至該國,入港時先將各船礮械搬岸,代爲看守,俟出港時交還。是越南向恐各國在其國滋事,並未聞英逆有畏懼越南之說。其瓊山縣民陳姓所言亦略同。又,鄉勇中礮手林九曾被張保招去與越南打仗,後經投回,因令管帶之紳士密向查詢。據稱越南船有'金蟹'、'銀蟹'之名,如天津來粵貨船式,堅牢而不能快駛。其內河船有名'牙釵'者,長十餘丈,闊二丈,槳百枝,亦看風勢爲遲速,曾被張保打沉數隻,似難與英人對敵。又,欽州知府黃定宜稟稱,本籍廣西龍州,與現任之欽州均與越南東北境毗連,惟距該國都富春二千餘里,傳聞該國向製巡洋大師船二隻,皆附近居民合力採堅實大木造成,以銅包底,俗呼'銅皮船',約載二三百人,船雖堅而不靈。外有巡洋小兵船,用籐爲之,亦止載至四五十人,雖行駛較便,第遭風撞礁亦卽破散。前此該國修造巡船,大者數月,小者幾一月始竣,是工匠亦非迅速。查道光二十年間,該國頭目阮廷豪等兵船在崖州洋遭風破壞,遞至欽州轉送回國,撈獲三銅礮,重者八十餘斤,輕者三十餘斤,式與內地過山鳥槍相似。又,越南現聞英人滋事,慮其擾邊,亦修防守,去冬添造戰船,至今尚未畢工,時探英逆消息。又,道光中,該國奸民陳如海糾結內地匪黨楊就富等在南洋狗頭山嘯聚劫掠,該國兵力不足,曾請內地舟師幫捕,始殲厥渠魁,可見該國巡船並不得力。臣等於該國情形節次訪查,大略相同。伏思該國世受天恩,素稱恭順,現在國王阮福暶新受敕封,尤當感

214

恩圖報，如果船堅礮利、兵力精强，斷無不竭誠報効，而該國王並未表文陳請，亦未呈懇督撫轉奏，其力不從心，未能與英人爲難，已可想見。"其事遂寝。

臺灣道姚瑩敗英人於雞籠港。

初，英船至鹿耳門外，泊馬鬃隩洋，官兵擊走之，然臺澎外洋時有英船往來。是月十五日，艋舺營參將邱鎮功等以遠鏡窺見一雙桅大船，多帶杉板，在萬人堆洋，有人升桅頂瞭望，當卽警備。次日，英船駛進，礮擊二沙灣①礮臺，壞一兵房。姚瑩督鎮功率守備歐陽寶等接應，鎮功手然八千斤大礮，擊斷英船桅索，船卽退出，風潮驟湧，衝礁擊碎，落水死者甚衆。有鳧水登岸或上杉板駛竄者，鎮功督兵追擒黑番四十三人，手刃四人。游擊安定邦、守備許長明、千總陳大坤等各擒獲有差。又有白、黑番二十餘人，駕一杉板，在大武崙港外，次早淡水同知曹謹帶壯勇搜捕。至草嶼，有白番二人、紅番五人藏匿，壯勇直前擒斬，獲其洋圖、冊頁、洋書，皆繪記山海形勢、城池、人物、車馬形狀。是役共擒紅、白、黑番百三十人，斬馘三十二人。

捷聞，奉上諭："覽奏均悉。昨生擒夷人、漢奸多名，該逆夷中必有洞悉夷情者②。究竟該國地方周圍幾許？所屬國共有若干？其最爲强大、不受該國統束者共有若干？英吉利至回疆各部有無旱路可通，平素有無往來？俄羅斯是否接壤，有無貿易相通？此次遣來各偽官是否授自國王，抑由帶兵之人派調？著達洪阿、姚瑩等逐層密訊，譯取明確供

① 二沙灣，原作三沙灣，據《籌辦夷務始末》(道光朝)卷三十八改。
② 者，原作之，據二十二年本改。

詞,據實具奏,毋庸諱匿。"

九月,以大學士宗室奕經爲揚威將軍,侍郎文蔚、副都
統特依順爲參贊大臣,赴浙討英人。

英人既陷寧波、鎮海,侵軼四出,浙省大震。巡撫劉韻
珂告急於朝,詔以奕經爲揚威將軍,文蔚、特依順俱參贊,飭
調陝甘兵二千隨赴浙江進剿。

以怡良爲欽差大臣,赴閩會辦軍務。

時英船在閩者尚留廈門鼓浪嶼,詔怡良以欽差自粵東
赴閩,會同剿辦。尋罷顏伯燾,以怡良代爲總督。

冬十月,揚威將軍奕經次蘇州。

奕經是月抵蘇,駐軍館滄浪亭。時浙撫專任西路防守,
自江以東則坐待大軍,有以專閫距浙太遠爲言者,奕經不
納。英人在寧、海聲勢甚盛,紹興東逼慈谿,求援日亟,奕經
以兵力尚單,復遣赴淮徐招募山東義勇,欲俟各路兵齊聚
而進。

十二月,大兵次杭州。

先是,十一月,浙江大雪四晝夜,平地深數尺,英酋璞鼎
查畏寒,南赴福建,寧波英兵及漢奸僅①三千人。而奕經方
次嘉興,時詔舉沿海智勇之士廣咨方略,奕經雖設甌聽人上
書,然凡言練兵、選將、申紀律、備火器者,以爲常談,卽立功
宿將、前福建水師提督王得祿投効,亦不用,徒託腹心於幕
屬年少,寄耳目於蘇浙州縣。前泗州知州張應雲獻計,謂:
"英人入內地皆漢奸爲嚮導,然不過啗之以利,非有恩義之

① 僅,原作儘,據文義應爲僅,故改。

216

結令其效死。今寧波紳民靡不延頸以望大軍，而漢奸多其鄉人，誠能以重賞招撫，我兵攻城使爲內應，此兵法所謂因間也。”奕經深然之，遂專以購反間爲得計，定議進取寧波、鎮海一路以應雲主之，定海一路以知州王用賓主之，並充左右翼長。

軍抵杭州，特依順至自福建，奕經不甚與議，令駐守杭州，惟與文蔚率師進駐錢塘江。

卷　十

壬寅　道光二十二年（公元一八四二年）

春正月，揚威將軍奕經復寧波、鎮海，不克。

　　大兵進次紹興府，將軍、參贊定議同日分襲寧波、鎮海，使敵不相援應。張應雲先約寧鎮紳士，令所購漢奸內應，而未能質其家屬，反以我軍舉動輸敵。英人聞大兵將至，悉聚守寧波。應雲請刻日渡曹娥江，先據慈谿爲戰地，乃下令移營進發。

　　二十三日，奕經大兵營東關（在紹興），文蔚駐慈谿東門外，以四千人使金華協副將朱貴、參將劉天保分屯長谿嶺及大寶山，以圖鎮海；總兵段永福以四千人半伏寧波城外，半屯大隱山，以圖寧波；應雲率所募鄉勇千五百人駐駱駝橋，爲南北兩軍策應（寧波在鎮海南）。約以晦日首尾并舉。

　　俄而師期洩，英人知之，反令漢奸勾結鄉勇倒戈相向。兩軍見事急，先期進剿，遂以二十八日三路分襲寧波、鎮海。其踰寧波西門入者，盡爲英兵所殺。南門則洞開，縱我兵入，英兵踞街樓兩旁，火彈雨下。我軍信漢奸言，謂軍至卽開門縛獻英酋，未攜火器，潰退，英伏兵自北門截之，前後受敵，陣亡二百餘。永福聞敗，卽退至東關。其慈谿之兵天保欲立首功，先發，甫至鎮海城外，卽大呼噪。英兵警覺，火礮

218

齊發，招寶山英兵亦應之。天保退走。

越日，駱駝橋鄉勇中夜悉自驚潰，奔入大寶山。其由乍浦顧漁舟渡岱山、圖復定海一路之師，半渡亦爲英人所覺，焚毀大半。

臺灣道姚瑩敗英人於大安。

初，英人屢窺大安港（在淡水廳彰化縣界），見防守嚴，不敢駛近。至是，有三桅船一，帶杉板船四，欲入口。姚瑩令淡水同知曹謹、彰化知縣黃開基護北路，副將關桂、游擊安定邦等馳往堵禦，設伏於迤北之土地公港。英人見大安有備，復退出。巡檢高春如、謝得琛所募漁船粵人周梓等以土音招英船漢奸與語，誘從土地公港入，爲暗礁所擱，船卽欹側，伏兵齊起。時船距岸甚近，關桂等以大礮攻擊，英人急不能脫，船破落水死者無數。逃上杉板及跳登漁船者，得琛等率兵勇圍擊，斃白番一、紅黑番數十，生擒白番十一、紅黑番三十八，并漢奸五。獲礮共二十門，及刀械與寧波、鎮海官物，蓋攻浙之兵回至閩洋窺伺者。

捷聞，奉上諭：“覽奏欣悅，大快人心！該夷上年窺伺臺灣，業被懲創，復敢前來滋擾，姚瑩以計誘令夷船擱淺，破舟斬馘，大揚國威，實屬智勇兼施，不負委任，允宜特沛殊恩，以嘉懋績。”自是，英船不敢再犯臺灣。

二月，英人攻慈谿營，金華協副將朱貴及其子武生昭南、督糧官卽用知縣顏履敬死之。

官軍襲寧波、鎮海既不克，反墮漢奸空城計，然祇喪亡金川精兵二三百，尚無大失。朱貴率陝甘兵六百回屯大寶山，收集駱駝橋潰勇，圖進攻，劉天保、謝天貴領河南兵各六百爲左右翼。

初四日，英人由小西壩登岸，由夾田橋繞慈谿東北門，攻大寶山。朱貴麾所部迎擊，以扛礮數十擊退者再，英兵傷亡三四百，仍冒死前進，而左右兩軍按兵不動。自辰至申，貴軍饑渴交加，猶誓死格鬥。戰方酣，鄉勇亂竄，或反拒官兵，英兵乘間抄襲山後，有三火輪船進大亭江，直逼山下，巨礮火筒射燒營帳，煙焰障天，左右軍卽驚潰，反衝亂其陣。朱貴腹背受敵，見勢不支，卓豎所執大旗於壘，怒馬馳赴，斬數十級，身受重傷，馬踣復躍起，奪敵矛左右衝蕩，復中火槍乃踣，子昭南以身障之，格殺數人，被創無完膚，同時麾下二百五十人皆死焉。督糧官卽用知縣顏履敬素與朱貴意氣相得，糧臺距大寶山二里，登高觀戰良久，奮起曰：「吾不可不助！」易短衣持佩刀奔赴，其僕止之不可，乃執梃以從，俱中礮死。

時文蔚駐長溪嶺里，鏖戰時有請往援者，靜久之始許發兵二百，薄暮未遣而敗聞。侍衞容照、司員聯芳等請退避，遂宵遁至東關，全軍遂潰，以後營夜被漢奸焚毀奏聞，次日猶未至也。

長谿嶺營既潰，軍氣大喪。初七日，將軍、參贊棄紹興走西興，巡撫劉韻珂飛檄毋許一卒渡江，違者軍法從事，於是文蔚仍回紹興，奕經渡江回杭州。

以耆英爲杭州將軍。

起用伊里布。

伊里布既回兩江總督任，後以家人張喜往來洋船，事涉

220

通番,逮入都奉旨遣戍。至是,大兵敗績於慈谿,巡撫劉韻珂以事勢危急,奏陳十可慮,末曰:"凡此十者,皆屬必然之患,亦① 皆屬無解之憂,若不早爲籌畫,則國家大事,豈容屢誤? 現在將軍奕經赴海寧州查看海口,參贊大臣文蔚留紹城調置前路防守,究竟此後應作何籌辦,將軍等似尚無定見。臣渥被生成,若不將實在情形直陳,倘省垣不守,臣粉身碎骨難蓋前愆。伏乞皇上俯念浙省實在危急,獨操乾斷,飭將軍等隨機應變,妥協辦理,俾浙省危而復安,卽天下亦胥受其福,臣不勝迫切待命之至!"

又片奏云:"臣前請將已革兩江總督伊里布改發浙江軍營效力贖罪,未蒙允准,恩出自上,臣何敢復行瀆請? 惟念該革員獲罪究屬因公,且其按兵不戰,究與償事誤國者有別,我皇上愛惜人才,凡中外獲咎臣工,苟心迹可原,咸荷棄瑕錄用,或令戴罪立功,不知凡幾。如周天爵、林則徐等,亦皆令其及時自效,仰見聖德如天,不使諸臣終身廢棄。伊里布與周天爵等同係譴戍,情罪似均,且公忠體國,並無邀功近名之心,現在將軍等差委需員,除隨帶司員外,又調取各省丞倅牧令來浙,並令本省之貢舉生監查辦事件,若老成謹慎,不貪功,不圖利,如伊里布者,正可以備器使。況該革員爲英逆所感戴,卽其家人張喜亦爲英逆所傾服,若令其來浙,或該逆聞之,不復內犯,亦未可定。可否仰懇天恩,將伊里布發至浙江軍營效力贖罪之處,出自聖裁,如蒙皇上鑒其無他,望賜採納。"

旋奉密諭:"劉韻珂奏請將伊里布發至浙江軍營效力贖

---

① 亦,原作非,據《籌辦夷務始末》(道光朝)卷四十四改。

罪，已有旨令隨耆英前往矣。現在浙省剿辦既難得手，則防堵是第一要務，萬不可再有疏失，該將軍等惟當激勵衆心，協力守禦，不可因前此失利，稍存畏葸，致該逆乘機更肆猖獗。耆英此來，已諭令與該將軍等相度機宜，通籌大局，臨時自必密商。至防堵保衞，是將軍、參贊等專職，倘有疏虞，獲咎孟浪，朕惟將軍等是問。該將軍等接奉此次密諭，惟有默識於心，斷不可稍露風聲，致令在事員弁兵丁羣相觀望，貽誤事機也。”

臺灣兵備道姚瑩奏籌海防。

初，英人寇大安、雞籠皆受創，在粵英船聲稱大舉報復，上憂臺灣單薄，廷寄：“臺灣爲閩海要區，向係該逆垂涎之地，此次駛入逆船，復經該總兵等殲剿，難保無匪徒闖入，冀圖報復。現據奕山等奏，逆夷有遣人回國添調兵船、滋擾臺灣之語。該總兵等於一切堵剿機宜，自必先事預籌妥洽。現在情形若何？有無續來滋擾？萬一該逆大隊復來，該處駐守弁兵及招募義勇是否足資抵禦？其如何定謀決策、層層布置，可操必勝之券？著達洪阿等會同王得祿悉心定議。”

時得祿病故，而怡良方授閩浙總督，舊制以臺灣遠在海外，軍情不必由閩中督撫轉奏，兵備道與總兵得專摺奏事，於是達洪阿、姚瑩覆奏云：“臣等查臺灣戍兵，名雖一萬四千，內除澎湖兩營隔海，噶瑪蘭一營遠在山後，其山前一廳四縣，地亙一千餘里，海口林立，民情不靖，現當戒嚴，若遇大幫洋船，實形單薄，欲請兵內地，則本省海防吃緊，缺額戍兵尚難補足；欲請兵外省，則客兵地利生疏，且遠隔重洋，緩不濟急。惟臺人習鬥，膽氣較優，且自衞鄉邦，其情較切，若曉以大義，優其爵賞，尚可有爲。是以臣等自二十年八月，先後赴南北路，督同廳縣委員，遍諭紳耆，聯各莊團練義勇，半守本莊，半聽官調，已據各屬冊報，練勇四萬七千一百有奇，請領義旗腰牌。此皆平時不領經費，調用始給口糧。其各海口，則自二十年洋船窺伺臺灣擊退後，及上年廈門失守、洋船再犯雞籠，臣等陸續添派守口常駐弁兵三千六百六十八名，益以調募屯丁、義勇、水勇五千五百餘名，其分防陸路、守城及澎湖兵勇均不在内。惟兵勇分駐，只可禦三數洋船，設有大幫，則需調取陸營兵及團練義勇出禦，仍遵聖訓，不與海上爭鋒，俟其登岸，設伏擊之。伏思用兵之道，氣不可餒，貴從容布置；言不可誇，貴切中機宜；謀不在奇，貴深明事勢；人不在衆，貴協力同心。洋人之長在火船、火器，守禦之法其要有五：一曰塞港。各省近皆講求，當各因地勢而用，臺郡近城，惟國賽港與三崑身之新港最寬深，新港現用大竹簍及木桶載石填塞，國賽港則以不堪用之哨船並製大木籠千餘載石堆水中，均設兵勇守之。至四草港與安平大港對峙，安平爲重兵所在，而以偏師扼守四草港内，復製大木排四座，上架大礮，攔截港門，更製長二丈大木攢數百枝，上施大鐵鑽，帶鈎，貫以籐條，橫浮水上，以掛其船。此塞港與守港之法也。二曰禦礮。沿岸設石壁，外以竹簍貯土作礮堆，或用大竹簍夾築土牆，長數十丈及百餘丈[1]，下更挖濠埋釘桶、竹簽，或布鐵蒺藜。臣達洪阿近更製地雷，埋伏數十處以待。三曰破其鳥槍。水中用竹筏，上設木架，張牛皮、棉被，使水勇乘之以進，岸上則於籐牌外，新添翻架，五十名爲一

---

[1] 數十丈及百餘丈，原作數百餘丈，據抄本改。

排,後藏小銅礮、抬礮、抬槍,可以破其鳥槍、火箭、火鏢。又煉翻被手法,用五十人爲隊,以水濕棉被,張其兩角,兼執兩刃,排列而前,長矛、鳥槍隨進,較籐牌更爲得力。四曰守城。臺灣郡城逼近海邊,安平卽係西城三郊商賈雲集之所,向有礮臺三座,近更加築堅厚,復圍建木柵七百餘丈,守以義勇,城內八坊八十二境,諭令紳士鋪民每段樹柵,自選壯丁稽查嚴守,現在送册亦五千餘人。此臣等籌防城內外之大概情形也。五曰稽察奸民。夷雖猖獗,皆由所在奸民勾引,廣東、廈門,寧波本洋商所聚,通市已久,無賴之徒素食其利,故爲之用,臺灣向無洋商,洋舶不到,似無此患,而民情不靖,則其患更深。昨鳳山逆匪張從,竟以廣西逃軍,在廣東與通番奸民勾結,回臺糾人爲英內應,幸爲臺灣縣知縣閻炘擒獲,首從伏誅,並究出英用漢奸劉相、蘇旺爲主謀。本年夷首濮鼎查,復自定海遣夷目顚林,偕漢奸黃舟等,以重資來臺窺探,欲行勾結,又①卽被獲。而南北匪徒,上年復痛加殲剿。惟是英逆既屢次失利,懷憾轉深,果否遂能戢其邪謀,尙在未定。臣等益當督飭文武,隨時嚴密稽查,以防意外之虞。且夷囚現在郡監一百六十八名,解省既有不可,久禁亦非善計,甫經奏請訓示,設未奉到批回,而大幫猝至,惟有先行正法,以除內患,是爲要著。至臺灣惟郡城臨海,最爲險要,其餘廳縣皆距海數十里,民莊皆用竹圍,足禦夷礮,獨海口沙地水鹹,不能種竹,惟令各口添礮墩、土牆,相機辦理。又,各口惟雞籠三面環山,險峻可守,滬尾兩山對峙,一港中通,其險次之,此外則一望平沙,港門皆在水中,或有暗礁沉

———————
① 又,原作久,據抄本改。

汕，猶可限阻洋舟，否則全仗人力，自當相度地勢而行，不能
一律辦理。現令各民莊自相結聯，倘洋人登岸，即同官兵設
法邀擊。蓋兵事頃刻變易，全在不失機宜，非成法所能盡者，
亦惟存乎其人，將吏果皆有勇能謀，是又臣等之愚所不敢
遽信也。臣等才識庸愚，當此鉅任，惴慄時深，何敢遽操必
勝？惟有竭誠畢慮，仰報高厚鴻慈於萬一。"

三月，<u>廣東</u>遣通事至<u>浙</u>。

　　時<u>廣東</u>遣諳悉英語之通事二人來<u>浙</u>，上命<u>奕經</u>等將所
獲夷目<u>幹布爾</u>詳訊該國一切情形，<u>奕經</u>覆奏云："臣等遵將
諭旨各條飭司員詢該白番等，供稱：自<u>英吉利</u>國都至<u>廣東</u>，
總視風信順逆爲遲速，速則三① 月即至<u>香港</u>，至遲亦五六月
可到。所過地方，若<u>佛蘭西</u>、<u>急欲罨</u>、<u>士郎</u>、<u>馬達剌沙</u>、<u>姑路庇
令馬勒格</u>、<u>新嘉坡</u>等處，皆<u>英吉利</u>所屬。所經他國，均難指
實。或船上淡水乏食，遇洋面附近之山，即以小船攏岸取
水，其地名未能細辨。至<u>克食米爾</u>，乃<u>孟加剌</u>所屬，<u>孟加剌</u>
又<u>英吉利</u>所屬。英船止到<u>加剌吉達</u>，其地小河可通<u>克食米
爾</u>，亦有陸路，距<u>加剌吉達</u>約千里，復有陸路通<u>魯慎</u>、<u>大呂
宋</u>、<u>佛蘭機</u>等處。此次來<u>浙</u>，均該國王所調<u>英吉利</u>兵。其<u>呂
宋</u>、<u>孟加剌</u>、<u>雙鷹</u>國人不能當兵，所同來之各國洋人，乃船長
僱來辦事及充水手。該國女主乃因前國王無子，立其侄女，
名<u>域多唎</u>。贅<u>英吉利</u>所屬<u>渣罵剌</u>國王之子，名<u>鼻連士阿剌
拔</u>，國人稱爲法是滿，乃該國第一等官職，不預國事。至欽
差、提督等名，從未聽聞，非女主所授，想皆私立名色。至犯

――――――――――――――

　　① 三，原作一，據抄本及《<u>籌辦夷務始末</u>》(<u>道光</u>朝)卷四十九改。

浙一切事件，從前則<u>占那麗架蘭頓</u>調度，死在<u>定海</u>，後則<u>占</u><u>那哥付</u>調度，其人向在<u>寧波</u>、<u>厦門</u>、<u>定海</u>等處。<u>占那哥付</u>乃<u>罵</u><u>達剌沙</u>之勾連那官，卽陸路兵頭也。<u>義律</u>去年由<u>廣東</u>回國，其有無音信來<u>浙</u>，均未能知。鴉片煙土乃<u>孟加剌</u>、<u>孟米鄉</u>下① 所出，就深山僻處秘造，卽其本國苟非製造之人，俱不准入觀，蓋恐洩漏其術，彼不得專其利。<u>英吉利</u>及<u>美利堅</u>、<u>佛郎西</u>、<u>大呂宋</u>、<u>花旗</u>、<u>雙鷹</u>等國，俱係赴<u>孟加剌</u>、<u>孟米</u>② 各處販入内地，祇圖貪利，實無詭謀等云。"

夏四月，<u>英</u>人犯<u>乍浦</u>，副都統<u>長喜</u>、同知<u>韋逢甲</u>以下死之。

<u>英</u>人據<u>寧波</u>，見我軍曠日持久，欲乘勝逞志<u>浙</u>西，偵知<u>尖山</u>海口沙淤，舟行多窒，遂思北窺<u>松江</u>。造小蛋船爲入淺河計，索<u>寧波</u>紳士犒軍銀百二十萬圓，許退兵。遂於三月二十六日去<u>寧波</u>，而撥船專守<u>招寶山</u>要口。是朔，<u>鎮海英</u>船亦退去，惟留四舟、兵千餘，守<u>定海</u>，餘悉出大洋。偵之，初不知所往，<u>奕經</u>遂以大兵收復<u>寧波</u>聞。

初九日，突犯<u>乍浦</u>，分泊<u>西山嘴</u>、<u>唐家灣</u>，先以船礮列陣，與官兵相持，而以小舟登岸，攻東門不克，轉攻南門。<u>漢</u>奸縱火内應，城遂陷。副都統<u>長喜</u>禦之，受重傷投水，前鋒救出，越日卒。同知<u>韋逢甲</u>率義勇防堵海塘，礮傷左脅，亦越日死。佐領<u>隆福</u>禦賊於<u>天尊廟</u>，火起突圍出，窮追者至，<u>隆福</u>挈佩刀奮砍數人，力竭自刎。驍騎校<u>該杭阿</u>守北門，城陷

① <u>孟米鄉</u>下，原作米鄉，脱"孟""下"二字，據《籌辦夷務始末》（道光朝）卷四十九補。

② <u>孟米</u>，原作益米，據《籌辦夷務始末》（道光朝）卷四十九改。

有勸之走者,叱去,遂死之。佐領果仁佈妻塔塔拉氏,城陷懼受辱,有勸避去者,氏曰:"若遇賊,則求死不得矣!"遂與二女投井死。生員劉檾松,城陷出走,遇英兵逼書僞示,不從被戕。傭工陸貴,遇英兵令抬礮,不從被槍斃。木工徐元業,英兵逼之導搜婦女,不從以刃自刺。庠生劉東灜女,年二十二,未嫁,賊以刃脅東灜,女懼辱投井死。劉進女鳳姑,年十九,聞城陷出避,遇英兵復返,英兵尾之急,遂痛罵被戕。凡官弁兵民婦女殉難者七百餘人。兵備道宋國經退守嘉興。

臣按:英兵自入浙以來,所過城邑民人皆先走避,惟乍浦濱於大洋,出其大意,豕突而來,罹禍最酷。然下至兵民婦女,無覥顏求活者,具見國家養士之隆、食士之報,皆知以忠義相激勸,可謂難矣!

伊里布釋英俘於獄。英兵退。

時耆英、伊里布先後來浙,劉韻珂既續奉相機籌辦之密諭,遂與奕經趣伊里布至乍浦。有旨授伊里布乍浦副都統。英人踞乍浦數日,揚言進攻嘉興。伊里布至,仍遣家人張喜見英酋郭士利,告以撫事有成,令先退至大洋。先是,乍浦接仗,我軍生擒英人十六名,械送嘉興獄。郭士利索之急,伊里布許俟船退卽遣還。英人如約,遂以收復乍浦奏聞。

修復虎門礮臺。

時御史蘇廷魁奏言:"聞英人爲孟阿剌攻破,該逆兵船紛紛遁回,請乘機修築虎門礮臺及粵垣外燕塘墟、大沙河、

227

龜岡各要隘，以資防禦。"有旨："交靖逆將軍奕山等確訪，仍相度機宜，妥籌辦理。"

奕山覆奏，略云："臣等伏查，本年二月間，風聞英逆所屬孟阿剌地方，向有英國兵目領黑白番兵各數百駐守，因黑番出兵多傷亡，僅白番兵不敷駐守，該兵目於去冬勒派土著商民充兵役，因而搆怨，羣起刺殺兵目，並將白番兵數百焚斃殆盡。嗣據香港探報，英人前佔孟阿剌埠頭，藉產鴉片厚利得充兵餉，因被孟阿剌麼哣鬼子將八顆之弟殺死，奪回鴉片埠，以致兵餉不繼。臣等以得自傳聞，究無確據，曾於前摺內奏及，是該御史所奏不爲無因。惟該逆兵船是否因此遁回？前飭查探，其說如果屬實，自不應復有兵船駛至。乃現在英逆兵船、火船，又陸續駛到三十餘隻，查探已有向東行駛者，餘船或云留泊香港，或云亦欲駛往江浙，是番船駛回孟阿剌應援之說，實未可信。但近日又訪聞英國之東有恩田國（恩田國卽緬甸國之音訛），相距約三月水程，英人欲得其地，被恩田國計誘，於本年正月殺斃英兵萬餘名，現在干戈未息。又聞英逆先與喀布爾打仗，現又與治拉拉拔打仗，有地名古斯尼，仍被治拉拉拔奪回，該逆深恐喀布爾與治拉拉拔相和好。又訪聞喀布爾與孟阿剌各處，總名印度等語。奴才等竊思該逆在海外欺凌各國，因而各國與之爲難，似係事所必有，而現在查詢該國人衆，所有孟阿剌、恩田國及喀布爾各情節，或稱得自傳聞，或稱並無其事，所言地名亦恐傳播語音，不無訛錯，一時殊難得實"云。

卷 十 一

夏五月,英俘嘿噶等伏誅。

先是,淡水、雞籠海口擒獲英人,總兵達洪阿、兵備道姚瑩將提郡查訊,因嘉義匪徒滋事暫停。及事平,仍分起提解來郡,委臺灣知府熊一本、知縣閻炘,帶習英語之宋廷桂、何金逐一研訊。將奏誅之,復奉上諭:"御史福珠隆阿奏,請暫留罪夷以便解省訊究一摺。臺灣擒獲逆夷多名,如果尚未正法,即著劉鴻翔飭令達洪阿等,按照該御史摺內所陳,千里鏡一節毋庸查究外,其餘逐層究詰,明白曉諭,務得實情,密籌辦理,冀有裨益於攻勦機宜。"

姚瑩覆奏,畧云:"臣等欽奉諭旨後,復加研訊。據黑番頭目咀莉啌等供稱:伊等均紅毛望結仔、吽勝油各島人,駕夾板洋船,向屬英人管轄,每年俱納鴉片煙土為貢稅。前年中國查禁煙土,無從銷售,英王遂索納金銀。各島亦因煙土難銷,無金銀供應,仍求收納煙土。英王即於檳榔嶼、望結仔、實力等處,雇調兵船七十餘隻,在孟加剌會齊,大船用八九百人,小船五六百人,每人月給番銀四、五圓至十餘圓不等,又漢奸數人,沿途賣貨、買貨供用,令大頭目帶各船至中國,與領事義律求通商。因中國嚴禁如初,即帶各船至虎門、舟山、廈門等處滋擾。去年,英王撤回義律,另以璞鼎查

229

爲領事，大頭目隨派三十餘船攻廈門，續派二十餘船再攻浙江，又派伊等三桅船三隻來臺窺伺。伊等船於八月十二日晚先到雞籠外洋，其同來二船不知何處阻停。伊等遂於十六日駛入雞籠口，與官兵開礮相攻，被岸上礮擊倒大桅，伊船立破。船中番官三人，一名可失萬，一名巴剌不，一名龍不犇，見勢危急，一於拜天後跳海，一傷目，其一同白番數十、黑番三百餘及漢奸數十分駕杉板船四隻逃走。官兵乘船追至，諸夷或投海死，或被殺死，伊等均被生擒，船上大小礮三十餘門及藥彈、金銀、器物，俱各散失。此該夷船聽從英逆各處滋擾、來臺被擒原委也。詰以漢奸姓名、里籍，據稱：漢奸俱粵人，前英人在廣通商，與管事白番相識，是以雇在各船照料，伊等實不知其姓名。詰以製藥、製礮該逆能否造辦？據稱：火藥、船隻俱在本國及息辣製造，礮用銅鑄，伊等但能用藥點放，不能造辦。詰以硝磺、米石由何處偷漏？所需內地何物接濟？畏懼中國何項兵法？據稱：硝磺、米石俱由息辣、孟加剌等處運來，或各處漢奸接濟，船中所帶乾麵粉餅極多，非必需內地之物。至在中國打仗，最怕擱淺，是以到一海口，必量深淺。最怕火攻，是以船之兩舷皆用夾木，中層注水以防礮火等語。臣等復詰以檳榔嶼、望結仔、息辣、孟加剌、實力等處是否國名？所獲圖冊、番書是何奸計？據稱：孟加剌、實力是英國屬島，檳榔嶼、望結仔、息辣三處是英國大碼頭，在葛剌巴一帶，順風亦須四、五月方到中國。至所帶圖冊，是沿途各島及中國地圖，番書是管船白番甲畢丹之物，伊等黑番俱不識字，莫能解說等供。再三嚴詰，矢口不移。臣等查該逆番等因天朝不准販賣煙土，輒聽英人調派，分至各省滋擾，實屬罪大惡極，若如該御史所奏，解省審辦，非惟現乏文武官兵護解過海，且此項黑番俱各島烏合愚蠢之人，問以秘要情形，不能明晰，且恐洋面番船聞而截奪。應否仍照臣等原議，卽在臺正法，以彰國憲而快人心，抑如該御史所奏，暫緩正法之處，臣等未敢擅便。"

尋奉旨："將頭目監禁留存，聽候諭旨，其餘概行正法。"於是將雞籠擒黑番一百二十三名，除受傷在途、在監身斃外，又留存頭目咀莉喠、哈吻呦嘓二人，其餘望蔦等一百十七名斬決。又將大安生擒紅、白、黑番四十九名解郡訊供後，亦留存紅番頭目顚林、大夥長律比、二夥長吧底時、三夥長科因諫呢、副頭目怒文、白番頭目伊些駱、黑番頭忍滿七人，其餘紅番肌哩等三名、白夷密林等十名、黑番伊騷等二十九名，悉誅之。

英人陷寶山，江南提督陳化成死之。

寶山城東南爲吳淞、黄埔交匯入海之口，實爲上海、崇明管鑰，洋面寥闊，不如口内之東溝、江灣可設伏火攻，惟東西礮臺有礮三百餘，又海塘高厚，礮不能透，塘上土堆如雉堞，可蔽身，小沙背則塗灘峭岸，險亦足恃。江南提督駐松江府。陳化成蒞任六日，而定海警報至，遂馳赴吳淞口，相度形勢，建營於海塘高岸，激勵將士，拊循軍民，冬則踏雪巡營，夏則海潮盛時水深及尺，未嘗移營。及乍浦失守，江浙騷動，總督牛鑑駐師上海，有兵三千、籐牌八百，化成恃以無恐。

是月三日，英火輪船四由外洋探水入，輪煙蔽天。鑑驚疑束手，適奕經檄令權宜設法羈縻之，遂遣弁齎禮物赴，英船不答。初八日，英船開礮，化成亟麾令然礮，沉其二艘，又

231

折其二艘之桅，斃英兵三百餘人。鑑聞之，喜出寶山南門，登塘觀戰，適爲一飛礮驚退，滁州兵在後者走，河南、徐州兵皆潰，總兵王志元亦走。英兵遂由小沙背登岸。化成前後受敵，中礮死，東溝、江灣之兵同潰。英兵遂入寶山。

牛鑑走嘉定，自丹陽、句容回江寧。武進士劉國標負化成尸匿蘆中，越十日嘉定知縣練廷璜求得之，殯於曝城，民爭詣哭奠，繪像祀之。事聞，賜諡忠愍。時江浙士民謠曰："一戰甬江口，督臣死，提臣走；再戰吳淞口，提臣死，督臣走。"同化成殉難者，守備韋印福、千總錢金玉、許林、許攀桂、把總龔齡增、外委徐大華、姚雁宇等七人。

英人陷上海，典史楊慶恩死之。

上海距寶山八十里，居民聞警卽遷徙，文武各官買舟將遁。典史楊慶恩聞之，求見上官言事，不得而返。比吳淞失守，參將繼倫率兵棄城去，兵備道巫宜禊、知縣劉光斗先後走松江，所募福建水勇乘機焚掠。慶恩頓足長歎，作牘呈上官竟，投筆曰："吾亦從此逝矣¬"倉皇出小東門，呼扁舟渡春申浦，探囊得百錢與舟子。其僕意其避去，從之。舟至中流，慶恩突躍入水，僕號呼曰："此我主上海捕廳也¬"舟子不顧，急搖槳去。僕求救不得，亦走。十一日，英船駛至上海，城已空無人。比英兵退，慶恩家人求之於周家渡蘆叢中，見番尸十餘，中有漢衣冠者，則慶恩也，乃斂以歸。事聞，奉旨優恤。

英人犯松江府，壽春鎮總兵尤渤禦却之。

英人既入上海，十三日復以火輪、杉板駛至松江。時尤

232

渤統壽春鎮兵二千調守松江，整陣以待。英師開礮，渤令我兵皆伏避之，礮過而起，則我礮齊發，相持半日而退。次日復至，亦如之。英人不得逞而返。

英人又將窺蘇州，以火輪船探水，至泖湖，輪膠於水草，乃還，遂於二十日退出吳淞口。

夏六月，英人陷鎮江，副都統海齡闔門死之。

英人又以杉板小舟擾及無錫界，並崇明、靖江、江陰境，鄉民聚衆逐之，不勝，去。遂自福山放洋游弋，圖入長江，而未測江水淺深、沙綫曲折及内地虛實，乃劫沙船導火輪船駛探，知各險要皆無備，沙港荻洲皆無伏，乃決意深入。

先是，有鎮江紳士請於常鎮通海道周頊，以圖山關江流狹隘，可兩岸設防，且備火攻，頊乃親往相度形勢。紳士爲指陳堵截守禦事宜，頊笑曰："鋌而走險，彼必不來，來則俟其擱淺而圖之。若先糜數萬金以設萬一之防，誰其任之？"遂不設備。

初八日，英船乘風潮直入，進薄瓜洲城，兵民已逃盡，轉窺鎮江。參贊大臣齊慎、湖北提督劉允孝督兵禦於城外，相持三日，勢不支，退守新豐，距郡城四十五里。城中守具不備，又未團練民勇相助，惟駐防兵千餘，綠營兵六百，副都統海齡率之以守。初攻不克，英人乃佯攻北門，而潛師自西南以火箭射入城，延燒房屋，乘間梯城入，守兵皆潰，居民紛紛逃出。乃焚滿營，海齡爲所殺，闔户盡焉。頊及鎮江知府祥麟、丹徒知縣錢燕桂等，先後棄城走。鎮江素繁富，英人積憾駐防，焚殺擄掠，慘甚寧波、寶山。

淮揚鹽商賂英師。

京口既失，英船礮聲震江岸，瓜洲、儀徵之鹽船估舶，焚毀殆盡，梟匪乘間劫掠，火光百餘里。揚州爲鹽漕交匯，自京口逾江溯流，止半日程，淮南北場運商人惴甚。時漢奸諜者揚言：英人戒師期，將因糧於揚，以規取江寧，非速備贖城費以求免，禍且旦夕至。贖城者，英人挾兵索賂之口號也。

商人聞警，將盡室行。有江壽民，素善淮商門客，自請往詗之。諜者以告，馬利遜呼之入，索賂款六十萬，壽民請減其半。英酋方欲疾趨江寧，意不在揚，許之。時淮商皆中落，咄嗟莫辦，具白於運使。但明倫不可，商人曰："納賂以行成，不猶愈於齎糧而藉寇乎？"明倫踧踖無以應，乃作商人提借之款，飭總商具領，事後歸償，即日交壽民致送鎮江。英船遂於二十八日進逼江寧，東南大震。

秋七月，英人犯江寧。耆英、伊里布、牛鑑與英人成和。

英火輪兵船八十餘艘連檣溯江而上，自觀音門至下關（在江寧北河外），烽火照徹城中。時牛鑑自吳淞敗還，沿江警報日亟，而不謀守禦。朝廷方厪慮漕運咽喉與沿海之民，已敕耆英便宜從事，羈縻之。又英酋已先奉其國王諭，但得他省通商，不必更索兵費、煙價，即鴉片亦不再販，故在乍浦亦有前往天津求和、遵國王所諭之言。而耆英方自浙啟行，伊里布亦奉詔自浙馳至，未敢自專，故鑑惟日促耆英之至，而飛書照會英酋，以欽差大臣已奉諭旨允定和好，不日可到，以緩兵。

234

是月初三日,伊里布亦遣家人張喜偕揚商夥詣英船,覊縻之。其酋璞鼎查諢語曰:"耆將軍未知何日到?我軍數萬遠來,轉輸難繼,方謀就食城中,若欲俟耆將軍,速爲我辦餉糈三百萬,治邸舍城中,入而徐議可也。"二人歸告,時壽春鎮兵已抵城下,將校陳平川等皆憤怒,請決一戰,鑑不許。曰:"然則請閉城登陴而守。"鑑遽拂衣起。駐防將軍德珠布在座,亦拂衣起。江寧故南都,城守嚴重,將軍錄鑰牡,督府有急事,亦需將軍令箭然後啟。英船初至,德珠布亟傳令閉諸門,時居民戒京口焚掠之慘,方遷避去,猝聞重閉之令,有踏藉死及委殯去者。鑑與德珠布交疏相劾,伊里布調停其間,約以已啟申閉。及敵情叵測,鑑猶恐誤撫局,不設備,德珠布怒,即閉內城,授兵登陴,居民益恐。

時張喜復至英船,英人要求各款:一、索煙價、商欠、兵費銀二千一百萬;一、索香港爲市埠,並通商於廣州、福州、廈門、寧波、上海五港口;一、英官與中國官用敵體禮。餘則劃抵關稅、釋放漢奸等款。末① 請鈐用國寶。喜言:"煙價、兵餉廣東已給過六百萬,今索價更奢,索埠更多,若何?"馬利遜言:"此我國所索,豈即中國所許?此次通商爲主,不重在銀錢,但得二三港貿易,餘則中國裁酌可也。"而諸大吏未即覆。

初六日,耆英入城,按各款稍駁詰之。適英酋聞增調壽春兵至,謂我借款緩師,初八日突張紅旗,揚言:"今日如不定議者,詰朝攻城。"意蓋欲款局速成,非望所求盡允,而諸帥即夜覆書,一如所言,亦絕不及鴉片煙禁。翼日,遣侍衛

---

① 末,原作未,抄本作末,據改。

咸齡、布政司黃恩彤、寧紹臺道鹿澤長往告各款已代請，俟批回即可定約。遂急驛馳奏，且謂敵設礮鍾山之顚，全城性命在呼吸，實則山頂極峻，礮無由上，且距英船數十里。又謂乾隆時征緬，棄銅壁關外五千里云云。上覽之憤甚。時軍機大臣謂：“兵興三載，糜餉勞師，曾無寸功，靖難息民，撫之便。”遂許之。惟福州省會，飭以泉州換給。所請鈐用國寶，著易以該大臣關防。

時三帥以將修好，遣耆等約期相見。馬利遜（英官名，其人能爲漢語）謂耆曰：“我洋人不諳中國禮節，欽使、制府必欲來者，請以本國平行禮見，蓋惟舉手加額而已。”十五日，耆英等暨侍衛司道詣英舟，與璞鼎查等四人相見，即用其禮議，訂盟約。十七日，復親具牛酒犒師，英酋忽辭不見，亟遣耆往問故，馬利遜曰：“前議款無可更易，有一不從，則請相見以兵耳।”諸帥奉批旨，懼撫事中沮，祕不聞，惟奏乞俯如前請。又稱鈐用國寶乃該國王所藉覘向背從違者，否則各議條皆不行。上雖知諸臣危言要挾，而度其終不能戰也，遂許之。而耆英等果於覆奏後，即已一如所請，十九日，率僚屬赴靜海寺（在儀鳳門外），璞鼎查兵衛導從，入寺相見，將議款各畫諾。

二十一日，璞鼎查偕馬利遜入城，至上江考棚答謁大吏。集隊仗，鼓吹聲礮迎入。璞鼎查雖兵頭，而馬利遜辯給多智。酒酣，馬利遜言：“我兵本不敢輕入內江，緣七次遣人沿江探水，至燕湖，遇險狹處，周視蘆葦間，不見一兵，然後敢入。若和議不成，長江天塹固將一決勝負也。”耆英詫甚，謂彼何以識“長江天塹”之語？故有傳其爲漢奸仕英者。

236

初，英船抵下關，嘗由陸分擾及句容鄉鎮，又漢奸所在充斥，恩彤令城内挨户行保甲法，立柵給牌，嚴啟閉，以防内奸，民甚德之。自張喜通撫事，恩彤與英酋往還日密，人以是譏之。又，英人自以異言異服，初未敢輕出，至是侈甚，恣意游覽。有英人見婦女之晳者，執手調謔，居民憤甚，羣捽而毆之。其酋怒，將趣衆赴鬥，恩彤亟往謝，而酋必欲按問，乃枷鎖軍犯數人詣謝。旋諭軍民，謂："外洋重女輕男，執手是其本俗，居民慎勿滋事端。"遂傳為口實。

法蘭西人來江寧。

法蘭西及美利堅與英吉利皆世仇，英人入犯，并阻諸國貿易，諸國欲各調兵船來粵與之理論，林則徐曾兩次奏及，以琦善一意主和而止。琦善甫褫逮，美利堅酋卽出調停，故有"但許通商，不索一切"之請。乃廣東誤攻殺美利堅數人，故不肯復盡力。而法蘭西酋於英人再敗盟後，卽來兵船二、兵帥一，并請代造二船，曰"水底鴉"，能伏水中攻船底，否則請火藥及兵餉銀數萬，代攻虎門、香港之英船。又請以船礮贐中國，而教我兵駕馭運用之法，可仿造十船，分布各海口，俾英不敢逞。奕山、祁墳皆遲疑莫之應。其酋又請赴浙江代為議款，使英人不敢為無厭之求，否則藉與為難，奕山亦不肯奏。及怡良以聞，又恐其情叵測，坐視遷延半載。至是月，馳赴吳淞，則英人已深入，法人因請我船導之入江，而官吏申請稽時，比至江寧，則款議已成數日。璞鼎查懼其搖撼撫事，遣舟迓之，問勞有加。法兵頭猶謂："戰則求援，和則不告。"數誚讓之。而英人待之益恭，法兵頭懊喪而返。

於是，分提藩運各庫銀，給付本年六百萬（議款二千一百萬,本年交六百萬,餘分作三年完結)。至八月杪,英船出江,九月始盡回東海。其鼓浪嶼及定海,則俟三年銀數交後始撤。

劉韻珂致書耆英、伊里布、牛鑑。

江寧撫議定,浙撫劉韻珂恐人議其奏起伊里布爲請撫之地,以解浙危,又見所允款議多礙大局,遂致書耆英等,略云:"聞撫局已定,念計出萬全,自當預防後患,而鄙人不無鰓鰓過慮者:查英船散處閩、粵、浙、蘇較多,其中稱有他國糾約前來者,又聞粵東新到洋船十隻,倘該逆退兵後, 或他國出而效尤,或卽英人託名復出,別肆要求,我未能深悉夷情,安能盡服醜類? 此宜慮者一;該逆曾在粵就撫,迨給銀仍復滋擾,前車可鑒,此次議定後, 或又稱國主謂今酋目等辦理不善,撤回別生枝節,此宜慮者二;該逆屢有前赴天津之言,去年投書之某,今年所獲之陳祿,皆云雖給銀割地,決不肯不往天津,而現索通市碼頭又不及天津,殊爲可疑, 此宜慮者三; 通商必明立章程,各有關口應輸稅課,倘仍阻商抗課,勢必難聽,一經禁止,必啟事端,此宜慮者四;通商之後, 民人與該國獄訟,應聽有司訊斷,倘此後各省案涉夷人, 彼乃抗不交犯,如粵東林維喜[①] 之案,何以戢暴而服民? 此宜慮者五; 罷兵後各海口仍需設防,如修造礮臺、戰船, 添設兵伍、營卡,本以防海,倘該逆猜疑阻撓,致海防不能整頓,此宜慮者六; 通商須治奸民,今內地漢奸現投該處者, 應令全數交出,聽候安插,否則勢必恃夷犯法,不逞之徒將陸續往投,以

---

① 林維喜,原作林維美,據《鴉片戰爭》(III)第 360 頁《劉玉坡中丞(韻珂)致伊耆牛大人書稿》改。

238

害良民，倘該逆庇護，官法難施，必尋釁隙，此宜慮者七；既定碼頭，則除通商地面，餘皆不容泊岸，倘任意闖入，致民衆驚惶，或掠取婦女、牲畜，民人糾合抗拒，彼必歸咎於官，興兵搆怨，此宜慮者八；通商原非割地，而現已毀定海城垣，造洋樓亘數里，洋兵挈眷而居，有據地之意，倘各省均如定海，舉腹內之地界人，轉瞬即非我有，此宜慮者九；中國凋敝之故，由於漏銀出洋，今各省洋船漏銀更甚，利源勢將立竭，會子、交子之弊政行，國用、民用之生計已絕，嗣後雖准以貨易貨，更須嚴禁漏銀出洋，而釁隙即開於此，此宜慮者十。至議給之款，各省分撥，承示須勒紳富捐輸歸款，浙省自軍興以來，商民捐助餉需爲數已鉅，寧郡爲全省菁華，又爲洋人搜括一空，去歲復遭災歉，各屬飢民滋事，業經勸捐賑濟，實已竭蹶從事，若責以賂夷之款，勢必不應，若如川省之議增糧賦，江浙萬不能行，必至忠義之心漸成怨毒之氣。故剿夷之銀可勸捐，而賂夷之銀不可勸捐，他省完善之地或有可勸捐，浙省凋敝之區萬難勸捐。惟諒察之。”

又云：“成敗安危之機，自此而定。如病證本合用大黃、芒硝，忽爾瞑眩，一醫遽易以參朮，後醫知其誤，仍用硝黃，而配方雜亂，佐使無等，屢試益劇，於是庸醫羣以爲硝黃不可用，再投參朮，不復瞑眩，而痼疾遂成矣。就今[1]大勢而論，文官愛錢又惜死，武官惜死又愛錢，加以兵無鬥志，民有亂心，帑藏空虛，脂膏竭盡，戰亦敗，和亦敗。然戰之敗，敗於無人；和之敗，敗於失策。英人反覆姑不具論，卽善後事宜，而論已儳焉如不終日。導之爲逆者漢奸也，其爲逆主謀

---

① 今，原作令，據二十二年本改。

及荷戈相從、受其雇役者，何止萬人，英雖戢兵，若輩肯散歸田里乎？如仍混迹於英，藉勢作奸犯科，官不能詰，吏不能捕，況英既以兵脅和，固已夜郎自大，**通商碼頭**，清道而來，文武官吏，皆將趨避，取人財貨，**掠人妻女**，又**敢**問乎？一也；名曰四處碼頭，實則隨地可到，假令深入漸進，遨遊各城市，孰能禦之？二也；不軌之徒，干犯國紀，竄身夷館，卽屬長城，三也；民犯夷則惟恐縱民以怒夷，夷犯民又將執民以媚夷，地方官祇知有夷，不知有民，四也；水師將弁本皆懦怯，洋盜出没伺劫，祇須懸一英旗，我兵便已膽落，五也；挾兵通商，自必免稅，沿海諸國大率爲英人脅服，此後貨船皆附入英人，我設關而彼收稅，六也；黃巖一縣，無不吸鴉片煙，晝眠夜起，呆呆白日，闃其無人，月白鐙紅，乃開鬼市，煙禁大開，鬼世將成，七也；兩年來干戈擾攘，專爲禁煙，專爲漏銀，今煙禁仍開，銀盡可待，八也。夫國家所恃以治天下者，法也，民所恃以納稅課、通貨物者，銀也，今法窮於夷，銀盡於夷，雖欲戢兵，其將能乎？然大局既壞，攻補兩難，而徒責今日之庸醫殺人，則亦未爲平允耳。"

臣按：韻珂此書，指陳後患，深切著明，而法窮、銀盡二語，尤足賅通商後一切弊端，而論者每惜其言行之不符。蓋江寧之撫，雖耆、伊二相成之，而二相之來江寧，實韻珂使之。但韻珂用意深巧，既幸紓目前之難，又自惜身後之名，撫局既定，恐貽天下後世口實，特爲此書，以貽三帥。覽者見其置身局外，反覆千言，必謂當日撫局韻珂未嘗與聞，殊不知薦起伊里布疏中，雖不及一"撫"字，而"該逆感戴傾服"等語早已失言。至是又倡爲攻補兩難、和戰俱敗之說以自

謗，韻珂其黠矣哉|　故統觀其前後奏詞，謂韻珂未與撫議，
恐百喙不能辯矣。

冬十二月，逮治沿海失事文武官，論罪有差。

撫議既成，洋船盡退，廷臣交章論劾，有謂"竭千萬民庶
之脂膏，保二三庸臣之軀命"者。上亦念誓師命將，戰既無
人，和真失策，追論前事，詔以不守長江險隘逮治牛鑑，以耆
英代之。又襃逮領兵將帥奕山、奕經、文蔚、余步雲等，交刑
部治罪，按律問擬斬監候有差。惟余步雲以裕謙家人控於
都察院奏聞，上以其情罪最重，卽行正法。其餘沿海失守城
池之道府縣，及領兵官失事逃走者，懲處有差。

以伊里布為欽差大臣，赴廣東督辦通商事。

蠲免沿海被寇地方錢糧。

罷臺灣鎮總兵達洪阿、兵備道姚瑩。

江寧議款成，約各歸還俘獲，而臺灣先後英俘百六十五
人，已於五月奉旨伏誅，惟以白齍還之。璞鼎查抵廈門，積
懷慚恨，遂訐臺灣鎮達洪阿、兵備道姚瑩冒功貪賞，擄殺其
遭風逃難商民，并張偽示，思與臺灣搆怨。而主款官吏及失
守文武亦忌之，肆為蜚語。

瑩等申奏云："臣等遵旨釋還英俘及此次遭風英人，業
將兩次委員護送並廈門英官來臺灣情形具奏。茲據各稟，
委員張肇鑾護送此次遭風洋人二十五名，已於十月初八日
交訖，其委員盧繼祖、梁鴻寶護送釋回頭目顚林等九 名①，
因風於十月二十一日始到廈門，先有洋船在港口守候，卽將

----

① 九名，原作九十名，誤，據《籌辦夷務始末》(道光朝)卷六十五改。

顛林等攔去鼓浪嶼,尚未給回照,風聞璞鼎查已到厦門,與鼓浪嶼夷酋札士必作何忽生異議,以爲臺灣正法之洋人皆係遭風洋商,不應正法等語。臣等不勝駭異。查臺灣洋面,自上年八月初一後,卽有洋船南北遊奕,並無風暴,初九日始有颱風,至十二日申刻卽止。該洋船係十三日申刻泊雞籠外洋,十五日辰刻移泊近口之萬人堆,十六日卯刻駛進口門,對二沙灣①礮臺連發兩礮,打壞兵房,我兵卽放礮回擊,見其桅折繩斷,船卽退出口外,衝礁擊碎。該船來臺遊奕,在未起颱風之先,及到雞籠洋,已在風息之後,且先泊外洋,後進口門,中歷三日之久,何得謂之遭風?如係商船,爲何開礮攻我礮臺?且尚有所獲洋人大小礮位多門及戰甲可證。及九月初五日,又有三桅洋船至雞籠,攻我礮臺、石壁,燒我哨船一隻,因上岸洋人爲我兵礮斃,始退。似此攻戰交鋒,何竟不言,而以遭風藉口?本年正月大安之役,先有三桅洋船三隻,在彰化五叉港外洋,臣等設伏定計,密遣漁船誘其擱淺擊破,除殺溺外,生擒顛林等四十九人,及廣東奸民鄭阿二、黃舟等五人。起獲礮械,內多寧波、鎮海各營軍器,鑄有字號,並起獲浙江提督水師號衣、旗幟各二,署溫州鎮左營守備本汛水陸程途山水形勢册一,浙江巡撫札溫州左營包游擊捕盜、又札包游擊查獲販買鴉片之犯各二,并潁州營左軍葛守備札薛外委查守兵陳廷儉各印文,現俱存庫可驗。若係商船,何有此物?其爲在浙騷擾之兵船無疑。且據該夷目及奸民鄭阿二等供稱,係璞鼎查自定海遣來,持書尋臺灣逃軍張從等內應,而張從已於上年由臺被獲正法,果有其

① 二沙灣,原作三沙灣,據《籌辦夷務始末》(道光朝)卷六十五改。

入。似此供證確鑿，乃捏稱遭風商船，以飾其在臺挫衄之恥，夷情狡詐，一至如此」且事在和議未定，薄海同仇，卽使洋船實係遭風，亦當乘勢攻擊，方爲不失兵機，豈有釋而不擊、禽而不殺之理？況洋人夾板雖多，中多派用商船打仗，勝則稱爲兵船以耀其武，敗則指爲商船以諱其短，其無足怪，乃於和議已成之後，追尋前事，謂臺灣不當以其人正法，成何理耶？臣等幸逢聖明在上，此等無理之言，本不足上瀆宸聰，但夷情難定，其在臺者已感激恭順於先，而在厦者忽爲此飾情翻異之説，誠恐訛言易滋，於大局甚有關係。現在來臺洋人雖已悦服，但江浙大幫洋船尚未南歸，不可不防患於意外。今既有所聞，不敢不據實上陳聖鑒。"

又奏云："前此僥倖成功，實由仰承聖訓，先事指示機宜，，又得文武員弁、紳士義民人思敵愾，憤切同仇，且督撫臣深悉海外情形，屢次令臣等便宜行事，不爲遥制，是以臣等不避嫌疑，遇事逕行具奏，故能不失機要，境土安全。卽正法之夷，自上年八月及本年正月俘獲，皆羈留久之，迨該逆連犯乍浦、吳淞，始奉旨正法，誠以海外奸民屢次勾通滋事，衆至百數十人，久恐生變，彼時尚未就撫，不得不除内患，仍留其頭目，未肯全誅，臣等仰體皇上格外之仁，安敢濫殺？敵未就撫，兵商皆我仇讎，況騷擾有據，前後奏牘具在，祗以上崇國體，下固人心，張我軍威，作我士氣，乃蒙聖主俯鑒。海外孤危，内安外攘之難，十倍内地，不惟臣等及全臺文武屢邀寵恩，迴逾常典，並以臺地人心浮動之區，紳士義民能知大義，每於賞勸獎勵之中，特加優異，聖謨廣遠，燭照遐方，所以鼓士氣而勵戎行，迴非臣下所能企及。臣等力小任重，本深以爲懼，臺灣之賞愈厚，則英人之忌愈深，觀該酋示中有云：‘中華之辱，莫甚於此1’其情亦可見矣。厦門與臺灣對峙，洋人在厦設立碼頭，商船往來貿易，臣等在臺實犯彼之大忌。今偽示稱，請大臣代奏伸冤，諒此虺蜮之情，斷不能逃聖鑒，而臣等密邇仇讎，彼必藉口而來滋擾，縱使防禦周詳，人心鞏固，第方今受撫之初，豈可以一隅致礙大局？伏乞皇上天恩，將臣等開缺，即日撤回，聽候欽派大臣到臺查辦，俾臺灣免生兵釁。至臺灣各口要隘設防兵勇，前已酌量抽減，以節經費，今夷既與臺灣爲難，不得不仍行嚴備，並求迅賜簡放鎮、道，以重地方而專職守。”

時諸大吏慮兵端再啟，各據洋人遞詞入奏，耆英竟劾臺灣鎮道冒功，達洪阿、姚瑩遂罷。

卷 十 二

癸卯　道光二十三年(公元一八四三年)

春正月，詔怡良讞臺灣獄。

時英酋流言四布，欲罪臺灣鎮道以雪憤，詔閩浙總督怡良渡臺查辦，並奉廷寄："儻此案稍有隱飾，不肯破除情面，以致朕賞罰不公不明，又誤撫夷之局，將來朕別經察出，試問怡良當得何罪？凜之！慎之！"怡良既渡臺，即欲傳旨逮問，而臺郡兵民望其騶從，相與喧譟不已，達洪阿亟諭解之。次日，又持香炬赴訴行營，復經鎮、道撫循遣散。而全臺士民遠近奔赴，合詞申理，怡良懼激變，受其詞，慰而遣之。然既奉明諭，不欲誤和撫之局，思從權完案。

至是，宣傳上意，迫鎮道具供，以"兩次洋船之破，一係遭風擊碎，一係遭風擱沉，實無兵勇接仗之事"據奏，又稱："此事在未經就撫以前，各視其力所能為，該鎮道志切同仇，理直氣壯，即辦理過當，尚屬激於義憤，惟一意鋪張，致為藉口指摘，咎有應得。"達洪阿、姚瑩遂不敢堅執前情，求奏請治罪。

夏五月，逮臺灣鎮總兵達洪阿、臺灣道姚瑩入都。

怡良等奏上，有旨："逮達洪阿、姚瑩入都，交刑部會同軍機大臣訊結。"議上，奉上諭："該革員等呈遞親供，朕詳加披閱。達洪阿等原奏，僅據各屬文武士民稟報，並未親自訪查，率行入奏，有應得之罪，姑念在臺有年，於該處南北兩路匪徒疊次滋擾，均迅速蕆事，不煩內地兵丁，尚有微勞足錄，達洪阿、姚瑩著加恩免其治罪，業已革職，應毋庸議。"

　　初，姚瑩就逮時，上浙撫劉韻珂書云："瑩與達鎮軍以禽斬夷俘，爲夷目譸訴，大帥相繼糾彈，更有摭拾浮言，爲彼之助者，致干震怒，逮問入都，既負聖明特貰之恩，又孤上臺知薦之德，惶悚難言。卽當赴省，候文就道，不得面辭。承明諭：'原奏未嘗不是，惟斬俘太急，再逾兩月，則撫議成而事可免。'又謂鎮道此行非辱。甚矣，大君子持論之允也！顧尚有未白於左右者：今局外浮言，不察情事，言鎮道冒功，上干天聽。夫冒功者，必掩人之善以爲己美，未有稱舉衆善而以爲冒功者也。雞籠距郡程十日，大安稍近，程亦五日，皆在臺之北境，兩次擒夷，均非鎮道身在行間，惟據文武士民稟報之詞耳。自古軍中驗功，皆憑俘馘、旗幟、鎧仗，有則行賞，故人人用命。是以周師耀武，史有漂杵之文，項羽自刎，漢有五侯之賞，所謂'兵貴虛聲，寬則得衆'也。雞籠之破洋舟雖以衝礁，大安之破洋舟雖云擱淺，然摜甲之士不懈於登陣，好義之民咸奮於殺敵，乘危取亂，未失機宜。洋舟前後五犯臺洋，草嶼賊船勾結於外，逆匪巨盜乘機散亂於內，卒得保守巖疆，危而復安，未煩內地一兵一矢者，皆賴文武士民之力也。第無以鼓舞而驅策之，焉能致此？況當時各路稟報，皆稱接仗計誘，所獻夷囚、礮械、衣甲、圖書既驗屬實，復有綠營旗幟、軍衣、刀仗，與浙江巡撫營官印文、火藥、道里數册，確係騷擾內地之兵船。其時敵焰方張，蹂躪數省，

246

茶毒我民人，戕害我大將，朝廷屢有專征之命，閫外曾無告捷之師，宵旰憂勤，忠良切齒，郡中得破舟擒夷之報，咸額首稱慶，謂海若効靈，助我文武士民殲此醜類，亟當飛章入告，上慰九重焦憤之懷，且以張我三軍，挫敵銳氣。在事文武，方賞勞之不暇，豈爲鎮道不在行間，功不出己，遂貶損其辭哉？鎮道原奏，皆據衆報彙敍，未言鎮道自爲，卽文武稟報，亦未没士民所獲，士民亦未有控文武攘其功者。怡憲渡臺逮問鎮道，成算早定，一時郡兵不服，其勢洶洶，鎮軍懼變，親自拊循慰諭乃散。翌日，衆兵猶人持香一炷，赴欽使行署泣訴。而全臺士民，遠近奔赴，具呈爲鎮道申理者甚衆，皆未逮臺案議敍之人也。雖憲批不准，然皆已受其辭，有案可稽，則鎮道非有冒功之心明矣！雞籠洋舟，到口三日後乃開礮，我兵亦開礮相持。大安洋舟，實爲漁人所誤擱淺，兵民因以乘之。當時陳辭，初非臆造，詎料就撫後追憾臺灣擒斬其人，遍張僞示，以爲‘中華之辱，莫甚於此’，計逐鎮道以快其私，大帥相繼糾參，而臺灣冒功之獄成矣。在諸公創鉅痛深，以爲甫得休息，深懼再啟兵戎，謀國之意，夫豈有他？正月二十五日怡憲抵臺，次日傳旨逮問，以所訪聞，令鎮道具辭。瑩與鎮軍熟計，英人強梁反覆，今一切已權宜區處，膚訴之辭，非口舌所能折辯，鎮道不去，而英或至，必不能聽其所爲，英或別有要求，又煩聖廑，大局誠不可不顧。且訴出英人，若以爲誣，英必不肯服，鎮道天朝大臣，不能與夷對質辱國，諸文武卽不以爲功，豈可更使獲咎，失忠義之心？惟有鎮道引咎而已。蓋英未撫以前，道在揚威勵士；既撫以後，道在息事安民。鎮道受恩深重，事有乖違，無所逃罪，理則

247

然也。且上年十二月初三日，鎮道見英偽示，即照録具奏，自請撤回查辦。其摺在口守風，聞怡憲已奉旨渡臺，乃追回鈔呈怡憲舟次，繕摺猶存。今以罪去，誠乃本懷。將來入都，亦必如前請罪，以完此案。夫世俗紛紛，皆由富貴功名之念重，君臣道義之念輕耳。苟利社稷，即身家在所不計。古有殺身成仁、毀家紓難者，彼何人哉！怡憲不諒志士立身，以爲及此尚形强矯，頗相詰責，不能辯也！至臺灣鎮道奏事，乃國制也。隔海文書往復不能刻期，軍中朝夕百變，若事事請命，則貽誤多矣。惟念大君子有知己之感，區區微忱，幸亮察之。"

又與方植之書云："年前接讀手書及論洋務文，深爲嘆息！所論何嘗不中，無如任事人少，畏葸者多，必舍身家性命於度外，真能得兵民心，審事局之全，察時勢之變，復有强毅果敢之力，乃可言之。此非鹵莽輕躁所能濟事也。雖有善策，無幹濟之人，奈之何哉？今世所稱賢能矯矯者，非書生即獄吏，但可以治太平之民耳。曉暢兵機，才堪將帥，目中未見其選也。況局勢已成，挽回更難爲力耶！塋五載臺灣，枕戈籌餉，練勇設防，心殫力竭，甫能保守危疆，未至僨敗。然舉世獲罪，獨臺灣屢邀上賞，已犯獨醒之戒。鎮道受賞，督撫無功，又有以小加大之嫌。況以英人之强黠，不能得志於臺灣，更爲膚訴之辭恫喝諸帥，逐鎮道以逞所欲。江南、閩中彈章相繼，大府銜命渡臺逮問，成見早定，不容剖陳。當此之時，英爲原告，大臣靡然從風，斷非口舌能爭之事。鎮、道身爲大員，斷無曉曉申辯之理，自當委曲以全大局。至於臺之兵民，向所恃者，鎮道在也，鎮道得罪，誰敢上控大府,外結怨於兒酋乎?委員迫取結狀,多方恐嚇,不得不遵,於是鎮道冒功之案成矣! 然臺之人,固不謂然也。始見鎮道逮問,精兵千人攘臂叫呼,其勢洶洶,達鎮軍懼激變,親自撫巡,婉曲開譬,衆兵乃痛哭投戈而罷。士民復千百爲羣,日匍伏於大府行署,紛紛僉呈申訴者凡數十起,亦足見直道自在人間也。覆奏已上,天子聖明,令解內審訊,尋繹諭辭,嚴屬中似猶有矜全之意,或可邀末減也。委員護解啟程,當在五月中旬。大局已壞,鎮道又何足言?但願委身法吏,從此永靖兵革,以安吾民,則大幸耳! 夫君子之心,當爲國家宣力分憂,保疆土而安黎庶,不在一身之榮辱也。是非之辨,何益於事?古有毀家紓難、殺身成仁者,彼獨非丈夫哉?區區私衷,惟鑒察焉。倘追林、鄧二公,相聚西域,亦不寂寞。或可乘眼讀書,補身心未了之事,豈不美哉!"

以兩江總督耆英赴粵督辦各國商事。

江寧和議甫成,法蘭西、美利堅人先屢居間,議款皆不得與,頗有違言。其年冬,伊里布以欽差大臣至粵東議互市章程,英人欲各國皆就彼掛號始輸稅,當事每曲徇英人意,於是法人、美人皆憤,言:"我非英屬國,且從未猾夏憑陵,何反厚彼而薄我?"不肯從。又英酋先受困三元里,不敢復市廣州,及議款成,許以廣州貿易,而粵民羣起拒之,聚衆數萬,殺英人於市,又殺英官於澳海,焚其館而掠其資,督撫再三諭散之。璞鼎查時在粵,不敢報復,而歸咎於官吏。伊里布既以始終附成和議爲時指摘,又見粵事多棘手,至是以憂卒。詔耆英往接辦,遂許法、美二國互市皆如英例,不用洋商,任往各海口,與官吏平行。英人反以此市德於各國,而各國之從以合。

甲辰　道光二十四年(公元一八四四年)
英人築福州烏石山。

　　時劉韻珂任閩浙總督，英領事官李某以有事請見，韻珂不得已許之。及見，則請立通商碼頭，欲於會城內外，自南臺至烏石山造洋樓。南臺在福州城外，烏石山則城內形勝之地，韻珂難之。紳士許有年等亦聯名稟阻，且以上年粵東阻止入城為言。領事怒，訴於兩廣總督耆英，謂二十三年粵人阻止入城之議，係督撫藉端推諉，今閩人又將效尤，請卽照會閩浙總督，加意彈壓。耆英言："《和約》第二條所載領事官住五處地邑，並非專指城內而言。今百姓同聲疑阻，豈能遽治以違抗之罪？至十一條內聲明兩國屬員往來平行照會，此乃文書往來，非指住處而言，未可牽引比附。"然值交還欠款，照江寧約，已付甲辰年銀二百五十萬，應將舟山、鼓浪嶼退還中國，於是英公使在粵言：該國領事在閩，應將原約准在福州城內建樓，今既不許，恐交還鼓浪嶼之約亦將肯盟。閩粵兩督與之往復辯論，英公使乃請以二日退還鼓浪嶼，但退還後仍請在彼處建屋以居。耆英言："約內但有五口居住之說，是福州、廈門可造房屋，鼓浪嶼不得造房屋。"然英人執之如左券矣。

　　臣按：李領事初欲在白塔寺賃屋居住，居民沮之，卒援福州建造房屋之議，擅入城中，佔居烏石山。閩人知為虎頭生角，形家所忌，而不能阻，始歸咎於當事之不善處分，而韻珂遂因此被劾去。

250

乙巳　道光二十五年（公元一八四五年）

俄羅斯國進呈書籍三百餘種。

耆英奏准設天主堂。

　　直省開堂傳教，自昔例禁綦嚴，至五口通商，亦無許其增設教堂、聚徒講教，而江寧議款定自英人，法蘭西、美利堅皆不與，又法蘭西貨船至中國者少而私赴各省傳教者爲多，殊不便於中國之禁，於是二國相繼詣粵督呈稱："天主教勸人爲善，並非邪教，請弛習天主教之禁。"耆英據奏，部議准於海口設天主教堂，惟不許奸誘婦女及誑騙病人眼睛，違者仍治罪。自是，西洋人寄居五口者，皆設天主教堂，按房虛昴星值日之期，七日一宣教法，洋商是日停止貿易，入廟禮拜，謂之安息日，歲以爲常。然人民不服其教者，亦以此屢起釁端，官吏調停其間而已。

冬十二月，英人入廣州城，義民禁之。

　　英人既於福州烏石山建樓居，大僚與修往來晉接之儀，英人因是冀入居廣州城。粵民謂："洋人向不准入城，爲天朝二百年來例禁，況五口通商，粵東但有澳門，不聞廣州也。"合詞訴於耆英，請申禁。不省，乃大集南海、番禺紳耆，傳遞義民公檄，議令富者助餉，貧者出力，舉行團練，按戶抽丁，除老弱殘廢及單丁不計外，每戶三丁抽一，以百人爲一甲，八甲爲一總，八總爲一社，八社爲一大總。旬日間，城鄉鎮市鐙旗相望，衆議洶洶，不藉官餉，亦不受官約束，良莠錯雜，浸浸與官爲仇矣。

　　英酋璞鼎查之返粵，粵民卽禁其入城，酋方逞志於江寧，懼見挫，遂遽巡去。嗣有洋艘至，請入見，耆英難之。至是，其酋復以事請面商，耆英乃遣廣州知府劉潯赴英舟，謂將曉諭軍民，訂期相見。粵人偵知之，於城廂遍張揭帖，約以英酋入城日閉城起事。適潯自英船歸，民有擔油者，犯其前導，隸捽而笞之，市人譁曰："官方清道以迎洋鬼，其以吾民爲魚肉也。"一時烏合乘釁而起，隨潯噪入府署，聚至數千人，闖入內宅，取潯衣笥，搜其冠服焚之堂下，曰："彼將事夷，不復爲大清官矣」"潯踰垣奔訴，督撫懼激變，亟出示安撫之，乃散。又揭帖議劫十三洋行，英酋遂逸去。

自是，廣州民遇英人登岸，輒多方窘辱之。英人不堪，反以爲大吏指使也，數貽書責讓。耆英不能辯，而懼敗撫局，無計以弭之，謀於粵紳，則曰："此衆怒不可與爭也。"又曰："吾鄉之民，能爲國家効力剿賊，不願從撫也。若督撫將軍一朝下令，示以能執干戈禦外侮者受上賞，某雖不武，亦願備前驅。"耆英無以答也。

時番禺紳士潘士誠發憤捐資，延法人雷壬士於家，造船礮、水雷，演試如法，先後奏聞進呈。詔："廣東新造戰艦，交其承辦，毋令官吏侵蝕。"於是粵民乘間以翻撫局，英人入城之議不果行。

丙午　道光二十六年（公元一八四六年）
黃恩彤免。

初，黃恩彤爲江寧布政司，助成和議，撫局已定，升授廣東巡撫，至是被劾罷歸。

以徐廣縉爲廣東巡撫。

252

冬十月,以葉名琛爲廣東布政司。

丁未　道光二十七年(公元一八四七年)

春二月,與瑞典及哪威國訂通商約。

　　哪威(本名挪耳)在瑞典西境,負大山之背,地形長狹如帶,北抵冰海,西抵大西洋,南與嗹鄰。其境稍沃,夏日長九時,冬夜長九時。極北冬有夜無晝,夏有晝無夜,地既荒寒不毛,居民身不逾四尺,以魚爲糧。本嗹屬國,嘉慶中各國公使會議於維也納,以瑞地近嗹者歸嗹,而以哪威屬瑞。瑞自雍正間來粵,商船亦歲至,粵人呼爲藍旗國。

　　時法、美諸大國通商俱得仿英《和約》條款,而瑞本小國,不能盡循,因請並訂通商條款。耆英雖督兩廣,實兼總理五口通商善後事宜,辦理外國事,奏請許之,遂與瑞公使李利華訂約三十三條。而耆英旋內召矣。

以徐廣縉爲兩廣總督,葉名琛爲廣東巡撫。

夏五月,耆英赴召至江蘇讞獄,與英人成和。

　　時五口通商,上海最盛。洋人暇日輒駕杉板船四出游覽,而英人尤橫。有麥伯思舟泊青浦境,與居民鬨争,適有縣之糧艘集,舵工、水手等助居民相搏擊,英衆多傷,并毀其船。滬領事聞之,詣上海兵備道某,請按問主者,窮治首從。兵備道亦素惡其橫,又以事關地方,不應越訴,乃謾語以"鬨毆細故,不足深詰"。領事怒,語侵之。兵備道拂衣入,謂上海知縣曰:"番漢雜處,平民鬨毆,此犬兔之逐耳。執民以媚夷,吾不爲也。"英人求直不得,乃遣副領事羅伯孫等以小火輪至江寧陳訴。

時李星沅新任總督，適閱綠營兵，聞之亟遣員弁馳詣下關偵之。領事求入城見總督面訴，星沅欲援舊檔止之不可，乃准前此英酋與耆英等相見於上江考棚，用平行儀節，越日遂遣員弁導之入城。江寧民以壬①寅報恩寺之怨，相與喧噪。英兵呵逐之，居民競投磚石擲其酋，導行之員弁委曲調護，始得入考棚。因訴青浦被毆，劫毀船貨值若干萬，及上海道不為申理。星沅權詞撫之，令回上海聽候奏請查辦，英舟乃起碇去。

星沅方奏委布政司赴上海，適耆英自粵東內召，過江蘇，遂奉旨讞其獄。耆英恐失英人歡，於緝治青浦水手外，又以賂款作賠款，而置兵備道於劾典。星沅以此不懌，踰年遂以疾乞養歸。

戊申　道光二十八年(公元一八四八年)

俄羅斯商船來上海求互市，不許。

初，嘉慶間，俄羅斯由黑海沿裏海南侵游牧各回部，英吉利既據東、南兩印度，漸拓及溫都斯坦(即中印度)而北，於是葱嶺西自布哈爾、愛烏罕(即阿富汗)數大國外，凡轄轄里(一作轄鞋)皆并於俄，夾恆河城郭回國半屬於英。道光十九年，愛烏罕與沙蘇野相攻，沙酋求救於英印度兵頭，愛酋亦走訴於俄。俄起兵南攻巴社(即古波斯國)，取機洼、木哈臟②(即布哈爾)，欲復愛故地以窺印度，思奪英鴉片稅餉之利。英亦嚴兵為備。於是英、俄邊界僅隔印度歌士一大山，爭戰不休。英亦思自息搆爭，議未定而粵東罷英互市，

---

① 壬，原作王，據抄本改。

② 木哈臟，原作水哈臟，水應是木字之誤，據前文改。

254

聲其罪,仇英者咸快之。俄亦思結援中國,遣使自比革爾起程來華, 約中國以兵二萬由緬甸、西藏夾攻印度。事雖未行,而英憚甚,或欲乘俄未至,速入寇,或料中國未必遽信俄言,而防守中印度綦嚴。英旋助土耳其(卽都魯機)與俄血戰,數年始講和而罷。

　　逮江寧撫議定,法蘭西、美利堅未與議者,旋亦照英例並在五口通商,而俄人自嘉慶十一年貨船來粵駁回後,至是有一船亦來上海求市,經大吏奏明駁回。蓋其商船偶隨諸國私來,非奉其國命,故卽回帆去。又俄皮貨珍貴,如貂狐、海龍、駝絨、灰鼠之類,專售中國,若由海舶而經炎方, 鮮不蛀朽,故通市之在恰克圖,而不由海道以此。然俄恃其強, 亦常至各口,後遂有四國聯盟合從稱兵事。

己酉　道光二十九年(公元一八四九年)
兩廣總督徐廣縉、廣東巡撫葉名琛進爵有差。

　　先是,耆英奉召將去粵,英人以其管轄五口, 又原議撫事大臣,堅執江寧前約, 請定入城之議。耆英以粵民爲詞,請徐圖之,期以二年後當踐約。英酋復要其入告,許之。耆英既去,英人益桀驁,視後至葸如也, 又以往時預撫局者先後去粵,更多所要求,遂復以入城照會總督徐廣縉。粵紳乘間說廣縉曰:"彼求無厭,公能盡厭其求乎? 否則需者事之賊也。今吾粵民眈眈者皆在英矣,若公投袂一呼,則負杖入保者皆至,何憂不克?"

　　至是,英酋文翰堅請入城與總督議事,廣縉辭之, 而自出虎門,詣英舟。文翰出所求通商各款,並申二年入城之约。廣縉不答，歸與巡撫葉名琛畫戰守策。時南海、番禺各鄉團練之師先後並集，紳士請師期，廣縉告曰："洋人志期入城，不許則必挾兵以要我，當先守，俟其動而後戰，則曲在彼矣。"越日，英舟闖入省河，連檣相接，輪煙蔽天。廣縉復單舸前往，諭以衆怒不可犯。文翰謀質廣縉舟中以要請，俄而省河兩岸義勇呼聲震天，文翰大懼，乃請罷兵修好，不復言入城事。廣縉徐以溫言撫之，遂開艙互市如初。

奏入，上方悟粵民之可用，而前此諸臣皆以畏葸故失之，覽奏大悅，諭曰："夷務之興，將十年矣，沿海擾累，糜餉勞師，近年雖畧臻靜謐，而馭之之法，剛柔不得其平，流弊以漸而出。朕深恐沿海居民蹂躪，故一切隱忍待之，蓋小屈必有大伸，理固然也。昨因英夷復申粵東入城之請，督臣徐廣縉等迭次奏報，辦理悉合機宜。本日又由驛馳奏，該處商民深明大義，捐資饟餉，紳士實力匡勤，入城之議已寢，該夷照舊通商，中外綏靖，不折一兵，不發一矢。該督撫安民撫夷，處處皆抉摘根源，令該夷馴服，無絲毫勉強，可以歷久相安。朕嘉悅之忱，難以盡述，允宜懋賞以獎殊勛。徐廣縉著加恩賞給子爵，准其世襲，並賞戴雙眼花翎。葉名琛著加恩賞給男爵，准其世襲，並賞戴花翎，以昭優眷。發去花翎二枝，著卽分別祗領。穆特恩、烏蘭泰等，合力同心，各盡厥職，均著加恩照軍功例交部從優議敍。候補道許祥光、候補郎中伍崇曜，著加恩以道員儘先選用，並賞給三品頂戴。至我粵東百姓，素稱驍勇，乃近年深明大義，有勇知方，固由化導之神，亦其天性之厚，難得十萬之衆，利不奪而勢不移，朕念其翊戴之功，能無惻然有動於中者乎？著徐廣縉、葉名琛宣布朕言，俾家喻户曉，益勵急公親上之心，共享樂業安居之福。
其應如何獎勵及給予扁額之處，著該督撫等獎其勞勤，錫以
光榮，毋稍屯恩膏，以慰朕意。餘均著照所議辦理。”

　　時粵東好事者倡言將欲乘勝沮其通商，文翰聞之而懼，
貽書廣縉，請重定粵東華洋通商之約。於是粵紳言於廣縉
曰：“洋人覬覦入城，誤自江寧之約未經顯揭耳。今必欲以
粵東專約請者，須首嚴洋商入城之禁，明載約中，以杜其
後。”文翰見眾怒洶洶，不敢堅執，遂苴盟。粵人又要以出示
曉諭洋商恪遵新約，亦許之。廣縉以聞，登入檔案。自是，
英人在粵稍斂戢矣。

257

卷 十 三

辛亥　咸豐元年（公元一八五一年）

耆英免。

　　時上初嗣位，英人以火輪船駛赴天津，稱來弔大皇帝喪，直隸總督以聞。上召問大學士穆彰阿、耆英，以請助執紼、出自外洋修好之忱對，意在許之。上知其情叵測，一旦假以辭色，必有覬覦非分之求，與其却之於後，不如拒之於前，命直隸總督諭遣之，英人亦遂起碇去。上見其情恭順，始悟前此逞志邊疆，實自議撫諸臣未戰而先示之以弱，故洋艘既退，卽分別譴責。以耆英爲首罪，先罷斥。並特頒詔諭，爲當年主戰得罪諸臣昭雪。

詔雪達洪阿、姚瑩冤。

　　初，上在潛邸，卽深知達洪阿、姚瑩之冤。至是，詔告天下，有曰：“當時政府力排異己，如達洪阿、姚瑩之盡忠盡力，有礙於己，必欲陷之。”於是臺灣之獄大白，姚瑩等尋起用。

秋八月，與俄羅斯定伊犁、塔爾巴哈臺互市。

　　中國與俄羅斯初止在恰克圖通商，掌以部員，仍總於庫倫辦事大臣。至是，俄人請增伊犁、塔爾巴哈臺互市，由伊犁將軍奕山、參贊大臣與之定約，奏准通商章程十七條。

癸丑　咸豐三年（公元一八五三年）

258

春二月，廣西賊洪秀全陷江寧。洋人助逆。

　　廣西金田賊洪秀全，初亦以習天主教糾眾煽亂，去年冬由湘陷漢陽、武昌，是年正月東竄，陷江沿各城，是月進陷江寧。未幾，有洋人自上海以火輪船泊下關，與之勾通。

　　先是，賊攻長沙，兩江總督陸建瀛請閱兵九江，察看沿江要隘。時有獻守江之議者，謂洋人自就撫通商以來，寧波、上海各口均有舟師，若遣員赴彼，賂其領事、兵頭等，俾以火輪入江助剿，足備不虞。事不果行。及賊犯江寧時，湖南提督向榮奉命爲欽差大臣，以長江無備，檄蘇松太道吳健彰與洋人議商，而領事、兵頭等答以不助官亦不助賊。健彰知不可，另募紅單夾板船以應。及洋船突抵下關，賊初疑爲官兵之借助也，將拒之，其人曰：“爾無我虞，此來爲通市耳。”乃徐出其槍械、火藥示賊軍。賊大喜，鼓吹迎其酋入城，與之聯教通款，俾常接濟軍火。由是其酋來往賊營，蹤迹詭秘，雖江寧人不知其助官助逆也。時賊營括掠沿江大小城邑，財寶山積，洋人大獲其利。

秋八月，廣東人劉麗川作亂，陷上海。知縣袁祖惠死之。

　　香山人劉麗川，初與上海兵備道吳健彰有舊，欲藉此夤緣出入。健彰聞其在滬多不法，又以身居監司，不復與通。麗川遂生觖望，窺道庫關餉甚饒，乃糾集在滬粵人，及福建之青巾、江右南贛之編錢會黨，數日間得二千人，闖入上海縣城，首戕知縣袁祖惠，遂入道署，以兵脅健彰。突有洋館頭目格叱之，挈健彰去，逆黨乃劫庫餉，據城張僞示，蓋以洋行公司鈐記，所劫餉銀鎔爲番錢，益招致亡命，寇掠旁縣。將勾粵逆進寇蘇杭，聞洋館領事溫那治曾在江寧與粵逆通，麗川求代爲納款。許之，乃託貿易，遣火輪船二駛赴江寧。時鎮江駐大營巡船，見火輪船游弋江上，形迹可疑，水勇徑登其舟，拿獲槍械、火藥及洋人二名，并僞函、僞摺。函卽溫那治寄與賊目書，稱："前在南京蒙相待優厚，并爲照顧貿易之事，我等同教中人，決不助官與衆兄弟爲仇。今寄來火器、火藥各若干，祈早爲售脱。"摺卽麗川稱臣於秀全、求援應者，并獻倭刀一柄。時兩江總督怡良駐常州，親訊不諱，遂咨粵督，欲聲洋人助逆罪，終以內患方殷，恐誤撫局，不遑究詰。健彰以通番養賊革職，尋起用。

乙卯　咸豐五年(公元一八五五年)
春正月，江蘇巡撫吉爾杭阿復上海，擒劉麗川誅之。

　　劉麗川陷上海後，連陷川沙、青浦、南匯及嘉定、寶山諸廳縣，聲勢響應，各土匪附之，官兵屢進攻不克。巡撫吉爾杭阿謀設長圍斷其援，而上海北門外洋涇濱爲洋人租界，四周築牆樹柵，官兵不得立營壘，而賊轉於洋行南首據陳家木橋，堅壁以通軍火饋餉，官兵束手。時賊勢日熾，商賈裹足，各國貿易亦衰，於是吉爾杭阿乃謀之各國。法蘭西提督辣呃爾首請助順。復與英吉利領事阿利國商，暫讓南首馬路，聽官兵築營壘。而美利堅人懼毀其牆外房屋，有難色，乃許以估價贖回。

　　議既定，遂於先冬首擊退扼橋之賊，漸移營而前，距堙而攻之。官兵水陸攻圍六門，約期皆備雲梯，而賊自城上槍礮火包兩下，兵勇不得上。時北門附郭有高屋一區，官兵得而據之，俯視城中，礮斃紅衣賊目數人，日有斬獲。二十七日，賊來撲橋，聲言掠洋涇濱。各商亦勒兵嚴防，與官兵并力拒擊。賊又鈔襲橋營後，皆擊退之，追至城濠，擒斬偏將軍林阿朋。歲除日，官兵攻城失利，傷亡百數十人。

正月朔旦，吉爾杭阿巡壘，見城賊僅放鳥槍，無大礮，知其藥彈將罄，乃密期諸營夜發。是夕，賊見官軍失利，又以歲首，開筵盡醉，有百姓偵得之以告，遂導官兵由東南梯而入。賊衆倉卒覓槍械不得，驚潰，麗川率百餘賊縱火由西南門縋城走。總兵虎嵩林督兵追至虹橋，廣西兵復邀截之，生擒麗川斬之。時官兵攻東南，法兵備西北，又派營將以拖罾船截其由江入海之路，遂獲全勝，復上海及旁縣。

臣按：溫那治始則助賊攻，而終則乘其敝，所謂利盡而交疏也。若賊勢不衰，則且益助之爲暴，患有不可勝道者。有謂洋人之情，扶强而抑弱，豈虛語哉？

丙辰　咸豐六年（公元一八五六年）

秋九月，英人犯廣州，大學士總督葉名琛督義勇拒之。

中西前約載："凡有不法華民，逃至香港或在英船潛匿者，英官查交華官。若華官探聞在先，亦准照會英官移取。其英人犯法逃華者，亦如之。"是月初十日，有洋艇張俄羅斯國旗來粵河，水師弁兵見所載皆華民，將罪之通番，遂械舟子十二人送省。船主以訴領事巴夏里，至舟查勘，營弁不爲禮。巴夏里怫然，乃照會粵督，以營弁不應擅執，且明舟子無罪，請釋之，總督葉名琛不許。又因包公使以請，許之。

英水師提督西某欲尋釁，名琛遣送舟子於領事廳，而領事以事關水師弗受。

二十六日，英水師遂攻我黃埔礮臺。名琛遣雷州知府蔣某至領事廳詰其由，時西提督亦在焉，同答曰：“傳言誤聽，屢乖二國之好，歸語總督，當入城面議之。”蓋意不在舟子，欲藉面議爲入城計也。名琛以道光戊申、己酉間已與英人重定粵東之約辭之，而粵人亦執前約及英人示諭洋商不准入城、載入新聞紙者，上書爭之。

時名琛已奉頒欽差大臣關防，督辦洋務，巴夏里遂屢致書名琛，謂：壬寅請款，凡領事官相商事件，得於地方官衙署相見。自粵東禁入城以來，傳言誤聽，壅閼不通，請仍循江寧舊約，以通中外之好。不省，於是英人興師攻粵城。粵民率團練義勇入保，英人遂不克逞。復請釋甲入見，亦不許。

冬十月，廣州義勇禦英人，屢却之。

英人既積憤，是月英水師遂攻我虎門、橫檔各礮臺，越日又毀我大角頭礮臺及亞西娘二礮臺。時沿河礮臺皆有官兵義勇協防，凡英艇經其側卽開礮，相持無虛日。十七日，有花旗（美利堅旗號）船自澳門入，經沿海礮臺，兵勇不辨，誤擊其貨船二。彌領事致書粵督，亦不省，因與美人有隙。

已而英人又移兵攻近城礮臺，粵民城守者見英人猖獗，咸思洩憤，於是積薪灌油，毀英人洋行六。時洋艘至粵者，爲義勇沿河截擊，人船多傷，官不能禁。有英火輪船尾繫划艇，載爐餘珍玩自省河至虎門，夜半突有華艇蟻集，開礮轟擊，輪船亟棄划艇而遁。

丁巳　咸豐七年（公元一八五七年）

262

冬十二月，英人、法人連兵陷廣州城。

先是，英人攻廣州不克，馳告其國主，集上下院議之。（英制上院爲大臣，下院爲紳士。）其相臣巴米頓力主稱兵，而紳士不從，有謂：“宜先遣公使至中土，請重定盟約，不許而後稱兵，我有詞矣。”於是簡其伯爵額爾金來華，擬由粵入都，先將火輪兵船分泊澳門、香港以俟。又遣人約法蘭西連兵，法人聽命。

額爾金至粵，初謀入城不可，與水師提督、領事等議款，照會粵中官吏，俟其復書定進止。名琛以其書語多狂悖，置不答，亦不備。英人遂糾合法蘭西、彌利堅、俄羅斯合從稱兵。適法兵船來粵，遂合攻城。城陷，執名琛，歸於其國。

將軍穆克德訥、巡撫柏貴以聞，奉上諭：“葉名琛以欽差大臣辦①理夷務，如該夷等非禮妄求，不能允准，自當設法開導，一面會同將軍、巡撫等妥籌撫馭之方，乃該夷兩次投遞將軍、巡撫、副都統等照會，並不會商辦理，即照會中情節亦秘不宣示，遷延日久，以致夷人忿激，突入省城，實屬剛愎自用，辦理乖謬，大負委任。葉名琛著即革職。”

大學士裕誠覆英俄法美書。

英、法踞粵後，自知背約，因效義律赴天津往事，歸罪粵中官吏以自説，乃與法美俄三國議，各遣屬官赴江蘇見兩江總督，以書求轉達中朝宰相，俟照覆。於是四國各遣屬官，由上海至蘇州。時兩江總督何桂清駐常州，趙德轍任江蘇巡撫，見之，以遞書告。德轍乃咨送桂清以聞。

---

① 辦，原作辨，據抄本改。

大學士裕誠既得各國書，旋覆英國云：“爾英國在廣東舉事，皆由葉總督辦理不善，我皇上已將伊革職，並著黃宗漢赴廣辦理外國事務。爾英國差官欲修和好，可速赴廣東，與黃宗漢會晤。本大臣參謀內政，未便預聞外國之事，故特札江蘇督撫轉諭。”覆法國書略同。

覆美國云：“英法二國連合起兵，爾花旗不預，獨能修好排解，我皇上實嘉賴之。但英法起兵實因葉總督辦理不善，我皇上將伊革職，著黃宗漢赴廣辦理外國事務，爾花旗國官果能從中排解，可速赴廣東會晤。”

其覆俄羅斯書則云：“爾俄羅斯與大清向有私約，廣東稱兵，爾國亦不預，惟爾國向在黑龍江貿易，並無立馬頭通商之說，如有相爭事件，可速赴黑龍江，我國自有欽差大臣在彼，可以面議，勿庸與本大臣議事。”

戊午　咸豐八年(公元一八五八年)

春三月，粵紳侍郎羅惇衍、翰林院編修龍元僖、給事中蘇廷魁設團防局。

時英法踞廣州，民多不附，而北門外九十六鄉素與洋人為仇，謀保衛計。佛山鎮紳士倡設團防局，首嚴清野，禁絕漢奸，相約洋人入其界者，登時格殺。侍郎羅惇衍等親赴各鄉團練，得數萬人，揚言戒期攻城。英法聞之而懼。是時將軍、副都統皆在城中，英人防其內應，悉收駐防兵械，脅降旗民。司道聞佛山起義，間行出城，惟巡撫以英法防守不得出。

初，中西釁起，地方官嚴禁華人受外洋雇役。省城既

陷,英入逼令巡撫示諭以"中外講和,不日罷兵通商,爾等凡
在麥高、香港等處(麥高與香港對洋,香港在珠江口北,麥高
在南,其民多仰食於外洋),爲英法署中辦理文案,及受雇役
人等,前遵示辭退者,仍速回原署,照舊辦理,毋得觀望不
前"。團防紳士聞之,謂中西釁啟,漢奸向來違抗封艙之案,
必先撤其沙文(沙文卽華民受洋人雇役者),使之供應窘絕,
遂出示,令粵中各府縣鄉村耆老首事通飭民間男女,有在香
港、麥高等處爲外洋人教書辦文.及効力雇役人等,統限一
月內回家,違者收其家屬,或繫其親族。於是漢奸歸者二萬
餘人。

　　洋人身司炊爨,不堪其苦,以告領事巴夏里,僞諭華民,
言:"現今公使、水師提督在天津與大清議和,不日卽可通
商,爾等仍各還原業,卽地方官亦應仰體皇上之意,毋再阻
撓,致激他釁。"因遣火輪船一,往新安張示。鄉勇突發,殺
傷數洋人,並殺其帖示之土民。麥高之示亦得不懸。英法
在省垣者聞之,旋起兵攻陷新安。

　　臣按:佛山之局,紳民同心,聲勢響應,惜不能成紀律之
師,故築室多謀,而攻城鮮效,繼以天津之役,滬上之行,執
政主和,疆臣觀望,紳民之掣肘愈甚,義氣爲之不伸,是以卒
鮮成效,君子惜之。

夏四月,英人、法人連兵犯大沽, 游擊沙春元、陳毅死
之。

　　先是,大學士裕誠覆英法美俄四國書,令其分別在廣東
及黑龍江候查辦,時四國人已至上海,而英額爾金及水師提

265

督並法兵船踵至，阻之不可，遂由海道徑窺天津。三月，四
國舟泊海口，遣人前赴大沽港口投書，照會直隸總督，請轉
達入都。總督譚廷襄以聞，上命戶部侍郎崇綸、內閣學士禮
部侍郎烏爾棍泰馳赴天津，與廷襄商辦夷務。

　　直沽去海口二百里，一曰大沽港，南北岸均設礮臺，爲
天津門户，港外沙磧一道，凡海舶入口所必經，稍不習輒虞
擱淺。四國投書時，廷襄先遣人以小舟導之行。自此洋人
數以小船探水，廷襄以時方議款，弗之禁，亦不設備，遷延二
旬，洋艘漸習，又以遠鏡窺礮臺虛實。時美俄請款船泊口
內，英法不俟命，是月初八日以小輪船及杉板數十闖入大沽
口。官兵開礮相持，不克，前路礮臺陷，游擊沙春元、署游擊
陳毅皆死之。同殉者陳榮、石振岡、全布、增錦、蔡昌年、恩
榮、李瑩①、長富、廣均、劉英魁諸人。副都統富勒登太營北
岸守後路，猝聞前軍失利，兵皆驚潰，後路礮臺亦陷，京營礮
械俱失。

罷直隸提督張殿元②、天津鎮總兵達年、大沽協副將
德奎。

廣東義勇謀討洋人。

　　時英人在廣州，聞城外白雲山有鄉勇屯防，以兵百餘人
往，及見鄉勇人衆，懼不敵，次日復調兵千人偕進，而鄉勇已
去。英兵追至數里外，欲返，其酋怒，追至日中，戰傷者五
人，喝死者六十餘人，其醫生（外國出兵皆有醫生隨後）亦爲
鄉團擒殺。時義勇聞洋船北犯天津，心愈忿，膽益壯，不時

---

① 李瑩，原作季榮，據抄本改。
② 張殿元，原作張殿先，據《籌辦夷務始末》（咸豐朝）卷二十二改。

潛燒其居，又殺法美及印度兵數人，且有潛置毒飯中，為法人所覺，故亦不願居粵城。

奕山以松花江① 左岸地與俄羅斯。

中俄自康熙、雍正間曾再定邊界，至是乘我粵寇方棘，與英法美合以圖我。然三國志在邀利，俄則欲蠶食我邊地，雖不與英法攻擊大沽，而以邊地為請，朝廷命往與黑龍江將軍議。於是將軍奕山以是月十六日會俄國東悉畢爾將軍岳福，在愛琿城議定和約。先劃分中俄東界，將黑龍江、松花江左岸，由額爾古訥河至松花江海口，為俄羅斯屬地；右岸順江流至烏蘇里河，為大清國屬地；由烏蘇里河至海之地，如接連兩國交界之間，為兩國共管。其黑龍江、松花江、烏蘇里河，此後止准中國、俄國行船，他國船不准由此行走。其黑龍江左岸，由精奇里河南至豁爾莫勒津屯，凡滿洲人原住之屯，及所佔漁獵之地，永遠居住，仍歸黑龍江將軍、副都統管理，俄羅斯人等不得更相侵犯。於是繪圖作記，以滿、漢、俄羅斯三體字刊立界碑。

欽差大臣科爾沁親王僧格林沁率師赴天津防剿。京師立團營。

時京師戒嚴，五城皆設團防局，以惠親王綿愉主之。

起用耆英。

英吉利兵頭及公使率以五等伯爵充之，畀以全權職銜，示將在外不受中制之義，時朝命侍郎崇綸、烏爾棍泰至天津，英人以從前議款皆以相臣總其事，崇綸等不足當全權之

---

① 此處松花江是指黑龍江的下游，即今我國松花江與黑龍江合流後至海口的一段。

任,辭不見,惟得與美俄二國使臣往來而已。二國復以撫事請,上命大學士桂良、吏部尚書花沙納馳赴天津查辦。惠親王綿愉、宗室尚書端華、大學士彭蘊章會奏:"已革大學士耆英,熟悉夷情,請起用。"上召對密帷,即日賞侍郎銜,偕赴天津,並諭:"自展謨謀,不必附合拘泥。"時直隸總督譚廷襄已照會美俄使臣至天津商辦,二使臣遂偕來,與桂良、花沙納相見。

五月,賜耆英自盡。

耆英抵津,往謁英使不得見,有言英人與耆英有隙者,蓋耆英內召時,英人以其通商原議大臣,請照江寧約定入城議,耆英許奏請,而未敢以聞,故英人以此懷恨。桂良聞之,懼阻撫事,請召回耆英。上不悅。耆英即回抵通州。廷寄:"令仍留天津,自行酌辦。"耆英徑由通入都,告僧格林沁以初五日可抵軍營。時綿愉方自僧營歸,途接僧營遞致耆英函,乃與巡防① 處宗室大臣議,謂洋人叵測,耆英並未辦有頭緒,輒藉詞卸肩,且未奉特旨,擅自回京,因請飭下僧格林沁,將耆英即在軍前正法。奉上諭:"耆英畏葸無能,大局未定,不候特旨,擅自回京,不惟辜負朕恩,亦何顏以對天下?是屬自速其死。著僧格林沁派員,即將耆英鎖枷押解來京,交巡防王大臣、軍機大臣,會同宗人府、刑部嚴訊。"比奏覆,上謂:"耆英擅離差次之罪輕,而諉過卸肩之罪大。"乃賜自盡。

廷臣請罷撫議。

---

① 防,原作方,據二十二年本改。

初，桂良等至天津，紳民遮謁道左，請率團練助官兵防剿，桂良撫而遣之。英有里國太，本嘉應州人，世仰食於外洋，隨英公使額羅金，以行營參贊爲謀主，聞桂良至，卽持所定新議五十六條，自海口至，要桂良允准。桂良辭之。適津民與洋人鬨鬥，里國太在焉，衆憤起擒之，謀殺之。桂良、譚廷襄聞之，恐誤撫局，亟遣員弁解散，釋里國太，送回舟。

時廷臣僉謂洋人叵測，喜怒不常，非大彰撻伐不足以振國威，於是部寺臺諫聯章請罷撫議。侍講殷兆鏞一疏尤切著，其畧云：

"洋人犯順以來，無識庸臣但求速和了事，社稷隱憂不遑復顧，琦善、耆英、伊里布等既誤之於前，致貽今日天津之患，今之執政者誤之於後，貽禍更有甚焉者矣！近聞和議垂成，爲賠償兵費等款，以堂堂大一統之中國，爲數千洋人所制，輸地、輸銀惟命是聽，而禍之尤烈者，莫若京城設館、內江通商、各省傳教三條，聞者椎心，雖婦孺咸知不可。

"古語云：'毋滋他族，實逼處此。'宋太祖云：'卧榻之旁，豈容他人鼾睡？'京師重地，外夷朝貢猶且禁其出入，防其交接，禮畢遣返，毋許逗留，安有強敵世仇，而聽該酋置館雜居，齊齒胡越，橫行輦轂，羌逆布滿街衢？自古及今，實所未聞。近惟琉球國都，英人盤踞滋擾，甚至闖入王宫，莫敢攔阻。此其患無俟臣縷述也。

"長江自吳泝蜀，中貫天下之半，與海口情形不同，海口通商已爲失計，然譬之人身，猶四肢癱瘓之疾也，內江華洋雜處，則疾中心腹矣。東南漕運非海卽河，大江爲出入所必經，設一旦江海並梗，何由而達？仕宦商賈之往來，章疏文報之馳遞，海非要道，河實通衢，洋人但以數船橫截江路，則南北將成兩界。維揚、漢口釐綱疲敝，梟販競作，再得逆人爲逋逃主，鹽利勢必盡歸彼有，而官鹽將廢。不但此也，所佔口岸太多，聲勢愈大，與漢民交接事件愈煩，釁端亦易於起，地方官袒夷則民拂，袒民則夷拂，彼視虜一總督、宰相如縛犬豕，其包藏禍心無所不至，譬①猶養虎在檻，養盜在家，隨時可以猝發。此議若成，大事便去，欲求爲東晉、南宋之偏安，豈可得哉？

"至於傳教一節，臣不知其所謂天主者何人，大率惑世誣民，隱蓄異志，不然彼國尊天主自行其教可耳，何必游歷各省，僕僕不憚煩苦若是？近日之長髮賊亦奉天主教者也，其煽惑勾結已可概見矣。彼知輿地廣輪之數，山川阨塞之形，兵衛之强弱，壤地之肥瘠，到處交結豪俠，賑恤貧窮，爲收拾人心計。該逆蠶食海外小國，皆用此法，有明徵也。

"謀國者曰：'通商、傳教，此時姑先許之，候各省軍務完竣，然後舉行。'夫民困於鋒鏑久矣，賊燄雖熾，人心未渙，猶冀重享昇平，若去一寇復招一寇，天下何望？將吏士民無不解體而散心。

"或曰：'屆時徐議所以拒之之策。'臣恐積弱之餘，萬難發憤。現值兵臨城下，大臣猶曰釁不可自我開，相率靦顏忍恥，況許於前而拒於後，則直在彼而曲在我，誰肯爲國家出力耶？或迹有要約，不待賊平遽入內地，布置周密，與長髮賊隱爲犄角，否則擊賊自効，別有要求，否則奪賊之城邑而有之，以爲非取諸我也，種種棘手。

---

① 譬，原作臂，據抄本改。

"謀國者曰：'不和則戰，戰果有把握耶？'臣請詰之曰：'然則和果有把握耶？'夫和果有把握，從前反覆姑勿追論，第自今歲北竄以來，我之委曲順從不爲不至，何以猖獗日甚？可見諱戰求和，和愈難成，成則禍且不測。謂戰必無把握，何以前年李開芳、林鳳翔等北犯，凶燄數倍於番，卒至片甲不返？此無他，當時一意於戰，故有進無退，今則一意於和，故反勇爲怯也。現在僧格林沁兵威已壯，講求戰守，振刷精神，該逆頗知畏懼。近日天津人民爭鬥之事，該逆亦避其鋒。鹽梟、海盜有欲焚搶洋船者，有跪求欽差、總督顧糾衆打仗者，欽差、總督不許，故未敢擅動耳，不得以偶經小挫，遂謂津民不足用也。試飭桂良、譚廷襄等鼓勵兵民，於文武屬吏、紳士中得如謝子澄者統率之，懸購重賞，隨宜施設，並令附近州邑廣募壯勇，聽候調遣，一面明降諭旨，大張撻伐，順天、直隸京官，有願回籍團練者，命設法辦理，如此多方準備，一旦狡焉思逞，僧格林沁大兵扼之於前，各路鄉勇躡之於後，加以洩水塞土諸法，洋船欲進不能，欲退不得，而謂不足制其命者，臣不信也！聞廣東九十六鄉民風驍勇，前年平紅頭賊，皆賴其力，洋人往搜軍器，受傷而回，又糾南海、番禺兩縣，令鄉民聲言：'洋人入我界者，不論何人，登時殺死。'遂不敢入。三月羅惇衍、龍元僖、蘇廷魁到處團練，已有數萬人，至今曾否打仗，無有捷報，意者朝廷未與主張耳，抑羅惇衍等恐如黃琮、竇垿之獲咎耶？擬請優旨，作其銳氣，刻日大舉。惟黃宗漢稟承執政主和之議，繞道遷延，請飭速往會剿，勿再徘徊觀望，轉掣紳民之肘，務使同心協力，迅奏膚功。天津洋船聞之，必有折回自救者，而我截其海口歸路，雖未必聚而殲旃，要非孟浪以僥倖也。

"謀國者曰：'一戰不勝，奈何？'曰：'請添兵再戰！'戰有勝有敗，和則有敗無勝矣。曰：'勝之於此，報復於他處，奈何？勝之於今，報復於後日，奈何？'曰：'始終不忘戰而已矣！'犬羊之性，但經懲創，往往不敢報復，觀於道光年間臺灣失利，惟有藉手耆英以報達洪阿等，而至今不敢垂涎臺灣，其無能亦可見矣。自古兵凶戰危，原非得已，盡人事以待天，成敗利鈍，雖諸葛亮不能逆睹，謀國者動以事無把握搖惑聖斷，箝制人口，沮喪士氣，坐失事機，其意直以望風乞降為快，抑又何也？比年各省用兵，勝負無常，得失互見，諸臣何不以事無把握為慮，而亟欲囊弓戢矢耶？

"伏願皇上通籌大局，深顧後患，知敵欲之難期饜足，念事勢之尚可挽回，左右親貴之言未必盡是，大小臣工之策非盡無稽。執政諸臣，請放洋船內駛者何人？請允酋目要脅者何人？清夜思維，或亦自知狂謬，祇緣畏罪怙非，陽作執迷不悟。皇上不忍遽誅，應請面加訓示，俾各改心易慮，收效桑榆，否則難逃常憲。嚴諭譚廷襄等，非分要求不得妄奏，事至則戰，無所依違。他如奕山之以黑龍江外五千餘里，藉稱閑曠，不候諭旨，拱手授人，此尤寸磔不容蔽辜，臣知皇上之必有以處之也。訏謨既定，渙汗斯頒，薄海憬然，咸知上意所在，庶臣民之志固，而蠻夷之風懾，天討聿新，操縱在我，或遂戰之，或終撫之，再行臨機應變。臣非不知今日所言者，皇上已厭聞之，特以事屬憂危，情深迫切，濡淚瀆陳，伏乞聖明洞鑒。"

272

欽差東閣大學士桂良①、吏部尚書花沙納與俄人、美人及英人、法人定和款。

英人、法人攻大沽礮臺,時俄美二國不與,其船仍泊海口。上頗嘉之,遂准俄人黑龍江邊界議,以桂良、花沙納充全權大臣,於是月十三日先與俄使公普在天津議定和約十二款,初八日又與美使列衛廉議定和約三十款。俄美又爲英法居間,十六日,桂良等遂與英使額爾金議定和約五十六款、專條一款,又與法使若翰保悌斯大陸義噶羅議定和約四十二款、補遺六款。時疆事孔棘,桂良等曲意從之。

---

① 桂良二字原缺,桂良時爲東閣大學士,欽派赴津辦理中外交涉,故補。

卷 十 四

六月，遣桂良、花沙納巡視江蘇。

　　先是，大沽礮臺未修海防，戰守多棘手，上甚憂之。及桂良罷兵議撫之奏至，並呈天津和議各款，上謂稅則事必須親歷海口相度地宜，特旨飭洋艘先回上海，而派欽差馳赴江蘇。是月初六日，命桂良爲欽差大臣，頒發關防，偕花沙納、基溥、明善往上海，並同兩江總督何桂清籌議諸國通商稅則條約。

廣州義勇復省城不克。

　　總督黃宗漢初蒞任，卽獎諭粵東人民，署云："道光二十年間，予以道銜奉命來粵，歷四年逮署臬司，曾目擊英人屢欲入城，皆爲爾等攔阻。時予愛爾等民人，及民人敬予，有如父子兄弟。後升山東臬司及陝西藩司，雖去粵邦數年，未嘗一日忘爾等人民之忠勇也。今予奉命來粵，不啻舊邦，爾等民人亦如見舊主，但惜粵東河山風景如昨，而變故多端，更異往昔。卽如梧州、肇慶，俱有匪徒，吾民之苦亦已極矣，今又加之以外禍，其何以堪？竊思洋人本以通商爲事，今乃不務本業，日事攻戰，查彼國人現居省城者不過數千，離本國甚遠，豈能舉傾國之師而來？我中土廣省地方一朝號召，雖數萬人不難一呼立至，此固明知之。目下城廂內外，民房

274

半爲英法所據,商賈遷徙,民人離散,彼亦情知廣人憤怒實深,是以在城斂迹,不敢外出,日夕防守,寢食不安。且英人量己之力不能取勝,而求其舊仇之法人以助之,予恐數年後法人亦必受其欺焉。花旗在粵通商多年,謹守前約,不務攻戰,予實嘉之。現英人聞我皇上調集大兵,不日可至,儻能洗心悔罪,我皇上必寬宥之,不然則是冥頑自取罪戾,必盡殲之無赦。爾軍民有能出資助餉、恢復城池者,定當一一保奏。"

是月十四夜四更,義勇七千人潛來襲城,圍其三門。梯城將登,門外有英人巡夜局藏積火藥,義勇爇之轟發,地震數里,而未傷及英人。英兵迎擊,義勇敗績,微有死傷。

秋八月,撤廣東團防局。

初,天津議撫,咨會粵督,值英人攻陷新安,姑戢兵以俟,粵民聞撫事已定,而會城未返,無不決眦指髮。侍郎羅惇衍知番情狡詐,不能帖然就撫,乃託巡緝土匪,請緩撤佛山團練局。粵督以聞,洋人釁端果復起。欽差大臣桂良到滬,卽照會四國,訂期商定稅則事。英法言:"粵督黃宗漢暨紳士羅惇衍、龍元僖、蘇廷魁,於天津定和後仍行招勇,且遍出賞格,謂有能送領事巴夏里首者,賞銀叄萬兩,甚至開礮傷斃我兵,致不得已攻陷新安,請問是何意見?"桂良懼撫事中阻,答以"彼時粵中因江西、南贛等處均有賊蹤,道途梗塞,天津咨會未到所致"。英人乃云:"必欲刻期商定稅則,先須罷黃總督及粵紳團練之兵。"許之。

冬十月,定英法美通商稅則。

275

欽差大臣大學士桂良、尚書花沙納、兩江總督何桂清等及法美使臣皆先後來滬，惟俄以陸路通商不與，英使額爾金往東洋，遣領事三人來會議。所定各款，三國罷同，凡《通商稅則》一冊，《善後條約》十款（按：美人和約初稱合衆國，此約稱亞美利駕，後祇稱美國），彼此畫押，各國由使臣齎回，候其國王覆書，來天津呈請換約。桂良等奏入，奉旨："依議。"

時英人以條約准增設長江海口貿易馬頭，欲先察看沿江形勢，定約後即遣水師、領事以輪船入江，溯流至漢口，踰月而返。法國傳教人亦紛紛赴各省，請設天主教堂，貰小船入內河，地方官不復詰。是年冬，法教士至浙垣，留數月始去。

西班牙、葡萄牙二國請立約。

西班牙即大呂宋（一名干絲臘，一作以西把尼亞，又作是班牙，即《中西和約》中日斯巴尼亞，今止稱日國），東界法蘭西，南距地中海，西界葡萄牙，北距大西海。北極度自三十六至四十三，英綫偏東自一度至十三。境有大山數叠，劃分三土，中土爲歐洲最高地。天時燥熱，產五金、珍寶、果實、牲畜。漢爲意大里西境，晉以降迭爲北狄、回部所據，後亦分散。明成化中，諸部復合一，爲始建國。有女王疑大海西復有國土，弘治初遣其臣哥倫（一作閣龍）駕巨艦西尋，得亞墨利加洲南土，驅土番，以國人實之，墨西哥、秘魯、智利諸國皆爲所屬，大獲銀礦之利。嘉靖初，復遣其臣墨瓦蘭航海而南，轉東至亞細亞洲南洋之蠻里喇，據其地建埔，是爲小呂宋，檣帆遂達粵東。故粵東所用洋銀，昔皆呂宋番餅，恃富不修政，遂至衰亂。康熙中，王殁無子，奧地利與法蘭西王爭所立，卒立法王之孫。乾隆末，與法共攻英吉利，為所破。嘉慶中，法王拿破侖廢西王，而自立其弟為王，西與英共攻法，得復國。然國勢衰弱，亞墨利加藩國多叛，僅存古巴及小呂宋而已。

及中西五口通商，西班牙與其鄰國葡萄牙嚮在粵東貿易，至是皆來上海，見英法俄美皆立條約，遂並呈請，謂："天朝通商二百餘年，於我大西洋各國一視同仁，今英法等國已奉大皇帝恩准立約，我等各國事同一律，若但准通商，不准立約，不但來往無憑，且恐受有約之國藉詞脅制。"桂良初堅拒之，復諭滬商詢之英法諸國，皆云："大西洋各國向無統屬，未便阻之。"桂良據奏，朝議未許。

桂良致書英法美使臣，議通商善後事。

時通商諸國紛集，領事以下弊端難稽，桂良思稍為之防，因照會英法美各公使，畧云："《天津和約》載貴國人民若有蓋印執照，准聽前往內地各處，惟此項印照，務由各領事察看請領之人，實係體面自愛者，方准填發，不可誤給。有關緊要，是以照會貴大臣等商酌，究應如何妥辦方免滋事，希詳細示覆。其無和約之國，本不應與有約之國視同一律，祇以本大臣等未悉外國情形，不肯遽行立法防弊，合先奉商。查貴國商民如或犯案，可交領事懲辦，此外各國，領事皆係商人，本是無權管束，且己亦走私作弊，豈惟不能服衆，反使衆商效尤。本大臣等商議，如各國欲設領事，必須各國特放一員，方准管事，不得以商人充領事，致有名無實。至貴國新開通商口岸，自須每口設一領事官，俾得妥為管束。

但領事官尚有數事，蓋向來領事官屢於關礙和好事，不稟本國上司，無情無理，恃強妄爲，實於和好大有窒礙，應特請貴大臣轉飭各領事，嗣後有與地方官意見不合、彼此辯論之事，各稟大憲請示遵行，不得仍前由領事官自出主見，務使恪遵條約，永敦友誼。又如中國官憲本未輕慢領事，而領事每指爲輕慢，則品級先當明定章程，以杜爭論。查三國條約，領事官與中國道臺同品。又查法國條約，大憲與中國京外大憲俱用照會，二等官員與中國省中大憲公文往來用申陳，中國大憲用札行，兩國平等官照相並之禮等語。援照此意，領事官既與道臺同品，總領事應與藩臬同品。如此定明，方免爭端。又查上海近有中國船户由各國領事給發旗號，計船三十餘隻，日漸增添，殊多不便。此等船户向不安分，然無外國旗號，猶不敢玩法爲匪，今恃旗號爲護符，地方官因有外國旗號，欲加之罪，諸多掣肘，遂致無所不爲，犯案纍纍。上海如此，各口可知，尤慮煽成巨禍，致啟中外爭端，萬不能不立法禁絶。擬請貴大臣即飭各口領事官，嗣後永不准以貴國旗號發給中國船户，前已給者撤銷。本大臣仍示諭，如中國人有擅領外國旗號者嚴究，俾知警戒。凡此均爲永全和好，度兩國有益無弊。"

英公使額羅金復云："前准貴大臣等來文，請本大臣將中外交涉之件，公同法美兩國各大臣會議，其中諸節，實屬緊要，俱當熟商，未及率覆，惟再四虛心籌酌外，亦同法美兩國各大臣會議。若以本國官民而論，來文所叙礙難各端，本大臣則保毫無過慮。一則，《天津條約》定准英民入内地通商遊行之議，本國切願盡心勸辦，防其借此美舉反致妄行，

278

定必嚴飭各領事官．凡非體面和厚之人，萬不許給照。一則，英國旗號其例甚嚴，任載噸數必滿定額，有英人或爲資主，或爲船主，方給旗號，如貴國船艇未遵例擅敢升竪英旗，須直行知會領事官，必能設法懲究，杜絕此弊。一則，所稱領事官數事，凡本國派員出境，已到各邦，當待官民必以公平和洽爲準，倘貴國官員恆同此心，一體行辦，則彼此官員和誼自必永存勿絕，偶有不合意見之處，即各宜早報上憲，此法實爲妥協。爾國大憲往來密邇，則有事直捷奏聞，致免兩邦爭執、肇釁興戎。至于未立條約各國民人，貴大臣詢以作何辦理，本大臣似難置答。何則？因有不歸本國所屬民人，諸凡作爲，本國不任其責。除將玆款轉報秉政各大臣奏候御覽外，合先奉一詞：果在各口海關派曉暢練習著名誠實之員，徵餉皆從一律辦理，相待商民毫無偏祖，諒貴大臣所指情弊必大半消除。至來文所稱，因貴大臣等不明外國情節，是以詢訪，思貴國原爲大邦，貴大臣職推大員，本大臣敢敬問中土大員，何必措不明外事之詞？泰西各邦並無難達秘密之景，各國都城人皆可履其地，若恭遇大皇帝特派稱任大員，前往西土，命以凡有益於國體，保其無礙，應知之學，必得明了，本大臣不論別國，而本國則必以實心友誼接待，如有意博訪審察各節，任便咨詢通徹，由此兩邦永存和好之據，日見增廣保全周妥矣。”

法公使噶囉覆云：“前准照會，奈忙不得覆，所以遲延至今。現本大臣奉本京都來文云：‘和約條款甚屬得當。’本大臣諒本國同英國諸件，俱要速商，以求完結。但本京都發此文時，仍知廣東兇惡之事日日加增，嗣後有文行至本京都

者,尚未接回文。本大臣諒回廣東至香港時,或能接到,如
不到,本大臣亦必於回本國之前,知會全權大臣布,會同英
國欽差並中國官員,商量一並辦妥各樣事件①。本大臣不數
日即欲起程,蒙貴大臣諸般厚情,所辦諸事悉皆允和,以後
中國與法國各遵和約,一切有礙之事盡行消除,貴國諒信法
國真無二意,可永結同心之好矣。”

又美公使列衛廉覆云:“准貴大臣來文,本大臣細心察
閱,其中所問、所論俱屬歷練,爲友好起見。本國向與中華
和睦,今仍此心,詳覆於後:一、美國商民之進内地也。按②
《天津條約》有云:‘中國有何利益施及他國,准美國一體均
沾。’是則美國人之進内地,既同他國,所有請執照等情,均
應准行,當如英法兩國一般,俟大伯理璽天德既得國會紳耆
議允批准和約後,必明立律例,交領事官,禁止不請執照或
强請執照等事。本大臣亦當呈明國家,設立章程,致免美國
商民違犯貴國憲典可也。一、整理有約、無約各國之法也。
本大臣身爲和好大國奉使之員,向知此事自應變通,然稍有
難行,今請將中國所能行者,畧爲陳列:首應與討問欲立約
之國定立條約也。前西班牙國來求立約,而中國不允,今葡
萄雅爾(雅爾③即亞字長言之音,亞一作牙)亦求取矣,使中
國肯同定約,自當稍減無約之國;今姑無論,即任其仍前,如
是本大臣尚有一法,可稍通融。按泰西各國公例④,凡此國

---

① 各樣事件,原缺樣事件三字,據抄本補。
② 按,原作接,據抄本改。
③ 雅爾,原作雅言,據抄本改。
④ 例,原作使,據文義應是例之誤,故改。

領事奉遣至別國者，若不得所往之國準信延接，卽不得赴任，今凡有稱領事而中華國家或省憲地方官不肯明作準信延接者，彼卽無權辦事，是則中國於此等兼攝領事，卽可推辭不接，已延接者亦可刻卽聲明不與交往。設有美國人兼攝無約領事，藉此作護身符以圖己益者，地方官可以直却不與延款，遇有事故，著彼投明美國領事，自應隨時辦理。間或美國人兼攝領事，而代無約商民討求地方官幫助申理，地方礙情代爲辦理者，亦可對彼説明，並非職守當然，祇由於情面而已。又若此等自稱領事，有與海關辦理船隻餉項事宜者，地方官可却以必須按照條約遵行，儻彼固執己見，干犯制例者，中國地方官自應用強禁阻。前在天津時，本大臣照會桂中堂、花冢宰，以中國必須購造外國戰艦、火輪船者，特爲此故，足徵所言非謬也。一、領事不得干預貿易也。現美國定制，凡干涉買賣者，不得派作領事官。一、領事與地方官爭論也。前此動多抵忤，本大臣深爲怨憤，亦與貴大臣同心，今既奉本國大伯理璽天德命，簡爲使臣，業經設法將一切事宜妥爲辦正，嗣後果有仍前事款，請照知本大臣，定當修正。若領事官有何不合之處，地方官按理據實直斥其非，不與共事，本國國家並使臣斷無可控之端，但最善之法，地方官將己職守攸關並合理之處，照尊國之法據直論列，自可申理矣。一、按定品級總領事之説也。總領事之設，美國奉使駐紮中華者，從無此制。一、發給旗號也。本大臣曾面詢領事官，據稱從無給發。細查底冊，亦向無此事。本大臣復嚴諭領事，嗣後無致有此也。以上業已據問直達，猶有管見須照知者：以本大臣之意，貴大臣似宜上奏大皇帝，定立國家旗號,各省咸皆遵守,俾中國公私船盡行升用。蓋美國制度,凡本國之人,必用本國旗號,泰西各國莫不皆然,今中華貿易之盛,而無旗號以保護,何不亦如他國之法,使商船與盜賊有所區別,而免商民之借用與假冒外國旗號哉?茲本大臣現已將奉使職守之事全行妥辦,一俟護理有人,再行照知,卽當起程返國,惟願貴大臣諸事順適咸宜。至天津約內所云永久和好,及遇有要事襄助之語,美國固以友好爲心,中華有何需用美國之處,美國定當以和平之法竭力襄辦,但請貴國亦謹守約款所載及訂定各事,務使一言一字不脫漏,是本大臣與美國之厚望也。”

厥後中國造輪船、購戰艦、用龍旗,亦多采其議。桂良據奏。

臣按: 英人詞意,始則諉卸,末寓譏彈,中則似謂天津所定條約皆可一律准行,其居心殊不可問,實里國太主之也。美人雖稍恭順,然措詞大意,似謂中國欲定章程,須分別有約、無約之國,又謂中國不允呂宋立約,而葡萄牙今已取求,又似欽使等已有所允,意蓋澳番寄居中國,盤踞已久,美人因得窺其淺深。假使西班牙、葡萄牙來請立約時,曉之以理,感之以情,懷之以恩,怵之以威,雖犬羊之性難馴,蛇豕之心必戢,計不出此,竟思以毒制毒,徒貽魑魅之訕笑,莫禁島族之效尤,縱虎入林,開門揖盜,固非一朝一夕之故,而當時執事之人,責亦有所難辭矣。

己未　咸豐九年(公元一八五九年)
夏五月,欽差大臣僧格林沁敗英人於大沽口。

時各國來天津換約，尋桂良上海原議，告以"天津大沽港口現在設防，今各國換約之舟，改由北塘（在大沽口北十餘里）海口入"。皆唯唯惟命。惟英船先抵天津海口，俄羅斯繼之，突背前約，闖入大沽口。直隸總督恒福遣員持約前往，輒令改道，不聽。

二十四日，英船駛至灘心，將鐵鎖用炮炸裂。時僧格林沁已飭官兵嚴防，俟其進口擊之。越日，有小火輪、杉板十三艘，皆豎紅旗挑戰，復將港口鐵鎖、鐵樁拉倒，遂逼礮臺，開礮轟擊。我兵放礮相持，沉毀其數船，餘船亦中礮不能行駛，逃出攔江沙外者一艘而已。英人見舟師失利，復以步隊接戰。我軍又大敗之，轟斃數百，生擒二人，里國太亦受傷。我提督史榮椿、副將龍汝元、都司齊連布、護軍校塔克慎、千總王世敔、把總張文炳陣亡。

奉上諭："此次夷人受大創，全軍覆沒，我軍士奮勇異常，遂操全勝之算。著僧格林沁先在捐輸項下提銀五千兩，分別獎賞，所有在事文武員弁，另行查明保奏。直隸提督史榮椿、大沽協副將龍汝元，身先督戰，奮不顧身，致被礮傷殞命，實堪痛惜！著交部從優議恤，並於直隸天津及各該原籍建立專祠。其同時陣亡之海口營都司齊連布等，均著照例分別議恤，以慰忠魂。"

與美利堅換約。

大沽之役，美利堅之舟後至，恪遵滬約，改道北塘呈遞國書。直隸總督具奏，上諭："英、法、俄羅斯到津，不遵桂良等原約，闖入大沽口內，以致挫敗，實由自取，並非中國失信。其時美利堅使臣華若翰，仍依桂良等原約，駛至北塘海

283

口,求請進京呈遞國書,經恒福等具奏,該國照會情詞恭順,是以朕准令來京呈遞國書。本日據桂良等將該國使臣華若翰照會該大臣等公文呈閱,見其詞意恭敬,出於至誠,所有該國使臣齎來國書,准其呈遞,卽派桂良等接收。至換約一節,本應回至上海互換,朕念其跋涉遠來,特准將和約用寶鈐印,交恒福前至北塘海口,與該國使臣互換。換約之後,永遠和好,以示朕懷柔遠人、惇崇信義至意。"

　　臣按: 美人初亦與英法合從內犯,特其國在外大西洋,距中國逾遠,且建國未久,猶遵循華盛頓遺規,不敢輕動,凡遇兩國相爭,必調停其間以聯交, 故其國亦以近少戰爭,馴致富庶,合其全部,得儕於數大國之列。當其來請換約,非不欲效英俄之肆志,並可聯絡英俄, 及見英俄已受大創,諸欲皆不得逞,卽思居間排解,而勢已決裂,不可挽回,故特卑詞陳請, 易倨爲恭。上念禍亂方深, 固結其心或可攜貳其黨,是以但示賞罰之公, 不存逆億之見。其後同治十一年,藩籬頗能自固,遂自恃其强悍,突以兵船至朝鮮,意圖搆釁、吞併其國,並先行文照會,欲朝鮮國王與該國公使面議。朝鮮覆書云:"我國雖小,爾國雖大,斷不能與爾國之臣會話。"又云:"我國以四千年文章禮義之邦,三千里峻險膏腴之地,斷不能一旦輕棄。"並將照會擲還。美人覼之不已,朝鮮出兵驅逐。美兵登岸,肆擾及一千三百里,互有斬獲,傷朝鮮帶兵官一員,旋以受傷兵十一人醫愈送歸,欲易其被擒者。朝鮮拒之,致書云:"我國之人既已被擒,無論死活,其權卽操於爾國,不復過問。所云爾國之人有被擒者,屬其送還,其權亦操之於我國,不能送還也。" 美人技無所施, 引兵而

284

退。朝鮮卽收其國之習天主教者，凡四千餘人，盡誅之。聞朝鮮所用盔甲重四十斤，內布，外包銅鐵，又竹盔約重十餘斤，兵器悉遵古制，頗不利戰，而以口舌折衝，竟使強鄰不敢輕萌窺伺，毋亦上下同心，有非我族類必鋤而去之之意，地利不如人和，詎繫夫大小強弱哉？

庚申　咸豐十年（公元一八六〇年）

夏六月，英人、法人復寇天津，直隸提督樂善死之。

英人既敗於天津，復自粵東募潮勇數千人，圖報復。是月，英人、法人以兵輪船再泊天津海口。時上命僧格林沁嚴防大沽南北兩岸，及海口報至，僧格林沁度其仍取道大沽，或徑由北塘襲大沽後路，乃以重兵守大沽南岸，而預伏地雷、火礮於北塘兩岸以俟。英人懲大沽之創，而窺北塘礮臺未設守兵，乘之入口。初未敢登岸，及駐北塘連旬，乃潛通內地奸匪，盡得我虛實，挖去地雷，長驅而入。副都統德興阿以兩營守新河，拒戰而敗。英人據新河，復進據唐兒沽，而以小火輪、舢板分由大沽口入，膠淺不得進，懼我軍乘之，乃張白旗請款。僧格林沁欲爲致人之計，令官兵靜以待之。

二十六日，英舟忽得水轉動，闖入大沽口。其由唐兒沽撲入者，逕襲北岸礮臺。直隸提督樂善督兵拒戰，中礮死。時僧格林沁尚守南岸礮臺，屹然不動，英人未敢驟犯。上聞英兵已登岸，命大學士瑞麟帶京營兵一萬，赴通州扼守。

秋七月，僧格林沁奉詔班師至張家灣，天津遂陷。

時執政有齮請罷兵議撫，並召回僧格林沁，以戢英兵，僧格林沁謂："我退一步，英必進一步，北岸礮臺雖小挫，然得此軍扼此要地，猶足捍衛畿輔，今自撤藩籬，如津門何？如京師何？”爲憤惋泣下，乃自天津退軍張家灣（距通州五里）。初七日，英人遂陷天津。

　　臣按：是時大沽北岸礮臺雖失，而僧王一軍尚據南岸，彼猶有所憚也。王既率師內衛，英遂乘勢直驅。聞洋船泊津，守者僅千數百人，每夜各船四面然鐙以爲疑兵，其登岸踞廟寺者，人更無多，時以數人持槍巡邏廟外，以防警。津民有議焚其舟、殲其人、截其歸路者，當事恐礙撫局弗許，惜哉！

復遣僧格林沁進軍通州。

　　先是，上命侍郎文俊、前粵海關監督恆祺來天津議撫，洋人以其官卑不足當全權之任，弗見也。尋命大學士桂良往。是月十五日，桂良抵津，照會洋人商和局。英公使額羅金、參贊巴夏里請增軍費及准在天津通商，並請各國公使酌帶散兵數千人入京換約。桂良以聞，上大怒，嚴旨拒絕，飭僧格林沁、瑞麟仍進守通州，防內犯。

副都統勝保率師入援通州。

　　英法見和議不就，於津城均張白旗，僞求款，而以所募潮勇及所部兵二萬餘北上。募勇無紀律，不能約束，初懼有伏兵，未敢深入，繼知無備，沿河戒行，擾及河西務。廷臣復有以撫事請者，輒張皇寇勢，且以上駐蹕海淀非所以備不虞，請即日移入大內。及洋氛內犯，左右又歷贊巡幸。二十四日，硃諭內廷王大臣等入朝待命，遂有“坐鎮京北”之旨，又云：“將以巡幸之備，作①爲親征之舉。”於是亟召副都統

_____
　　① 作字原缺，據抄本補。

286

勝保刻日會貝子綿勳,調八旗禁兵萬人,赴通州助剿。勝保
聞寇氛甚逼,上疏力諫,謂不可爲一二奸佞所誤,上意稍安。

八月,英人犯通州。

英兵自河務薄張家灣,遂犯通州。上命怡親王載垣
赴通議款。時桂良及軍機大臣穆蔭皆在,英使額羅金遣其
參贊巴夏里入城議和,請循天津原議,並約法使會商。翼
日,宴於東嶽廟。法使無詞,巴夏里起曰:"今日之約,須面
見大皇帝,以昭誠信。"又曰:"遠方慕義,欲觀光上國久矣,
請以軍容入。"王見其語不遜,答以須請旨定奪。久之,巴
出,王密會僧格林沁計擒巴夏里,送京師,以法使尚恭順,仍
禮遣之。兵端復作。

時上適秋獮,自行在詔以恭親王奕訢爲全權大臣、守京
師,豫親王義道、吏部尚書全慶宿衛紫禁城,大學士周祖培
守外城,大學士桂良駐城外防剿。

詔南省入援。

勝保既敗,遂急驛奏行在,請亟召南軍入援,謂:"用兵
之道,全貴以長擊短。西逆專以火器見長,若我軍能奮身撲
進,兵刃相接,賊之槍礮近無可施,必能大捷。蒙古、京旗兵
丁,不能奮身擊刺,惟川楚健勇能俯身猱進,與賊相搏,西逆
自必大受懲創。請飭下曾國藩、袁甲三等,於川楚勇中挑選
若干名,派員管帶,即日起程赴京,以解危急。"即日奉諭:
"逆夷犯順,撫議未成,現在外軍營川楚各勇,均甚得力,著
曾國藩、袁甲三各挑選川楚精勇二三千名,即令鮑超、張得
勝管帶。並著慶廉於新募彝勇及各起川楚勇中,挑選得力

數千名,卽派副將黃得魁、游擊趙喜義管帶。安徽苗練向稱
勇敢,著翁同書、傅振邦飭令苗沛霖,遴選練丁數千名,派委
妥員管帶。均著兼程前進,刻日赴京,交勝保調遣,勿得藉
詞延宕,坐視君國之急。惟有殷盼大兵雲集,迅掃逆氛,同
膺懋賞,是爲至要。將此由六百里加緊各諭令知之。"

釋英人巴夏里。

時團防大臣大學士周祖培、尚書陳孚恩等集議中州會
館,籌辦團練城守事, 恭親王、桂良皆駐城外。英人索巴夏
里,恒祺請釋之,勝保不可,黃宗漢請殺之,議未定。英酋請
開安定門入,與恭王面定議和。王見都城內外係一身安危,
因遷居廣寧門外,瑞麟、文祥從焉。祖培倡言於廷曰:"撫議
已成,彼攻我拒,均之失信,不如納之。"乃約以次日定和議,
而釋巴夏里於獄,遣恒祺送歸。巴夏里等來訂換約之期。

九月,和議成。

和議既定, 是月十一日, 與英人交換前約並續增新
約。 恭親王具護衛儀仗入城,偕大學士賈楨、周祖培、尚書
趙光、陳孚恩、侍郎潘曾瑩、宋晉等,宴英酋額爾金於禮部大
堂,分左右列坐,通事往反傳命。宴畢, 換約, 續增條約九
款。翼日,與法人換約,亦宴法使噶羅於禮部大堂,續增條
約十款。

和議既成,英法使臣請將前後條約頒行各省大吏,按照辦
理。恭親王據奏,奉上諭:"恭親王奕訢等奏,互換和約一
摺。本月十一、十二兩日,業經恭親王將八年所定和約, 及
本年續約,與英法兩國互換。所有和約內所定條款,均著逐

288

款允准；行諸久遠，從此永息干戈，共敦和好，彼此相安以信，各無猜疑。其約內應行各事宜，卽著通行各省督撫大吏，一體按照辦理。"

旋與俄人換約。俄使臣伊格那替業幅與王大臣等相見，續訂和約十五款，此後通商，不論恰克圖及現准英法二國通商各海口，分別酌議，另立通商稅則條款，大半與英法同。惟《續增條約》大意在申定兩國邊界，凡黑龍江及西疆交界之處，應各派大臣秉公查勘，以防異日爭端。許之。

臣按：和議既成，論者每歸咎當時王大臣不肯力爭，任洋人之予取予求，致臥榻之側爲他人所鼾睡，不知當時京兵新敗於內，援師遠竄於外，其平日矢口以忠憤陳說者，掉手咋舌，不能發一策、出一謀，甚或逃匿之不暇，恭親王以天潢之胄，躬捍大難，屹然不搖，雖迭蒙行在密旨，趣其扈① 蹕，而以社稷爲重，不動聲色，力持大體，既杜其無饜之要求，卒能委曲成和，此其所保全者大，而其所設施者遠也」執事後之議論，以訾局中之艱危，烏乎可哉？

詔止勤王之師。

時兩江總督曾國藩、湖北巡撫胡林翼聞洋氛犯闕，鑾輿北狩熱河，京師戒嚴，未奉入援之詔，卽往復籌商，作"北援議"八條，疏請帶兵入衛，畧云："臣自恨軍威不振，甫接皖南防務，旬日之間，徽寧失陷，又聞夷氛內犯，憑陵郊甸，東望吳越，莫分聖主累歲之憂，北望灤陽，驚聞君父非常之變，且愧且憤，涕零如雨」應懇天恩，於臣與胡林翼二人中，飭派

_____
① 扈，原作滬，據抄本改。

一人，帶兵北上，冀効尺寸之勞，稍雪敷天之恨。”尋以和議
既成，奉上諭：“皖南北均當吃緊之時，該大臣等一經北上，
難保逆匪不乘虛思竄，擾及完善之區，江南、湖北均爲可慮。
曾國藩、胡林翼均著毋庸來京。”

臣按：英人連兵，各國乘虛內犯，原恃我東南未靖，故
敢妄肆披猖。當時若陽以和議、與之羈縻，而徐待外省援
師，戮力殲剿，翠華北狩，狐鼠無城社之憑，義旅南來，虎狼
入圈阱之內，縱不聚而殲旃，其能不俯首帖耳以聽命於我
哉？上欲以誠信待外洋，且不忍生民之塗炭，既允和議，卽
止援兵，固足以昭覆載之仁，毋亦運會所開，欲使中外一家，
以關數千載未有之創局耶？

法人請助剿粵逆，却之。

時粵逆洪秀全久踞江寧，侵擾數省，勢益猖獗，法使噶
囉意在修好，且欲獲漁人之利，因誇其船礮堅利，謂：“大國
如有所需，聽從銷售，若仿式製造，則派匠役前來，教習操
演。”又請於海口助中國剿賊，所有該國停泊各口兵船，悉聽
調遣。王大臣等先後奏聞行在，上不許。

以廣東九龍司地與英人。

九龍司巡檢，屬新安縣，地鄰香港，總督勞崇光先租與
英使巴夏里，至是續定和約，卽將其地付英人管轄，與香港
並爲英屬地，而徙其民。

卷 十 五

庚申　咸豐十年（公元一八六〇年）

冬十月，建總理各國通商事務衙門。

　　時各國交涉紛煩，軍機處難以兼理，因議建總理衙門。奉上諭："恭親王等奏辦理通商善後章程一摺，均係實在情形，卽照原議辦理。京師設立總理各國通商事務衙門，著卽派恭親王奕訢、大學士桂良、戶部左侍郎文祥管理，並著禮部頒給'欽命總理各國通商事務'關防。應設司員，卽於內閣部院、軍機處各司員內，滿漢挑取八員，卽作爲定額，毋庸再兼軍機處行走，輪班辦事。侍郎銜候補京堂崇厚，著作爲辦理三口通商大臣，駐紮天津，管理牛莊、天津、登州三口通商事務，會同各該將軍、督撫、府尹辦理，並頒給'辦理三口通商大臣'關防。其廣州、福州、廈門、寧波、上海，及內江三口、潮州、瓊州、臺灣、淡水各口通商事務，著江蘇巡撫薛煥辦理。新立口岸，惟牛莊一口歸山海關監督經管，其餘登州各口，著該督撫會同崇厚、薛煥派員管理。所有各國照會，隨時奏報，並將原照一併呈覽，一面咨禮部，轉咨總理衙門，並著各該將軍、督撫互相知照。其吉林、黑龍江中外邊界事件，並著該將軍等據實奏報，不准稍有隱飾。"

俄人請助剿代運，不許。

俄人換約之後，亦有助兵剿賊、代運南漕之請，王大臣等以聞。奉行在諭："本年秋間，英法兩國帶兵撲犯都城，業經換約退兵。俄羅斯使臣伊格那替業幅，亦卽隨後換約，該酋見恭親王等面稱：髮逆在江南等處橫行，請令中國官兵於陸路統重兵進剿，該國撥兵三四百名在水路會擊，必可得手。又稱：明年南漕運京，恐沿途或有阻礙，伊在上海時，有美國商人及中國粵商，情願領價採辦臺米、洋米運京，如令伊寄信上海領事官，將來洋船、沙船均可裝載，用俄美旗幟，卽保無虞等因。中國剿賊運漕，斷無借資外國之理，惟恐江浙地方糜爛，兵力不敷剿辦，如借俄兵之力幫同辦理，逆賊若能早平，我之元氣亦可漸復，但恐該國所貪在利，藉口協同剿賊，或格外再有要求，不可不思患預防。法郎西在京時，亦有此請。著曾國藩等公同悉心體察，如利多害少，尚可爲救急之方，卽日迅速奏明，候旨定奪。至代運南漕一節，江浙地方淪陷，明年能否辦理新漕，尚無定議，然漕糧爲天庾正供，自不可缺，該商所稱採辦運津，是否可行，應如何妥議章程辦理之處，並著曾國藩、袁甲三、薛煥、王有齡酌量情形，迅速具奏。"

嗣經袁甲三奏覆，略云："我軍剿賊，向來水陸兼籌，並非專恃陸路，長江上下均有水師，本與旱隊互相策應，如艇船、紅單、長龍、舢板、拖罾等船，不下數百號，所招廣楚各勇，器械精良，遞著戰功，果能統率得人，妥爲駕馭，不難得其死力，非中國無水兵也，亦非中國水兵不如外國也。今該夷請我軍由陸路進剿，該國撥兵三四百名在水路會擊，以每船數十人計之，夷船不過數號，而謂必可得手，臣愚未敢遽

292

信也。且我軍廣楚各勇，係內地民人，尚有因糧餉不足延不起碇，並結黨肆搶情事，矧外夷之人，祇能將就牢籠，而不能服我節制者乎！此時協同剿賊，即謂自備口糧，而我之隨時犒賞，必不可少。幸而戰勝，即矜功要挾，所求無厭，豈能滿其所欲？不幸偶有小挫，或船隻損壞，或兵丁傷亡，勒索賠償，又將有詞可藉。誠如聖諭，該國所貪在利，格外要求，不可不思患預防也。不但此也，我軍水師，廣勇居多，該夷之與我爲難，亦多挾廣勇而來，萬一私相勾結，其禍更烈，即令杜其勾結，而以桀驁不馴之徒，兩相猜忌，則爭端競起，必至枝節橫生。況夷人素習天主教，本年六月即有墨利加國借英夷船駛赴金陵傳教之事，髮逆之煽惑人心，亦藉天主教爲名，與該夷所習相同，難保無暗中勾通情弊，一旦奉命而來，久居內地，引虎入室，並且爲虎添翼，恐此時招之使來，他日不能麾之即去也。體察情形，熟思審處，非特利少而害多，實覺有害而無利，區區愚衷，竊以爲必不可行。惟求皇上乾綱獨斷，計出萬全，與其悔之於後，不如慎之於初也。抑臣更有請者，夷人名爲就撫，實則包藏禍心，若眞有利於我，該夷亦必不肯爲我謀。上年俄夷進火器一萬件，彼時外間聞之，均以兩國相爭，斷未有肯以火器予人者，該夷必別有詭謀，繼果藉詞遷延，逞其愚弄之計。本年各夷犯順，安知非俄夷唆使邪？且俄夷向於內城設館，人地最爲熟悉，本年聞在天津議事者，即前住①俄館之人，都人尚能識之。該夷距我甚近，水陸兼通，尤不可不加意嚴防也。至交商買米，借用俄美旗幟保護運津一節，以現在夷情揣之，其氣甚驕，其

---

① 住，原作往，據抄本改。

心愈侈,萬一發價之後　事有變遷,恐更無計可施。都中需米甚殷,臣於海運事宜未能深悉,應如何設法轉輸,曾國藩等自能遵旨妥辦,另候聖裁。"

國藩、煥、有齡等覆奏尋至。旋奉上諭:"恭親王奕訢等議曾國藩、袁甲三、薛煥、瑞昌、王有齡等各摺片,稱:江南官軍尚未能進剿金陵,卽令夷船駛往,非但不能收夾擊之效,並恐與賊相持,如薛煥所慮,勾結生變,尤宜預防,該撫所擬令夷兵由陸路進剿,非獨經過地方驚擾,卽支應一節,諸多窒礙,夷性貪婪,一經允許,必至索請多端,經費任其開銷,地方任其蹂躪等語。並於英酋威妥瑪來見,與之談論終日,該酋已吐實語,謂剿賊本中國應辦之事,若借助他人,不占地方,於彼何益?非但俄法克復城池不肯讓出,卽英國得之,亦不敢謂必不據爲己有,因舉該夷攻奪印度之事爲證。借夷剿賊,流弊滋多,不可因目前之利,而貽無窮之患。惟此時初與換約,拒絕過甚,又恐夷性猜疑,轉生叵測,惟告以中國之兵力足敷剿辦,將來如有相資之處,再當借助,以示羈縻,並設法牢籠,誘以小利。法夷貪利最甚,或籌款銷其槍礮、船隻,使其有利可圖,卽可冀其暱就,以爲我用。儻上海夷人諄請助兵剿賊,著曾國藩、薛煥量爲獎勉。續有兵船駛入內地,案照條例攔阻。並著該大臣等就現在兵力,設法攻剿逆賊,毋再觀望。至法夷槍礮旣肯售賣,並肯派匠役教習演造,亦令曾國藩等酌量辦理。卽外洋師船現雖不暇添製,或仿夷船製造,或將彼船撥用,誘之以利以結其心,而我得收實濟。其受雇助剿,祇可令華夷自行辦理(二語係硃筆點改),於大局或有裨益,仍卽在於通商稅內籌辦。至代運

294

一節,由薛煥招商運津,無論華夷,一體販運,無須與該夷預行會商。美性較純,與英法不同,其應如何駕馭,俾其感順,以杜俄夷市德於彼之心,亦著曾國藩等妥爲辦理。"於是助剿代運之議遂寢。

辛酉　咸豐十一年(公元一八六一年)

春正月,考取滿漢軍機章京入總理衙門辦事。
江西布政使張集馨赴九江辦理開市事宜。

　　初,英酋卜魯士照會同時換約之王大臣,稱:"現行天津新議第十款所載,長江一帶各口,英商船隻俱可通商。本國現擬於漢口、九江兩處先行開商,惟現江西尚未安靖,所有兩口通商之處,照後開章程暫行辦理:凡有英船上下大江,裝載貨物,無論進口、出口,應納稅餉均在上海或鎮江各關按照新章納稅,各關監督皆宜妥爲設法,務使各船遵行。再,英船欲上大江,當向海關先行報明所存保護船隻之兵器、火藥、鉛彈若干,請給照單,該關口查明所報軍器數目,如在情理之中,卽應注明給發,儻查有額外軍器,或並無照單,私行售賣軍器藥彈等物,卽將該船所載貨物全行入官,並驅逐該船出口,不准在江面貿易。以上各節,應請查照,並咨湖北、江西各大吏一體遵辦。"總理通商衙門據奏允准,覆以"南省軍務尚未肅清,長江道路是否疏通,應由貴大臣斟酌辦理"。

　　時江西巡撫毓科奏:"九江通商事屬創始,關係甚巨,恐非九江關監督一人所能辦理,擬請遴委藩司大員,赴潯會同籌辦。現藩司張集馨詳稱:徽地巨寇分股竄陷東流、建德,上犯湖口、彭澤，勢甚猖獗，潯郡一帶商賈屏跡，**此時遽往商辦，不但交易無人，尤恐逆氛肆擾，有礙外國舟行，應請展緩赴潯。"**因亟飛章行在。而英水師兵頭霍某，遽以小火輪兵船五，載兵八百，偕洋商於初二日自吳淞口起碇，駛赴長江。初十日抵鎮江，於雲台山（在鎮江城西門外）規造公署、商棧。其水師提督和普赴江寧上游，參贊巴夏里亦相繼赴九江、漢口，皆沿江探水，登岸測驗形勢。商民不知所為，所至震駭，文報杳至南昌。毓科亟飭集釐帶員遄赴九江，辦理建立通商馬頭之事。

二月，英人始立漢口市埠。

前月二十六日，英國火輪船一抵漢口，其酋威司利、行商韋伯、通事楊光讓等渡江至武昌，見大學士總督官文。後①遂覓棧房一所，議歲給房租銀四百兩，留楊光讓住漢。

是月朔，巴夏里續以小火輪兵船四，載兵數百至漢，偕屬官往見官文，亦稱查辦九江、漢口開港事，以九江諸事未定，先來漢勘地建棧通商。其水師提督賀布亦次日率屬官二十人來，言將往上游探水，非有他意。官文遂飭於所經地方文武沿途迎護。

巴夏里因於楊林口（在漢口鎮下街尾）定基，橫闊二百五十丈，縱長百一十丈，府縣會勘立界，藩署給丈量地基租約，鈐印交在漢領事，同地方官集居民議價，立券照給畢，聽英商興築棧房。應納丁漕，歲由英商赴縣清完。其他國來漢立埠，須在英行以下擇地蓋棧，不得上占正街。議甫定，

---

① 後，原作漢，二十二年本作後，據改。

賀布自上游返，旋與巴夏里先後東行，留夏某以小火輪船一碰泊漢口。是爲英人立漢口市埠之始。

英人始立九江市埠。

江西布政司張集馨赴九江，途接廣饒九南道文恆、署九江知府程元瑞函報，遄抵九江。未幾，巴夏里自漢口至，與會商租地立市事，而巴夏里欲先察上下游地勢始定議。十三日，遂偕往湖口，諸酋僉以湖口地扼鄱陽總滙，爲江西門户，欲在彼立市。委員馬長康告以湖口城内多亂石，城外俱沙土，難建樓棧，且峭岸急溜，風濤險惡，商船難泊，必多裹足，又地接建德、東流，時虞賊擾，水陸防軍雜處，易啓釁端，不如九江，且符原議。巴夏里始與諸酋以遠鏡四覷，以盤盛水銀測驗地底，果皆沙石，遂允回九江。

十五日，於龍開河（在九江府城西門外）東量地，橫闊一百五十丈，縱長五十丈。巴夏里謂弓步未準，再按指南針，以繩較準，得縱長六十丈。内民居三百餘户，巴夏里議給每畝錢五十千，不願者地方官酌提公費津貼。遂依議，立永租地基約，以一百五十畝科算，丁米正耗銀數按年由領事清交德化縣，歸入編糧項下。集馨遂與巴夏里聯銜畫押，各執一紙。是爲英人立九江市埠之始。

夏四月，美人始立九江市埠。

先是，三月美國水師總領施碟烈倫以火輪船至九江，尋去。是月，美商金寧謙及瓊記、旗昌行商等，由漢回泊九江擇地，勘定琵琶亭（在九江府城西門外）空地三十畝，以地勢低窪，遂興工填塾。布政司張集馨遣人往詢，答云："我國在

此貿易不大，擬不設領事，通商事均商人自主，惟租地換約
須俟領事至。"時會辦集礬因彼國與俄國領事皆無消息，遂
請回省，值粵匪上竄黃梅，洋商疑其聞警潛回，傳入總理衙
門，再被劾罷歸。

　　後美領事別列子至，集礬已罷，通商事悉以九江關監督
經理。別列子不往會商，而洋商輒集工匠，就前勘地砌牆築
垣。居民以未給價阻之，別列子始赴道署，止許照英國價例
給發。監督以紳民所稱，此雖濂溪書院空址，然在大街繁盛
之區，與龍開河偏僻有水者不同，駁詰之。別列子悻悻去。
監督因照會駐漢口總領事，始准依民間買賣，然較前所勘定
之界亦增索至五十畝。又以地在龍開河西，與英界事同一
律，監督遂飭地方官會同劃界，其價較英商稍增。是爲美人
立九江市埠之始。

初購外洋船礮。

　　時粵逆猶狷，恭親王奏請購買外洋船礮，謂："粵逆蔓延
七八省，滋擾十數年，原其故，由於道光間沿海不靖，其時散
遣之潮勇、從逆之漢奸，窺見國家兵力不足，遂勾結煽惑，乘
間抵隙，一發而不可驟制。迨用兵既久，財用漸匱，外國從
而生心，得步進步，要求無已。內憂外患，其事不相屬，而其
害實相因。臣等現辦理外國各事，期於拔本塞源，是以上年
曾奏請飭下曾國藩等，購買外洋船礮，並請派大員訓練京
兵，無非爲自強之計，不使受制於人。然購買船礮，未知曾國
藩等是否辦理？而時事孔急，未便再事因循。自英法住京
後，臣等遞次接晤，窺知各國心志不齊，互相疑貳，是以彼此
牽制，未敢逞志。卽如俄羅斯侵占吉林等處邊界，英法兩國

298

均以爲非，蓋其意恐俄國日益强大，不獨爲中國之患，卽伊等亦不能不暗爲之防，是其猜忌之情可以想見。臣等探聞，英國本有與粵逆兩不相犯之約，法國雖欲剿賊以誇其勇，而爲英國之所制，亦不敢自主。迨本年三月間，巴夏里自長江來，歷言賊情斷無成事之理，而江楚各軍紀律嚴明，惟餉項不足，船礮不甚堅利，恐難滅賊等語。臣等自籠絡英法以來，目前尚稱安静，似可睽而就我。若乘此機會，中外同心，以滅賊爲志，不難漸次掃蕩。惟大江上下游均有水師，中間並無堵剿之船，非獨無以斷賊接濟，且恐由蘇常進剿，則北路必受其衝，是以上年曾國藩奏陳攻取蘇、常、金陵，須有三支水師，其一則由江北造船。但造船必須設廠購料，興工非年餘不成，自不如用火輪船，剿辦更爲得力。南省雖舊有二隻，並非打仗之船，且已有一隻敗壞。臣等詢之赫德，據稱：外洋火輪船，大者每隻數十萬兩，上可載數百人；小者每隻數萬兩，可載百數十人。大①船在内地不利行駛，若用小火輪船十餘號，益以精利槍礮，其費不過數十萬。至駕駛之法，廣東、上海等處多有能之者，可雇内地人隨時學習，用以入江，必可奏效。若内地人一時不能盡習，亦可雇用外國人兩三名，令其司舵、司礮。而中國雇用外國人，英法亦不得攔阻。如欲購買，其價值先領一半，俟購齊驗收後，再行全給。此等款項，據赫德單稱，征收洋藥正子稅外，一經進口，無論販至何處銷售，再由各該地方官給與印票，仍照牙行納帖之利，每帖輪銀若干，如辦理得宜，除華洋各稅外，歲可增數十萬，可作爲購買船礮之用。臣等令其將船礮、洋槍價值

---

① 大字原缺，據《籌辦夷務始末》(咸豐朝)卷七十九補。

分晰開單，先行呈送。如蒙俞允，擬將價值奏明後，即請於上海、廣東各關稅內，先行籌款購買，並給赫德札文，令其購買運到時，交廣東、江蘇各督撫，雇内地人學習，俟駕駛得法，再入大江，應請飭下曾國藩等熟計遵行。至法國歌士耆來見，亦稱現欲回國，請給令其購買船礮札文，伊即禀請該國王，代爲購買，俟將來稅項收有成數，再行扣還等語。臣等以英法事同一律，未便意存軒輊，如伊必欲請辦，亦應照赫德開明價值，先給一半，似於事亦無所損。"

有旨："交曾國藩等籌辦。"而南、北洋購置外洋船礮，由此起矣。

秋七月，俄人、美人設領事於漢陽。

先是，湖廣總督官文咨總理衙門，稱："英國領事官及俄美二國貨船已陸續抵漢，而俄美並無領事官，任意裝載往來，漫無稽考，請妥議遵辦。"總理衙門尋訂定章程，凡各國商船，往各通商口岸，必須設有領事官管理，方准貿易，如該國無領事官，准託別國領事官代理，亦須別國領事官允管，方許該商開艙貿易，否則任意前往，不惟不准貿易，即該國人有被人凌害情事，地方官一概不理。江蘇巡撫薛煥因飭上海道，傳諭美國在滬領事。美領事覆稱："漢口通商，已另派西地惠林士爲領事，此時想當任事辦理。"三口通商大臣亦傳諭俄國領事孟第。孟第言該國並未另設領事官，亦無船隻前往漢口貿易，恐係別國假冒，或該處官吏查報未實。後江蘇海關道忽接俄國領事夏德爾覆稱："現奉本國駐京欽差委本領事兼理鎮江、九江、漢口等處，本領事因轉請美國駐漢領事惠林士代理本國漢口通商事務"云。

300

臣按：俄人貪狡，與英無異，其不敢如巴夏里之顯肆奸獪者，蓋幅員雖闊於諸國，而多荒寒曠廢之土，國主類好大喜功，民多不從，其所欲往往掣肘。歷代罕通中國，元太祖滅之，以封長子朮赤。元衰，始漸恢復疆宇，日以強大。我朝定鼎，聲威遠震，重譯莫不梯航，俄亦遣侍子入學，成中外大一統之盛。顧彼族貪婪成性，不知感列聖懷柔之德，乘我多難未平，合縱外洋，要挾百端，狡焉思啟。我顯廟度量如天，念其輸情內向已二百餘年，故可以包容者，終不欲邊釁自我而開，乃彼妄思逞蛇豕之情，得步進步，反覆無常。即領事之設，彼若無船貨至漢，何必託他國代理？孟第所言，率憑臆對，而彼國之觀望徘徊，形迹詭秘，亦可概見矣」

與布路斯及德意志諸國立約。

布路斯(一作破魯斯)即普魯社國(一作埔魯寫)，在歐羅巴中央，東界俄羅斯，南界墺地利亞，西南界日耳曼，北抵洲中海（即波羅的海）。首部曰伯靈爾。西部雜於日耳曼者，則與法蘭西、荷蘭、比利時鄰。北極度自四十九至五十六，偏東自六度至二十。東西二千餘里，南北千餘里。土產五金、硝磺、五穀、果、牲畜俱備。舊屬日耳曼，康熙中乃自立國。嘉慶初，奪歐塞特里及波蘭屬部，旋為法蘭西所敗，割其地大半。及法王為俄人敗退，布人遂聯諸國攻之，入法都，恢其故土，加益焉。乃增修國政，勸農工，講軍實，利器用，遂為西土顯國。向來粵港通商，人以其旗識之，稱單鷹國。

五口既開，旋來上海。比見英法等國換約，亦呈請照辦，江蘇巡撫薛煥不可。其使臣斐俤理阿里丕艾赴天津呈

301

三口通商大臣，請立條約。總理通商衙門欲令法公使阻之。法使言："布路斯爲我與國，德意志公會各國又布路斯與國也。彼國亦久商粵中，今求立約，請照我國條款有減無增。"王大臣以聞，有旨令布使在天津守候，命總理各國事務倉場侍郎①崇綸充全權大臣，赴天津會崇厚酌辦。布使呈條約四十二款，附款一條，通商章程十款，另款一條，稅則一册，所代呈德意志公會各國部名，均照該國條約辦理，惟准布國以五年後，許派秉權大臣一員駐京，兼辦各國事，餘與法國條約略同。遂以是月二十八日定約。

德意志者，日耳曼列國總部名，舊名邪馬尼，居歐洲中原，縱橫數千里，爲古大國。明代盛强，奧地利、布路斯皆其屬部。康熙中，奧布强大，皆自立國，日耳曼散爲三十六國，大者千餘里，小者百數十里，稱王者四，如古五等諸侯，各君其國。嘉慶中，爲法蘭西脅降。法王旋喪敗，各部始復爵土。二十年，歐洲各國公使會議維也納（奧地利國都），以奧布本日耳曼所分，而嗹與荷蘭壤地交錯，遂合稱同盟四十國，有大事會議。道光二年，公會議兵制，同盟仍三十六國。（《中西和約》所列各國部名：邦晏、撒遜、漢諾威、威而顛白而額、巴敦、黑辛加習利、黑星達而未司大、布倫帥額、阿爾敦布爾額、魯生布而額、撒遜外抹艾生納、撒遜麥寧恩、撒遜阿里廷部而額、撒遜各部而額大、拿掃、宜得克比而孟地、安阿而得疊掃郭定、安阿而得比爾你布而額、立貝、實瓦字部而魯德司苔、實瓦字部而孫德而士好遜、大支派之各洛以斯、小支派之各洛以斯、郎格岙而德、昂布而士，以上二十五

---

① 倉場侍郎，原作倉場總督，總督應是侍郎之誤，故改。

302

國；模令布而額水林、模林布而額錫特利子，以上二邦；律百克、伯磊門、昂布爾，以上三“漢謝城”。惟漢諾威四國同治五年爲布國所併。）國人多聰明闊達，西土以爲貴種。英法立國之祖，皆其國人，故視爲宗國。布路斯東西八部，入且耳曼公會者六，各國商船亦時來粵，故布人代爲之定議立約，俾事同一例焉。（同治十年布國亦改爲德意志，故今祇稱德國。）

八月，增設長江洋關。

初議洋商入長江，進口、出口正稅均在上海、鎮江關交納，九江、漢口無征收，故原訂章程第七款有“沿途任便起貨下貨，不用請給憑單，不用隨納稅餉”之語。江蘇巡撫薛煥謂：“如此則毫無稽考，應飭令洋商，將運進長江之貨，除完海關正稅不計外，其應完內地半稅，先在上海完者，由上海給憑單上駛；出口貨物，如在漢口及九江出口者，先在漢口、九江完稅，由該關給憑單下駛。似此上下稽核，始無偷漏之弊。”

大學士湖廣總督官文因奏請增設漢口洋關，謂：“今春髮逆上犯，漢口巨商大賈遷徙一空，所到洋貨皆於各行以貨易貨，暗運而去，不交進口貨單，亦不報出口貨目，以致毫無稽查。其應完子口稅，雖有上海來文，而領事等則云：‘先完正稅，當後完子口稅。’於條約所當查辦者，反置不理。其應完出口貨稅，則英使謂：‘當仍至海關交收。’及司道傳詢領事等，則稱：‘漢口無關，亦無監督稅事司員，憑何稽納？’此皆意存欺蔽也。若竟聽其往來自便，則長江數千里，隨處可載貨、卸貨，將沿江上下之利盡歸外洋，而中原脂膏將竭。

且有内地奸商，船插洋旗，藉此私售私買，甚至將米糧、銅鉛禁運之物運出，難免不銷售賊中，關礙大局實多，非獨偷漏稅課已也。至釐金原濟軍餉，而洋商執一稅不二稅之說，未允抽釐，不思納稅出自洋商，收釐取之華商，兩不相涉。又，內地商人現赴湖南北產茶處購買，動謂英商雇夥，違抗釐金，似此情形，則內地商人皆可稱洋行雇夥，內地貨物皆可指洋商採辦，山鄉市鎮皆可作通商口岸，將條約所稱‘不逾三口’之文，衹成虛設，皆由無憑稽查故也。惟有於漢口設洋關收稅，照海關明定章程，並設官行盤驗入口、出口，在地收票發票，並禁華洋雇夥往各埠採辦，悉由商販自運到漢，入行售賣，庶可杜絕弊源，亦與前議條約相符。現飭漢陽府勘擇地基，設立關卡，並請添設監督一員，督辦關稅事務，以專責成。”報可。於是九江亦循照漢口辦理，先後均設洋關。

九月，與英人訂《長江通商章程》。

時漢口、九江均設洋關，而章程未立，總理各國事務衙門因與英使卜魯士議《暫訂長江通商章程》十二款，《納稅章程》五款（即《各口通共章程》），由是各國貨船出入始有可稽。

卷 十 六

壬戌　同治元年(公元一八六二年)

葡萄牙來京換約。

　　葡萄牙初請立約，經桂良嚴行拒絕，其事遂寢。至是，見換約、立約之國紛至沓來，逕由粵中海道駛往天津，並不向三口通商大臣呈遞照會，遽赴京師。三口大臣飛咨總理衙門，請飭城門攔阻。旋有法國駐京公使哥士耆，稱係彼國朋友，請由該使保領，暫住該國館中。恭親王語以"外洋無約之國，例不准擅至京師，況該使此來，又不在天津呈遞照會，將來此端一開，從此外洋不論何國均可照行，必至漫無稽考"。哥不能辯，乃請照各口領事代辦通商之例，所有大西洋葡萄牙呈請立約一節，概不提明，一切由哥士耆代辦，作爲法國賓客，在京往來商議，悉惟法使哥士耆是問，議定之後，仍回天津畫押，即在天津互換。恭親王見撫議初定，内患未除，不得已許之。哥士耆遂酌擬章程，照法國條約稍減。恭親王奏聞，奉旨欽派大臣前赴天津，會同三口通商大臣妥辦。即日哥士耆帶領葡萄牙使臣至津，一切畫押蓋印，均如布路斯換約之儀。[①]

---

　①　"葡萄牙來京換約……均如布路斯換約之儀"一條原缺，據抄本補。

選募洋將,授美英法人等官。

粵賊淪陷蘇松常太各城,上海以各國通商所在,賊未逐擾,然勢漸危逼。蘇松太道吳煦及前蘇松糧道楊坊初雇印度人充伍,又欲增募呂宋人為兵。蘇州人王韜獻策曰:"招募洋兵,人少餉費,不如募壯勇而雇洋人領隊,平日以洋法教演火器,務令精練,當可收效。"從之。美國人華爾來華,煦初雇令管帶印度兵,旋有旨撤印度兵,華爾願隸籍中國,煦留令管帶常勝軍,協守松江。

時滬上通商諸國亦慮賊擾亂商務,阻礙貿易,雖英人曾與粵賊有兩不相犯之約,至是亦謀自衛。於是英水師提督何伯、法水師提督卜羅德,並率船礮列守禦,備攻剿。有旨:"英法兩國自換約後,彼此均以誠信相孚。此次上海幫同剿賊,具見真意為好,克盡友邦之誼,著傳旨嘉獎。並嗣後如有外國協同助剿之處,著薛煥隨時迅速具奏,以彰中外和好、同心協助之意。"

薛煥督華爾等首破賊於松江之迎禧濱、天馬山。賊別據高橋,華爾偕美人白齊文,邀同英法兵弁攻其右,參將李恆嵩擊其左,大破之。奉旨:"華爾、白齊文均賞四品翎頂。"旋以攻毀萬唐、周浦各賊壘,并加三品頂戴,華爾以副將補用。及收復松江、寧波、鎮海、慈谿各城,何伯、卜羅德均以在事出力蒙嘉獎。於是洋弁咸願為中國效用矣。

優恤陣亡諸洋將。

初,華爾帶印度兵隨攻嘉定、太倉,再克松江,屢攻青浦,遞受重傷。至是,賊復窺寧波,陷慈谿。華爾攻克慈谿城,中槍洞胸,回寧波死。江蘇巡撫李鴻章飭以中國冠服斂葬。有旨嘉憫,從優賜恤,仍於松江、寧波建立專祠。

　　他如法國兵官勒伯勒東,助官兵克復寧波、慈谿、餘姚,權授總兵,克上虞,進攻紹興,親然巨礮,炸傷頭頂而殞。同時傷亡者,有兵頭范夫哈、格齡二員。其接帶之法弁達爾第福,先領洋槍隊隨官軍攻剿,回滬管帶法國教練勇,權受江蘇副將,法提督令赴寧領勒伯勒東所部,亦以急攻紹城中槍殞。又法提督卜羅德,亦在南橋督戰陣亡。先後均獲優恤。

春二月,與俄人訂《陸路通商章程》。

　　俄人先止在陸路通商,故定約於陸路綦詳。至是,通商陸路更增,總理各國事務王大臣與俄之把公使,在京議定《陸路通商章程》二十一款,於天津續增《稅則》一冊。

秋八月,暫波里國、咈唅國來營口互市,却之。

　　通商各海口既增,外洋素不著聞之小國,亦多聞風來華。有暫波里國商人德勒邪,領法國執照來營口租房設行。又有咈唅國商人阿文,亦來營口,將設行,而無執照。盛京將軍咨總理通商衙門,轉詢法公使哥士耆,亦云:“暫波里國名未經列入布國和約,不知係何國所屬之國。惟本國領事並未呈請批准,濫爲別國商人代發執照,自當嚴飭。”遂函致英國牛莊領事,請卽行阻止,將法執照擲回,兩國商人遂逡巡去。

九月,與英人續訂《長江通商章程》。

　　長江既設洋關,去年總理各國事務衙門與英使卜魯士所訂《長江試辦章程》及納稅各款尚未畫一,至是復與之續訂《長江通商統共章程》七條。

癸亥　同治二年（公元一八六三年）
浙江巡撫左宗棠禽白齊文。

初，華爾戰歿，白齊文統全隊，索餉數十萬。未應，遂劫餉銀，潛投僞忠王李秀成，爲之謀主，勸秀成盡棄江浙兩省地，斬伐茶桑，焚毀廬舍，然後并合大隊，轉戰直趨北方，據秦晉齊豫上游中原之形勢，以控東南，其地爲水師力所不至，乃可以逞。秀成弗聽。齊文旋爲大兵所擒，以條約無專治洋人之款，致之美領事。領事遣之，約毋再入中國。白齊文復由日本潛至漳州助賊。

臣案：白齊文，美之無賴子也，始助官兵，繼助賊，反覆無常，狼子野性，惟利是趨。袁甲三云：“外洋協同剿賊，幸而戰勝，則矜功要挾，所求無厭。”可稱先見之明。此時川廣湘淮諸軍，將皆貔虎，士盡熊羆，克復城池業已大半，豈上海賊壘不能掃除？英法美見賊勢已蹙，堅請助剿，意欲邀功。我皇上不忍拒絕過甚，恐啟猜疑，轉生叵測，偶爾借助，以示羈縻，乃因未遂所欲，遽投賊營，甘爲效死。其不敢顯與我爲難者，並非因新約初定，恐失信於天朝，實見我軍威大震，不敢抗衡也。孰知天道惡盈，天心悔禍，賊固殄滅，彼亦就擒。自作孽不可逭，其白齊文之謂乎！

夏五月，與丹國立約。

丹國卽嗹馬（一名嗹國，一名大尼），在歐羅巴洲西北。地隘，合羣島始成國，東界波羅的海（卽洲中海），南界日耳曼，西界大西海，北隔海與那威鄰。北極度自五十三至五十

七,英纬偏東度自五至十一。國都在西蘭島。有加的牙港,
扼波羅的海①數千里咽喉,設關権税。土惟産五穀、牲畜。往
時民以捕魚操舟,劫掠沿海,後有賢主修政,曾滅那威,服瑞
典,明初猶强,後乃衰弱。嘉慶中,與法蘭西和約同襲英吉
利,英人先舉兵,圍其都城,乃乞盟。

其來市粤東也,以雍正時,粤人稱爲黄旗國。至是,遣
其使臣拉斯勒福窪地瑪羅多羅福等來華,抵天津,徑赴京
師。署三口通商大臣董恂以該使並未知照,無故來京,亟
函知總理衙門飭城門阻之。而英使言:"丹國來人乃敝館賓
客,請勿阻。"總理衙門以丹使此來,無非恃有奥援,儻力阻
其入,則英人必起難端,遂置不問。英威妥瑪復代請立約。
恭親王告以"丹使初到中華,不循中國定章,擅越天津來京
議約,輕視我中國,中國不卽驅逐,已爲懷柔之至,萬難允
其立約"。威妥瑪乃言丹與英爲姻婭之國,並援法使爲布路
斯、葡萄牙代請换約之例固請。王大臣等欲行拒絶,恐厚彼
薄此,貽英人以口實,許之太易,又恐紛紛效尤,因語以"丹
使如欲中國允行,必須循中國章程,仍回天津,照會三口通
商大臣,懇請據情奏明,特派大臣赴津,會同三口通商大臣,
方可立約,否則不能。"威妥瑪詞屈,請嗣後外國使臣到津,
應令天津領事告知中國常例,又爲函致三口大臣,代爲之
謝。大臣等以聞,有旨:"交總理各國事務衙門核議。"尋議
定《丹國和約》五十五款,《通商條約》九款,《税則》一册,大
略與英國同。

---

① 波羅的海,原缺的字,依前文應作波羅的海,故補。

秋八月，與和國立約。

　　和國卽荷蘭，康熙中曾以夾板船助剿臺灣鄭氏，故與中國通商最早。至是，見西洋諸國踵至，亦來天津，援例呈請立約。三口通商大臣以聞，朝議許之，卽由三口通商大臣在津與其使臣訂《和約》十六款，另款一條。

甲子　　同治三年（公元一八六四年）
遣人出洋採辦機器。

　　西洋諸國製造船礮，皆以機器爲之，用力少而成功多。曾國藩因廷臣有採買外洋船礮之議，謂：「上海已設製造局，不如購其機器，自行製造，經費較省，新舊懸殊。」於是遣粵人運同衛容閎出洋採辦各機器。

夏五月，優獎洋將戈登及出力各員弁，頒賞有差。

　　英人戈登見中國優待外人，遂投李鴻章麾下。二年春，接帶常勝軍，權授江蘇總兵，同官軍攻克福山及太倉、崑山各州縣。嗣蘇常省府城肅清，將常勝軍遣撤，鴻章奏請加提督銜，賞花翎、黃馬褂，賜提督章服，四襲，并表功旗幟、功牌。其繙譯、軍火局、礮隊兵官，及打仗隨營各洋弁，由英公使、總稅務司查開請獎，凡一等二十八人，阿里查等六名，各給一兩四錢金寶星，摩爾安德二十二名，各給一兩二錢金寶星；二等滿士費滿三德二十四人，各給一兩金寶星；三等愛林十二人，各給銀牌，由蘇松太道仿造，交各領事分給佩帶，陸續資遣，莫不歡忭以去。他如日意格、德克碑投左宗棠麾下者，宗棠因材器使，厚糈以廩之，官階以勵之，故咸樂盡其力焉。

310

秋九月，與日斯巴尼亞立約。

> 日斯巴尼亞（此從《和約》所自稱，又止稱日國）卽西班
> 牙，咸豐季年曾與葡萄牙求立約，不得請而去，至是，援西
> 洋諸小國皆得立約之例，復來天津呈請。朝議許之，命總理
> 各國事務大臣，同三口通商大臣，與其使臣依撤別拉嘎多利
> 嘎瑪議定《和約》五十二款，《專條》一款。（同治六年崇厚復
> 與日使瑪斯公立文憑一件。）

乙丑　同治四年（公元一八六五年）
以兩江總督兼理南洋大臣。

> 南洋自五口通商，外洋麕集，換條約諸事交涉紛繁，咸
> 豐八年，曾頒欽差大臣關防，或歸兩廣總督，或歸兩江、江蘇
> 督撫兼管。是年，始定歸兩江總督專責，於是有‘南洋大臣’
> 之稱。每年額撥南洋經費：洋稅項下，江海關二成，粵海、山
> 海、浙海、閩海滬尾、打狗二口（二口在臺灣）各關四成；華稅
> 項下，分解一半，照四成例算；並派各省釐金項下，江蘇、浙
> 江各二十萬，湖北、廣東、福建、江西各十五萬，協濟南洋籌
> 辦海防，及添製船礮、軍械之需。

夏五月，左宗棠再禽西洋叛將白齊文及助賊洋人克令
細仔，誅之。

> 白齊文初爲官軍所擒，以和約無專治洋人之條，致之美
> 領事。領事遣之，約毋再入中國。白齊文復由日本潛至漳
> 州，與英人克令細仔投賊，并爲左宗棠軍所獲。福州美領事
> 慶樂請令歸國正法，宗棠以其罪大不許，委弁自閩解蘇審
> 辦。道經浙江蘭谿匯頭灘，舟覆，解弁及白齊文三犯皆溺

死。

秋九月，與比利時國立約。

比利時舊名彌爾尼壬（一名北義），歐羅巴小國也。北
界荷蘭，東界普魯社，西部、西南俱界法蘭西，西北界大海。
北極自四十九至五十一度，英綫初度至三度。地溫土腴，物
產繁庶，製造精良。本荷蘭南部，明初，荷蘭王查理好兵，
喜誅戮，南部叛之，附入西班牙。康熙中，歸奧地利爲藩屬。
嘉慶初，法蘭西王拿破侖兼并諸國，南部及荷蘭先爲所奪，
及法王敗，荷蘭復立國，南部復與之合。然南部仍天主舊
教，荷蘭尚耶穌新教，輕視之。道光十一年，南部遂別立日
耳曼小侯爲王，稱比利時國，以兵拒荷蘭，而法人助之。荷
蘭絕其港口，乃造鐵路火車，轉運達海。

其國商船國初曾來粵東，後久絕迹。道光季年，法人復
爲請通市，而貨舟不至。及五口通商，亦赴上海呈請立約，
巡撫薛煥以"布路斯使臣不遵理諭，徑赴天津，此時續至之
國，若再嚴拒，必至效尤前往。且比利時在各口通商，素稱
安靜，此次來滬，亦無從中指使"具奏。至是，因西洋諸小國
既皆得立約，遂簡欽差總理各國事務大臣薰恂，會三口通商
大臣崇厚酌議，與其使臣金德俄固斯德訂定《和約》四十七
款，《通商章程》九款，《稅則》一冊。其使臣實兼帶法國、和
國、西班牙寶星云。

丙寅　同治五年（公元一八六六年）
春正月，與英人、法人議定《招工章程》。

時中外和好已大定，諸色人等彼此皆得僱覓，不相限

312

制,而尚未詳定章程,總理各國事務王大臣遂與英法二國公使各訂定《招工章程》二十二條,又三節。

秋九月,與義國立約。

義國卽意大里亞,歐羅巴古一統之國,卽《後漢書》大秦國。其王常欲通漢,爲安息(卽波斯,今巴社,白頭回國)遮遏不得通。桓帝延熹九年,其王安敦遣使自日南徼① 外獻象牙、犀角、玳瑁,始得一通。東晉時,分東西王。東王至明代爲土耳其所滅。西王則都羅馬,劉宋時㪍特族滅之,立國三百餘年。法蘭西取之,以都城奉天主教皇。後分合不一,諸部時尋干戈。嘉慶中,法王拿破侖略定爲藩部。及各國公使會議於維也納,分其地爲九,凡大部四、小部五,總爲意大里亞。

至是,亦請立約。朝議許之,由總理各國事務大臣及三口通商大臣與之訂定《和約》五十五款,《通商章程》九款。

冬十一月,以沈葆楨總理福建船政。

時講求海防,力圖自强,閩浙總督左宗棠因請創立船政,派重臣總理。上命沈葆楨總司其事,專摺奏事,先刻木質關防印用,一切事宜及需用經費,均與英桂、吳棠、徐宗幹等商辦。時葆楨方丁憂在籍,以材非其任力辭,不許。

十二月,採買外洋機器至。

容閎自前往西洋,至是採辦機器百數十種至上海,交製造局,是爲鐵廠。曾國藩言閎往返三載,不避艱阻,請予獎勵。有旨議叙。

―――――――――――

① 徼,原作儌,據二十二年本改。

丁卯 同治六年(公元一八六七年)

春三月,設同文館於京師。

天文算學中《幾何》一書,原本西洋人歐几里得①作,其學有傳出自冉有,後中國喪失,流傳泰西,彼土智士得而專精,用以推步,故國初臺官參用西人。時京師有洋館,乃議設同文館,並招集士子學習推算及泰西文字語言,而雇西人教習。廷臣諫疏皆留中。御史張盛藻請毋庸招集正途,批諭以"朝廷設同文館,取用正途學習,原以天文算學爲儒者所當知,不得目爲機巧,於讀書學道無所偏廢"。

大學士倭仁因上疏云:"數爲六藝之一,誠如聖諭,爲儒者所當知,非歧途可比,惟以臣所見,天文算學,爲益甚微,西人教習正途,所損甚大,有不可不深思而慮及之者,請爲我皇上陳之。竊聞立國之道,尚禮義不尚權謀;根本之圖,在人心不在技藝。今求之一藝之末,而又奉夷人爲師,無論夷人詭譎,未必傳其精巧,卽使教者誠教,學者誠學,所成就者不過術數之士,古今來未聞有恃術數而能起衰弱者也。天下之大,不患無才,如以天文算學必須講習,博采旁求,必有精其術者,何必夷人?何必師事夷人?且夷人吾仇也,咸豐十年,稱兵犯順,憑陵我畿甸,震驚我宗社,焚毀我園囿,戕害我臣民,此我朝二百年來未有之辱,學士大夫無不痛心疾首,飲憾至今,朝廷亦不得已而與之和耳,能一日忘此仇耻哉?議和以來,耶穌之教盛行,無識愚民半爲煽惑,所恃讀書之士講明義禮,或可維持人心,今復舉聰明雋秀、國家所

———————————

① 歐几里得,原作歐里几得,應是歐几里得之誤,故改。

314

培養而儲以有用者變而從夷，正氣爲之不伸，邪氣因而彌熾，數年以後，不盡驅中國之衆咸歸於夷不止！伏讀聖祖仁皇帝《御製文集》諭大學士九卿科道云：‘西洋各國，千百年後中國必受其累。’仰見聖慮深遠，雖用其法，實惡其人。今天下已受其害矣，復揚其波而張其焰邪？聞夷人傳教，常以讀書人不肯習教爲恨，今令正途學習，恐所習未必能精，而讀書人已爲所惑，適墮其術中耳。伏望宸衷獨斷，立罷前議，以維大局而弭隱患，天下幸甚！"疏入不報。

夏四月，籌造輪船經費。

曾國藩奏："目今添造輪船、運河隄工，皆萬不容緩之事，查江海關洋稅一項，自扣款結清以後，提解四成另款存儲部庫，本係奏定專撥之款，不敢動用絲毫，惟餉項萬緊，仰懇天恩俯准酌留二成，以一成爲專造輪船之用，以一成酌濟淮軍。"奉旨俞允。

六月，沈葆楨入船政局任事。

沈葆楨既力辭船政不許，左宗棠奉命西征，復再三敦勸。葆楨猶屢辭，終莫獲請。至是服闋，不得已起任事，猶舉七難入告，稱："臣之材望，迥非左宗棠比，而所處之地，又各不同。洋人性善疑，非其素所信服之人，動生疑忌。日意格、德克碑久隸左宗棠麾下，其公忠果毅，親見之而習知之，固宜爲之盡力，臣於二將無一面之識，其難一也；輪船經費與別項軍需不同，稍不應手，便礙大局，其難二也；紳，受治於官者也，爲所治者忽然與之並列，其勢必爭，其難三也；官之於民，有分以相臨，故威則知懲，恩則知勸，紳與士民等

315

耳，恩威俱窮，其難四也；欲速則不成，惜費則不成，其難五也；外國可法之事無多，而製器之工，實臻神妙，其人非有聰明絕異之質，但此精益求精，密益加密，不以見難自阻，不以小得自足，此意正自可師。內地工匠專以偸工減料爲能，用意卽已迥別。故不患洋人教導之不力，而患內地工匠向學之不殷，非峻法以驅之，重賞以誘之，不足以破除痼習，其難六也；日意格、德克碑功成之日，旣獲厚利，又得重名，名利所歸，妒之者衆，求分其利，求毀其名，皆在意料之中，稍涉游移，則前功盡棄。左宗棠威望足以鎮之，非臣所能及，其難七也。其此七難，何敢輕率從事？惟念時事多艱，皇太后、皇上且旰食宵衣，焦勞中夜，若爲臣子者，狃於避謗遠罪之私智，何以上答君父，而自立於天地之間？是以再四躊躇，欲辭不敢，計惟有毀譽聽之人，禍福聽之天，竭盡愚誠，冀報高厚鴻慈於萬一。臣所深恃者，諭旨諄切，知自強之道斷自宸衷，以萬不得已之苦心，創百世利賴之盛舉，必不爲浮説所搖。但願共事者體朝廷之心以爲心，勿以事屬創行而生畏難之見，勿以議非己出而存隔膜之思，則大功之成，拭目可俟矣！"

戊辰　同治七年（公元一八六八年）
夏四月，南洋派輪船赴天津助防。

曾國藩奏："上海鐵廠製造火輪船及廣東艇船，仍須酌改營制，略仿西洋之法。"時捻匪張總愚竄擾天津三口，通商大臣崇厚請派輪船赴津助防，上飭曾國藩與巡撫丁日昌撥上海捕盜輪船至津巡查海口，而上海兩舊輪船方修整，不能遠馭。適福建新造華福寶輪船購米上海，國藩添給洋礮，檄令北行。

閏四月，武英殿大學士兩江總督曾國藩閱洋礮、輪船工程。

初，國藩擬會同丁日昌履勘外海水師營伍，核議章程。是月初十日，國藩至上海，駐鐵廠，查閱洋礮、輪船工程。洋人聞國藩將至，遣巡捕呵禁行車，清道以待。既至，諸國領事皆來謁。國藩嘉其意，亦禮遇之。

秋七月，調曾國藩補直隸總督，整頓練軍。

六月，遣使出洋，與美國增定條約。

時外洋諸國公使、領事等交錯來華，周知內地虛實，而中國於外洋情事僅得傳聞，未親歷目睹，有以"彼能來，我亦能往"為言者，於是特派欽差為重任大臣，二品頂戴志剛、孫家穀均充辦理中外交涉事務大臣，赴大東洋，抵華盛頓(美國都城名)，與美國總理各國事務大臣增訂條約八款。

己巳　同治八年(公元一八六九年)

春三月，與俄國續訂《陸路通商條約》。

俄人陸路通商章程，以元年所訂未備，復商增改，於是命總理各國事務王大臣與其使臣續訂《陸路條約》二十二款。

秋七月，與奧斯馬加國立約。

奧斯馬加(此從《和約》所自稱，或止稱奧國)即奧地利亞(一名歐塞特里阿)，亦歐羅巴大國。東北界普魯社、俄羅斯，東南界土耳其，抵亞得亞海及意大里，西界瑞士、日耳

317

曼。北極自四十二度至五十一，經緯自東六度至二十四。地高燥，產金石，宜人物，氣序溫和。唐時法蘭西取其地，號奧斯的里。元初日耳曼酋攻克之，立爲王，稱東國。傳至阿爾麥，配匈牙利(一作寒牙里)女主，國合於奧，遂爲大國。明正德時，國内亂，迎西班牙查理第五爲日耳曼王，破法蘭西。其弟嗣位，又臣服意大里諸部，遂稱霸西土。康熙三十九年，日耳曼各部皆自立，從此東國稱奧地利亞，不復稱日耳曼。後又侵得波蘭地，幅員日廣。嘉慶中，其國君進稱可汗(《和約》中稱大皇上)。法蘭西王拿破侖侵伐四鄰，日耳曼列國皆納款，奧獨不爲之下。及拿破侖喪敗，歐羅巴諸國各遣公使，集議維也納(奧國都城名)，返法所侵各國地，以日耳曼散弱難自立，乃議立公會，聯結爲與國，以奧爲盟長。日耳曼近始別自爲德意志(或止稱德國)。故論歐洲國勢，以俄英法奧爲稱。

海禁開時，卽互市廣東，粵人以其旗識之，稱雙鷹國。至是，亦請立約。朝議許之，由總理各國事務大臣及三口通商大臣與其使臣訂定《和約》四十五款，《通商章程》九款，《稅則》一册。

庚午　同治九年(公元一八七○年)
夏五月，天津民擊殺法國領事豐大業。

初，天津奸民張拴、郭拐以妖術迷拐人口，爲知府張光藻、知縣劉傑擒獲伏誅，桃花口民團復獲迷拐李所之武蘭珍，送縣供稱受迷藥於教民王三，於是民間喧傳天主教堂遣人迷拐幼孩，挖眼剖心爲藥料。又以義冢内屍骸暴露者皆

318

教堂所棄，人情洶洶。三口通商大臣崇厚及天津道周家勳等，往會法國領事豐大業，帶蘭珍赴堂同訊鞫。蘭珍語多支離，與原供不符，讞弗能定，崇厚遂回署。適士民觀者麕集，偶與教堂人違言，磚石相拋擊，豐大業徑至崇厚署，咆哮忿罵。崇厚撫慰之，不從，以洋槍擊崇厚不中，走出，路遇傑，復以槍擊之，誤傷傑僕。居民見者，萬眦齊裂，遂羣起毆斃豐大業，鳴鑼集衆，焚毀教堂、洋房數處，教民及洋人死者數十人。

命大學士直隸總督曾國藩赴津查辦教案。

崇厚上疏自請議，並請飭大員來津查辦。上諭："崇厚奏，津郡民人與天主教起釁，現在設法彈壓，請派大員來津查辦一摺。曾國藩病尚未痊，本日已再行賞假一月，惟此案關繫緊要，曾國藩精神如可支持，著前赴天津，與崇厚會商辦理。匪徒迷拐人口，挖眼剖心，實屬罪無可逭，既據供稱牽連教堂之人，如查有實據，自應與洋人指證明確，將匪徒按律懲辦，以除地方之害。至百姓聚衆將該領事毆死，並焚毀教堂，折毀仁慈堂等處，此風亦不可長。著將爲首滋事之人查拿懲辦，俾昭公允。地方官如有辦理未協之處，亦應一併查明，毋稍迴護。曾國藩務當體察情形，迅速持平辦理，以順輿情而維大局。"

國藩覆陳："據天津道來稟，武蘭珍所供之王三，業經弋獲，必須訊取確供。武蘭珍是否果爲王三所使，王三是否果爲教堂所養？挖眼剖心之説是否憑空謠傳，抑係確有證據？此兩者爲案中最要之關鍵。從此兩層悉心研鞫，力求平允，乃可服中外之心。諭旨飭臣前往，仍垂詢臣病，臣之目疾係

319

根本之病，將來必須開缺調理，不敢以病軀久居要職，至眩暈新得之病，現已十愈其八，臣不敢因病推諉，稍可支持，即當前往，一面先派道員博多宏武等迅速赴津，會同天津道府詳訊辦理。"

夏六月，罷天津知府張光藻、知縣劉傑。

是月朔，曾國藩復奉上諭："曾國藩奏所稱案中最要關鍵等語，可謂切中事理，要言不煩。日內如可支持，即著前赴天津，會同崇厚，悉心商辦。"國藩遂力疾啟行，作遺書誡其二子云："外國性情兇悍，津民習氣浮囂，俱難和協，恐致激成大變。余自咸豐三年募勇以來，即自誓效命疆場，今年老病軀，危難之際，斷不肯吝於一死，以自負初心。恐邂逅及難，而爾等諸事無所稟承，茲略示一二，以備不虞。"所囑凡二千餘言。

比國藩行至任邱，函致崇厚，先將俄國誤傷之三人，及英美兩國之講堂，速爲料理，不與法國併議。途次，奉上諭："此案起釁之由，因迷拐幼孩而起，總以有無確據爲最要關鍵，必須切實根究，曲直既明，方可另籌辦法。至洋人傷斃多名，若不將倡首滋事之犯懲辦，此事亦難了結。"

初十日，國藩至天津。津舊有水火會，皆諸俠少矜尚意氣，不畏強禦，咸豐初，粵賊北竄津郡，士民倡團擊退之，畿輔賴以保全。自西洋通商，民教時時相訌，當事者委曲求全，或未能持平，津人怨民氣之不伸也，冀國藩至力反所爲，甫下車，咸來進策。或欲藉津人義憤之衆，驅除洋人；或欲聯俄英各國之交，專攻法國；或欲劾崇厚，以伸士民之氣；或欲調兵勇，以爲應敵之師。國藩以粵捻方平，西陲不靖，海

320

内涸瘵，方資休息，未可遽肇邊釁，又接譯署函，有鑒於旋戰旋和之失，宜一意保全和局，遂示諭士民，宣布聖主懷柔外國、息事安民之意。故致崇厚書則云："禍則同當，謗則同分。"報友人書則云："寧可得罪於清議，不敢貽憂於君父。"

及放告，投訴數百人，訊及挖眼剖心，皆無事實，惟拐匪案拿到教堂之王三、安三等，皆市井無賴，供詞反覆狡展。國藩令緩訊，以爲洋人轉圜之地。法公使羅叔亞來見，以四事相要：曰賠修教堂，曰埋葬豐大業，曰查辦地方官，曰懲究凶手。羅叔亞旋照會，請將府縣官及提督陳國瑞抵命。國藩拒之，與崇厚會奏稱："王三雖經供認授藥武蘭珍，然且時供時翻。仁慈堂查出男女，訊無被拐情事。至挖眼剖心，則全係謠傳，毫無實據。此等謠傳，不特天津有之，各省皆然，以理決之，必無是事。至津民所以生憤，則亦有故：教堂終年扃閉，莫能窺測，可疑者一；中國人民至仁慈堂治病，恆久留不出，可疑者二；仁慈堂死人有洗尸封眼之事，可疑者三；仁慈堂所醫病人，雖親屬在內，不得相見，可疑者四；堂中掩埋死人，有一棺而兩三屍，可疑者五。百姓積此五疑，衆怒遂不可遏。仰懇明降諭旨，通飭各省，俾知謠傳多係虛誣，以雪洋人之冤，以解士民之惑。"已將道府縣三員均撤任聽候查辦。

尋奉上諭："曾國藩、崇厚奏，查明天津滋事大概情形，又奏請將天津府縣革職治罪等語。已均照所請，明降諭旨宣示矣。此次陳奏各節，固爲消弭釁端、委曲求全起見，惟洋人詭譎性成，得步進步，若事事遂其所求，將來何所底止？是欲弭釁而仍不免起釁也。"

初國藩本不欲加罪府縣，因叔亞要求不已，崇厚又屢以爲言，國藩以其久習洋務，姑從之。及劾疏甫上，旋自悔憾。內閣鈔發奏稿不全，都人士見之，謂國藩亦偏護洋人，貽書相責，國藩惟自引咎而已。崇厚猶力主府縣議抵，並盛言洋人兵強礮利，不許即將發難，國藩乃漫應曰："彼以我爲無備而畏死乎？吾已密調隊伍若干，糧餉若干。況我自募勇剿賊以來，此身即已許國，卒荷聖祚綿長之庥，賴將帥用命之力，轉戰數千里，掃盡狂氛，蕩平巨寇，刻下舊勳名將雖止十存四五，然如左宗棠、李鴻章、彭玉麟、楊岳斌輩，類皆念切時艱，心存君國，且久經戰陣，其才十倍於我，我年逾花甲，有渠等共匡帝室，何死之足畏？"崇厚嘿然退，乃馳奏法國勢將決裂，曾國藩病勢甚重，請由京另派重臣來津辦理。

國藩見羅叔亞要求罔饜，不復信崇厚言，因諭旨垂詢，覆稱："焚毀教堂之日，衆目昭彰，若有人眼、人心等物，豈崇厚一人所能消滅？其爲訛傳，已不待辨。至迷拐人口，實難保其必無。臣前奏請明諭力辨洋人之誣，而於迷拐一節，言之不實不盡，誠恐有礙和局。現在焚毀各處，已委員興修。王三、安三，該使堅索，已經釋放。查拿凶犯一節，已飭新任道府拿獲九名，拷訊黨羽。惟羅叔亞欲將三人議抵，實難再允所求。府縣本無大過，送交刑部已屬情輕法重。彼若不擬搆釁，則我所斷不能允者，當可徐徐自轉；彼若立意決裂，雖百請百從，仍難保其無事。諭旨所示弭釁仍以起釁，確中事理，且佩且悚。外國論強弱不論是非，若中國有備，和議或稍易定。竊臣自帶兵以來，早矢効命疆場之志，今事雖急，病雖深，此心毫無顧畏，不肯因外國要挾，盡變常度。抑

322

臣更有請者，時事雖極艱難，謀畫必須決斷。伏見道光庚子以後，辦理洋務，失在朝和夕戰，無一定之至計，遂使外患漸深，不可收拾。皇上登極以來，外國強盛如故，惟賴守定和議，絕無改更，用能中外相安，十年無事。津郡此案，愚民憤激生變，初非臣僚有意挑釁，儻從此用兵，則今年卽能倖勝，明年彼必復來；天津卽可支持，沿海勢難盡備。朝廷昭示大信，不開兵端，實天下生民之福。惟當隨時設備，以爲立國之本，二者不可偏廢。臣以無備之故，辦理過柔，寸心抱疚，而區區愚慮，不敢不略陳所見。"疏上，卽日奉有"張光藻、劉傑交部治罪，已屬過當，若在津正法，萬難允准"之諭。

命大學士湖廣總督李鴻章督師入衛京畿，兵部尚書毛昶熙赴天津會辦教案。

崇厚既奏稱"曾國藩病勢甚重，請另派重臣來津辦理教案"，奉上諭："此案關係頗大，該督抱恙甚劇，照料或有未周，已諭令丁日昌星速赴津，幫同辦理。但丁日昌航海前來，須在旬日以外，先派毛昶熙前赴天津會辦。惟該國兵船業已到津，意在開釁，不可不預爲防範，已諭令李鴻章帶兵馳赴畿疆，候旨調派。"

秋七月，毛昶熙、李鴻章、丁日昌來天津、保定。

毛昶熙既奉命，以侍講吳元炳、刑部員外郎劉錫鴻、總理衙門章京陳欽、惲祖貽隨行，是月初五日至津。適英國公使威妥瑪亦至，毛昶熙約洋人會議。既集，欽按理抗辨，洋人不能詰。羅叔亞固執前說，徑行回京。崇厚適奉出使法國之旨，請入都陛辭，上遂命昶熙署理三口通商大臣。國藩遂與會奏羅叔亞回京緣由，請中外一體，堅持定見，並將連日會議問答情形具報總理衙門，又請將福建船局購辦京米截留二萬石，儲津以備李鴻章軍餉。

時鴻章督辦陝西軍務，奉帶兵防衛畿疆之命，即日率師啟行，星夜兼程，至潼關馳奏："洋人照會內稱，天津府縣幫同行兇，主使動手等語。所聞得自何人？所查得有何據？必須將府縣如何幫同主使證據交出，由中外大員會同提集，當堂質訊，乃可成信讞而服衆心。"

丁日昌啟行時亦奏稱："自古局外之議論，不諒局中之艱難，然一唱百和，亦足以熒聽而撓大計，卒之事勢決裂，國家受無窮之累，而局外不與其禍，反得力持清議之名。現在事機緊急，守備則萬不可缺。至於或戰或和，應由宸衷獨斷，不可爲衆論所搖。"又稱："百姓紛紛聚衆，地方官不能認真彈壓，過誤似亦不輕。"奉上諭："該使臣非禮之求，斷難遷就，而於近情之請，必當趕緊辦理，以示誠信。此時如將下手滋事之犯按律懲辦，則洋人自不至節外生枝，再歸咎於府縣。"

二十五日，日昌至天津，即日懸賞勒限，緝拿兇犯。

詔提督劉銘傳來直隸統率銘軍。

時劉銘傳以病假在籍，曾國藩謂欲保和局而安民之道，在預備不虞，以爲立國之本，因請旨檄催劉銘傳赴直隸統帶銘軍，並陳明"江面水師與洋面不同，彭玉麟、楊岳斌現均在籍，必思所以捍禦外侮、徐圖自強之法"。奉旨報可。越日又諭："該督到津後，統籌全局，次第辦理，其中委曲求全、萬不得已之苦衷，在稍達事理者，自無不諒。刻下府縣一層，

324

堅持定見，當可就我範圍。如能將爲首滋事及下手之人嚴拿務獲，訊取確供，按律議抵，大局似可粗定。近來內外臣工，往往遇事初起時徒事張皇，迨禍患略平，則又泄沓成風，爲目前苟安之計，卽使創立戰守章程，而在事諸臣奉行不力，有名無實，遂使朝廷深謀遠慮均屬具文。似此因循成習，何時可冀自強？何時可平外患？宵旰焦憂，無時或釋。"

八月，調曾國藩補兩江總督，以李鴻章爲直隸總督。

總理衙門奏天津一案與洋人照會往來辯論情形，奉諭："鈔寄令曾國藩迅速緝兇，詳訊嚴辦，催取府縣親供，及早結案。"適兩江總督馬新貽遇刺，上命國藩仍督兩江，李鴻章調補直隸總督。國藩疏陳："前在假期內馳赴天津，實因津事重大，不敢推諉。臣目病甚重，江南庶政繁殷，若以病軀承乏，貽誤必多。目下津案未結，仍當暫留會辦，一俟奏結，卽請開缺調理。"奉上諭："兩江事務殷繁，職任綦重，曾國藩老成宿望，前在兩江多年，情形熟悉，措置咸宜，現雖目疾未痊，但能坐鎮其間，諸事自可就理。所請另簡賢能之處，著毋庸議。仍著俟津案奏結，卽前赴兩江之任，毋再固辭。"

時派陳欽、劉錫鴻、丁壽昌會訊天津府縣，國藩與毛昶熙、丁日昌親臨覆訊，遂奏呈府縣親供。奉上諭："天津教案尚未辦有端倪，爲日已久，若不趕緊辦結，必致另生枝節。著李鴻章馳赴天津，會同曾國藩、丁日昌，督飭承審各員，認真研鞫，及早擬結。"

二十三日，國藩等會奏審明津案兇犯，分別定擬，計供證確實者十一人，無供而有確證者四人，共計可正法者十五名，擬軍流者四人，擬徒者十七人，報解送府，及鈔呈陳國瑞供詞。奉諭："陳國瑞既與津案無干涉，毋庸令總理衙門、刑部核辦。"惟報解府縣送部附片奏稱："天津府縣本無大過，張光藻尤著循聲，臣之初意，豈肯加以重咎？過聽浮議，舉措失宜，遽奏交刑部，此疏朝上，夕已悔憾。外間物議，紛紛不平。此次該革員等入獄，誠恐洋人執臣原奏，欲得而甘心，則臣之負疚愈深。請敕刑部細核供詞，從輕定議，以平天下吏民之情，臣亦稍釋隱憾。"並申陳各省民教滋事實情，籌議預杜後患之法。

時大學士倭仁亦抗疏稱："我列祖列宗開國以來，未嘗有枉罪臣子之事。況天津一案，公論昭彰，守令之辦理不善，勢必處於無可如何，並非指使。張守賢聲素著，皆久在我皇太后、皇上洞鑒之中。往者林則徐、姚瑩、達洪阿之獄，事情重大十倍於茲，我宣宗成皇帝曾爲息事安民，稍施薄譴，旋以民望所歸，復職大用。我文宗顯皇帝登極，硃諭猶謂忠臣盡忠宣力，深責當時宰相不能扶持。今我皇上亦欲息事安民，亦斷無不思祖制、罔顧憲章之理。"又云："自古朝有忠臣，仇敵所忌，善謀國者，斷不肯喪國家忠臣之氣，以遂仇敵忮害之心。漢殺鼂錯以悅吳楚，究不能止吳楚之叛，而徒貽景帝以刻薄之名。宋殺岳飛以悅金，究不能禁金人之欺，而徒貽高宗以忘仇之罪。我皇上自必上法祖宗，豈肯襲漢宋之誤？今日重罪守令以謝夷人，將來此端一開，何以立國？惟有仰懇天恩，施格外之仁，以存正氣而培國脈，於一時權宜之中，仍爲百世不拔之計。"上深納之。

九月，安置張光藻、劉傑於黑龍江。

初，按察使錢鼎銘奉諭："仍將府縣解赴天津。"時府縣已請假他出，奉上諭："軍機大臣呈遞<u>直</u><u>隸</u>按察使錢<u>鼎</u><u>銘</u>稟函，不勝詫異。<u>張光藻</u>、<u>劉傑</u>以奉旨治罪人員，卽使患病屬實，亦應在<u>天津</u>聽候查辦，乃該革員等一赴<u>順德</u>，一赴<u>密雲</u>，捏病遠避，尚復成何事體！朝廷令該革員赴<u>津</u>，實曲示保全之意，乃皆不能體會，置身事外。<u>曾國藩</u>率行給假他出，實屬不知緩急。"<u>國藩</u>因飛檄催<u>光藻</u>、<u>傑</u>來津，先後赴案，遂奏："該員自六月十六日撤任，卽行請假。臣見其本無大過，故允所請。後奉到諭旨，卽飛檄催提，目下均已到案。惟<u>法國</u>照會總理衙門，指稱該府縣主使證據，應按照所指情節，逐一質訊，再取具親供，錄送核辦。至查拿兇犯，現已獲三十七名，仍飭盡數弋獲，從嚴懲辦，以杜外患。"後續獲犯八十餘名。<u>國藩</u>委員質訊，株累者分別開釋，具奏並以辦理遲延自請嚴議，將府縣交刑部。

　　於是讞詞畢具刑部，奏獄上，初六日遂奉諭："前因<u>天津</u>知府<u>張光藻</u>、知縣<u>劉傑</u>，於民教啟釁一案，事前既疏於防範，事後又不能迅速獲犯，當經降旨革職，交刑部治罪。嗣經<u>曾國藩</u>等取具親供，並將該革員等押解到部。茲據刑部奏，請按照刁民滋事、地方文武不能彈壓撫綏革職例，從重發往軍臺効力，並以案情重大，應如何從重改發之處，請旨等語。該府縣責任地方，乃於津民滋事，不能設法防範，致匪徒乘機戕害多命，又未將兇犯趕緊拿獲，情節較重。且該革員等於奉旨交部治罪後，<u>張光藻</u>竟敢私往<u>順德</u>，<u>劉傑</u>亦私往<u>密雲</u>，任意逗留，尤屬藐玩。<u>張光藻</u>、<u>劉傑</u>均著從重改發<u>黑龍江</u>効力贖罪，以示懲警。至津民因懷疑激忿，不遵地方官彈壓，輒敢逞兇殺害，至二十餘命之多，且將其仁慈堂內貞女殺

害，尤爲兇殘。現經曾國藩等拿獲滋事人犯審明，分別情節
輕重，將馮癩子等十五犯擬以正法，小錐王五等二十一犯擬
以軍徒，既屬情真罪重，卽照所擬，將馮癩子等卽行處決，小
錐王五等分別發配安置。經此次嚴辦之後，各省地方官務
當曉諭居民，安分守法，毋任再生事端，遇有中外交涉事件，
按照條約持平妥辦，務使中外商民彼此相安，以靖地方。"案
始結。

冬十月，罷三口通商大臣。

　　毛昶熙署理三口通商大臣，自以爲虛靡朝廷之祿，徒撓
督臣之權，卽欲奏請裁撤，因津案未結，難於入告。至是，始
奏裁通商大臣，幷歸直隸總督辦理，以一事權。奉旨："交李
鴻章議覆。"鴻章覆上，請裁幷後增設海關道一員，管理各國
交涉事，並議上新章十餘條，均報可。譯署又議，總督兼理
通商事務，必近駐天津，方資鎭定。於是總督定於每年冰泮
開河後駐天津，以冰合封河後回保定。

閏十月，以直隸總督兼理北洋大臣。

　　自咸豐十年專設北洋三口通商大臣於天津，至是裁歸
直隸總督兼管，因有北洋大臣之稱，頒發關防。

十一月，以陳欽爲天津海關道。

　　陳欽以部郞在總理衙門有年，洞悉中西交涉情形，以會
議津案，曾國藩曾奏："欽辯才足以折服强悍，誠心足以感動
彼族。"請署理天津知府。至是，總督李鴻章請准增設天津
海關道，欽以記名道與選用道沈保靖同擬進。奉旨以欽補
授。

卷 十 七

辛未　同治十年(公元一八七一年)

夏五月,俄羅斯入寇伊犁。①

秋七月,募子弟出洋學藝。

　　西洋工藝專精,船礮堅利,中國籌辦海防, 常雇洋匠教
習。至是,曾國藩、李鴻章會奏:"派委刑部主事陳蘭彬、江
蘇同知容閎,選聰穎子弟赴泰西各國肄習技藝。從前斌椿、
志剛、孫家穀等奉命游歷海外, 親見各國軍政、船政皆視爲
身心性命之學,中國當師倣其意,藉通其法。查照美國新立
和約,擬先赴美國學習。計其程途, 由東北太平洋(太平洋
卽大東洋,亦卽外大西洋),乘輪船徑達美都,月餘可到。已
飭陳蘭彬等酌議章程。所需經費,請飭下江海關,於洋稅項
下按年指撥,勿使缺乏。並請飭下總理衙門,將該員所議章
程酌核。"奉旨報可。

與日本國立約。

　　日本在明代藉市貢煽誘沿海奸民,寇鈔海疆不已,至我
朝始伏處東隅不敢動。康熙以後,雖通市,而禁絕貢舟,然
亦惟我之估帆往, 而彼之商船不來。及聞西洋諸國咸得在
中華互市,去年遣使來上海,請通商立約, 並致書總理各國

---

① "夏五月,俄羅斯入寇伊犁"一條原缺,據抄本補。

事務衙門，略云："日本國從三位外務卿淸原宣嘉、從四位外務大輔藤原定則①，致書於大淸國總理外國事務大憲臺下：茲者，我國往昔以降，與貴國往來，交誼特深。方今與西洋諸國定約貿易者，或謂我國未曾與貴國結盟，竊思我國雖僻處海隅，尚非遠隔重洋，貴國聲敎，仰慕久矣，大西洋各國且荷一視同仁，不分畛域，諒不肯令我國受西洋諸國脅制。擬早年遣使來修盟好，祇以國家多故未果，然此事終不可久曠也。今本省業經奏准，權派從四位外務權大丞柳原前光②、正七位外務權少丞③藤原義質、從七位文書權正鄭永寧等，命往貴國，定其通信通商正約，或駐紮京師，或往來各港等因。該使臣等投至貴憲臺下，則祈隨時接待，聽其陳述本國所望事件，並求貴憲著實周旋，從善襄成。本省特附此書致上，謹言。"書末紀"明治三年歲次庚午七月"。總理衙門據奏，議駁不許。

　　至是，復遣使來天津，懇請通商立約。時大學士直隸總督李鴻章兼理北洋大臣，閱其照會恭順，又鑒於西洋諸國不遵理諭，徑赴京師，若行嚴拒，勢必效尤前往，遂允代奏。上以聲敎西被而不東漸，非所以宏懷柔遠人之量，廷議允行，命鴻章照會日本使臣，酌擬章程。鴻章遂與其全權大臣從二位大藏卿藤原宗臣④（伊達氏）訂《修好條約》十八款，《通

---

　　① 藤原定則，原作藤原宗則，據《籌辦夷務始末》（同治朝）卷七十七改。

　　② 外務權大丞柳原前光，原作外務權大亟藤原前光，據《籌辦夷務始末》（同治朝）卷七十七改。

　　③ 外務權少丞，原作外務權少亟，亟爲丞字之誤，根據同上條，故改。

　　④ 此處有誤。日本这次派赴中國的使臣是從二位大藏卿伊達宗城，見《籌辦夷務始末》（同治朝）卷八十一、八十六。

330

商章程》三十三款，於二十九日畫押。奉御筆①批准，將約互換，刊行各處，使彼此官民咸知遵守。所設領事官，在福州者兼管廈門、臺灣、淡水，在上海者兼管鎮江、漢口、九江、寧波，在香港者兼管廣州、汕頭、瓊州通商各事。

壬申　同治十一年(公元一八七二年)

春二月，許美國領事官代辦瑞士國商務。

瑞士國，一名蘇益薩，又稱綏沙蘭，在日耳曼南、奧地利西、法蘭西東、意大利北。幅員縱橫各數百里，萬山叠嶂，中峰高入雲霄，歐洲大河多源於此地。產五穀、藥材，俗儉樸馴良，少兵革，稱西土樂郊。古屬羅馬，後屬日耳曼。元代，日耳曼王重斂苛虐，瑞士人逐守吏，推頭人，據險拒之，遂自立國，分十三部，皆擇鄉官理事，不立王侯。嘉慶初，法蘭西攝王拿破侖以兵力強取之，改十九部。拿破侖敗，各國公使會議於維也納，益以他國交錯之三部，爲二十二部，仍聽其自推鄉官，諸大國不得箝制。有瓦鳥的部居民，造時辰表，歲獲銀數百萬。

其商船至中國，以無約小國，不設領事官。至是，請美領事代辦商務，美公使照會稱遂次蘭國，經總理各國通商衙門覆准："此次美國領事代辦該國事務，祇可照料，不能兼攝。至通商納稅等事，仍照向來無約各國，祇准在海口通商，其內地口岸，及內地游歷、設局招工等事，均不得一律均霑。"美使照覆，更正遂次蘭爲瑞士國。美領事雖得照料瑞士國商務，不得稱瑞士國領事官。然是時上海通商，如昂不

---

① 御筆二字原缺，據抄本補。

爾、瑞威敦各小國，無論有約無約，所設領事類多商人兼充，地方官惟不與印文，往來間用信函，亦不稱爲領事官云。

冬，設招商局。

時八荒四極自古絕域不通之國，咸來賓享，互市各海口，李鴻章恐中國之利盡爲洋商所侵，失業之民悉爲洋人所誘，因請設局招商，自置輪船，分運漕米，兼攬商貨，冀稍收回厚利，奉旨報可。於是除天津舊有局棧外，於上海設招商總局，又於牛莊、煙台、福州、厦門、廣州、香港、汕頭、寧波、鎮江、九江、漢口，及外東洋之長崎、橫濱、神戶,西南洋之新加坡、檳榔嶼、安南、呂宋等十九處，各設分局，委道員朱其昂、盛宣懷、許鈐身、唐廷樞、徐潤、葉廷眷等先後入局，專司其事。

甲戌　同治十三年(公元一八七四年)
夏四月，日本犯臺灣番社。

先是，日本有船在臺灣遭風破壞，土人救出難民，官爲護送，交回上海領事。是月初三日，忽有日本船一號，來後山沿海地，備載糖、酒、嗶吱諸物，云欲與生番聯和，立馬頭通市。續有劉穆齋等，雇墨西哥國人啤嚕之船，亦來後山蚊萊，至花蓮港觸礁船破。時有加禮宛及七交川等五社生番助之拖曳，船人因以溼物分給各番，且求寄住番社。嗣有成富清風及啤嚕經頭圍語縣丞鄒祖壽云，此次失去洋銀千餘圓，意藉向生番尋釁。

至是，突以兵船三路進攻番社，一由風港，一由石門，一由四重溪，路各五六百人。生番紛紛逃竄，牡丹、高士佛、加

332

芝來、竹仔各社咸被焚。又聲言進攻龜仔角①社。其時尚有兵輪船泊廈門。於是臺灣戒嚴。

命船政大臣沈葆楨渡臺灣設防。

　　臺灣報至，總理衙門王大臣請派大員查看情形，上以李鶴年事繁，命沈葆楨領輪船，聲言巡閱臺灣，相機籌辦。葆楨遂密奏："日本越境稱兵，此其意有所圖，尚何待問？卽示以撻伐之威，並不得謂釁開自我。惟近來議洋務者，非一意畏葸，苟安目前，不恤貽患將來，則專務高談，義憤快心，不妨孤注一擲，於國家深遠之計，均何當焉？臣夙夜思維，謹以管見所及，爲皇上陳之：一曰聯外交。倭人狡譎非常，其稱兵也，西人曾斥其非。我將情形照會各國領事，請其公評曲直，如其怵於公論，斂兵而退，上也。否亦展轉時日，我得集備設防，其鬼蜮端倪亦可隨時探悉；一曰儲利器。日本之敢於鴟張者，恃美國暗中資助，又有鐵甲船二號，雖非完璧，而以推尋常輪船則綽綽有餘。彼有而我無之，水師氣爲之奪，則兩號鐵甲船，不容不購。他如洋煤、洋火、合膛之開花彈，以及火龍、火箭之類，尤須多辦。明知所費不貲，必有議其不量力者，然備則或可不用，不備則必啓戎心，乘軍務未興之時，尚可爲牖戶綢繆之計，遲則無及矣；一曰儲人才。此時欲消除萌蘗，須得折衝樽俎之才。黎兆棠膽識兼偉，洞悉洋情，臣請調之前來，以期集思廣益，毋失機宜；一曰通消息。臺洋之險，甲諸海疆，欲消息常通，斷不可無電線。由福州陸路至廈門，由廈門水路至臺灣，水路之費較多，陸路

---

① 龜仔角，原作龜仔舟，舟應是角之誤，據抄本改。

333

之費較省，合之不及造一輪船之資，瞬息可通，事至不虞倉卒矣。"

日本攻生番網索、加芝來等社。

初，日本有數兵船寄碇琅璚。是月二十日，以一船載生番俘馘及傷亡兵回國，餘船續赴廈門。又以一船赴後山，載兵百餘，過噶瑪蘭，入雞籠口買煤。琅璚遂無倭船。其登岸之兵二千餘人，分駐大浦、琅璚、龜山，時以輪船運糧械濟軍，又以財物誘降番社。其牡丹各社已破者，番衆逃匿絶巘，遂移兵脅龜仔角社，社番誓死不降。網索等十一社，社給一旗。加芝來社番目人復導之攻礁社。二十八日，以二百人從石門入，八十人從風港入，破三社，殺生番數人。倭兵死者二十餘，傷者五十餘人。

命福建布政使潘霨赴臺灣會商設防。

時上厪慮臺疆，命福建布政使潘霨赴臺灣，幫同沈葆楨籌畫，並會商福州將軍文煜、巡撫李鶴年、提督羅大春等辦理。諭云："現在日本兵船登岸，各國船隻復駛往福建洋面，較李鶴年所奏情形尤爲喫緊。著沈葆楨懍遵前旨，與潘霨慎密籌畫，隨時會商文煜、李鶴年等，悉心布置，毋令日本侵越，並預杜各國覬覦，方爲妥善。著文煜等將撥餉撥兵事宜妥速籌辦，毋誤事機。日本是否回兵？臺灣鎮道如何與之理論？即著據實奏聞。"

五月，沈葆楨、潘霨至臺灣。

沈葆楨、潘霨奉命後，均於是朔率洋將日意格、斯恭塞格由馬尾啓程，分乘安瀾、伏波、飛雲各輪船，霨船直放大洋，葆楨暨日意格等兩船沿各口查察，抵南日(山島名，在興化海中)。海壇鎮總兵黃聯開巡洋亦至。葆楨詢悉洋面情形，越三日，抵澎湖，登勘礮臺形勢。翼日，抵安平，霨已先二日至。

既接臺灣鎮道，具悉日本侵擾情事，遂奏稱："辰下所宜行者三：曰理諭，曰設防，曰開禁。開禁非旦夕所能辦，必外侮稍定，乃可節次圖之。理諭一節，則臣霨過滬時，業與彼國公使柳原前光往復辯論，該酋始則推諉，繼忽自陳追悔爲西人所賣，商允退兵，有手書可據。乃到臺後，察其情狀，恐未足信，則設防萬不容緩。臺地亘千餘里，固防不勝防，要以郡城爲根本。城去海十里而近，洋船礮力及之有餘。海口安平，沙水交錯，望之坦然，中一小阜突出，俗呼紅毛臺，蓋明季荷蘭國揆一王踞臺灣時築也，爲地震所圮，而磚石堅厚，遺址尚存，礮亦銹而不適用。近日西洋礮火猛烈，磚石礮臺雖堅，不足恃，臣擬仿西洋新法，於是處築三合土大礮臺一座，安放西洋巨礮，使海口不得停泊兵船，而後郡城可守。又北路淡水、噶瑪蘭、雞籠一帶，物產殷厚，蘇澳民番關鍵，尤他族所垂涎，故日意格謂急須派兵船駐紮。且去郡千里，有事鞭長莫及。臣等商派靖遠輪船迎提督羅大春鎮之，並飭長勝輪船，同通曉算法之藝生轉入山後，周迴量水淺深，探其形勢，鎮、道等添招勁勇，著力訓練，多籌子藥、煤炭，以備不虞。"

又稱："防務方始，費用殷繁，臣等既駐臺地，時有動支，若俟省城展轉撥解，恐難應手，致誤事機，可否將臺灣鹽課、關稅、釐金等款應行解省者，儘數截留，歸臺灣道衙門支銷？

俾遇事得迅速舉行。再有不足,則由省城撥解而來,以免支絀。"

又稱:"臺澎之用內地班兵也,當時以新入版圖,民情浮動,若用在地之兵,恐其聯爲一氣,計弭內變,非計禦外侮也。積久生弊,班兵視爲畏途,往往雇倩而來,伍籍且不符,何有於技勇?臣昨到澎湖踏勘,陂陀周迴數十里,無一山、一田、一樹,爲向來未見之瘠壤。然颶颺作時,臺南數百里舍此更無泊船之處。地則極要,守則極難。守將吳奇勳謂此地班兵七百餘人,皆疲茶不可用。該處不生五穀,民以捕魚爲業,自少至老袵席風濤,誠招此輩以易班兵,民間既開生途,防務尤爲得力。臣等商諸鎮、道,咸謂全臺均宜照此辦理,否則弁兵缺額,候內地募補而來,動淹累月,緩不應亟。且臺地閩粵兩籍互相箝制,可無意外之虞,卽使弊端踵生,事平不難改歸舊制。可否將臺澎班兵疲弱者先行撤之歸伍,其曠餉招在地精壯充補,以固邊防?"皆奉旨允行。

潘霨、夏獻綸赴倭營。

是月初八日,潘霨偕臺灣兵備道夏獻綸、隨員張斯桂、洋將日意格、斯恭塞格等,乘輪船由安平冒風濤出海。日昳,抵琅璚登岸,宿車城。詰朝,抵倭營,晤其中將西鄉從道,以葆楨照會並柳原前光書函與之辯論。及來報謁,復逐條窮詰,中將詞屈。霨旋復造其營,中將辭以病。

霨及獻綸遂遣人傳各社番目,惟牡丹、中社、里乃三社以避倭不出,至者凡十五社、百五六十人,服飾詭陋,言語啁啾。通事譯傳大意,皆謂日本欺凌,懇求保護。因諭令具狀,均願遵約束,不敢劫殺。霨等宣示國家德意,加以賞犒。

336

番目等咸求設官經理，永隸編氓，遂歡欣鼓舞而去。

　　霦等因中將不出，將還。中將內慚，復來謁，仍堅以生番非中國版圖爲詞，及示以《臺灣府志》所載生番歲輸番餉之數，與各社所具結狀，倭將羞憤。霦等厲聲曉譬，乃復婉謝，以耗費無著爲言。及復以理斥，倭將請遣人附我輪船，一至上海致書柳原前光，一請廈門電報寄音回國，暫止添兵。霦等遂返，而風潮愈厲，輪船已退入澎湖，改由番社陸行。鳥道獸蹊，蜿蜒如綫，輿從飢憊，止宿風港。翼日，抵枋寮，始出番境。及回府城，往返凡十日。

日本與牡丹社番議和。

　　日本逐牡丹社番，遂踞其地。旋有輪船二先後至，一逕往後山射寮港，一載兵二百、倭婦十餘，泊射寮港（在龜山下），攜食物、什具、農器及花果草木各種，分植龜潭、後灣，爲久居計。復購土人約牡丹社番目於保力莊議和。其北①路王字番不肯和者，成富清風請兵往攻，蓋欲兼營南北兩路諸番也。有倭兵數人在柴城挑一民婦，其家人斥之，爲所戳傷。鄉鄰一時憤集，爭投以石。倭兵被擊傷遁去，思率黨尋仇，其魁謂：“衆怒難犯，且將與番社議和，何可遽啟釁端？”力阻之。蓋至是日本亦畏番之地險而民悍矣。

沈葆楨請派水師提督彭楚漢率師來臺灣。

　　時日本見我嚴防，番地皆登版籍，番民久已歸化，難盡誘，又自知力不能敵，詭謀已無所逞，然猶虛聲恫喝，冀倖有功。適沈葆楨奉諭云：“日本若能就我範圍，歛兵回國，自當

---

① 北，原作壯，據抄本改。

消弭釁端，儻再肆志妄為，即當聲罪致討，不得因循遷就，轉誤事機。沈葆楨與潘霨當相度機宜，悉心籌辦。應如何調撥之處，著會同文煜、李鶴年妥速布置，以維大局。”

葆楨覆稱：“倭奴雖有悔心，然窺我軍械不精，兵力不厚，貪鷙之念，積久難消。退兵不甘，因求貼費；貼費不允，必求通商。此皆有萬不可開之端，不可勝窮之弊，非益嚴儆備，斷難望轉圜。倘恃其款詞，日延一日，奸民乘隙搆煽，必致事敗垂成。班兵惰窳性成，募勇訓練無素，擬請於北洋大臣借撥久練洋槍隊三千，於南洋大臣借撥久練洋槍隊二千。如蒙俯允，請飭其雇輪船來臺，乃有剿敵之軍。前接新任福建水師提督彭楚漢天津函，云是月可以抵閩。所有臣等請撥北洋洋槍隊三千人，如該提督尚在津門，應懇飭令統帶來臺，以資各營表率。提督羅大春，經臣鶴年奏留內地，不能不從新改圖。南路迫近倭營，則以鎮臣張其光專其任。該鎮原有部勇一營，並內地調剿廖有富之兩營，更增募五營，以遏衝突。臺北之要甚於臺南，常有倭人窺伺，則以臺灣道夏獻綸專其任。該道員原有部勇一營，擬添募一營，以杜旁竄。又據張其光稱前南澳鎮總兵吳光亮打仗勇敢，夏獻綸稱浙江候補道劉璈甚有勇略，各請奏調前來，合無仰懇飭兩廣總督、浙江巡撫，派令刻日東行，俾收臂助。臺民尚義而難持久，且漳泉粵三籍氣類不同，須得人聯絡，前署臺灣鎮曾元福熟悉民情，鄉評亦好，臣等擬令其倡南北鄉團，以資保固，並分招後山鄉道，諭致屯番、生番各頭人，與之要約。此布置陸路諸軍情形也。閩廠輪船，除來往各口傳遞信件外，不敷調遣，擬於滬局添調數號，由統領吳大廷督帶來臺，彌補空隙。此續籌布置水軍情形。北洋畿輔重地，南洋財賦奧區，所借洋槍隊，**倭兵**退後即令歸防，彼時召募勇營亦當漸臻馴熟。至**倭**情叵測，更當隨時偵探。一切防務，宜更區畫者，續當馳奏。"

與秘魯國立約。

秘魯即孛露(一作北盧)，國在南亞墨利加洲①，北界可侖比亞，東界巴西，南界玻非利亞，西距大東洋。南極出地自三度至二十三，偏西自六十九度至八十四。境有安達斯大山，高入雲霄。東則沃野，穀果草木皆美。地產金銀，惟不產鐵。以攻銀礦，故農事皆荒，恒苦饑饉。古土番地。明嘉靖中，西班牙既得此洲新地，於可侖比亞聞秘魯銀礦尤旺，遂懸軍深入。番王懾於礟火，不能抗，遂爲所據，鎮以大酋，歲收金銀多於墨西哥國，益以富。故其俗亦奉西洋天主教。國朝嘉慶時，西班牙爲法蘭西所困，屬藩皆叛，秘魯因與智利合兵，逐其守者，而自立國，分七部。道光初，分東南高秘魯之地別立爲坡非利亞，凡六部。

至是，亦請立約。朝議許之，由北洋大臣直隸總督李鴻章與其全權大臣總兵葛爾西耶訂定《和約》十九款，《專條》一款。

六月，埤南番目陳安生、買遠來歸化。

埤南通牡丹社北路，由海道繞山南而東，輪船日半始至；陸道由下淡水穿山，百七十里可通。其地西準鳳山，膏腴遠勝琅璚，番社七十有二，丁壯萬人。倭久垂涎，畏其强

---

① 南亞墨利加洲，亞字原缺，據前文補。

悍不敢逼，潛使人勾引，藉爲聲援。潘霨在琅璠，已慮其煽誘埤南諸番，曾面詰倭將。至是，諜知番目陳安生等將應之，亟商夏獻綸，令同知袁聞柝[1]往招。安生等番目五人立薙髮，隨來叩謁。葆楨分給銀牌、衣服遣歸，派弁兵送之，令從山後探路出山前。聞柝又招來番目買遠等五十六人。葆楨均撫諭犒賞，派船送歸。番目等喜謂："沐皇上深恩，小民得居山自食其力，今日本肆虐，心實不甘，乞派兵防護。"葆楨嘉其誠懇，令聞柝募土勇五百駐其地，無事以之開路，有事以之護番，名綏靖營。

日本移兵於風港、三家厝。

時山後有大鳥萬、千仔帛二社，爲倭脅誘。倭旋增兵駐風港，又遣諜至茄鹿塘（離風港二十四里）潛探。沈葆楨以地近枋寮宜防，急飭營將王開俊由東港進駐枋寮，以戴德祥一營由鳳山駐東港，爲後應。倭知我有備，相戒益嚴，又由龜山分兵營於三家厝，而以輕舠自風港沿岸至枋寮測水，以輪船運衣糧接濟。時葆楨遣驛夫齋文赴琅璠，至平埔，倭兵阻之。葆楨因移書詰其中將西鄉。而倭人水野遵入豬勝索、高士佛諸社，聲言索前年琉球被戕人屍首，攜遠鏡周覽各山，又自後灣開道達龜山巓。其風港之營，又將分駐平埔爲援應。因遣其通事彭城中平來探，至琅璠，謁委員周有基，訊以前日中國所議，柳原前光何以尚無覆書？並問中國四處布兵何意？有基以巡查漫應之。葆楨知其心已動，其氣必餒，因照會倭將，勸令回兵，"否則大兵雲集，必將不利

---

① 袁聞柝，原作袁聞析，據抄本改，下同。

於爾"。倭將志益阻退。

以提督唐定奎統軍赴臺灣助防。

時李鴻章亦深慮臺地兵單,及沈葆楨請借撥洋槍隊,即奏以屯徐州之淮軍十三營,令提督唐定奎統之,至瓜洲以輪船分次赴臺。葆楨遂奏稱:"澎湖爲臺厦命脈所關,守備弱處,臣等正四顧徬徨,及連接李鴻章覆函,如久旱得霖,大喜過望。臣等飛派輪船迎之,兵力既厚,彼族詭謀或有所懾而中沮。然東洋探報變態日增,勿恃其不來,恃我有以備之,但非大枝勁旅,仍無以壯民氣而戢戎心,惟懇恩催其迅速前來。臣等非敢貪功好戰,但倭情如此,不能不先事圖維。仍請旨飭彭楚漢速赴水師提督新任,庶臺灣、澎湖氣脈藉以靈通,金厦諸防亦資鞏固。"奉旨俞允。

又,潘霨先募前煙臺稅務司博郎練洋槍隊,而囑前署鎮曾元福爲招土著壯勇五百,交博郎教習。至是,霨偕元福、博郎等赴鳳山舊城,募土勇,并勵鄉團,因親履海口之打鼓山、大科園、五塊處,踏勘要隘,建兵柵,以待淮軍分駐。

沈葆楨撫降生番。

沈葆楨欲招撫臺南北路生番,南路擬由下淡水開山路通埤南,遣人隨埤南番目從山後探路出山前。既知埤南番與西路各社番素隔絕,葆楨恐入山愈深則用力愈難,且慮有他虞,首宜招徠。及遣總兵張其光自鳳山往勘麟樂、上元諸莊(在下淡水),詢之土人,始知由潮州莊通埤南路直而坦。時崑崙饒、望祖力、扶圳、鹿坡角四社番,聞總兵至,來求見,其光撫慰遣還。抵下淡水,有山豬毛社番總目求見,且願出力,其光駐騎待之。又有扶里煙六社番目率百餘人迎謁,其光分賞銀牌、衣服,諭以薙髮引路開山,皆首肯歡呼云。惟有番丁受賞,歸途爲屯番伏槍傷斃一人,都司丁汝霖以白其光,其光不卽往查,遽回府城,又不告知葆楨。葆楨奏劾,旋以無妨大局,仍留任俾訖其事。此招撫臺南生番情形也。

北路自蘇澳至岐萊港,水程百餘里,懸流逆浪,舟行甚險;陸路二百餘里,則懸崖峻峭,古木老藤叢雜,兵難大進。於是擬開平路,以寬一丈、山蹊寬六尺爲準,屬夏獻綸由旗後乘輪船往巡,繞道澎湖。紳耆言前有倭船駛近放礮,居民驚駭。獻綸諭令丞辦團練自衛,以輪船添募水勇駐之,於是淡水、葛瑪蘭各廳屬皆設鄉團。蘇澳地扼衝要,民番雜處,獻綸恐易啓釁,遂躬駐其地。葆楨慮蘇澳至岐萊水陸艱險,路未開,而獻綸以一營駐之,力太單,令增募土勇兩營,有事則充伍,無事則開山,俟路成則分移岐萊諸處墾荒,運火藥數萬磅給之。獻綸遂開岐萊新道,節次設寮駐勇,復增募勇夫三百、料匠二百,同入山伐木,不十日,開路近千丈。臺北生番自此多歸附矣。

卷 十 八

秋七月，哨弁李長興却倭兵於茄鹿塘。

時倭營在後灣風港者，蓋房掘濠，豎竹圍，日演槍礮，又以酒食召居民，而給以綾布、氈扇諸物。旋以輪船載兵六百，並雇琉球工役百餘人，軍糧槍械稱是，於初三日乘昏夜至茄鹿塘，向防營疊發槍礮，以小船載兵將登岸。哨弁李長興密令兵勇伏竹圍內，誡無譁，俟既近起擊之。倭見我軍寂然久之，知有備，遂斂隊退。

時美國人格塞爾在倭營，來郡訪洋將斯恭塞格，並探柳原前光到京所議若何，中國調兵何意。斯恭塞格據公法答之，且告以李讓禮為廈門恒領事拿解往滬。格塞爾意沮而去。

籌造鐵甲船。

初，沈葆楨奉命防臺，即言鐵甲船當購、電報當設，遂招電線洋匠到臺，擬從臺灣府城北至滬尾，轉白沙渡海，過萬安寨（在福清縣），登陸至馬尾（在福州省城東），先從陸路起工。洋匠請回滬與外國電局商議，洋將日意格以臺地與滬粵隔遠，采購多艱，因留斯恭塞格於臺，自請歸滬另雇工匠，購辦物料。葆楨並諭其定買鐵甲船二。旋雇來礮臺洋匠頭帛爾陀、魯富二人，槍礮洋教習都布阿、拉保德、蛤利孟、貝魯愛四人到臺，令於安平海口相度要隘，繪圖以進。

葆楨旋疏陳防務，略云：“臺地六七月間颱颶時作，琅璠浪湧難泊輪船，龜山倭營又當風衝，亦難站腳，倘我陸兵厚集，乘此烈風暴雨，併力合剿，彼鐵甲船不得近岸，孤軍懸絕，不難盡殲之海隅。此等情形，想亦倭所深悉，所以日來情狀倍見張皇。若八九月風浪漸平，彼之輪船必麇集海岸，互為攻援，我之防水較防陸更亟，此時非多備戰艦不為功。現在柳原至都，款服與否，尚未可知。臣等夙夜深籌，既望淮軍即至，又盼鐵甲遄來，蓋為此耳。”

又疏：“請併力防務，以伐戎心。聞李讓禮為廈門領事所擒，又為滬領事所釋，雖信否未可知，究一李讓禮之去來，何關大局？我若可以自信，彼亦無所能為。淮軍計日可以到臺，臣爵復於初四日馳赴鳳山，飭將營棚、薪米一切具備，南路得此勁旅，可壯聲威。提臣羅大春已赴蘇澳，揚武輪船往載其原部楚勇一營，夏獻綸派朱名登所招楚勇，聞亦成軍，日內均可東渡，北路亦足資捍禦。澎湖守備素虛，現借海關凌風輪船駐彼教習，分圈廠六船隨之，合操陣法，並兼顧地方。惟安平之礮臺擬照西法興築，所雇洋匠初至，尚未施工。而臺地自六月以來，暴風猛雨迭作，通計臺城二千七百餘丈，倒塌千有餘丈，坼裂又三四百丈，固由始基不慎，亦緣臺地常震，土弱沙鬆，磚石難購所致。見已發銀，由臺灣知府周懋琦轉飭紳士，分段監修，多加蜃炭，厚砌基址，冀以外防衝突，內固人心，而役巨工繁，非一時可畢。電線已有成言，近復翻異，屢經日意格駁詰，乃欲以舊線搪塞，臣等飭其不許遷就，致重款虛糜。然電線尚可緩圖，而鐵甲船必不容

344

少，臣等曩派船政總監葉文瀾同日意格赴滬定買，近據函稱：所議英國之船，非英使周旋其間，無從成購；丹國一船，合約垂定，旋以不肯擔承直駛入中國及換中國旗號，復致中變；日耳曼一船，有船無礮，製成且逾十稔，水缸只堪包用兩年。臣思國家擲此巨款，原爲利用起見，倘費百餘萬帑金，易一朽爛之船，將益爲外人所侮。臣囑日意格勿憚往復之勞，務求堅緻之物。倘議購不成，不如鳩工自造，雖三年求艾，要可計日成功。南北撫番、開路諸事，勇夫齊集，畚鍤日興。惟中路水沙連、秀姑巒一帶，爲全臺適中之區，腹背膏腴之壤，故洋人在臺者，每雇奸民帶往，煽惑番衆，聞該處社寮，竟有教堂數處，深林叠嶂，罪人、積匪往往逋匿其間，如逆匪廖有富等卽恃以藏身，而彰化之集集街，近復有紮厝斃命之事，安保日後不爲倭族勾通，斷我南北之路。臣等與營務處黎兆棠商令募兵前往，撫番搜匪，並開路設防。要之，倭將非不知難思退，而其主因貪成虐，不惜以數千兵民爲孤注之舉，謠言四布，冀我受其恫喝，遷就求和，倘入其彀中，必且得步進步，此皆屢試屢驗之覆轍，早在聖明洞鑒之中。議者以爲臺地得淮軍、得鐵甲船，則戰事起。臣等以爲得淮軍、得鐵甲船，而後撫局成。夫費數百萬帑金，殲此貪主所陷溺之數千兵民，不特無以體皇上遍覆之仁，抑且不足示天朝止戈之武，臣等之汲汲於儆備，非爲臺灣一戰計，實爲海疆全局計，願國家勿惜目前之巨費，以杜後患於未形。彼見我無隙可乘，自必帖耳而去。但寬其稱兵既往之咎，已足見朝廷逾格之恩，倘妄肆要求，伏懇我皇上堅持定見以却之，彼暴師於外，怨讟繁興，不待揮我天戈，而內亂將作。倘議者徒急欲銷兵，臣等恐轉成滋蔓矣¡"

沈葆楨請獎稅務司好博遜。

夏獻綸來蘇澳招撫岐萊生番，首查倭人劉穆齋失銀，社番有無盜劫，以防倭人藉口。滬尾稅務司好博遜習知倭情，願相助，許之，令與委員偕至蘇澳，集訊船户卑魯等，知日本人破船後，銀物均搬至岸，雇人守之，惟欲從生番租地，及許月給引線人辛資，則給有洋銀，其稱失銀千圓，則均不知。獻綸立飭葛瑪蘭通判洪熙恬、委員張斯桂與好博遜乘船往勘花蓮港倭人遭風破船處，研訊其地頭人李振發暨南日番目潤瀾、加禮宛社番目八寶並居民曾生等。其詞大略與卑魯同，無劫掠事，惟先後受雇，值工價銀百八十圓，其租地銀則以番目來益不受而止。番目等隨繳出日本前給旗物，及城主静、兒玉利國、上田新助三人合具原單，成富清風題扇。又詢猴猴社番目籠爻孝禮，亦云五月間該船回泊南風澳，尚見内有三倭人，所攜箱籠諸物具在。

獻綸據① 禀，葆楨因奏稱："查日本《和約》第三條，禁商民不准誘惑土人；第十四條，約沿海未經指定口岸，概不准駛入；第二十七條，約船隻如到不准通商口岸私作買賣，准地方官查拿。今臺後岐萊地方，中國所轄，並非通商口岸，此次前赴岐萊之成富清風、兒玉利國、上田新助，雖准該國領事品川請給遊歷執照，何得潛往勾引土番？種種均違《和約》。現已確查，岐萊各社並無竊盜銀物，應毋庸議。其繳出旗、扇各件，臣等當即發交蘇松太道沈秉成，轉給駐滬之日

---

① 據，原作遽，抄本作據，依改。

本領事收回，將前次所給遊歷執照追銷。惟前聞到岐萊者
爲劉穆齋，此次番目所供俱係成富清風，據洋行呈出成富清
風名紙，背印字穆齋，其爲一人無疑，其違約妄爲之處，應由
該國自行查辦。以後該領事請發執照，應查明實在安分之
人，方許發給。一面鈔錄城主静等原單，暨各民番供結，咨
呈總理衙門，照會其外務省，轉飭該國領事照章辦理，以弭
釁端。至稅務司好博遜，深明大義，踴躍從公，涉履危途，弭
我邊患，除地方官及各委員俟彙案保獎外，合無仰懇天恩，
飭總理衙門先將好博遜酌議獎勵，以答其效順之忱。"

提督唐定奎統軍駐鳳山。

唐定奎統洋槍隊自徐州起程，沈葆楨派輪船七號赴瓜
洲迎載，是月十二日均抵澎湖，以小輪船陸續載至旗後登
岸，分駐要地，定奎自駐鳳山縣城，軍勢甚壯。定奎往謁葆
楨，備籌攻戰方略。葆楨深以爲然，屬其蓄鋭養精，以俟朝
命定進止。

秋八月，日本遣人來軍致書。

日本素惡天主教，痛絶西洋人，近見諸國縱橫海表，與
我立約通商，遂復變易衣冠，事事仿泰西，亦欲稱雄東海，屢
爲諸國所愚。比窺伺臺灣，見我軍威甚振，民志甚固，意頗
悔，然猶冀美國人援助，不卽旋師。至是，其酋遣吉利用通
等六人自瑯璚來致書。一復葆楨責其傷我鄉民、阻我驛書之
事，請以後公差給予執照; 一復勸其退兵，謂當俟柳原前光
及大久保① 商定，彼兵進退應需主命。葆楨恐倭情狡詐，藉

---

① 大久保，原作久大保，據抄本改。

覘虛實，亦密遣人往偵，知倭人頃給附近奸民洋銀七百圓，酬其招番及收前琉球死者顱骨之勞，又給近番號旗、布物，惟疫癘流行，日有死亡，其副都督川琦祐①、通事彭城中平、管糧官富田等相繼染疫，似重值所雇美人機慎，爲入牡丹諸社繪圖，亦病甚歸。自是，倭營已情見勢屈矣。

提督羅大春、同知袁聞柝剿撫臺灣叛番。

羅大春在北路開山，自東澳縋鑿幽險，至大南澳嶺（嶺距東澳二十餘里）。有番賊伏叢莽，伺我軍翼日踰嶺刊木，兵役方瘁，凶番數百突以刀、鏢、鳥槍從林薄來犯。都司陳光華、守備黃明厚、千總王得凱等率勇迎拒，傷斃數番，始各駭散，我兵亦傷五人。進至大南澳，平埔廣長數十里，有竹園番四十餘社，集衆數千，將邀我軍，架巨木爲臺，憑高下瞰。大春患其據險力拒，猝難剿平，遣人往撫。其渠皆聽命，因增募勇夫千人以助役。葆楨又調駐臺南東港總兵戴德祥前往，而咨唐定奎分營駐東港，爲枋寮後援。

南路則袁聞柝督人夫自赤山披斬荆棘，踰獅頭山，入雞籠坑。埤南番目陳安生等已率番衆循山開路，出崑崙坳以迎我軍，附近番社亦各繳倭旗歸化。崑崙坳及內社番目率二百餘人，請領開路器具爲前導，聞柝各加賞犒。旁有望祖力社番目武甲，素仇埤南，率衆伏箐林，放槍邀截之。埤南番格殺武甲等三人。聞柝馳諭，望祖力社亦悔罪求撫。葆楨恐聞柝孤軍深入無後繼，令副將李光進扼雙溪口，游擊鄭榮進駐內埔，爲應援。時淮軍均在鳳山，張其光與南澳鎮總兵

_____

① 川琦祐，原缺祐字，據抄本補。

吳光亮所募粵勇二千亦至旗後，軍聲愈壯。

秋九月，日本兵大疫，多遁歸。

時沈葆楨奉上諭："日本兵船在後灣風港一帶，意圖招誘番衆，恫喝村民，日久相持，情形漸怯。現在防務漸臻嚴密，惟中路水沙連、秀姑巒一帶，地方最爲緊要，刻下該處社寮竟有教堂數處，並有逃匪逋匿其間，難保倭族不暗爲勾通，肆其煽惑。卽著迅速籌商，妥爲調派，一面撫綏番衆，搜捕匪徒，一面開路設防，力求固守，毋使倭族得售其奸。安平礮臺，著沈葆楨設法興築。臺城倒塌，見經發款興修，著卽飭令周懋琦認眞經理。鐵甲船必不可少，沈葆楨等當切實籌辦，力圖自强。閩廠准其興造得力兵船，以資利用。"

續奉諭云："日本雖未啓兵端，然日久相持，終非了局。現在淮軍續抵鳳山，羅大春所調泉勇業抵蘇澳，滬尾、雞籠等口亦擬調募兵勇扼紮，布置漸臻周密，當隨時聯絡，以壯聲威。刺桐脚莊民有勾引倭兵往攻龜紋社之謠，當飭令王開俊迅傳該處民番，解仇息事，毋任別滋事端。鐵甲船購買未成，仍著沈葆楨妥速籌議，以資得力。修築礮臺，勢不容緩，著沈葆楨等迅速辦理，毋失機宜。羅大春招勇開通番社，該處事務愈繁，需餉愈鉅，著文煜、李鶴年、王凱泰設法籌濟。"

於是葆楨設防益嚴密，唐定奎屬兵以待戰，潘霨、夏獻綸巡視諸軍，稽核練丁，清查番社戶口，給印牌以固人心，民番俱歡欣遵辦。倭無間可乘，續到輪船，一載兵七百餘，一載琉球工役二百餘，皆多備藥彈及鍬、鋤、繩索、器具，將爲久駐之計者，旋亦遣歸，並載回受疫兵役千三百餘人。後至遞信之船，皆不復留泊。惟初七日，倭忽移兵一棚至新街渡。莊民將户出壯丁二人設防守，倭遽撤棚歸營。翼日，倭列飛輪大小銅礮於營外，添兵巡邏爲衛，旋張示云："新兵之至，乃替換舊兵，非有他意，各莊其安堵如故。"然營中疫死日多，醫云水土不服所致，皆涕泣思歸，遁歸者日益衆，倭將不能禁。

築安平礮臺。

張其光派員赴上海購大鐵礮十，恐洋式礮臺遽難集事，先以巨筐盛沙土、小石，堆垛爲蔽。及雇來礮臺洋匠，沈葆楨以候補知府凌定國與洋將勘定三鯤身基地(地濱海，距安平及臺灣府城均七里有奇)，先爲圖以進。礮臺方式，四向共寬百八十丈，角爲凸形，中爲凹形，凸列大礮以利遠，凹列洋槍以防近。高丈六尺，厚丈八尺有奇。外周重濠寬丈，注水深七尺。臺容千五百人，置大礮五、小礮六，兵二百七十二，輔以洋槍隊，資防守。臺下爲避礮室，以備更番休息。後爲倉庫，以儲軍糧、藥彈。其牆則三合土壘成，層層撑以竹木，以防敵礮。外圍以磚，其厚五尺，以防久雨、地震坍塌之虞。計磚六百萬，竹木、灰石稱之。惟臺基盡沙地，運土須十餘里，磚則由泉厦購運。遂以定國董其役，凡半載畢工。而内地江海各要隘礮臺，亦以次仿築。

增臺灣各路番地防營。

先是，沈葆楨剿撫番地，分三路開山：黎兆棠領中路，羅大春領北路，袁聞柝領南路。時兆棠雖招募成軍，其地途徑叢雜，岩壑深阻，水沙連等地久爲逋逃藪，擬先搜積匪，次撫

350

生番。新軍不敷分布,請益兵。葆楨令吳光亮率粵勇兩營,
自郡城赴之。

　　大春既至大南澳,值大風雨,棚帳皆飛,兩溪盛漲,決爲
四渠,工役停阻,結筏以渡。番賊從叢葦中狙①擊,守備黃
明厚等各受鏢傷。又犯蘇澳碉樓,大隊追至始退散。我軍
復進至石屋,平坡數十里,菅茅深丈餘,惟山水頗清腴,前爲
濁水溪(距石屋十餘里),路極險仄。各社亦語言互異,其通
事輒以欺番爲利,號"番割",番無所訴,則邀殺以洩憤。故
通事入番遄甚,其絶深阻者亦不能詳。故每進,必留兵以防
後路。大春商於葆楨,以輪船配兵械駐海口,移戴德祥營,
益以新募勇,分屯蘇澳,以壯聲援。葆楨屬大春仍加意招
徠,許民番咸助開山。

　　聞柝在南路開闢,已越崑崙坳,近埤南界(距崑崙坳八
十餘里)。俯瞰臺東,滄瀛在望。惟入山愈深,番社愈雜,沿
途留隊扼險,兵漸單,亦請增營爲後繼。葆楨令張其光率粵
勇兩營馳赴內埔,調前路各軍以次進駐。

冬十月,日本遵約撤兵。

　　初,潘霨函致倭使柳原前光,申前約。及照覆,以未得
聯銜印文爲詞。沈葆楨如請換給,而柳原已由滬入都。總
理各國事務王大臣與之辯論,其使臣雖詞屈,而未能就緒。
是月初九日,葆楨接總理各國事務衙門函稱:"倭事議定三
條辦法,已畫押互換。大久保即赴臺灣,會同其中將撤兵。
所有修道、建房,倭人所費不貲,已許給銀四十萬兩。撤兵

---

① 狙,原作狟,據抄本改。

後，營房概交付中國官收管，當先派妥員馳赴倭營驗收，卽派兵駐守，以便籌辦善後事宜。”因附寄會議憑單，並互換條約，及給總稅務司赫德札各一。

初十日，倭領事福島九成偕通事吳碩謁葆楨，云：“大久保已往琅璚，特令面陳一切。”並開呈事宜五條：“一、從今約五六日間，敝國撥船必齊到琅璚，載兵回國，應請如期駕至該地，與我西鄉中將會，彼此料理交代事宜。又貴國所派兵員，現不過充交代之用，彼此照應，可不必多；一、從前兩國大臣來往公文，彼此撤回註銷，永爲罷論。其沈、潘兩大臣與西鄉中將曩日一切來往公文，亦宜就琅璚交換；一、我國人民被生番殺死，遺骸就當時收埋舊址，更建墓碑表之。將來如有親戚朋友航海就近港口之際，藉便登岸掃祭者，務望使伊卽日登岸，拜奠而歸；一、交代事訖，卽望貴道飛札及電報上海道臺處，轉申北京總理衙門查照；一、本國現在廈門派設領事，將來如在貴臺所轄之地有交涉敝國事件，務望貴道速卽照會敝領事，以便照辦。”

葆楨以撫局已成，允其所請，惟於登岸祭掃一節，飭臺灣道照覆，約來時須有領事官蓋印執照，祭畢卽歸，俾免生事。派臺灣府周懋琦領員弁於十三日赴琅璚，並照會西鄉從道，令按照條約交代，飭遊擊鄭榮率安撫軍一營，由赤山拔隊，自陸會之。

大久保已於初八日抵琅璚。次日，倭兵束裝，以牛車載槍礮器具登舟。懋琦同委員陳謨、都司沈國先於登岸時卽函知西鄉從道，十四日，西鄉遣通事吳碩請懋琦往，交出葆楨前發照會五件；懋琦亦將倭營前發照會兩件還之，且索與民間交涉字據。西鄉允諾，因出酒果相款，排槍隊送戀琦歸。十五日，領事福島九成送來本處人民租地合約七紙，並告知先撤風港之兵。戀琦派巡檢周有基及把總沈如生往。十八日，風港倭兵登舟，復寄繳風港租約、呈詞十一紙。戀琦恐民間尚有遺字，西鄉函覆，謂管內數員病故，無從尋檢，以後均爲廢紙。遺營房三十七間。

二十四日，西鄉從道將龜山營兵及夫役凡千餘人，悉登舟，遣人交草房百有二間、板木千二百有五片。戀琦復以有基偕千總郭占鼇照收。西鄉船是夕去，餘船次日盡去。戀琦亦回郡，而留鄭榮安撫軍分駐龜山、風港資彈壓。葆楨遂將倭兵盡退各情形具奏。

遣使駐外洋各國。

初，中西既成和，諸國先後各設駐京公使一人，加以“全權”之號，名雖保護商民，實覘中國動静。曾國藩、李鴻章、王凱泰均議奏請遣使外洋，上初以事屬創行，未報。臺灣事定，鴻章再疏，略云：“各國互市遣使，所以聯外交，而中國並其近者亦置之，殊非長駕遠馭之道。同治十年日本初議條約，臣與曾國藩均奏請於立約後，中國應派員駐紮日本，管束我國商民，藉可聯絡，此舉未可再緩。擬請飭下總理衙門王大臣，遴選熟悉洋情、練達兵事之三四品京堂大員，請旨賞給崇銜，往駐日本。聞橫濱、長崎、箱館各處，中國商人約近萬人，既經立約，不可置之度外，俟公使到彼，應再酌設總理事官，分駐口岸，自理訟賦，以維國體。不特此也，泰西各國亦當特簡大臣輪往兼駐，重其禄養，定以年限，以通情款。

其在中國交涉事件，有不能議結①，或所立條約有大不便者，徑與往復辯論，隨時設法商辦，似於通商大局有裨。”經總理衙門王大臣等議覆，奉旨報可。

臣按：通商各國在京師設公使，於行省設領事，非必欲聯中國之交也，蓋欲備知中國情形。乃彼來而我不往，則彼於我不啻燭照數計，而我於彼反如正牆面而窺暗室也。自遣使分往絕域，而後各國之地形、物産、風俗、政令，我亦可盡悉；其離合轉變，我亦可隨時偵探馳報。見聞既確，聲教自通，不致情事隔閡，我乃得以張弛駕馭其間。聞中華人在外洋者，暹羅約二十餘萬，呂宋二三萬，新加坡七八萬，檳榔嶼五六萬，新、舊金山十餘萬，長崎、神戶、橫濱等處亦各以萬計。公使既出，於是復分設領事，大事由公使核辦，而貿易、訟獄之事，則領事扶持調護之。商之害，官爲釐剔；商之利，官不與焉。而後中國之人，不致爲外邦所凌虐，仍爲中國之民。内地富商大賈，知朝廷設官外洋，不棄我輩，皆可廣爲招徠，絲茶大宗亦可自爲運銷。而中國之權既自操，斯外國之利亦得分矣。

---

① 結，原作詰，據抄本改。

卷 十 九（附編）

瀛海各國統考

　　昔吉甫著玁狁之功，李牧樹匈奴之望，漢繫單于之頸，唐犁突厥之庭，大丈夫手揮十萬橫磨劍，縱橫邊外，勒天山碑，鐫燕然銘，然後入玉門關，封萬里侯，誠得志於時者之所爲也。然古之所謂立功塞外者，不過如《禹貢》之荒服、《職方》之蕃國，與中國相距實不甚遠。卽史傳所稱堅昆①、丁零、黠戛斯、大秦、骨利幹諸國，亦屬張皇王會之盛，而偶通重譯耳。若驪衍九州之說，《山海》十洲之書，尤爲傳聞仿佛，渺而無據。地球九萬里，誰能畫井計疆，而學章亥之步也哉？自有明中葉，西班牙、葡萄牙、荷蘭航海西來，中土始有西人之跡。逮我朝守在四夷，而利碼竇、陽碼諾、湯若望、南懷仁、穆尼閣、奈端輩接踵相望，而後五大洲之國，喁喁向化，誠開虞夏商周漢晉唐宋元明四千餘年未有之局。今試按其地而計之：

　　在東南曰亞細亞洲。其地東距東洋，中國在焉，餘則有朝鮮、日本、琉球及俄羅斯之東境。南距印度海，則爲越南、南掌、暹羅、緬甸及南洋羣島。西距紅海、地中海、黑海，則有布哈爾、愛烏罕、波斯、俾路芝。西南則五印度、阿剌伯及土耳其

---

　　① 堅昆，原作昆堅，應爲堅昆之誤，故改。

中東境。西北則哈薩克諸部。北距俄羅斯北境冰海①。此亞細亞洲之大略也。

　　在西北爲歐羅巴洲。烏拉嶺(亞歐二洲東西分界)及黑海界其東，地中海橫其南，大西海浮其西，黃海注其中②。都於黃海東岸之彼得羅堡者，俄羅斯也。都於西岸之斯德哥爾摩者，瑞典③也。都於南岸之哥卑的給者，丹國也。迤東爲普魯士之東部，其都曰伯靈。瑞典之西爲璅威，其都曰格里士特阿拿④。丹國之南、普魯士之西爲日耳曼，實居歐羅巴洲之中。普魯士之南、日耳曼之東爲奧地利亞，其都曰維也納。奧地利亞之東南，枕黑海，接亞細亞界，爲土耳其，其都曰君士但丁。土耳其之南爲希臘，其都曰亞德納斯。日耳曼之南爲瑞士。瑞士之南，斗入地中海，爲意大里亞列國。日耳曼之西北，臨大西洋海，爲荷蘭，其都曰亞摩斯德耳登。荷蘭之南爲比利時，其都曰不魯舍扯斯。日耳曼之西、比利時之東爲普魯士西部。兩部夾日耳曼之左右，蓋普魯士本日耳曼所分之國也。比利時之南、普魯士西部之東南、瑞士之東爲法蘭西，其都曰巴黎斯。法蘭西之西南爲西班牙，其都曰馬特。西班牙之西，臨大西洋海，曰葡萄牙，其都曰里斯波亞。法蘭西之西北，有

---

①　“南距印度海……北距俄羅斯北境冰海”一段，原作“西距紅海、黑海、地中海，其國則有五印度、阿剌伯。南距印度海，其國則有越南、暹羅、南掌、緬甸，及南洋羣島。北距冰海，其國則有布哈爾、波斯、愛烏罕、俾路芝、基發諸回部，及土耳其之東、中兩境”，所述方位不够準確，故據二十二年本改。

②　“烏拉嶺……黃海注其中”一句，原作“黃海注其中，黑海界其東，地中海橫其南，大西洋海浮其西，烏拉大山亘其北”，所述方位不够準確，此據二十二年本改。

③　瑞典，原作瑞國，據二十二年本改，下同。

④　格里士特阿拿，原作格里士持阿拿，據抄本改。

倫敦、蘇格蘭、阿爾蘭①三島鼎峙海中，爲英吉利。倫敦卽英吉利之所都也。此歐羅巴洲之大略也。

在西南爲阿非利加洲。其地廣莫而荒昧，僅東北一隅近印度海、紅海、地中海。其國則有埃及(一曰麥西)、弩北阿、阿北西尼亞等國。

在西爲亞墨利加洲，分爲南北兩境。南亞墨有巴西、孛露(卽秘魯)、智利、波非利亞、金加西臘等國。北亞墨之大國爲米利堅(卽花旗)，小國爲墨西哥，餘無所聞焉。此亞墨、阿非兩洲之大略也。

又，南洋之極東有大荒島，曰澳大利亞，又曰南亞細亞，卽世所稱新金山也。其地自爲一洲，約二萬餘里，荒曠無人，近人比之亞細、歐羅、亞墨利加、阿非，稱爲五大洲，而實英人之所關，卽英吉利遙領之屬地也。

故論五洲之土地，亞細爲最大，亞墨頗與之相埒，阿非視亞細之半，歐羅視阿非之半，澳大僅甌脫耳。而論各國之強弱，阿非之埃及等國，雖聲教稍通，實受役於歐羅。北亞墨之米利堅，於乾隆四十年華盛頓奮其沉雄之才，卓然崛起，駸乎有若敖蚡冒以啟山林之勢，與英吉利血戰八年，遂割亞墨之南境，而國以立。地廣人衆，通商最多，勢與歐羅諸大國抗衡。風土略近中國，流寓多華人，而克累弗尼亞省尤衆，世稱舊金山，卽其地也。然自開創以來，分國爲二十餘部，不以位傳子孫，而以伯里璽天德主之，四歲一易，退位者與齊民齒，民無常主，而百餘年恰無爭戰之事，誠非好大喜功之國。南亞墨之孛露，邇歲始通中國，而相去益遠，地小而貧。故談海防者，不急

————————
⑤ 阿爾蘭，原作阿蘭爾，依前文應爲阿爾蘭，故改，後同。

於阿非、亞墨、澳大三洲，而在於東、西、南三洋。

東洋卽亞細之東境，日本在焉。自秦時立國，西漢時卽與中國通，隋唐宋屢入貢，元范文虎伐之無功，明代復通貢，然數犯邊，稱倭寇焉。國初通國書，定銅船采買之制，同治中始立和約。近日效法泰西，而衣冠易唐制度，禮樂非漢文章矣。惟能禁鴉片煙、天主教，不使之入境，足以差強人意。其地與高麗、琉球相毗，東與俄鄰，既與高麗立約，而於琉球則滅之，識者已知其非無意於高麗也。

西洋卽歐羅諸國，以俄羅斯爲最大，英吉利、法蘭西、普魯士皆强盛，勢可相敵。若土耳其，若奧地利亞，地土雖大，而已日就頹弱。其餘小國，鱗次櫛比，錯雜其間，諸大國各肆其鯨吞蠶食之心，互相兼併，互相猜忌，亦互相救援，頗似春秋五伯爭雄之世。而俄羅斯爲諸國所忌，因忌生嫉，合縱而連橫，又成戰國同謀抗秦之局。

俄之土地，東有西伯利八部，界中國之北面；西連高加索五部；南鄰印度，遠包中國之西面；迤北則波羅的海東五域三十七部；再西則波蘭十四部；又跨海逾墨領峽，據北亞墨利加之一隅，曰監加札，隸西伯利部。康熙中，擾我索倫，立碑定界，遂通商於車臣汗部之恰克圖。其後日益南向，道光中脅降西域回部布哈爾諸族，通波斯以嚙印度，漸與後藏相鄰。咸豐中，兩次請地，自黑龍江以東雅克薩、尼布楚諸城，烏魯木齊以西伊犁、庫車、阿克蘇諸城，皆割而據之，而喀什噶爾、葉爾羌乘機竊據。同治十三年，以重兵降回部之基發，通道於巴達克山①，至北印度之克什米爾，幾有漢陽諸姬楚實盡之之患。又

---

① 巴達克山，原作巴克達山，應是巴達克山之誤，故改。

358

東得日本薩莫、蝦夷之地，以科爾立十八島易之。更跨東海，繞出高麗之東，開礦採煤鐵。近又駐兵黑龍江界，將營造火車路以通中國。雖因通商日久，歷二百年不敢開釁，而其心未嘗不叵測也。

英吉利倫敦五十二部，蘇格蘭三十三部，阿爾蘭三十二部。三島地輿廣輪不過中國一省，惟屬地為最多，西得北亞墨之北境，東得五印度，迤南得南洋羣島，越海控馭，皆在數萬里之外。建藩部四：曰孟加臘，曰麻打拉薩，曰孟買，曰亞加拉。孟加臘之東北，緬甸之西北，有阿薩密部，本土夷，崇佛教，英人據為別部。東距騰越、狄夷、怒夷隔之；南距前藏、貉貐、布魯克巴隔之，去中國僅咫尺。又，南印度之南，海中大島曰錫蘭，古狼牙修地，英人滅之。循海而東，阿克刺、朗谷兩埠取之緬甸，再東則有新嘉坡、麻刺甲、檳榔嶼三埠，地近暹羅。又得澳大全洲。又有別島曰搦日倫敦，為亙古人跡不到之處。又由倫敦至澳大，所經之地有太平洋之飛幾島，亦稱屬焉。又有獅山諸地，在阿非之西界；特墨拉拉諸地，在南亞墨之南界。遙領之國，誠有更僕難數者。但倫敦三島地本褊小，山澤之利開採殆盡，惟仗印度為外府，兵餉皆取資焉。近年英主稱徽號，以印度綴國號之下，其殆有平王東遷之志歟？又聞謀開鐵路，由印度以通雲南，其殆有改趨西道之志歟？未可知也。

法蘭西地方二千里，建八十六部。其人精於算學、機器，尤長於用兵，號令如山，萬足一步，前者雖死，後者不敢不進。火器之利，冠於泰西。嘉慶時，其王拿破崙第一百戰無前，威行西土，卒以弗戢自焚，亦吳王夫差之流亞也。同治中，其王拿破崙第三與普國搆兵，為普所虜，其大臣踢矮土等復與普和，改用米利堅之俗，不立君，以首領統國政。同治十年，踢矮士任首領。十二年，麥馬韓代之。麥馬韓者，拿破侖第三之大臣，兵敗不能死，君亡不能救，又從而代之，而國人皆以爲賢，賢者固如是乎？前咸豐八年，以兵船往越之南圻，先後侵踞嘉定等省，設西貢總督以治其地。嗣復添造戰艦，扼富良江，踞順化，佔海防、河內，處處逼緊，雖黑旗黨之劉永福爲法所憚，而孤掌難鳴，正不能測其所終。近又營埠暹羅，蓄意緬甸，無非爲撤我藩籬之計也。法誠無賴之尤者也」

普魯士東西二境，共八部，本日耳曼所分之國。地小於法，兵亦弱於法，然其君臣勵精圖治，卒能破法蘭西，割其愛勒塞斯、洛脫七城之地，仿之樂毅破齊，不是過焉。誰謂小國之不能勝大國也？亦在人之自強而已。德意志本三十六列國，奉之爲主，雄視四方，卽英、俄亦憚其強盛。惟時天主教盛行，各國皆尊禮之，而法蘭西爲尤甚，獨德國大臣畢士麻克惡之，盡奪教主之權，繩以官法，故教至德國而窮。《萬國公報》云："教人猛如虎，貪如狼，德意志搏而縛之，翦其爪牙。"又云："教人久持太阿，德人奪其柄而擊之，批其額而扼其喉。"德之強盛，畢士之力居多，故語其相業，泰西之管夷吾也；論其拒教，又泰西之西門豹也。畢士亦人傑也哉！

意大里亞爲歐羅巴古一統之國，《漢書》謂之大秦。其後日益衰微，嘗爲土、法所併，屢滅屢復，如楚縣陳封陳之舉。至嘉慶二十年，各國仿葵邱衣裳之會，尋宋虢弭兵之盟，大會於維也納，各反侵地，修好息兵，遂定其國爲九。大國有四：曰羅馬，教主踞之；曰多斯加納；曰薩爾的尼亞；曰拉布勒士。小國有五：曰巴爾麻，曰摩德那，曰盧加，曰摩納哥，曰勝馬里虐。

道光二十八年，薩爾的尼亞王威克妥耳依馬弩嗣位，能中興其國。咸豐十一年，遂為合衆國，復故號，取羅馬都之，收教主之權，而國稱强國焉。

土耳其本回部，崇瑪哈穆特之教，與泰西殊趨。其地分中、東、西三境。東境五部、中境六部，在亞細亞洲內。西土八部，都城所在。俗無彝倫，政無綱紀，屢爲俄人所侵陵。同治十三年，國主以荒淫被廢，是又蹈陳靈公之覆轍也。

奧地利亞盛時，日耳曼、意大里皆其藩屬，今則儕爲與國。瑪加本其附庸，近已合爲一國。疆域三千餘里，亦大國也。

瑞士分二十二部，不立王侯，推鄉官理事，近日交歡於德，力黜教黨，立爲合衆之國，國勢方興未艾也。

希臘本古名邦，今爲新造之國，地分十部，國小而治。

瑞國處窮髮之北，瑞典二十四部，挪耳瓦十七部，北負冰海，貧苦特甚。

丹馬國尤小，地形從日耳曼北出，如人舒臂，與瑞國南境相迎距，國分五部，小而貧矣。

西班牙三土四十九部，國弱於法，而地相若。明時航海得呂宋地，遂成大國。道光中，女主依撒伯爾拉立，屬地多叛。同治中，大臣廢女主，而迎立意大里亞世子阿馬得牙。在位二年，其前王之從子登卡洛斯遙奉女主之子阿耳分所。既而自立，戰爭不休。阿馬不安於位，遜歸。國人迎立阿耳分所，屬國復合，而登卡洛斯則儼然敵國矣。

葡萄牙本小國，處西海之濱，附於西班牙，地分六部。明隆慶時，航海至廣東，乞租香山澳鏡隙地。疆臣林富代請於朝，許之。因立埠於澳門，實爲泰西通市之始。

荷蘭、比利時本一國所分，東十一部為荷蘭，西九部為比利時。比利時無足重輕。荷蘭好勤遠略，南洋島嶼佔據最多。但德國寖昌，而又逼近肘腋，荷蘭恐終為德屬。而南洋夙為荷埠者，若隸於德，則東道關鍵德人握之，是又為英、法所必爭也。

南洋諸島國：臺灣之南為呂宋，再南為西里百島。西里百之東北為摩鹿加，再東為巴布亞大島。西里百之北為蘇祿，再西為婆羅洲。由廈門趨七州洋，過昆侖而南，為噶留巴，再西為蘇門答臘，大、小亞齊在焉。巴、蘇兩島相望，海口之峽曰巽他，即舊港地，為歐羅巴西來要道。蘇門答臘之東北，有大島，為新嘉坡、麻喇甲，稍西別一小島曰檳榔嶼。明以前諸島國皆稱朝貢，同列藩服，迨歐羅巴人航海遠來，其始以重幣購片土為埠，艤舟立市，盤踞既久，漸而劫其君、奪其地，百餘年間竄滅殆盡，惟蘇祿以彈丸僅存。邇年來，呂宋、亞齊之人逐西班牙、荷蘭所置之吏，復自立為國，於是南洋各島皆有勝、廣求六國後之勢。

五印度在緬甸之西、兩藏之西南，地方數千里。明時葡萄牙、荷蘭經營其地，立市通商。國初，英人毆而奪之。而南、中諸部有為英滅者，有聽其置吏而空存守府之名者，有受役為藩國者，僅廓爾格、克什米爾、新的亞、信地等國尚能自存，餘皆隸英籍矣。

蓋自同治以來，法蘭西侵佔安南之嘉定省，英吉利侵占緬甸之朗谷，俄羅斯踞我黑龍江，日本滅我琉球國，而且通商之埠日多，交涉之事愈繁，即所定約章亦多挾制要求，必遂其欲而後已。所以縱談時務者，或投袂而起曰："寇不可長也，是宜

362

戰。"或借箸而籌曰："釁不可開也,是宜和。"有老成持重者曰:
"藩籬不可不固也,是宜守。"而究之能守而後能戰,能戰而後
能和。設我之防閑不密,兵甲不堅,彼將入我堂奧,踞我卧榻,
欲與之和不可得矣。如我之防維既嚴,士卒思奮,彼且因通商
之故永訂盟好,何敢逾鴻溝半步哉?故欲保中外之和局,不得
不防之於豫。因就臆見所及,可以强兵、可以富國、可以興利、
可以除害者,著《卮言》十三篇,明知管不可以窺天,蠡不可以
測海,而有觸斯鳴,其敢避夏蟲語冰之誚也乎?

蠡 測 卮 言

慎 約 議

　　成周之建封諸侯也,其誓詞曰:"黃河如帶,泰山如礪, 國
以永存,爰及苗裔。"於是鐫玉版,鏤金枝,藏在盟府,子子孫孫
永保用享。降及春秋,互相雄長,强凌弱,衆犯寡,有能内尊外
攘、事大字小者, 則狎主齊盟, 以爲諸侯主。故《魯史》一書,
大抵皆紀會盟之事也。然昔之所重者在修好,故珠槃玉敦,昭
皇天而告之, 則重誓詞;今之所重者在通商,故綱舉目張,列條
款而晰之, 則重約議。

　　所謂公法者,卽萬國之合約章程也。然法既曰公,自宜顧
名而思義。曩者中國與英、法兩國立約時, 皆先兵戎而後玉
帛,被其迫脅,兼受蒙蔽,所定條款受損實多,往往有出乎地球
公法之外者。厥後美、德諸國及荷蘭諸小國, 相繼來華立約,
維時中國於洋務利弊未甚講求,率將"利益均霑" 一條刊入約
内,一國所得各國安坐而享之,一國所求各國羣起而助之, 遂

使泰西諸國協以謀我、挾以要我，幾幾有固結不解之勢。同治十年，日本遣使來求立約，兩江督臣曾國藩、直隸督臣李鴻章先後商訂，始將"均霑"一條刪去，約中並載明日本商民不准入內地販運貨物，限制綦嚴，節經該國屢次翻悔，每每斥駁。現聞各國駐京公使間有會商之事，日本獨不得與，其尚未聯爲一氣者，未必不因約議之稍異也。約議之不可不慎，非明徵歟？

至若洋人居中國不歸中國官管理，試問華人之居外洋者何如？外國人到中國不收身價，試問中國人之到外洋者何如？（華人到美國，每人每歲收稅銀一二元不等。）且中國所徵於各國商貨之入口者稅甚輕，華船至外國，納鈔之重數倍於他國。即以鴉片論，在孟米出口每箱徵銀六十磅，中國稅銀僅十磅。中國出口茶稅，每箱僅徵每百元之七五，不上一成；至英國入口所徵，不下四五成。至於煙台之約，且強減中國稅則，幾於誼賓而奪主。合彼此而較之，公於何有？法於何有？

更有詞雖甚公而法甚不公者，如十六款① 所書："英民有犯事者，皆由英國懲辦；中國人欺凌擾害英民，皆由中國地方官自行懲辦。"詞甚公矣，不知中國之法重，西國之法輕，如華人與洋人同犯命案，華法必議抵，西法僅罰鍰，果孰利而孰害耶？又如《公法》所書："一千八百五十八年英法俄美四國與中國立約，嗣後不得視中國在公法之外。"玩其詞意，重視中國乎，抑輕視中國乎？親待中國乎，抑疏待中國乎？嘻，異矣！

雖然，往者不可諫，來者猶可追。條約非一成不變者也，下屆更修和約之日，宜明告各國曰，某約不便於吾國，某法不便於吾民，某稅不合於吾例，須斟酌以協其平。彼如不允，則

---

① 十六款，指《中英天津條約》第十六款。

364

據理直争，百折不回，彼亦無術以處之也。且前之彼所挾而要求者，以滇案未清耳，今前案既結，彼已無所藉口。且英國於條約之内事尚未能盡行，理已先絀，兹復以理相折，諒英有不得不允之勢。英既允，餘無慮矣。卽或各執一詞，相持不决，則因此款於我稍有所損，必取別款之稍有益於我者以抵之，變通盡利，亦不必過爲操切，務使利害相權、贏絀相當。於是案中國律例，合萬國公法，別類分門，折衷至當，勒爲成書，庶不至事事受制於人，有太阿而倒以持之也。善夫曾國藩與威妥瑪書曰：“他日換約，去所不便，擇其便者。”此誠不易之通論。不然，過爲優容，遇事曲從，將我之所謂懷柔，彼之所謂尊奉也；我之所謂含宏，彼之所謂畏葸也。物必自朽蠹始得而乘之，氣必自餒人始得而侮之，而可不嚴以辨之、愼以將之哉？

聯 與 國

秦之所以兼併者，遠交而近攻；蜀之所以抗魏者，聯吳而釋怨。多助者强，寡助者弱，其大較也。聖朝撫有函夏，韋韝毳幕之邦叩關麕至，亙古莫京猶復簡命重臣、軺車相屬於道，重之以盟誓，申之以條約，一視同仁，言歸於好，撫夷之道至矣盡矣。然而各國之情僞不同，强弱互異，有可爲我用者，有不能爲我用者，試得而約言之。

俄人狡詐强悍，歐洲之地蠶食殆盡，其邊疆直接中國東、西、北三面，延袤幾至二萬里。其近邊如浩罕諸國、哈薩克、布魯特諸部落，皆脅之以兵威，實欲盡撤我藩籬。若東三省近邊之地，不獨庫頁島歸於俄，卽黑龍江、綏芬河、吉林等處所屬之穹廬，亦多爲所割據。而且經營回疆，侵占伊犂，久視我爲弱肉,而不能爲我用者也。

且人短小精悍,性情堅僻,其主亦好大而喜功,邇年來,入臺灣,議朝鮮,廢琉球,依附西人,妄生覬覦, 駸駸乎有得步進步之勢,此亦不能爲我用者也。

然日之不敢逞志於我者,恐俄之乘其虛也;俄之不敢逞志於我者,恐德之躡其後也。德人以兼併坐大爲利,二十年來敗丹、敗奧、敗法,今猶增兵協餉如臨大敵者,惟欲一挫俄人, 然後與民休息耳。其與我通商之處爲數無多,而情意尚屬密洽。其前相蕭活曾游中土,濡染我朝教化,實深景仰。是德可爲我用者也。

美國志在通商,且素暱於我。其前總統格蘭忒感北洋大臣李鴻章接待之優,曾與日主爭及琉球, 曉之以順逆之理,聲之以強弱之勢,大意直我而曲日。旋有瓜分琉球之議,日主含糊其詞,遂力斥其非。是美亦爲我用矣。

法人自八十年前拿破侖兼併各國,有囊括四海之勢,厥後一就禽於英,八年前其任復就禽於德,万今元氣初復,執政紛更,未暇遠略,俄人常欲聯之。法人因畏德不敢結俄,而其心未嘗不嫉俄也。雖前以傳教之故見惡於我, 近以安南之故有隙於我,而欲牽制俄人,不得不與之羈縻。

英人向以水師之強、器械之精稱雄長於亞細亞,德與法皆不及。其於俄人,則鄙其武備之不精,復忌其疆宇之日擴, 前既不許泊兵船於黑海,後復不聽攘土地於天山,是固俄人之所畏者也。且人之於英,尤敬而信之,邇來變制度、更服色、改正朔,一一惟英法是崇,是固以英爲護符,而不敢出其範圍者也。若英人之於中國,前雖仇敵,今則友邦。其急急於通商者, 不過惟利是圖，非欲擾我民人、貪我土地也。而且略知信義，頗尚豪俠，自立約以來，於公法研之最熟。其曰"中國有事，各國調停"，言雖不可恃，而亦非全不可信也。

目今法國有創深痛鉅之情，英國有脣亡齒寒之懼，中國欲馭日人而制俄人，首宜交德，次宜交美，以及瑞、丹、普、日、和、比、義、奧諸小國，皆宜聯絡輸誠，結以信義。非必藉爲外援而荷戈執殳、供我驅策，第使之不爲人助，卽不啻爲我助，以夷制夷，所謂以毒攻毒也。

雖然，各國宜交，而俄、倭與英、法遂不必交乎？而非也。彼以和來，我以戰往，不可也。孤立無援，與生釁同，亦不可也。是宜防患於未然，弭變於無形，可以信孚者以信孚之，可以術馭者以術馭之，内峻其防，外弭其隙，而緩急輕重之間，是在能辨之者。

廣 學 校

今之自命爲通儒者，以洋務爲不屑，鄙西學爲可恥，有習其言語文字者，從而腹誹之，且從而唾罵之，甚至屛爲名教之罪人。嘻，甚矣！夫所貴於儒者，貴其博古耳，通今耳，試問今之儒者通各國言語乎？通各國文字乎？卽叩以各國之名，能通知乎？徒拘拘於制藝之末，而學問經濟盡於是而已矣。方今海防孔亟，而所謂熟悉洋務者，不過市儈之徒，正宜培養人材，攻彼之盾，卽藉彼之矛，誰謂西學可廢哉？又況西學者，非僅西人之學也。名爲西學，則儒者以非類爲恥，知其本出於中國之學，則儒者當以不知爲恥。卽以文字論，古之制字者本三人，下行者爲蒼頡，從左至右而旁行者爲佉盧，從右至左而旁行者

367

爲沮誦，泰西之字實本於佉盧也。天文曆算，本蓋天宣夜之術，《周髀經》《春秋元命苞》等書言之詳矣。《墨子》曰："化徵易，若電爲鶉。""五合水火土，離然鑠金，腐水離木。""同重體合類，異二體不合不類。"此化學之祖也；"均髮均縣，輕重而髮絕，不均也均，其絕也莫絕。"此重學之祖也；"臨鑒立景，二光夾一光。""足被下光，故成景於上；首被上光，故成景於下。""鑒者近中，則所鑒大，景亦大；遠中，則所鑒小，景亦小。"此光學之祖也。《亢倉子》云："蛻地之謂水，蛻水之謂氣。"汽學之祖也。《禮經》言："地載神氣，神氣風霆，風霆流形，百物露生。"電氣之祖也。《關尹子》言："石擊石生光，雷電緣氣以生，可以爲之。"《淮南子》言："黃埃青曾，赤丹白礜元砥，歷歲生涓。其泉之埃上爲雲，陰陽相薄爲雷，激揚爲電。鍊土生木，鍊木生火，鍊火生雲，鍊雲生水，鍊水反土。"中國之言電氣詳矣。至於圜一中同長、方柱隅四讙、圓規寫殳、方柱見股、重其前、弦其鈷、法意規員三、神機陰開、剞劂無跡、城守舟戰之具、蛾傅羊坅之篇，機器兵法皆有淵源。墨言理氣，與管子、關尹子、列子、莊子互相出入。《韓非子》《呂氏春秋》備言墨翟之技，削鵲能飛、巧輗拙鳶，班班可考。泰西智士從而推衍其緒，而精理名言、奇技淫巧本不能出中國載籍之外。儒生於百家之書、歷代之事未能博考，乍見異物，詫爲新奇，亦可哂矣」

　　但西學規例極爲詳備，國中男女無論貴賤，自王子以至於庶人，至七八歲皆入學。在鄉爲鄉學，每人七日內出學費一本納（合中國錢三十文）。在城爲城學，每人一月出學費一喜林（合中國銀一錢七分）。如或不足，地方官捐補。其曰鄉、曰城者，特就地而言之，其實即鄉塾也。塾中分十餘班，考勤惰以爲升降，其不能超升首班者，不得出塾學藝。鄉塾之上有郡學院，再上有實學院，再進爲仕學院，然後入大學院。學分四科，曰經學、法學、智學、醫學。經學者，第論其教中之事，各學所學，道其所道，無足羨也。法學者，考論古今政事利弊及出使、通商之事。智學者，講求格物性理、各國言語文字之事。醫學者，先考周身內外部位，次論經絡表裏功用，然後論病源、製藥品，以至於胎産等事。更有技藝院、格物院，均學習汽機、電報、織造、採礦等事。又有算學、化學，考驗極精。算學兼天文、地球、勾股測量之法，化學則格金石、植動、胎溼卵化之理。再有船政院、武學院、通商院、農政院、丹青院、律樂院、師道院、宣道院、女學院、訓瞽院、訓聾瘖院、訓孤子院、養廢疾院、訓罪童院。餘有文會、印書會。別有大書院數處，書籍甚富，任人進觀。總之，造就人材，各因所長，無論何學必期實事求是，誠法之至善者也。

中國取士，止分文武兩科，文科專尚時藝，錢穀、兵刑非所習也，武科雖以騎射技勇見長，究之《武經》尚未識爲何書，遑問韜鈐。前此髮捻等匪跳梁，其建大功而蕩羣醜者，武科中人乎，抑非武科中人乎？然而武科正大可用也。方今戰守之策，不外水師、火器兩途，誠能於武科中設三等以考試之，一試以山川形勢、進退之方，二試以算學、機器製造之能，三試以測量槍礮高低之度，其兼擅衆長者不次超遷，其專工一藝者量材任事，選將之道將於是乎在。

近年來，我朝總理衙門派幼童出洋學習，萬里從遊，法至良意至苦矣。但童子何知，血氣未定，性情心術愈染而愈失其本來，盡棄其學而學，恐盡變於夷者也。不如將西國有用之書,條分縷析,譯以華文,刊行各直省書院,每院特設一科，請精於泰西之天算、地球、船政、化學、醫學及言語、文字、律例者爲之教習，或卽以出洋學習之學成返國者當之。其學徒則選十歲以上、廿歲以下,不得過長以致口音之難調，亦不得過稚以致氣質之易染。又或於科歲兩試所錄文武俊秀,擇其有志西學、年亦相當者,就其性之所近,專習一科,其理易通，其效更速,又況名列庠序,咸知自愛,既可以收當務之益，復不背於聖人之教,而諸生之數奇不偶者，又別開一途以博取功名,誰不樂於從事哉?至於在院膏火,宜仿龍門書院章程,官爲籌備。肄業期滿,歷試上等者准赴京都同文館或總理衙門考驗。考驗之後,或給以經費赴外國大書院學習三年,或派赴總理衙門及船政、機器等局當差,或充各國出使隨員、繙譯,庶幾人材日廣,風氣日開,不獨長西人之所長,何難駕西人而上之哉?

現京都設有同文館,滬上設有廣方言館,近復創立中西書院，廣其額至四百餘人，分爲兩院。其法以疏通文字者爲超等,以年齒稍長而讀書多者爲一等,其餘各有差,凡三等。超等、一等以午前學西學,午後學中學; 二等以午前學中學,午後學西學; 三等以年較少,專習中學而緩西學,恐以西學分其心也。粵東與蘇州新設有西塾,專教西語、西文、西算、設綫、案報、測電諸學,設額雖少,可以漸推而漸廣,爲洋務培植人材,正未可量。鄙人聞之,因不禁喜色相告也。

精藝術

西人之所長者技藝耳,中國爲人材藪,豈無智能之士與之並駕而馳者?執業不精, 故讓他人之我先耳。西人每製一器,專心致志而爲之，稍有苦窳，必從而改造之，甚至守愚公移山之法，父而子，子而孫，至再至三，務期抵於精而後已，雖費鉅金不惜也。中國偶有舉動，旁觀必從而擬議之、阻撓之，未睹其成，先慮其敗，故懷才之士亦不敢輕於一試，技之所以不良也。

　　方今海防吃緊，南、北洋機器局務一體舉行，循循乎有蒸而日上之勢。然中國雖設其局，仍倩西人以握其樞機，彼爲我用，而我實爲彼用也。竊以爲機器一項最宜講求，爲類甚多，而水雷、火器尤關切要，電報次之。水雷有三：曰伏雷，埋伏以待敵，利於守也；曰行雷，曰送雷，直趨敵舟，利於戰也。設伏雷之處又宜多設浮表疑雷，以誤敵人，令彼防不勝防。而猶恐不足以破之也，故行雷、送雷濟之。行雷之類不一，大約以奧國所創之魚雷、美國所製之箭雷爲最良。送雷亦有桿雷、索雷之分。魚雷者，形長而兩端銳，或用銅殼，前藏棉藥，尾有螺輪，中腹蓄氣，撥輪自行。箭雷曾在天津造試，其行較遲。此皆游行水中，稍露形跡，所謂多方以誤之也。索雷者，以長繩繫曳於小艇之後，或左或右，直趨敵舟，相擦而過，則雷相觸而發。桿雷者，縛雷於桿端，其桿連於艇首，斜插敵舟之下，發雷以轟之。若募敢死之士，平日操練精熟，手眼敏捷，何患不勝哉？

　　且今之對壘者，先用槍礮。其器以銅礮爲良，又以德人所製之克鹿卜礮爲最精。而陸路行山之礮，不若用十二磅彈礮，其體輕，其質堅，礮子合膛，且命中而及遠，所配開花彈，計藥一磅可及數十里之遙，其彈可炸百餘片，殺敵多而取攜便，誠利器也。至若水陸近攻，宜用氣球小礮彈配開花，其功與十二

371

磅彈礮同。又魯國所造之墨迭兒魯士礮,其形不甚大,其用極
爲迅速,制如六門槍,四周有八輪,皆以螺釘綰之,不用之時卽
可卸置,倘有失利,分委而棄之,不至爲敵人之資,此尤可以戰
可以守也。洋槍亦有前膛、後膛之分。論運用,前膛不若後膛
之靈;論修整,後膛不若前膛之便。然當殺敵致果之時,總取
其靈巧者爲宜。若德之馬地尼,英之士乃大,法之查治布,美
之七響至三十四響後膛槍,又德之新製後膛茅塞槍,皆屬可
用。其槍之機器不必過多,亦可便於修理。而後門火管須用
銅托,又須多備一副,以備不虞。但一礮有一礮之性質,各槍
有各槍之規模,彈固分天大小,藥必權其錙銖,務須自行製造,
庶幾操縱自如,若一一仰給於人,購諸外國,一旦有事,羣起而
爲閉糶之謀,徒手何能禦敵?又況我能擊人,亦必防人之擊我,
倘或以劣爲優、以舊爲新,不徒受其紿而實受其害乎?是宜選
出洋學習之返國者,或仿其式而造之,或更心裁獨出,以鬥巧
而爭奇,精益求精,日就月將,强盛之圖,端在於斯!邇來機器
局製造槍礮業有成效,而議者猶謂可以省費,則將成之功敗於
一旦,獨何心哉?

　　電報一節,本屬末事,然有益於商民,兼有利於軍國。蓋
兵貴神速,先發方能制人,昔普法搆兵,普人於行軍處遍設電
報,而盡毀法人之所設,卒以敗法,電報之效彰彰如斯!我國家
版圖日廓,各省距京都或萬里、或數千里,一旦疆場告急,而飛
章入奏、廟算遙頒,動經數十日,恐有鞭長莫及之患。查津沽
爲近畿水道門户,宜先設一電綫,由是而吳、而浙、而閩、而粵,
凡屬海疆及西北近邊諸要隘,次第舉行,無事以便商賈,其利
猶小,至事關緊急,乃見奇功。近又有德律風者,如傳聲器,亦

372

藉電氣以行，數百里間直可對語，斯又便之至便者也。

總之，制器尚象，利用本出於前民。幾何作於冉子，而中國失其書，西人習之，遂精算術。自鳴鐘創於僧人，而中國失其傳，西人習之，遂精機器。火車本唐一行水激銅輪自轉之法，加以火蒸氣運，名曰汽車。火礮本虞允文采石之戰以火器敗敵，名爲霹靂。凡西人之絕技，皆古人之緒餘，西人豈真巧於華人哉? 吾深恐華人之大巧而仍自安於拙也。

固 邊 圉

昔充國籌邊，止上屯田一策; 匈奴斂迹，惟畏李牧一人。當務之急，握其要不必取其繁也。國家守在四夷，甌脱之地綿亘萬餘里，而西之新疆、中之張家口、東之東三省，尤爲吃緊之處，固不可稍留罅隙，而予人以窺伺之端。張家口、山海關一帶有險可據，雖兵力單弱，幸有李鴻章淮軍、練軍，人悍器精，星羅棋布，移緩就急，暫可無虞。新疆回搶初平，湘軍聲威俄人畏服，左宗棠置辦一切善後事宜，斟酌盡善，固已無懈可擊，但土地遼闊，半就荒蕪，一宜廣開屯田，一宜分設官守。我朝分職本遵成例，而道與時爲變通，正須因地而制宜。若將新疆一帶分別各道，編爲州縣以專責成，兼設巡撫以歸統轄，庶成金湯永固之基，而無鞭長莫及之患。屯田一則，現已次第舉行，尤須推而盡利，不可得半而止。更將蠶桑、鹽礦等務廣開利源，變磽地爲沃地，不言防而防自固矣。

東三省爲發祥之地，列聖陵寢多在其中，尤宜加倍慎重，極力防維，以重根本。竊以爲蒙古之部落宜整頓也，吉林之金匪宜收撫也，海參崴宜設領事也，琿春宜設知府也，黑龍江之馬

373

隊宜招也，鄂倫春之獵戶宜編也。何以言之？蒙古素多忠義勇敢之士，自來用兵屢資其力，無如各部窮苦，其勢渙而不振，現聞伯王承乃父僧王之遺，爲諸部旗所信服，若令其部署邊防，嚴加整頓，每年給若干金以爲制械犒賞之用，則西北邊陲不啻增一雄鎮矣。金匪之頭目曰韓顯忠，其人公正而有才，統率其衆數十萬人，甚有條理，只以挖金爲業，不敢秋毫犯吾百姓，嘗懷報效之心，恨無請纓之路，名雖爲匪，而實非匪也，若撫爲我用，令其各攜家口、成村而居，俾墾荒地，填實空虛，既可不費一餉，而可比之屯軍矣。海參崴地屬於俄，與我國最爲密邇，近來華人之商於此者日見其多，一有事故，皆歸俄官主持，偏重偏輕在所不免，若設領事與之會辦，不特爲華商之主宰，兼可觀俄人之動靜。琿春與俄逼鄰，實爲滿洲① 之門戶，前雖派員辦理，實未設有專司，所以該處旗民往往爲俄人所侵侮，若設官以爲之牧，則中澤可以奠哀鴻，卽邊疆可以捍戎馬矣。至若黑龍江之馬隊，一往而衝突無前，素稱雄於天下；鄂倫春之獵戶，百發而槍礮皆中，恒見畏於俄人，若將馬隊之隊兵復爲招之，以壯聲威，將獵戶之戶口逐爲編之，以入行伍，以我國之所長，中俄人之所懼，安敢不俯其首而帖其耳哉？至於設險守隘，秣馬厲兵，應有之義，亦不必爲饜言也已。

　　雖然，固邊者不可不恤藩，以藩服卽邊疆之屏障也。國朝邊藩有四：曰安南，曰緬甸，曰暹羅，曰南掌；海藩有二：曰高麗，曰琉球。緬甸見侵於英，國勢日蹙；暹羅依附於英，朝貢不入；南掌介於暹羅之間，已有不能自存之勢。是三國者，無庸高論矣。安南屢爲法人所侵削，現雖割地求和，而西貢不復，

---

　　① 滿洲，原作滿州，應爲滿洲之誤，故改。

374

東京堪虞,勢亦岌岌矣。況安南接壤中國,入鎮南關以後陸路可達内地,倘全境爲法人所轄,將來稍有違言,直可叩關而至。爲今之計,鎮南宜增兵額,以絶其覦覬内地之心;南洋宜設兵船,以塞其往來自便之路;滇粵設邊防,以固我之門戶;東京添戍兵,以固彼之根本。且與法人約,西境各路仍歸安南設官治事,惟通商口岸歸法人置領事管轄,再將通商事宜斟酌改定,列安南爲自主之國,同在會盟之中,法人雖不能事事相從,而見我國全力之所注,亦必顧大局而畏公法,不敢日肆其吞併之心。萬不可苟且因循,浸尋而爲琉球之續也。

琉球既爲倭人所滅,夷爲縣鄙,幸此案至今未結,尚有轉機。查琉球原部三十六島,北部九島,中部十一島,南部雖有十六島,而周迴不及三百里,北部中有八島早爲日人所佔,僅存一島。當其廢滅之候,中國疊次直争,已有割島分隸之説。在日人之意,欲以南島歸我,而換"利益均霑"之約。李鴻章奏以南島瘠貧,得地而不能治,即予之球人,球人亦不能藉以爲國,以無用之物而增受害之約,得不償失,力持正論,球案所以延擱① 也。況此一役也,爲謀主者薩摩人耳,國人惎薩摩之日强,不以爲然者亦半,現復遣官、遣兵,勞費不支,而又迫於清議,或亦稍有悔心,乘其悔而圖之,事尚大有可爲也。

高麗歷遵聖教,恪守藩封,而北逼於俄,南迫於倭,式微之嘆,幾不能免。與其枕陧而堪虞,何必堅確以自守。若與西洋諸國立約通商,俄倭雖欲思逞,西人恐其妨於商務,必從而助之,我又從而援之,彼此互救,易與圖存,以此制彼,意在斯乎᠂

總之,藩服之地與内地同,以後與各國换更和約,宜將恤

---

① 擱,原作閣,據抄本改。

藩一則刊入約例，與之休息，又復勤修邊備，不遺餘力。凡遇交涉之事，悉以和平中正之心，行其忠信篤敬之道，未事無虛憍，臨事無牽延，有事無畏葸，無事無荒怠，事之應理者，始終如一以行之，事之不可允者，百折不回以絕之，據公法、合約爲辯論，本人情、物理爲周旋，卽或自作不靖，則曲在彼而兵威不揚，我有備而同心敵愾，又何畏彼之堅甲利兵也哉？

修 船 政

自閩滬設立船廠以來，華人漸通西法，以機器造機器，成效彰彰。而議者謂機器可廢，船廠可停，彼非不知輪船之利也，誠以華廠造船之價半倍於洋廠購船之價，同一利器，與其多糜帑金，不如節省繁費，意非不佳，惜狃於近見，而未總全局以籌之也。洋人之所以悍然與我爲難者，非不知我民心之甚固也，非不知我兵力之尚強也，而敢於得寸思尺、要求無已者，恃有兵船，謂彼能來而我不能往耳。今欲防洋，而仍購洋人之船，且倩洋人以爲船之主，是發之者洋人，收之者亦洋人，中國雖有船，謂爲無船可也，卽謂此船仍爲洋人之船亦可也，則何如自造之爲得也？

方今要務，全在戰守，兵船爲急，商船爲輔，其事須並行而不悖。往年中國特設招商輪船，奪洋人之所恃，收中國之利權，煞費苦心，洵爲良策。然自議定華商買僱輪船章程而後，除招商局外，無一人入廠購船，更無一人入廠租船者，何也？良以船價太昂，成本重大，恐以折閱，兼之風濤可畏，是以裹足不前。今欲暢通商務，使之日新而月盛，不如於圖利之中更加鼓舞之權，凡有富商招集股份造一船出洋者，船價與洋廠等，而

376

又照軍功例酌賞職銜，駕駛三年、獲利甚厚者，更優賞之。名利兼收，誰不踴躍而從事？況華商出洋販運，與洋人歲時相接，則聲氣可通，利弊情形見聞真切，遇有交涉事件亦可調停折服，利於商未必非利於國也。至外洋各埠華民有願得兵船保護者，當自籌養費，報明領事，請公使轉咨船局派船游弋，或一年、或半年更調他船，藉資歷練。其一埠不能養一船者，則合數埠共養之。如是則船局不必更籌養船之費，兵船並無坐耗國帑之名，海道之沙線可以熟，中外之聲氣可以聯，商民資其捍衛，公使可壯聲援，誠一舉而數善備焉者也。

若夫兵船之制，其名不一。利於水戰者曰鐵衡船，利於攻堅者曰鐵甲船，利於肆擊者曰轉輪船，利於環攻者曰蚊子船，而總以鐵甲船爲最精。近日美國更造碰船，其前鋒利如椎，遇鐵甲船直前撞之，轟然破裂。其價亦甚廉，計鐵甲船一號費在百萬餘金，碰船一號約二十餘萬金，省一鐵甲船可造碰船五六號。將來出洋征剿，必須鐵甲船十數號，以備戰攻，目前用費不充，不如先造碰船，分駐海口，防禦可期得力，然後續造鐵甲船，以成全盛之規，正所謂由漸而入者也。但海口甚多，節節設防恐兵船不能如是之衆，是宜將近海各省分爲四鎮，擇地立營，各設水師，多築礮臺，既防之於洋面，復防之於海口，務使聲氣相通，指臂相聯，方爲萬全之策。

查津沽爲京都咽喉，而奉天之牛莊、山東之煙台皆爲要害，若僅設防於津門，而東、奉二口全無牽制之兵，防猶未固也。若以直、東、奉爲一鎮，以鐵甲船或碰船數號，以蚊子船、轉輪船十餘號，立營於旅順口並威海衛之中，添築礮臺，相爲表裏，又設分防於大連灣，據奉、直之要隘，則北可以聯津郡，

377

東可以接牛莊，而北洋之防以固。江浙僅設內防，長江只有礮臺，守則有餘，戰則不足。既不能戰，又何以爲守？若以江、浙、長江爲一鎮，如北洋例，立營於長江口外，既可以固我天塹，復可以照應寧波、舟山一帶，而中洋之防以固。臺灣爲七省門戶，地頗豐饒，窺伺者多，宜立營於澎湖，以爲閩省重蔽，是福建臺灣宜爲一鎮也。粵省華洋雜處，洋船蟻集，較之他省尤爲緊要，宜自爲一鎮，一體立營以守之，而分防於瓊州、北海等處，則南洋之防以固。至東、西各洋，亦宜每洋派一鐵甲兵船巡遊各埠，名衛商務，實諳敵情，庶處處收海防之實效，不徒博海防之虛名也已。

　　雖然，船政宜修矣，而造船、駛船尤不可不得其人也。華匠雖有巧思，而堂奧初窺，聞見未廣，總不如洋人之精，是宜選上等華匠及出洋學徒之聰穎者，親赴外洋各廠，參互考訂，務得其術。他日藝成返國，果能神明變化，可廣其傳，酌賞官職，使之綜理廠務，則工匠之賢否、經費之多寡，瞭如指掌，不至受欺於匠人，則造船得人矣。船主、舵工、大副、二副等色人目，中國每每闕乏。卽有可爲大副、二副者，類皆幼童出洋之學徒，性根未定，嗜好易染，於量星、探石、測風、防颶等件尚未講求，事關緊急，恐未可靠。查泰西船政本有專門之學，其法須先通數國言語文字，並嫻天算地輿諸術，然後官爲考校，如能測度數、諳風潮以及各國海口礁石之有無、水勢之淺深，測驗表度、措置器機一一合法，方能充副舵工；閱歷三年，不致誤事，方升爲正舵工；如果心靈手敏，可操一船之權，然後升爲船主，鄭重周詳有如此者。中國欲收船政之益，宜仿其法，選十餘歲之世襲聰慧子弟（成童則習不能染，世職則人不能輕），或

378

聘教習，或出洋學習，務使精益求精、確有把握，則中國多一船
卽有一船之利，雖糜費於目前，必程功於異日，自强之機，自固
之術，胥於此矣！前兩江督臣沈葆楨嘗以未辦鐵甲船爲憾事，
其遺摺有云：“天下之弊，在於因循。目下若節省浮費，專注鐵
甲船，未始不可集事，若復徘徊瞻顧，執咎無人，事機呼吸，遲
則噬臍。”老成之慮，深且遠矣！

興 礦 利

地不愛寶，久而必宣，此自然之理也。泰西之所以稱富强
者，精於礦務耳。但外洋國雖日富，而山澤之利已窮；中華國
儲不充，而山澤之利實富。其故何也？西人以採礦之故，窮山
僻壤搜羅無遺，不徒金礦將盡，卽煤鐵之礦亦盡。所以爲西人
慮者，恒謂數十年後雖有船而船不能行，其説實大有所見。中
國爲財賦奧區，雲南出銅，山西出鐵，湖北、江西、湖南出錫，齊
魯荆襄出鉛，臺灣出硝，以及伊犁淘金，和闐採玉，礦產之富誠
爲五大洲所未有。所可惜者，產於地而仍棄於地耳。非不知
礦利之大有益也，一則因前明殷鑒之不遠，一則因機器款鉅
之難籌。查明萬曆廿四年，開礦遍天下，命中官爲礦使，編富
民爲礦頭，礦無所得，勒民墊賠，甚至誣爲盜礦，從而傾陷之，
所以國脈民命交受其困，流毒者廿餘年。嘉靖三十五年，開礦
費三萬餘金，而得銀二萬八千五百，不足償失。成化間，採金
於湖廣等郡，役五十五萬人，死者無算，僅得金三千餘兩。前
事如此，宜後之開辦者之掣肘也。不知明之所採者，金銀礦也，
意在聚斂，且任用非人，事之所以易敗也；今之宜開者，煤鐵礦
也，意在便民，且當務爲急，事之所以必成也。方今海防孔急，

不得不用輪船，用輪船不得不需煤鐵，倘必取給於洋人，是洋人添一利藪，<u>中國</u>又多一漏卮。機器款本甚鉅，措辦爲難，但試辦之初何必賴此？各省防營頗多，若在某省開礦，先倩西人之精於礦學者，或用<u>滇</u>、<u>黔</u>、<u>川</u>邊老民之諳習者，測量衰旺，確有把握，然後以防營開採，果得巨礦，再以機器濟之，豈遂爲晚乎？

又或謂，開礦於地脈有礙，聚集多人，恐生事端。此又一孔之儒之目論也。伏讀<u>乾隆</u>五十二年十月諭曰：“京城外<u>西山</u>、<u>北山</u>一帶，開採煤窰及鑿取石塊，自<u>元明</u>以來迄今數百餘年，取之無盡，用之不竭，從未聞以關係風水設有禁例，豈開採硫磺遂至於地脈有礙？卽云開採硫磺恐集聚多人、滋擾地方，則每歲採取煤斤石片，所用人夫不知凡幾，豈皆善良安分之徒，何以並未見有滋生事端之處？”聖諭詳明，最足破世俗疑惑之見。

又或謂，山澤地塹無非民業，祖父所遺，子孫世守，卽給價而買之，此應彼否，奈何？曰：此尤易爲謀也，地不必歸於官，而利轉得分於民，未有窒礙而不行者。

或又問曰：開礦之利，其利安在？曰：開礦有礦稅，利於國帑也；鐵可以造船，煤可以行船，利於海防也；開礦用營兵，藉其力兼習其勢，利於兵也；兵之口糧出於礦稅，利於餉也；開礦之處多在叢巖，既有營兵，客匪不敢佔踞，利於防盜也；冶鐵需匠，運煤需夫，養活不知多人，利於窮民也；火化之宜，人人賴之，煤價既廉，貧民受惠，利於日用也。其利如此，可勝言哉？又況銅鐵煤礦之類，<u>中國</u>之所出者多，則外洋之所入者少，日計不足，月計有餘，富強之基，捨此無他術矣！倘若掘土而得金，破石而得玉，此尤國家之福，而爲天下臣民所額首也。

抑又思之，開礦卽可開鑄，雖屬緒餘，正可相輔而行。近來洋人收取中國大錢，出洋鎔銷，卽中國商民亦多蹈此弊者，故錢價日昂，大錢日少，亦宜一體設法禁止，並於開礦處開局鼓鑄，亦流通國脈之一道也。

防 漏 稅

從來王道不尚富强，聖世不言功利，藏富於國不如藏富於民之爲愈也。國家深仁厚澤，薄其稅斂，有準乎什一者，有數十而取一者，恤民之艱，待民之厚蔑以加矣。自道光二十二年大開海禁，維時當事者不知中國稅額輕於各國四五倍或七八倍，故立約之時，洋人各貨進口納稅後，聽華商販運各地，所過關稅，只案估值每百兩加稅不得過若干，分稅於華民者輕，故稅於洋商者亦輕也。厥後天下多故，軍餉支絀，於是始爲榷貨抽釐之法。創辦之始，洋貨亦在各子口征課，尚無異詞。迨咸豐八年中西重訂條約，始定洋貨、土貨願一次納稅，可免各子口徵收者，每百兩征銀二兩五錢，給半稅單爲憑，無論運往何地，他子口不得再斂，其無半稅單者，逢關過卡照例抽釐，體恤洋商可謂至矣。然洋人欲壑難填，猶復藉端要求，《煙臺條約》定於租界內不收洋貨釐金，卽洋貨之運入內地者，不論華商、洋商，均可領半稅單，此又格外通融之法。無如日久弊生，漏巵難塞，華商之黠者串通洋人，互相蒙蔽，往往洋人代華商領半稅單而私取其費者，華商亦代洋人裝運各貨而冒用護照者，漢奸與洋人譸張爲幻，流弊滋多。近又有三聯單者，無論往何地購何貨，先在洋關報明數目，繳半稅方可領單，領單之後，聽其採辦運行，沿途釐卡不敢過問，至貨到時，查明數目相符，如數繳稅。於是各商民利其稅輕而期速，趨之若鶩。以中國自主之權，而爲洋人所把持，釐金之受困不已多乎？

　　查始權釐時，歲收二千萬。今之所收者不過四分之三，而且日少一日，有損無益。於是董其事者嚴爲比較，藉杜侵蝕，密設分卡，以防偷漏。而究之委員之侵吞滋甚，胥役之訛索益繁，徒困於民，無利於國。故縱談時務者慨然謂釐金之當撤也。然則謂釐金果宜撤乎？目今軍務雖平，元氣未復，國帑猶未裕也，防兵不能裁也，海防猶未措辦也，設或更起事端，款將奚籌？豈旋撤之而旋設之乎？然則謂釐金不宜撤乎？洋商之包攬，華商之偷漏，徒供虛耗，未獲實功，何樂而爲此也？爲今之計，不如去釐金、增關稅，於釐務無所損，而商民則有益焉。何以言之？所謂裁撤釐金者，非必盡天下之釐金而撤之裁之也，不過於通商各埠，或洋貨、或土貨去其釐而加其稅耳。若明定章程，核計道路之遠近，如某貨自某處至某海口，須經幾卡、應釐若干，某貨自某海口至某處，路經幾卡、應釐若干，一總稅之，不必節節稽征，是釐雖撤而實存，而包攬、偷漏等弊雖奸商無由施其技矣。且關稅交納之後，運行無阻，不必守候而驗貨，不必逐卡而留停，欲至某處，可刻期而待，爲日更速，成本較輕，卽所加之稅，實隱攤於貨價之中，而取償於售主，商民又知某貨之不復納稅也，更樂於販運，銷暢益多，所謂於商有益者此也。況洋人所藉爲口實者，動謂中國釐卡林立，收數互有異同，以致洋貨阻滯不行，若撤釐而加稅，彼亦何説之詞？

　　而説者謂，關稅已有成規，從而加之，洋人必不能允。不知所加之稅，卽所抽之釐，與其散而征之，不如總而稅之，兼之

382

洋人稅額以值百取二十、取四十爲斷，更有值百取六十、值百取百者，若以值百取二十爲準，華稅之重猶從洋稅之輕，舉是以折之，彼將何詞以對？

又或謂，釐金取之華民，權歸中國自主，若歸併於稅，倘洋人於下次修約時復以稅重爲詞，利權不幾爲所撓乎？是宜聲明加稅免釐之故，如欲減稅，仍舊抽釐，庶可以永杜洋人之口也。

抑又思之，稅出於商，欲充稅務，先宜暢通商務。西人之所以富強者，官商一體耳，所有贏餘，公家存之，即有折閱，公家認之，故能重其本而來，即厚其利而返。中國之集成巨款出洋貿易者，尚鮮其人，是彼以貨而取中國之銀，我不能以貨而收回中國之銀，利源不將竭乎？計洋人入口之貨，每歲售值八千餘萬。中國出口之貨，惟絲與茶爲大宗，近來印度等處皆植茶桑，出數與中國相若，倘並此而失之，是誠有出而無入矣。又如呢布一項，洋人買中國絲棉織成之，轉售中國，每歲約銀三千餘萬，良由機器便捷，所以獲利甚厚。若我亦仿織之，亦可開一利源。或疑用機器以代人工，恐奪小民之利，不知洋布、羽呢本非中國之物，與民業毫無關涉，況製自中國，可省運費，價必更廉，便閭閻之取求，攻洋人之利藪，是誠一舉而兩得者也。

伏讀嘉慶十九年正月諭曰："洋商交易，原令彼此以貨物相準，俾中外通有易無，以便民用，若將內地銀兩每年偷運出洋百數十萬，歲積月累，於國計民生均有關係。"仰見聖慮淵深，於中國銀兩出洋之患早已洞鑒。今時事更非昔比，出數照前更鉅，若之何不早爲之所也？宜急令地方官廣勸農民，於山谷隙地遍植桑茶，繅絲、製茶之法尤宜加意講求，務使較勝於印度。將來所出愈多，價可酌減，貨精值廉，何患銷路之不廣，而且招集商股，以機器造呢布。若成本不敷，或援乾隆五十一年商人王世榮請借帑銀、嘉慶十七年蘆商義和泰懇借運本均敕部議行之例，是誠無損於國而大有便於民也。

總之，出口之貨宜求其多，而稅則輕之；入口之貨宜杜其來，而稅則重之。收我利權，富我商民，擴我遠圖，胥於是乎在。

强 兵 力

後周世宗謂侍臣曰："凡兵務精不務多。今以農夫百，不能養甲士一，奈何朘民之膏，養此無用之物乎？"誠哉是言也。我朝兵制，每省編置綠營，而同治初年克復東南數省，近又收復回疆，皆賴歷年招募之勇，而經制之兵，未聞有一軍足以勝殺敵致果之任者，何也？蓋勇為新募，非精壯不收；兵皆舊充，而疲老未汰也。然年力富強、技藝嫻熟之人，皆不願充兵而願當勇，其充兵者皆市井無賴、衰老疲弱者耳。蓋勇糧每月四兩餘銀，即每年扣發兩月，每月尚得銀三兩有奇，而戰兵、馬兵之糧皆不及焉，守兵、步兵更無論矣。故兵額雖多，與無兵等。

查漕淮練勇，雖有三千八百餘人，而散漫無紀，疲憊居多。前任各漕臣明知其然，皆以為一時裁遣恐滋事端，隱忍相安，不加整頓。署漕督臣譚鈞培蒞任不及三月，汰其衰弱，歸併於馬步各營，頓然改觀，已成勁旅，以是見任事之在人認真也。

直隸綠營改立練軍，創自前督劉長佑，曾國藩蒞任時復重新整頓，成效已著。各省有仿行而未盡改者，有全行未改者。

今欲變其錮習，不如以綠營爲練勇，兼寓減兵增餉之法爲最善。常人之情，勤則奮而逸則偷。綠營向以防守爲名，且有此疆彼界之分，而一切築城、鑿池、修堤、治河諸役非其任也，而且安居於家，待炊而食，目未睹乎戰陣，身未經夫沙場，名爲戎行之士，實等游惰之民，以之執戈而衛枚，愚者亦謂其不可。誠仿練軍之法，汰其弱者、老者，留其強者、壯者，列幕而居於城埤之上，日加操練，倘有工役，一體派行，即有徵調，無分畛域，則力以愈用而愈出，技以愈練而愈精，三年之後而謂兵之不強，無是理也！又況利之所在，人必爭之。中人之產，歲獲百金則有餘，若能準情酌理，照舊章而優增其餉，則一人爲兵，而舉家之事蓄於此取盈焉，得之可以自贍，失之必至自危，誰不勇於自強，而肯以游惰致遭斥革哉？

或者謂：目今餉項支絀，建議者方欲減之，如煙臺紅單船募廣東水勇五百名，月餉自十五兩至八兩不等，今擬改爲額兵，一律給銀三兩，以期節費，增餉之説萬不能行。不知所增之餉，即出於所減之中，誠使用一兵即得一兵之力，雖裁十兵之餉以併養一兵，猶愈於額多而無一兵之可用也。昔武侯治蜀，以減兵而勝魏，岳忠武以背嵬兵五百而破金，兵在多乎哉？

練 民 團

三代以上寓兵於農，無事則躬耕，有事則敵愾，誠良法也。降及後世，此制不講久矣，惟民團則差近之。而論者謂民團無濟於事，軍興以來未聞有民團爲國家出力者，而實非通論也。

民團設自民間，不供調遣。既不調遣，何能殺賊而立功？

不過自相保護、有備無患而已。雖然，而正謂民團之無益於國也，是又不然。湖州之趙忠節、紹興之包義士，自備軍餉，訓練民團，卒能捍衛一方，非其功歟？廣東之民團，當英人入境時，一敗之於三元里，再敗之於三山村，且焚其雙桅船一艘，非其功歟？又如澧州之五福團、岳州之平江團、安徽之廬州團、四川之中江團、江蘇之溧陽、金壇團，類皆實事求是，不務虛名，勝於召募者多矣。

考德國兵制，民除殘疾外，悉充伍籍。法國章程，部民能効力者，卽籍爲兵。普國君臣臥薪嘗膽，國人莫不知兵，遂以敗法，英、俄諸國近皆效之。蓋泰西各國寓兵於士農工商之中，有警則人皆可將，士盡知兵，猝爾徵調，可集數十萬，不糜兵費，實足兵額，至惬至當，正未可因其夷而夷之也。我國家設立武科，州縣取士爲數最多，而自身列庠序以後，往往無所事事，爲農則可恥，爲商則無資，名雖爲武，而實無用武之地。若一體舉行民團，先擇武生中之可爲什長者百人，設局訓練，教以刀矛槍礮等法，學成則各教其所轄之十人，十人學成又各教營中之人。昔吳起對魏武侯曰：“用兵之道，教成爲先。一人學戰，教成十人；十人學戰，教成百人；百人學戰，教成千人；千人學戰，教成萬人；萬人學戰，教成三軍。以近待遠，以逸待勞，以飽待饑，以主待客。”正此謂也。

雖然，團既設自民間，權宜操之長上。使不歸地方官管轄，恐其桀而不馴，宜案名造冊，繳之官府。官府案時簡閱，果有深知武略者，酌保官職以示鼓勵，其有不知陣法者，又必延師教之，兼教以禦敵、立身諸大務，以作其忠義之氣，則鋤耰亦可敵愾，婦豎亦喜談兵，國不費餉，人盡知方，以之滅敵可也，以之禦敵亦可也，以之自守可也，卽以之報國亦無不可也。自強之基與自固之術，孰有愈於斯I而且，古來名將多出田間，衛青牧猪，樊噲屠狗，陶桓公燕居而運甓，祖豫州中夜而枕戈，練兵之地，安知不卽爲選將之地哉？

而或有爲粉飾承平之說者曰："我國家政事修明，紀綱整飭，潢池旣無盜弄之變，遠邦安有窺伺之心？若處處練團兵，日日修守備，不獨遠人相視而竊笑，卽民情亦徼擾而不安。無戎而城，不幾流於士蒍之所爲乎？"不知居安不可以忘危，有備乃可以無患。若各直省舉行民團，或且視爲具文，而沿海各處之民團，不得不爲之講求。蓋洋人之所畏者，不在<u>中國</u>之官，而在<u>中國</u>之民，則何弗因其所畏，而爲未雨之綢繆耶？

禁 販 奴

國家戶口日廣，生齒日繁，謀食之徒往往不擇地而蹈，以單子一身涉重洋萬里，致使天朝百姓受奴辱於洋人，誠可憫矣I其尤爲慘酷者，<u>粵東澳門</u>、<u>汕頭</u>等處，西人設招工館，應其招者，名其人爲"猪仔"。人也而畜名之，卽以獸蓄之，命名之意已乖天和。然此猶明明招之也，更有寓<u>粵</u>洋人，串通奸商，誘賣鄉愚於<u>秘魯</u>、<u>古巴</u>、<u>亞灣拿</u>等處。其始或炫之以財，或誘之以賭，又或條指爲負欠，强曳入船，有口難伸，無地可逃，每年被拐者，動以萬計。及抵彼埠，充以極勞極苦之役，少憩卽刑，告假不許，生入地獄之門，死作海島之鬼。且其中不無良家之子、貴胄之兒，不能勞苦，駭死風濤，望斷家鄉，斬絕宗祧。誰無良心，而忍聽其如此哉？後雖此風稍息，近又故智復萌。刑者不可復贖，往者不能復返，不亟思所以禁之，則<u>中國</u>之良民不盡入異域之畜道乎？

　近賴兩廣總督張樹聲關心民瘼，迭次出示嚴禁沿海地方拐販，又與招工局嚴立條約，凡應招之人，先取親族甘結，次取街鄰保結，然後報明華官。華官親加詰問，果屬情願、毫無逼勒，然後令該局造具清册，正副兩份，詳載年貌、籍貫並中保姓名，送華官蓋印。至出洋時，聽華官登舟案名查點後，方准駛行，卽以副册咨行當地領事官。領事官於船到時，亦案名查驗，如有册上無名或姓名年貌不符者，卽以拐販論，船主加等懲辦，船沒入官。其無領事之處，永遠不准招工。如是則拐販之風可以絕，卽情願應招者，某處若干人，某年若干人，皆有成案可考，中外均便稽查。洋人見中國之鄭重民數如此甚至也，亦不敢肆意凌虐。此誠萬不可緩之急務也。

　卽已出洋爲奴之人，亦不可徒作旁觀之太息，宜令各國公使、領事認真清查，密爲保護。昔有販阿洲黑人爲奴者，英國集商禁止，出資贖釋。堂堂天朝，果能自庇其民，仿英人贖黑人之例，是誠出水火而衽席之也。然而言之匪艱，行之維艱，積習難返，鉅款何籌？視溺而不援，天下無此忍者；從井以相救，天下又無此仁人。是不過徒托空言，而不能見諸實事也。可慨也夫！　可慨也夫！

編 教 民

　國家崇正學、闢異端，教澤涵濡，數百年於玆矣。而欲破堯舜禹湯文武周公孔子之道之藩籬，借天堂地獄之説以蠱惑我民心者，其泰西之傳教乎？

　泰西本基督一教，其後分而爲三：英吉利、德意志、丹麥、

388

荷蘭、瑞威頓、瑙威、瑞西等國所從之教，耶穌教也；意大利、奧馬加、比非利亞、法蘭西、日斯巴尼亞、葡萄牙、比利時等國所從之教，天主教也；小亞細亞、歐羅巴東俄羅斯、希臘等國所從之教，希臘教也。各分門戶，互結黨援，卽在西國已起爭端。迨明季，天主教始入中國，從者尚少。厥後利瑪竇、南懷仁等挾天算地輿之學來遊內地，其所著《七寶》等書理亦與儒者相近，故當時士大夫皆與之遊，不甚鄙之。至道光、咸豐間，法人屢遣教士學習華語，奔走四方，開設講堂，於是奸民遂借進教爲護符，詐鄉愚，凌孤弱，占人之妻，侵人之産，及至事發，教士私相祖護，或匿之講堂，或縱之海外，人民怨極，羣思報復，遂至毀教堂，毆教士，滇案甫結，津案旋生，中外幾於失和，皆天主一教階之屬也。

　　第急於傳教者，只屬法人，實與他國無與。中國人民未及辨此，統聞洋人之名而卽惡之，一見洋人之來而卽避之，因甲嫉乙，在所不免。且法人本非富强，其所以自備資本、周流勸導，必欲廣其傳者，實欲以小利小惠收拾人心，人心既附，然後可以惟吾説之是從，此中固大有所利耳。不料利不能圖，害且隨之，欲以之愚人者，適以之自愚。上年普國之戰，教人實啓其端。西班牙謂法國獨居惡名，受其實禍。伊戚自貽，將誰之咎？近聞印度拒額力士教，德國逐耶穌教，葡萄牙、西班牙皆籍教黨財産入官，意德利封教堂七十餘間，簿籍其産，此誠自爲消長之機。現法人已知中國之良民斷不入教，其入教者不過備工貧民耳，村嫗社婦耳，卽有桀黠莠民藉圖生計，其實亦陽奉而陰違，於是自怨自艾，深悔從前傳教之失，各國又羣起而咎其傳教之非，可見秉彝之德出於自然，發於天性，而天堂地獄之説不足以勝之也。但華人之已入迷途者亦復不少，欲救其弊，宜將教民開明年貫、姓名，報明地方官，另編爲一册，卽教士亦應歸地方官約束，遇有事故，依華法秉公照辦，教士不得過問，庶幾入教之民仍不失爲中國之民，卽教士亦無所逞其庇縱矣。

尤可慶幸者，自美德二國派員來華，親瞻中朝教化而後，實深欽慕，卽各國亦莫不佩服。現在泰西之入學者，必習中國言語文字，所有五經、四子書概行刊刷，先刻華文，而以西文註釋之，日日諷誦。其景從之心，較之中國人之入彼教者爲更切。可見堯舜禹湯文武周公孔子之教，仁之至，義之盡，天理人情之極，則無一毫矯强於其間，而凡有血氣者，自可不言而信、不勸而從也。將來漸推漸廣，風氣日開，聖教盛行，率薄海食味辨色別聲之人，而皆不敢出於堯舜禹湯文武周公孔子之教之外，天主云乎哉？

論 鴉 片

考李時珍《本草綱目》，阿芙蓉俗名鴉片，性澀，有微毒，並未言能殺人之事。今則生食者急以殺之，吸食者徐而殺之，而不解人之何以甘受其殺而不辭也。當西人鴉片入境之初，禁煙之議持之甚堅，奈始則操之過急，繼則縱之過寬，流毒至今，幾無術可以挽回。計鴉片進口之數，每年約七萬餘箱，每箱售銀五百兩，總計值三千五六百萬。中國每箱收稅三十兩，計銀不過二百二十萬。中國漏出之銀，每歲實三千數百萬兩之多，果孰得而孰失乎？中國利源之涸，可立而待也。

於是薦紳先生目擊時艱，羣起而議之。有謂宜禁內地之仿種者,有謂宜禁洋藥之入口者,有謂宜加洋藥之税者,更有謂不必禁内地之種方可分洋人之利權者,然其中皆有弊焉。方今各直省除江西、湖南外,餘省之種罌粟者日多,無論不能驟禁也,卽能禁止,而吸食者争取購於洋人,是又爲洋人之驅而予以壟斷之權也。外洋入口之貨,以鴉片爲大宗,利源所在,誰肯遏之? 且既不能禁之於前,何能禁之於後? 相持太甚,適啓釁端。至若加收釐税,則價愈昂,價愈昂則吸者可以漸稀,似亦補救之一法。然每見吸食之人雖饔飧不給,猶必多方設法以謀煙資,幾見有因價貴而不食乎? 況所加之税,洋人卽隱增入售價之中,於洋人無所損,而吸食之貧民益促之貧也。若謂聽内地之種,冀以所出日多,藉分洋人之利,不知出愈多則價愈賤,價愈賤則吸者愈多,遍地而種之,必盡人而吸之,將使中國之人生盡爲吸食鴉片之人,死盡爲吸食鴉片之鬼,可不悲乎? 惟有不收洋藥關税,嚴禁吸食,庶不至貽笑於洋人,而絶中國無窮之隱害。

我國家政令風行、捷於影響,惟鴉片一項屢禁而如不禁者,以釐税未免耳。既收其釐,而不准其售,有是理乎? 收釐既爲官物,而吸食則爲私犯,有是禁乎? 且獨禁下民之吸食,而官府之吸食如故,有是情乎? 所以雖有禁煙之令,亦不過視爲具文,隱忍相安,旋禁之而旋弛之耳。今若不收釐税,則購取吸食者卽科以私罪,誰敢復犯? 且禁煙是我國自主之權,洋人不敢過問,洋藥雖不禁其入口,而苦無售處,則不禁之禁也,而内地之種,更不禁而自除矣。

而説者曰:"方今海防孔急,凡製造、船政及出使經費等件皆取給於關税,欲並此而免之,司權政者不爲是言也。"不知關税不可免,而洋藥之税則不得不免。免之無大損於國,不免實大害於民。國家爲民除害,雖費鉅款在所不惜,況區區洋藥之税乎｜ 如以帑項支絀,刻欲彌補,則免於此者可加於彼,權變自在人爲耳。況朝廷善政,停免捐輸,然停捐所以重名器,而免洋藥之税所以恤民命也,則安得不免其税而嚴爲之禁耶?

其戒煙之法,官府限若干日,庶民限若干日,犯者庶民照例嚴辦,官府加等。其貧民戒煙而苦無藥資者,官府若能設法酌給,是又法外之仁而變通盡利者也。上年盛道宣懷在天津創設戒煙局,已著成效,各直省似可踵而行之。

總之,鴉片本屬毒人之物,泰西各國准播種而不准吸食,即日本、越南亦禁之甚嚴,惟中國之人習焉不察,受其毒蠱者已百餘年。其吸食之人,荒時廢業,毀體傷財,是誠可憐可痛。若能永遠禁止,弊絕風清,則國脈以培,元氣以復,利源以裕,是則蒙之所深幸也夫｜

卷 二 十（附編）

沿海形勢略

直隸與山東聯壤，卽墨縣南望淮安，東海所城，左右相錯，如咽喉管鑰，由淮達萊，片帆可至。登萊乃泰山餘絡，凸生於海，東、南、北三面巨浸，文登營控北山之險，尤海東之盡處也。成山以東，旱門灘、九峯、赤山、白蓬頭諸島縱橫，沙磺聯絡，潮勢至此衝激澎湃，舟難猝達。文登更扼東海之要，寧海、威海、成山、靖海四衛隸焉。自東北硿峒半洋，西抵長山、蓬萊、田橫、沙門、鼉磯、三山、芙蓉、桑島，錯落盤踞，以爲登州北門之護，過此而北，卽爲遼陽，洵天造地設之要區也。（北直）

蘇州沿海險隘甚多，舉其大者：常熟之福山港、白茆塘，太倉之劉家河、七丫港，嘉定之吳淞江、黃窖港，爲往來之通衢，三吳之門户，一府之要，無逾於此。長洲則泖湖浩淼，吳江則鶯湖接連，吳縣則太湖交通，皆出入涇道，腹裏之關鍵，一縣之要，於斯爲甚。其次，福山以西有三丈浦，斜橋以東有許浦、金涇，劉家河以北有新塘、浪港、茜涇，吳淞以南有寶山、以東有老鸛嘴，均屬要害。至如淮揚東濱大海，狼山當江海之吭，蓼角、掘港界揚之東南，胸山據淮海之首，鬱州鶯游山界淮之東北，中包泰興之周家橋、鹽城之射陽湖、山陽之雲梯關、廟灣等處，率皆濱海要區，尤宜相地置備焉。（南直）

兩浙形勝，大半負海。論列郡之隘口，溫則飛雲、橫陽、館頭，台則松門、海門，寧則定海、太淡、湖頭渡，紹則三江、沙門，

393

杭則龕、赭兩山，嘉則乍、澉二浦。杭居腹裏，而以錢塘港、**海門**爲分口，南岸寧紹，北爲松嘉，極西盡處爲杭州。沿海之中，可避四面颶風之處凡二十三，可避兩面颶風之處凡一十八。其餘下等安嶼，可避一面颶風之處，不可勝數。然定海爲寧紹之管鑰，舟山又海外之藩籬，澳凡八十有三，昌國衞四面環海，到處可以登泊。蓋江南控制在崇明，浙東扼險在舟山，天生此二處，屹峙汪洋，以障蔽浙直門户，洵江南、浙東第一重鎮也。（兩浙）

閩嶠二面當海者，興、泉是也；四面當海者，福、漳是也。其地之衝要，如晉江之深扈、獺窟，興化之心平海，龍溪之海門，漳浦之島尾，南靖之九龍寨溪，皆是也，然莫有如福寧州之尤險者。蓋地勢自西北而東南，至省城盡之矣，福寧則又於東南突出海中，其左爲甌栝海居東面，其右爲福興海居南面，惟福寧獨當東、南、北三面之海，原爲烽火門水寨。連江縣原爲小埕水寨，莆田縣原爲南日水寨，同安縣原爲涪嶼水寨，漳浦縣原爲銅山水寨，其間島澳叢雜，巨艘悉可寄碇登涉焉。（南閩）

粵省襟江帶海。其東出海則虎頭門，門之東曰南頭，係全粵之門户；其西出海則崖門，門之西曰廣海衞。惟香山澳居省西南，外番住泊於此。蓋嶺南沿海諸郡，惟惠、潮與閩連壤，柘林爲嶺東第一關。南澳當閩、粵交界，在大海之中，左爲閩疆指臂，右乃粵省咽喉，可以設險，可以屯田，原設南頭參將、廣海守備控制於外，虎頭門把總防守於內，又添一部水軍往來捍禦，周且備也。（東粵）

按：京師、天津東向遼海，外對朝鮮，左延東北山海關、寧遠，出旅順口、鴨綠江達高麗；右袤東南山東利津，由海倉口、

394

登州至成山衛。登州、旅順南北隔海遙對，東懸倉島，西匝兩京、登萊。登州一郡陡出東海，盡於成山。海船往盛京、天津，率以成山爲標準，轉西南之靖海、鼇山、靈山，遂至江南海州。海州下、廟灣上，乃黃河出海之口，河濁海清，沙泥沉實，東向紆長，支條縷結，名五條沙，中間深處，呼曰"沙行"。如往山東，必恃"沙行"以寄泊，江南沙船底平，少攔無礙，閩船底圓，架接高昂，涉此頗險。兼之江浙東向澎湃，外無屏山緩其水勢，故潮汐比他省爲更急。如往山東、兩京，必從盡山對東開行一日夜，避過此沙，方敢北向。凡登、萊、淮海之稍可寬其海防者，職由五條沙爲之保障也。廟灣南，自如皋、通州至京江口，內狼山，外崇明，以爲管鑰。崇明上鎖長江，下扼吳淞，東有洋山、馬蹟、花腦、陳錢諸山，毗連浙之寧波定海外島。他如嘉興之乍浦、錢塘之鼈子、餘姚之後海、寧波之蛟川，要疆相聯，實內海之堂奧，皆藉定海以爲外藩。衢山、劍山更出定海之外，汪洋巨浸，洵稱要害。江浙外海連馬蹟，山北屬江，山南屬浙。陳錢外在東北，俗呼盡山，山大奧廣，泊可百餘艘。南之島嶼，由衢山、岱山至定海，由劍山、長塗達普陀。普陀直東而外，卽洛迦門，有東霍山。夏月回洋船經此，賊艘伺劫尤多，且與盡山南北爲犄角。南自崎頭至昌國衛，接內地，外有韭山、弔邦等山，賊匪出入無常，此則寧屬也。自寧入台州、黃巖，沿海而下，內則佛頭、松門、楚門，外則茶盤、石塘、枝山、大小鹿，在在爲賊艦經由。南接樂清、溫州、瑞安、金鄉、蒲門，爲溫屬內海。樂清東崎玉環，外卽三盤、鳳皇、北屺、南屺，而至北關及閩海連壤之南關①，此則溫台內外海徑寄泊樵汲之區也。閩海內

---

① 南關，原作南調，據下文及《沿海輿圖》應作南關，故改。

自①沙埕、南鎮、烽火、三沙、五虎至閩安，外自南關、大小崳、
圓山、東永至白犬，爲福寧、福州外護左翼之藩籬；南自長樂之
梅花、鎮東、萬安，爲右臂；外自磁澳至草嶼，石牌洋隔於中，海
壇大島環之。是閩安爲全省之咽喉，海壇實右臂之扼要。福
清、萬安南視平海，內虛海套，是爲興化。外有南日、湄州，再
外烏坵。蓋東北有東永，東南有烏坵，猶浙之南北屺、東霍、衢
山，江之有馬蹟、盡山，係海壇之所當加意者。泉州北崇武、獺
窟，南祥芝、永寧，左右拱抱，內藏郡治，下連金廈，以達漳州。
漳自太武而南，鎮海、六鼇、古雷、銅山，縣鐘可以寄泊，南澳以
分閩、粵。泉、漳之東，外有澎湖，凡三十六島，其要在媽宮、西
嶼頭、北港、八罩四澳。南風波恬浪靜，黑溝、白洋皆可暫寄待
潮。山低洋大，水急流迴，北之吉貝，沉礁一線直生東北，一日
未了，內悉暗礁，惟一港蜿蜒，非熟諳者不敢放棹。澎湖②之
東卽臺灣，北自雞籠，對峙福州白犬洋，南自沙馬崎，對峙漳州
銅山，延綿二千八百里，西則一片沃壤，自海及山，淺闊適均，
約百里許，西東穿山入海，約四五百里，崇山疊箐，生熟番蟻
聚，建一郡四縣，志考備載。郡治南抱七崑身，至安平鎮大港，
隔港沙洲直北達鹿耳門。鹿耳隔港之大線頭，沙洲至隙仔、海
翁隙，皆西護府治。港汊雖多，僅可容澎船、三板，其巨艘之可
以出入者，惟鹿耳、雞籠、淡水港而已。南澳東懸，捍衛漳之詔
安、潮之黃岡、澄海，閩、粵海洋適中要隘。外有北澎、中澎、南
澎，俗名三澎，內自黃岡、大澳至澄海、放雞、廣澳、錢澳、靖海、
赤澳，乃潮郡支山，入海匪艇出沒尤甚，賊爲潮產居多。赤澳

---

① 自，原作白，據文義應作自，故改。
② 澎湖，原作澎湃，據二十二年本改。

一洋，自甲子南至大星、平海，雖屬惠州，而山川人性與潮無異，故於中之碣石立一大鎮，下至大鵬、佛堂門、急水門，由虎門而入粵省。外自小星、筆管、沱濘、九州洋各嶼至老萬，島嶼門戶叢雜，到處可樵可汲。粵匪不第艚艒艫艦，即內河槳櫓漁人，皆能出海剽掠，藏垢納污，莫此爲甚。粵省左捍虎門，右扼香山。香山①雖外護順德、新會，亦全粵之要津，外海內河奸宄不少，況共域澳門，外防番船，與虎門爲犄角，未可輕視。外出十字門而至魯萬，爲洋艘番船徑行之準。下接於崖門、甌船澳、馬鞍諸山，此肇屬廣海、陽江、雙魚之外衛也。高郡電白外大小放雞，下隣雷州白鴿、錦囊，南至海安，中懸砸州，暗有礁沙，非深諳者莫敢內行，實則高郡端藉沙礁之庇。雷州三面濱海，對峙瓊州，渡海百二十里，自海安繞西北至合浦、欽州防城，以及白龍之江平、萬寧，表延千七百里。海安下廉州宜南風，上宜北風。防城有龍門七十二徑，徑徑水道相通。廉多沙，欽多島，地以華夷爲限。瓊州屹立海中，地從海安度脈，南崖州，東萬州，西儋州，北瓊州，與海安對峙。瓊之山海港澳尤多，沿海州縣環繞熟黎，熟黎環繞生黎，生黎環繞五指嶺、七指山，一西一南，周圍陸路千五百三十里。府城中路直穿黎心，至崖州五百五十五里。萬州東路直穿黎心，至儋州五百九十里。沿海沉沙，行舟艱險。內山生黎，嵐瘴殊甚。往宜熟而不宜生，然生可往熟，而不可入內界。熟黎水土習宜，是以夾介其間。此亦外海稍次之臺灣，惜田疇不廣，歲仰需於高雷，縱產沉、楠，等於廣南，甲於諸番，又非臺地之沃野千里所可同日而語矣。爰採大略，以備披圖便覽焉。之春記。

---

① 香山二字原無，據上下文意補。

環　海　全　圖

右《環海全圖》以中華爲主，立二十四向，分四海如日本、琉球等爲東洋；下接呂宋至文萊、馬神等爲東南洋；自交阯、安南，沿暹邏、嘛噠甲、柔佛，下接萬古屢至噶留巴，爲大南洋；如呡呀、大小白頭番而至阿黎迷亞，抵烏鬼國沿海，爲小西洋；自烏鬼向南盡呷處，繞北而西，轉入中海之北面呡哶、哪嗎、葡萄呀，又繞西之英吉利、峇因，總屬大西洋①。其各洋所書地名，係查現今名稱照書，在舊輿圖所載古前國名勿錄也。但閱者以舊圖、舊名按其方位核之，便知今之某處卽前之某國矣。再此圖尚止坤輿全地之半面，合之天球緯線內一百八十度內之地，若界周天之三百六十度圓全地圖，須用兩球對看。但彼一球在大西以西之地，卽大西地方，吾人亦從無到者，何況大西之西耶？是以勿繪入卷。且此卷第爲中華沿海形勢用之，圓圖冠首，欲以先見七省通邊方隅大局，暨環拱外洋各國所由定向取程耳，餘詳《談瀛錄·界連日本圖說》。

---

① 大西洋，原作大小洋，應是大西洋之誤，故改。

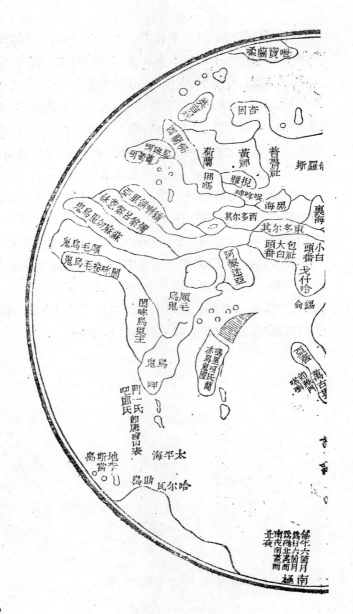

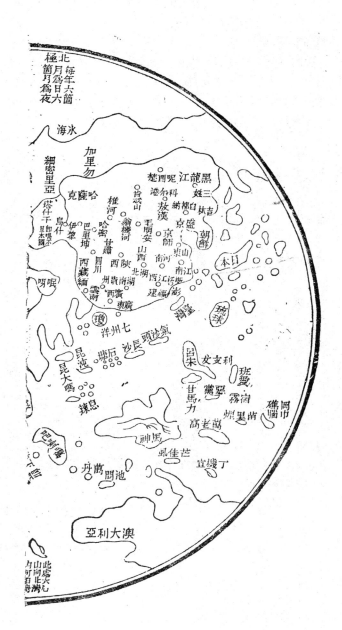

沿　海　輿　圖

海防非可與江河同論也，蓋護田疇、固城邑與防江河之意同，而所以治防之道則異。舊有《海防通志》《籌海圖編》等書，乃前朝專言備倭之略，匪特卷帙繁瑣，抑且時勢互殊。今則皇輿整肅，海宇澄清，內備塘工以捍潮患，煮滷以益民生，外則招徠懷遠，異產珍錯並各洋魚蝦蠃蚌、苔蘚藻蟄，亦利育斯人於無既。惟是巨浸茫茫，島嶼星懸，梟獍潛蹤，帆檣浮跡，爲莫乂斯民計，不得不周以邏察，而邏察權宜，又當先審諸形勢焉。各省沿海郡邑，志載職其地者，原可按圖索驥，至於全局形勢，舊聞有總圖藏於天府，外省罕得覽焉。今《沿海圖》考前人諸書之所載，並見聞之所及，統邊海全疆繪成一卷，今昔情形異宜，又細加考輯，參以註說，亦可收指掌之助云爾。

一、是圖第繪邊海形勢，其毗連內地諸境，自有郡邑各圖可考，凡海疆州縣，雖抵海邊較遠者，亦必酌量方位，書載以便查核。

一、水師重鎮駐劄之所與郡縣佐貳分防之處，第書地名，即可按查。

一、外洋險要與內洋島嶼龐雜，港口衝僻爲此圖肯綮，是以詳細咨訪，按核現今情形確繪，即將各說於每段下分晰註明，使閱之瞭然。

一、聯省相接界限，大段載明，至州縣分界，每有改歸，增載之處，可勿繁及。

一、卷首冠以二十四籌分向《環海全圖》，於以先見中華地之沿海大勢，如此後閱口岸細圖，其遠近險易更加明悉。至中華所屬邊海界共七省，起遼左盛京，東南盤旋轉山東，至廣東南向轉西而抵交阯，以天度分得二十七度有零之界也。

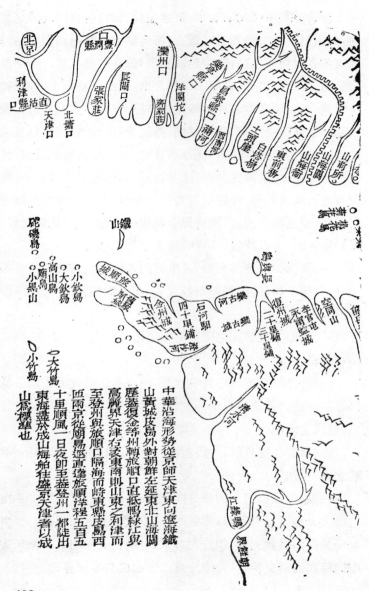

中華沿海形勢從京師天津東向遼海鐵
山黃城皮島外對朝鮮左延東北山海關
歷蓋復金錦州轉旅順口直抵鴨綠江與
高麗界天津在菱東南則山東之利津而
至登州與旅順口隔海而峙東縣皮島西
匝兩京從廟島逕直達旅順洋程五百五
十里順風一日夜卽至益登州一都陸出
東海盡於成山海舶往盛京天津者以戍
山為標準也

沿海輿圖

醫巫閭山

小河　小河口　虞游山　泰山　荻水縣　湖河　費縣　潮河口　安東衛　贛口關　膠州口　鶯頭子　靈山衛　古鎮口　唐家島　淮子口　福島　勞公島　車公島　金泉山

成山轉西向南則靖
海大嵩萊陽鼇山靈
山而至江南海州皆
平洋無險此山東西
南之海邏

十三

410

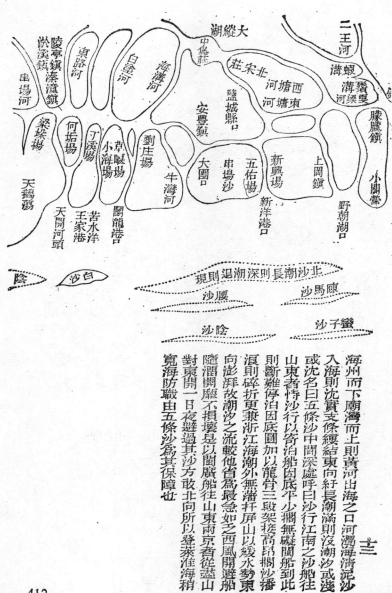

海州而下廟灣而上則黃河出海之口河濁海清泥沙
入海則沈實支條纏結東向紆長潮滿則沒潮汐或淺
或沈名曰五條沙中間深處呼曰沙行江南之沙船往
山東者恃沙行以寄泊船因底平少攔無礙閒船到此
則斷難停泊因圖加以龍骨三嶼架槎高昂擱沙播
滇則碎折更兼浙江海潮外無藩扞屏山以綏水勢東
向澎拜故潮沙之流較他省最急如之西風開避船
隨湄開靡不損壞是以閩廣商船往山東兩京者從蓋山
對東開一日夜避過其沙方敢北向所以登萊淮海稍
寬海防職由五條沙爲其保障也

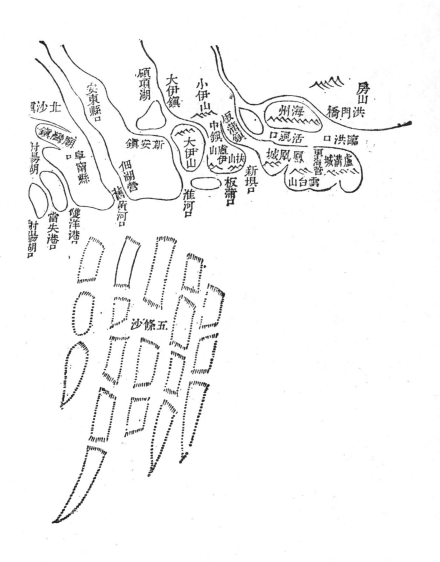

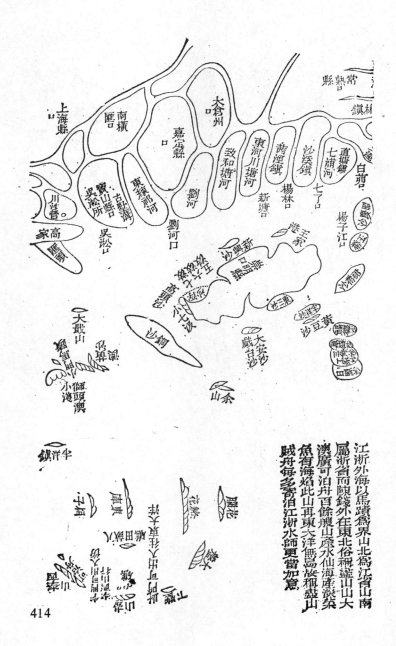

江浙外海以馬蹟為界山北為江省山南
屬浙省而陳錢外在東北俗稱蓬山山大
澳廣可泊舟百餘艘山產水仙海連淡菜
魚有海焰此山再東大洋無島嶼稱盡山
賊舟每多青泊江浙水師更當加意

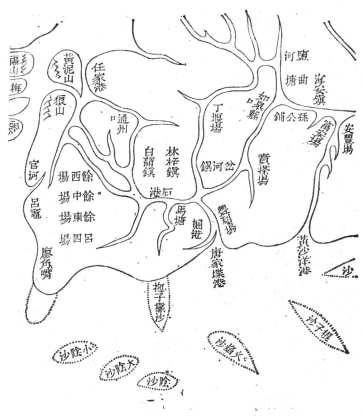

廟灣南自如臯通州
而至揚子江由狼山
外崇明鎮論昆汇沙
坂戀湖其概相似而
崇明上鎮長江下扼
吳淞東有羊山馬蹟
花腦陳錢諸山接進
浙之甯波定海外島
而嘉興之乍浦錢塘
之鱉子餘姚之後海
甯波之鎮海雖俱沿
海相聯之奥疆但外
有定海為之扞衛寶
内海之堂奥也

西

415

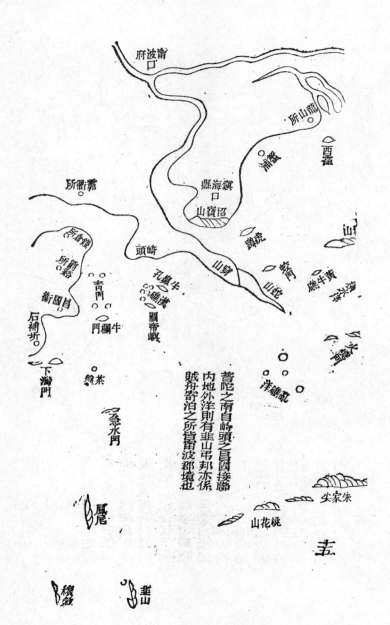

普陀之南自崎頭之昌國接聯
內地外洋則有韮山弔邦亦係
賊舟寄泊之所皆甯波郡境也

府衛波
口

所山龍

浦鎮

西雷

縣海鎮
口
山寶招

所衛霩

鼈亀

山

所倉靉

頭崎

山身

黄茶葵

所前靉

孔真牛

安鎮
山龍

鷹牛黄

衛國昌

青門

磯漠

水盤

后補折。

牛欄
門

關帝嶺

下灣門

盤茶

洋礁亂

急水門

朱家尖

鳳尾

桃花山

圭

穗穀
韮
山

416

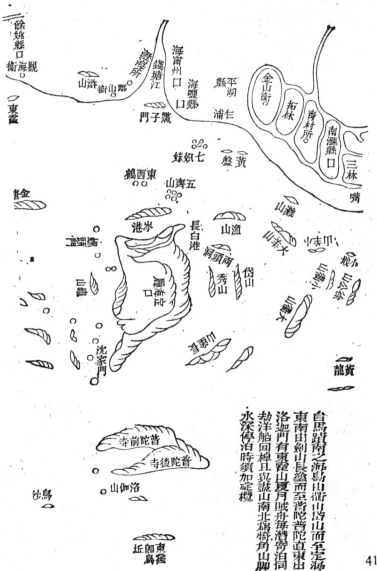

餘姚縣口
衛海觀

海寧州口
錢塘江
鎮海所
海鹽縣口
鱟子門

平湖
縣
浦仁

金山衛
拓林
青村所
南滙縣口
三林嘴

山澤 衛山縣

東霤

七姐妹
盤黃

東西鶴
五齊山

灘山

岑港
長白港

漁山

兩頭洞
秀山
岱山

沈家門

黃龍

普陀前寺
普陀後寺

洛伽山

鳥沙

東霤卽島坵

自馬蹟門之海島山衛山岱山而至定海
東南由釗山長塗而至普陀普陀直東出
洛迦門有東霍山夏月賊船每潛寄泊伺
劫洋船回棹且與諸山南北稍惝角山脚
水深停泊時須加碇欖

417

樂清東崒玉環外
有三盤鳳凰北屺
南屺而至北關以
及閩海接界之南
關係溫台內外海
遷寄泊樵汲之區
不可忽也

418

自寧波接台州黃巖沿海
而下内有佛頭桃楮松門
楚門外有茶盤牛頭積穀
鶯売石塘披山大鹿小鹿
在在皆賊艘出沒經由之
區南之樂清溫州瑞安金
鄉浦門皆溫屬之内海

磁澳
大嵩所
象山縣
口
寧海縣口
慢澳
南田
天台山
台州府
口
雁蕩
山頭牛
門頭牛
芙蓉
大荊營
桃楮所
前所
水漲
大青
黃巖縣
口
海門
穿礁山
楚門
所河新
口平縣太
東澳
松門衛
馬蹄
嶼担沖
松門山
嶼巽
山塘后
鶯売嶼
小鹿
大鹿
山坡
邦屺

419

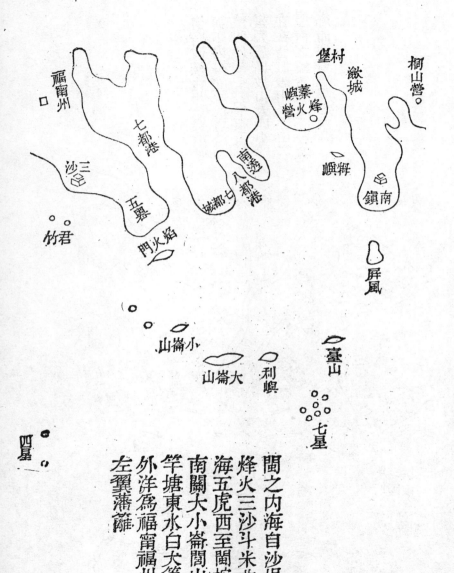

桐山營。

村堡

城澉

蓁峧營 烽火。

福寧州

七都港

三沙

五虎

君竹

烽火門

海澳

八都港

七都城

峙軸

鎮南

屏風

山崙小

山崙大

利嶼

臺山

七星

四星

閩之內海自沙埕南鎮
烽火三沙斗米北茭定
海五虎西至閩按外自
南關大小崙閩山芙蓉
竿塘東水白犬等皆係
外洋爲福寧福州外護
左翼藩籬

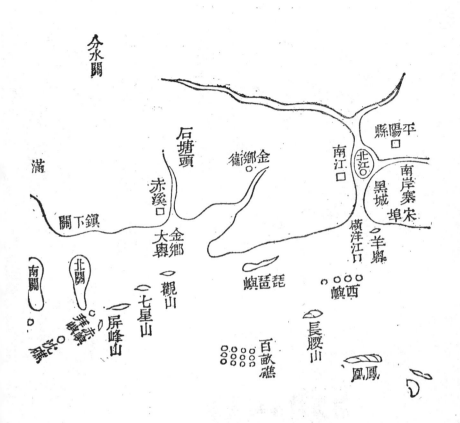

分水關

石塘頭

滿

赤溪

備鄉金

南江

北江

縣陽平

南岸寨宋
埠
黑城

橫洋江口

羊縣

關下鎮

金鄉
大嶴

觀山

琵琶嶼

西嶼

長腰山

南關

北關

七星山

百畝礁

鳳凰

屏峰山

南屺

421

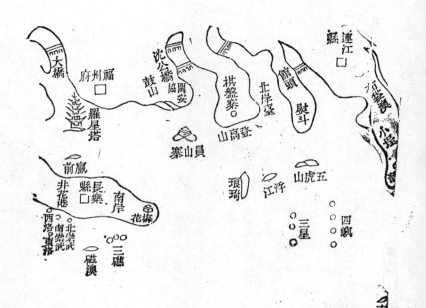

大橋　福州府口　羅星塔　沈公橋　鼓山　圖安　拱盤寨　北岸臺　登高山　員山寨　館頭　尉斗　連江口　縣

前嶼　長樂縣口　南岸　非花港　北崇武　西洛　南崇武　東洛　花梅　三礁　磁澳　琅琦　江浮　五虎山　三星　四嶼

白犬　南竿塘

小埕　石礤

南岸長樂之梅花鎭
東鎭安爲右臂外自
磁澳而至羊嶼中隔
右脾洋外環海亶大
鳥閩安雖閩省水口
咽喉海境是爲閩省
右翼扼要

422

羅源縣
馬鼻
前德縣
官井
飛鸞渡
馬安
小西洋
下鼻
羅正連江
羅湾官塘
北茭
奇達連
黃岐
陽嶼
長米斗表
大金
蕉城羅湾
山沿霞縣
連古松米
樊杯嶼
開山芙蓉崒
沈礁
半洋礁
北茭礁
下鼻貝

大

永

423

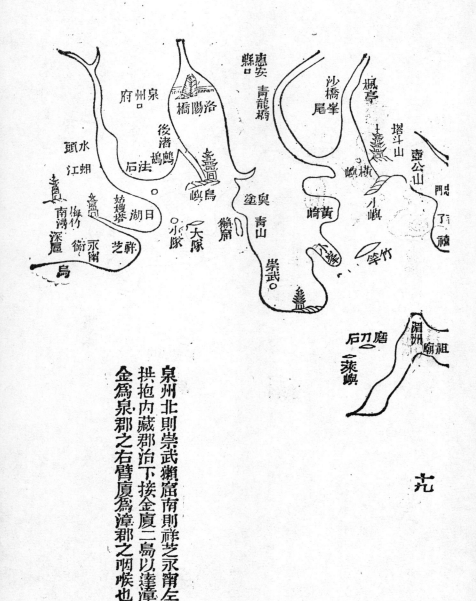

泉州北則崇武獺窟南則祥芝永甯左右
拱抱内藏郡治下接金廈二島以達漳州
金爲泉郡之右臂廈爲漳郡之咽喉也

兗

424

府化興
涵江岸勝
埠尾
石磺嶇莆
南海橋
天嶼頭
馬侯五
塔仔
江口橋
頭江
笑杯
蚶大
黃瓜
平海
壁頭
杞店
門扇後
江陰野馬
牛頭
前安萬
群山
迢上
朗澤
後譬山
福清
鑿口
南山
沙塢
大板
鎮東
牛宅
港蘆
松彭等
烏龍江
牛角山
牛角山

鼓嶼
塘嶼練
小大
練
鐘門

鑑嶼塘
嶼草
匙螃
嶼候
腿馬
羊嶼
竹嶼
洋牌后
后天
鴛鴦

四南甲
寨東
南甲
錦屏澳
大力尾
吉均
小日
十八日
天
港燒火
海壇鎮
三十湖
君山
桃花寨
澳酥
鐘門

觀音澳

烏坵

由福清之萬安南視
平海內虛海套是爲
興化外有南日湄州
再外卽爲烏坵海壇俱
爲遙衝

425

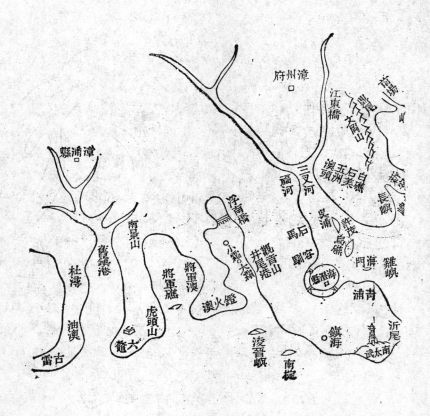

漳自大武而南鎮
海六鰲古雷銅山
在虎皆有寄泊直
至南澳以分閩粵

426

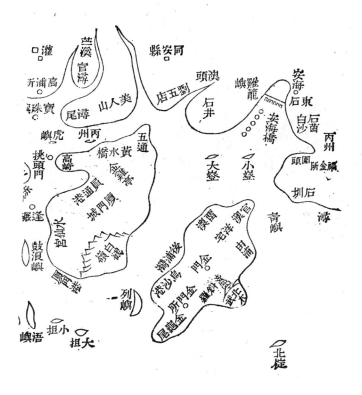

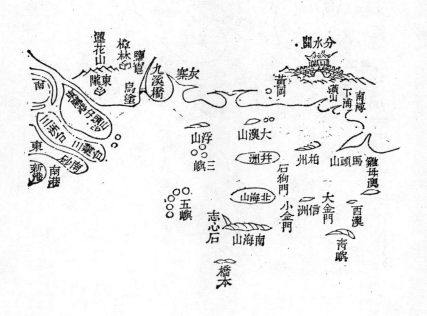

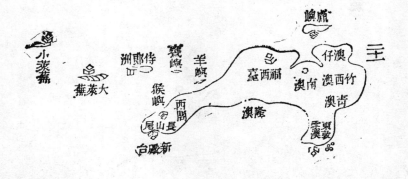

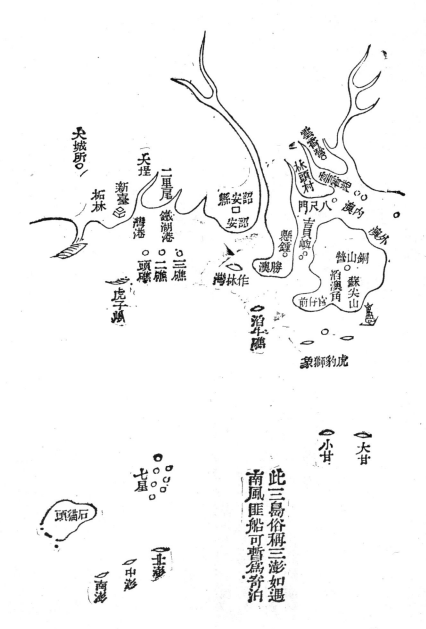

此三島俗稱三澎如遇南風匪船可暫爲寄泊．

429

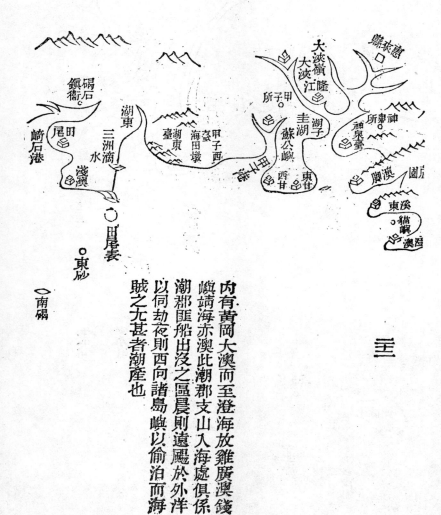

内有黄岡大澳而至澄海放雞廣澳錢
嶼靖海赤澳此潮郡支山入海處俱係
潮郡匪船出沒之區晨則遠颺於外洋
以伺劫夜則西向諸島嶼以偷泊而海
賊之尤甚者潮產也

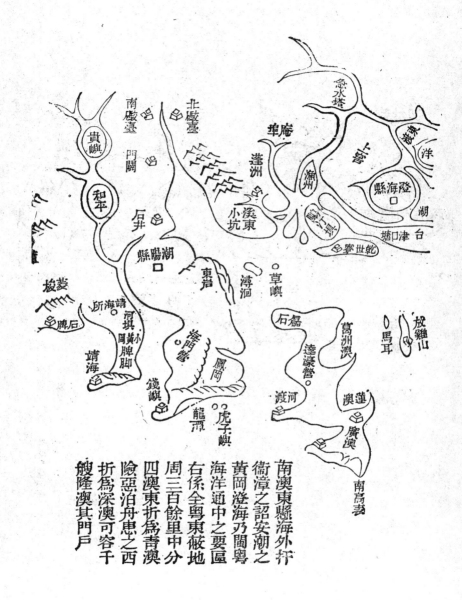

急水塔
南礮臺　北礮臺
庵埠
蓬洲
上蒼
漁州
貴嶼
閂閭
縣海澄口
潮
和平
溪東
石井
小坑
塘口津台
乾世寧
縣潮陽口
東岩
濤洞
草嶼
石磊
葛州澳
放雞山
馬耳
梭菱
石牌皁
所海靖
河填黃牌閂
小海門
達濠營
蓮澳廣澳
達濠營
鳳岡
虎子嶼
龍淵
渡河
靖海
錢嶼
黃牌脚
南蒿義

南澳東縣海外扦
衛漳之詔安潮之
黃岡澄海乃閩粵
海洋通中之要區
右係全粵東蔽地
周三百餘里中分
四澳東折為青澳
險惡泊舟患之西
折為深澳可容千
艘隆澳其門戶

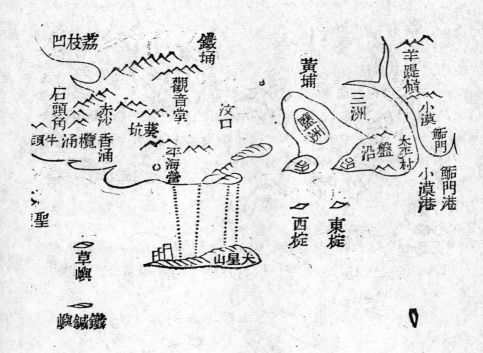

荔枝凹
鐵埔
黃埔
羊踶嶺
小漠
鮚門
觀音堂
三洲
右頭角
赤沙
坑蕪
汶口
臨洲
太禾村
小漠港
鮚門港
牛頭
香涌
欖涌
平海營
盤沿

聖

草嶼

大星山
西椗
東椗

鐵鹹嶼

江牡嶼

432

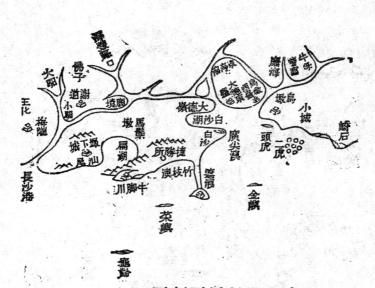

赤澳一洋自甲子南至
淺澳田尾蓮澳汕尾鮜
門港大星平海雞嶼惠
州而山川人性與潮無
異故中立碣石太鎮下
至大鵬佛堂門將軍澳
紅香鑪急水門由虎門
而入粵者

麻雀嶺

寶田

橫州　直門

黃竹角

九龍

九龍潭　瀝源

赤坎

牛尿灣

竹船灣

短嘴

鯉魚船灣

金山

紅香爐山即香港

將軍澳

北猪

八重門

磨刀

茘枝嶺

魚雷

福塁礮

担杆州

可以伺劫內河槳船
檣船漁船皆可出海
臺聚剽掠艷海之巖
垢納汗者莫甚於此

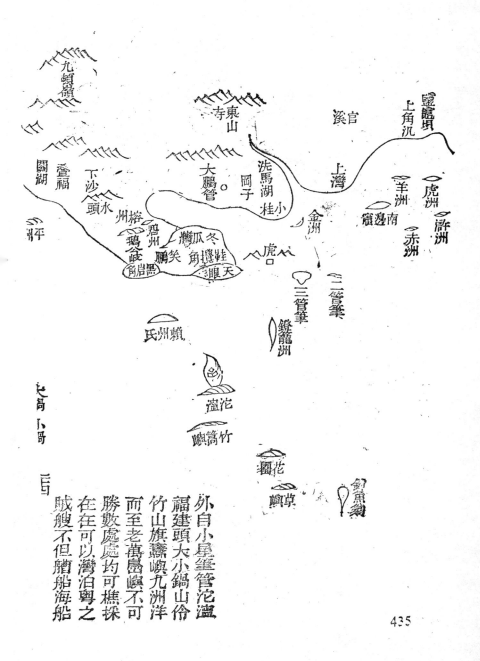

外自小星筆沱瀘
福建頭大小鍋山俱
竹山旗鬣與九洲洋
而至老萬嶼不可
勝數處處均可樵採
在在可以灣泊粤之
賊艘不但艑船海船

廣州內海　　橫檔山　　三飛駝山 東角　二寨　　門虎
香山照　　　　　　　虎門礮臺
　　　　　　　　　旗纛嶼
　　　　　　　　　　伶仃山
　　　　　金星
前山寨
秋風
青州　　　九州洋
澳門
十字門　　雞頸
　　　　阿婆尾　　三角　　浮台　黃茅

考萬山

廣省左扦虎門右
抱香山而香山雖
外護順德新會寶
省會之要地不但
外海捕盜內河緝
賊港汊四通奸匪
出沒且共域澳門
外防番舶與虎門
為犄角不可泛視
也

新安縣
塘口
聖山
赤灣
明
鵬井團
州琵琶
橫州
小丹
三砂
鼓鈴
中沖
上磨刀
下臘刀
大門
急水門
布袋
澳
草峽
金校椅
山俞大
螺杯澳
后壁
洲了
知州
門三
外伶仃
北尖
㗎州
喇撒尾
鞋弓

圭

437

陽江廳
石覽
北津
蓮塘城
三丫港
中鑊山
小鑊山
大鑊山
東平
太澳
泗門
哇門港
那扶營
縣衛新
山頂嶺
台頂山
長沙臺
廣海衛
龍溪山高望司
銅鼓山
上川山
下川山
大牌海
烏豬

三六

外洋十字門
而至老萬此
洋搜番舶來
往經山之標
準下接崖門
三竈大小金
烏豬上川下
川峨船澳馬
鞍山此肇屬
廣海陽江雙
魚之外護也

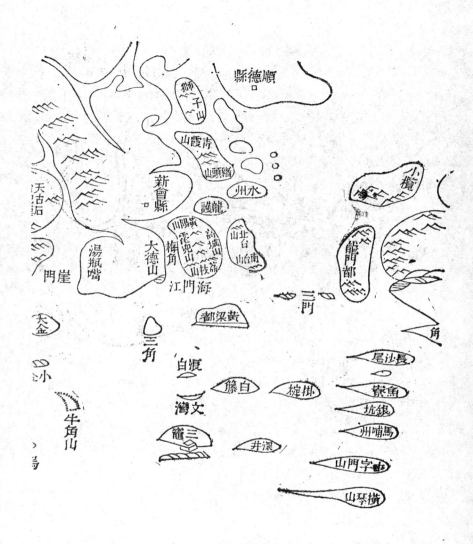

順德縣

獅子山

峽霞山

豬頭山

水州

新會縣

護龍

黃陽隔山
硫砣虎山
城山
崇枝山
山台北
山南
梅角

江門海

大德山

湯瓶嘴

崖門

天古后

黃梁都

三角

三門

龍門都

角

小檳

天金

小沙

白痕

長沙尾

馬鞍

銀坑

馬哺州

白藤

掛榜

白沙

文灣

三寵

深井

字門山

牛角山

橫琴山

439

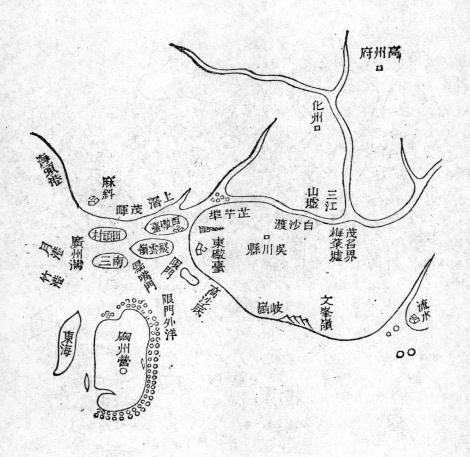

高郡之電白
外有大小放
雞吳川外有
硇州下鄰雷
州之白鴿錦
囊而至海安
自放雞而南
至於海安中
懸硇州暗礁
暗沙難以悉
載非深諳洋
逕者莫敢內
行而高郡海
疆實藉諸沙
礁之庇

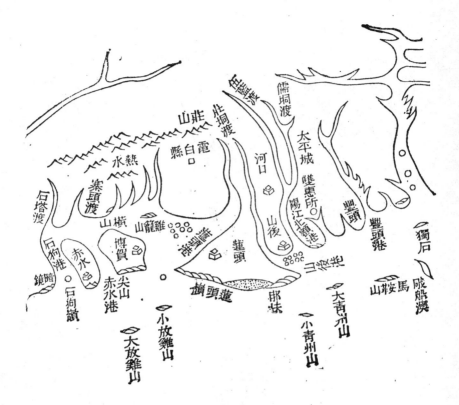

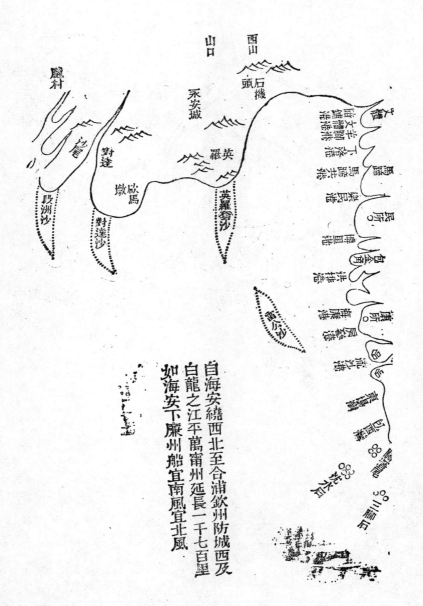

自海安繞西北至合浦欽州防城西及
白龍之江平萬甯州延長一千七百里
如海安下廉州船宜南風宜北風

442

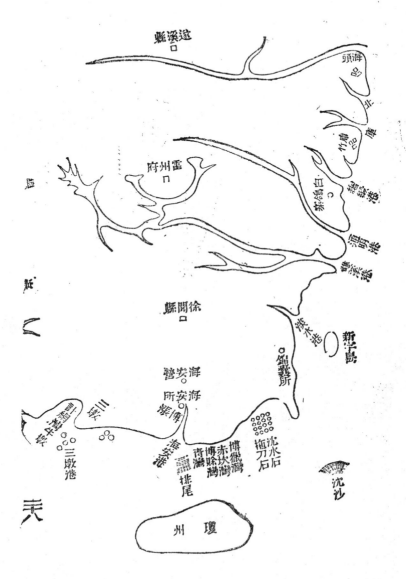

443

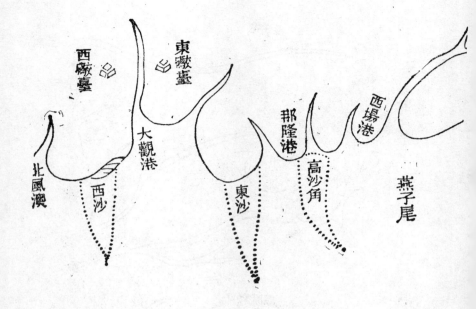

西廠臺　東墩臺

東墩臺

西場港

邢隆港

大觀港

北風澳

西沙　高沙角

東沙

燕子尾

外洋馬灜墩

444

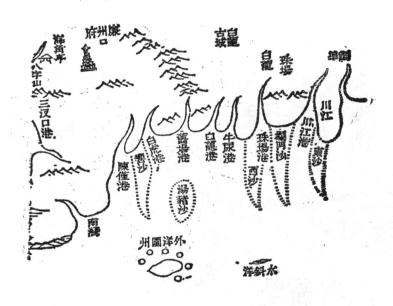

廉州府
廉州府口
海角亭
八字山
三汊口港
古城
烏龍
白龍
珠場
調輔
川江
白毛港
德基港
白龍港
牛辰港
珠場沙
珊瑚沙
西沙
川江港
調輔沙
陳僜港
軍沙
南灣
湯豬沙
外洋圍州
水針洋

自廉之征
頭鎮而夏
白龍調輔
川江永安
山口烏兔
處處沈沙
難悉名載

445

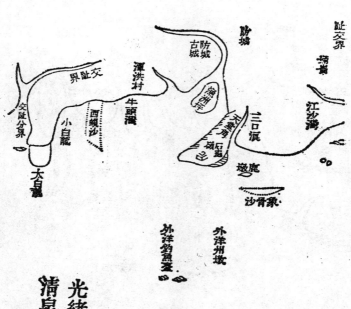

光緒七年六月
清泉王之春謹繪

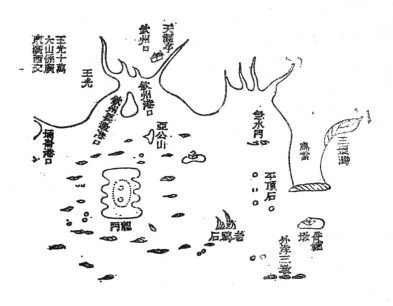

天涯亭
欽州口
欽州
王光十萬大山係廣東廣西交界
王光
欽州港口
欽州長嫩水
亞公山
揚賈港口
急水門
烏雷
三三溝
平頂石
門寵
老鴉石
外羊三墓
貢墩

自冠頭嶺而西
至於防城有龍
門七十二遷遷
遷相通遷者為
門也通者水道
也以其為嶼懸
雜而水道曾遷
廉多沙欽多島
地以華夷為限
兩又產明珠不
入於交阯是以
亭建海角於廉
達天涯於欽誌
邊微遠盡之處

447

三 島 分 圖

臺 灣 圖

澎湖之東，水程四更抵臺郡鹿耳門，進口又一更至郡城。
其境坐東南、面西北，延袤一千五十二里（乾隆甲午年丈量得
實），與閩之福、興、泉、漳四郡對照（分註各港口下），西面一片
沃野，沿海至山最闊處不逾百里，建一郡四縣。在籍居民雖曰
五方雜處，實閩粵人爲多。（土產、風俗載諸志乘。）郡治南抱
七崑身，至安平鎮大港，隔港沙洲接鹿耳門，再隔港之大線頭
沙洲而至隙仔、海翁線，皆西護府治。全臺地脈發軔於福之鼓
山，自五虎門山蜿蜒入大洋中，爲竿塘（又名關疃）、白畎二山，
穿海至臺之雞籠山起脈，磅礴千餘里，南至沙馬崎爲盡境（相
傳地脈自此又穿海直過呂宋）。有府治西之木岡山，爲郡少祖，
通郡山勢皆西向內地。（諸山本無正名，皆從番語譯出。）民與
熟番爲界，熟番與生番爲界，如橫穿山徑，由生番境抵東面沿
海約四五百里，內崇山叠箐，蜂窠蟻穴，野番類聚，卽熟番亦畏
之。而熟番內亦係種類不一，語言不同，慓悍不易馴也。港之
可巨艘出入，惟鹿耳門與雞籠、上淡水等港。如鳳境之赤山、
打鼓等港，亦通大舟，但內海難容多艘。其餘內路之蟯港、北
路之鹽水、八掌港、笨港、海豐港、鹿仔港、大甲西、二林、三林、
中港、竹塹、蓬山凡十二處，僅平底之澎船，四五百石之三板頭
船堪以進出。如雞籠山爲度琉球、日本之規路，南沙馬崎爲
渡呂宋、小南洋等標準，誠捍禦內地沿海要疆也。
　　大海洪波只分順逆，惟廈至臺隔①岸七百里，號曰“橫
洋”。廈自大嶝或浯嶼放洋，水深碧，或翠色如靛。初渡紅水
溝，色稍紅赤，尚不甚險。次渡黑水溝，色如墨，自北流南，又
稍窪下，廣約百里，溜流腥穢，有紅黑間道者異蛇及兩頭蛇繞

_____

　　① 隔，原作藏，二十二年本作隔，據改。

450

船游泳①，風則驚濤鼎沸，險冠諸海。此更進，爲淺藍色。入庵耳門，水色黃白，如河水矣。渡臺用巽巳針，東南風爲順，望見澎之西嶼頭、貓嶼、花嶼，可進，若計程應至澎而諸嶼不見，定失向矣，急收原處候風。自澎至庵耳門，以北極爲準，夜無星定巽巳，偶偏子午，則流入大洋。

　　又，福建閩安鎮與臺之淡水城東西相望，計水程只七八更。若由淡水放舟，半日程卽望見竿塘山。自竿塘趨定海，岸行大海中五六十里，卽五虎門，兩山對峙，勢甚雄險，乃閩省門户，門外風力蕩舟，入門靜綠淵渟。再進爲亭頭，再十里卽閩安鎮。

　　至洋面雖分一日一夜爲十更，焚香作度，每更約六十里，但洋面風潮順逆有遲疾。其法以木片於船首投入海，人從船首速行至船尾，其木片正與人行齊到，更數准；若人至船尾、木片未至，爲不上更而遲；或木片先人至，則爲過更而疾矣。

---

① 泳，原作詠，據二十二年本改。

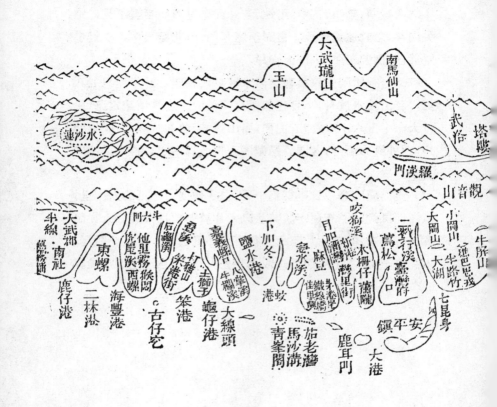
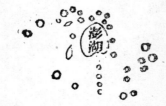

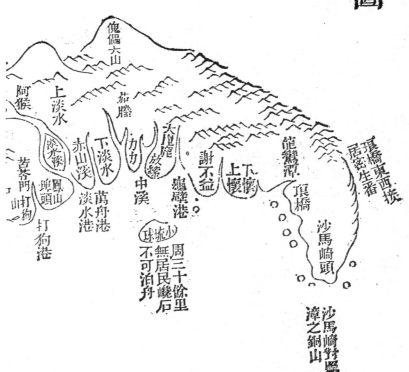

臺灣圖

傀儡大山
上淡水
阿猴
茄藤
淡水溪
下淡水
カカ
赤山溪
大傀儡
放縒
謝不益
能鸞潭
頂橋東西崁
居密生番
若茅門
鳳山
埤頭
萬舟港
淡水港
中溪
龜壁港
上懷
下懷
頂橋
沙馬崎頭
打狗
打狗港
琉球小
周三十餘里
無居民巉石
不可泊舟

沙馬崎對峙
漳之銅山

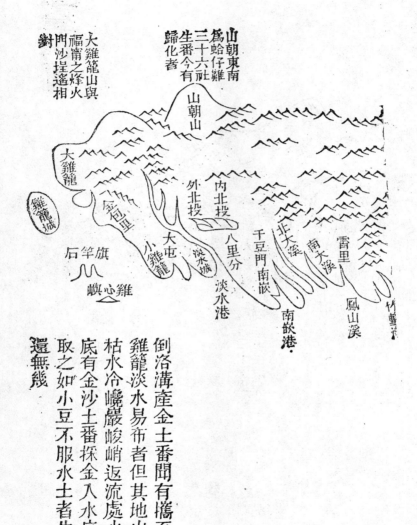

山朝東南
為蛤仔難
三十六社
生番今有
歸化者

大雞籠山與
福寧之烽火
門沙埕遙相
對

山朝山

大雞籠

雞籠城

金包里

外北投
內北投
淡水城

石　竿旗
小雞籠
大屯

八里分

嶼心雞

淡水港

千豆門南嵌

非大溪
南大溪
雪里

南嵌港

鳳山溪

竹塹港

倒洛溝產金土番間有撟至
雞籠淡水易布者但其地山
枯水冷嶢巖峻峭返流處水
底有金沙土番探金入水底
取之如小豆不服水土者生
還無幾

454

臺灣圖

崇爻山

里宛　孟　貓　牛罵　溪肚大

呑霄　大甲　沙轆　大肚

內壟　後壟　中港　後壟港　崩山港　大甲港　屑里港　火裏淉　草港　阿東

中港

455

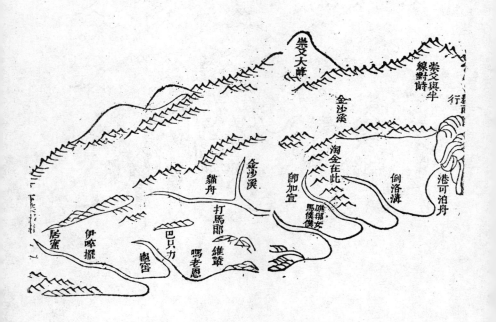

崇爻大峙

崇爻與牛
線對峙

行
金沙溪

淘金在此

金沙溪
貓舟
即加宜

打馬郎
雄嶐
巴只力
嗎老恩

雅那女
馬僕僕

倒洛溝

港可泊舟

居蜜
伊哖擺
艷窖

456

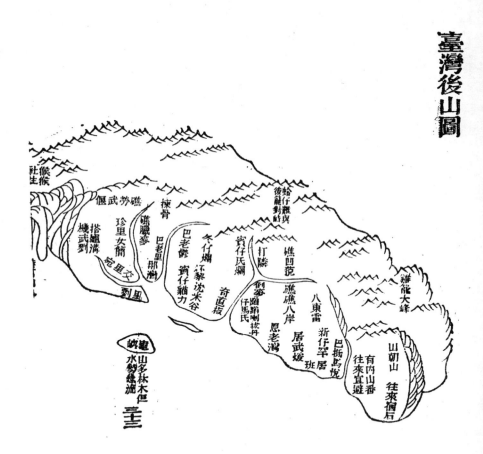

臺灣後山圖

猴猴
社生

儡武勞礁
揀骨　礁朥荖礁　始仔難卑
搭麵淇　珍里女簡　巴老那灣　後龍對崎
機武劉　　　巴老鬱　冬仔爛　賓仔氏爛
苑里交　　賓仔貓力　还黎沈米谷　打陸　譙門莞
劉里　　　　　奇直板　　倒麥頭腳喇拔丹　礁礁八岸
　　　　　　　　　　　　　　仔馬氏　　恩老灣
龜　　　　　　　　　　　　　　　八東雷　居武煖
嶼　　　　　　　　　　　　　　巴抵冸悅　新仔罕居
山多林木但　　　　　　　　　　　　班　　　　雞龍大峰
水勢憨流　　　　　　　　　　　　　有內山番　山朝山
卄三　　　　　　　　　　　　　　　往來宜避　往來個后

457

澎　湖　圖

廈門自大嶝放洋,過紅水、黑水溝,望見澎之西嶼頭、貓嶼、花嶼,均可收泊,洋程七更。如內海,則八罩、媽宮、北港,遇北風亦可泊舟。若南風,不但有山嶼皆可寄碇,倘風平浪靜,卽黑溝、白洋均可暫寄,以俟潮流。向南之大嶼、花嶼、貓嶼,北風不可寄泊。其澎之水師,以媽宮前爲內海,北面大北山,南面八罩嶼,東之陰陽、東吉,西之外塹、大池角等,均屬外海。洋帆遇南風,宜巡緝花貓、大嶼諸島,恐有匪船停寄。形勢則內港可容千艘,外港不容方舟。四圍島嶼有五十餘,大者三十六島,離澎總不逾百里水程,周遭三百餘里,洋大而山低,水急而流迴。北之吉貝,沉礁一線直生東北,一日未了,內皆暗礁,礐石布滿,僅存一港蜿蜒,非熟習深諳者不能棹進。如東去臺灣,由東吉洋四更至鹿耳門。

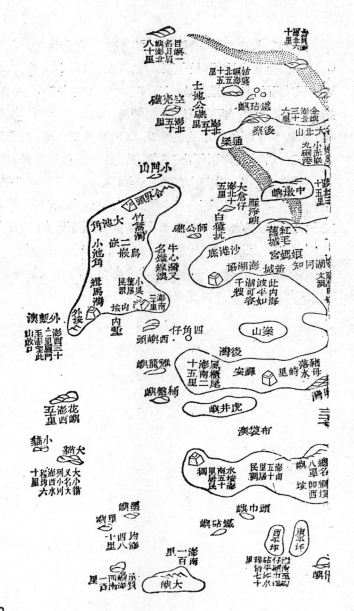

462

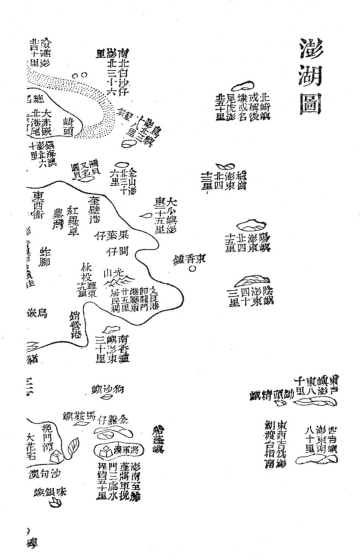

澎湖圖

瓊 州 圖

瓊州屹立海中，從雷郡之徐聞縣海安所度脈，南崖州，東萬州，西儋州，北瓊州，與海安隔洋面一百二十里。沿海諸州縣環繞熟黎，熟黎①又環繞生黎，而生黎環繞五指山、七指山。五指西向，七指南向，其通府境周圍陸路一千五百三十里。府城中路直穿黎境，至崖州五百五十里。萬州東路直穿黎心，至儋州三百九十里。自海口之東路沿海，惟文昌之潭門港（又名青瀾港）、樂會之新潭、那樂港、萬州之東澳、陵水之黎蛋港、崖州之榆林港，與西路沿海惟澄邁之馬裊港、儋州之洋鋪港、昌化之新潮港、感恩之北黎港，可以挽泊民船。現僅青瀾、榆林、洋鋪三處水深可泊輪船。其餘港汊雖多，不能寄泊。而沿海沉沙，行舟實爲艱險。内山生黎，嵐瘴殊甚，吾人可往熟黎而不可往生黎，生黎可往熟黎而不可到吾地。熟黎夾介其間，以水土上習宜故也。此亦海外大地，惜乎田疇不廣，歲仰需於高雷，非若臺灣沃野千里之比。所產沉、楠諸香，等於廣南，甲於諸番耳。

---

① 熟黎二字原缺，據上下文意補。

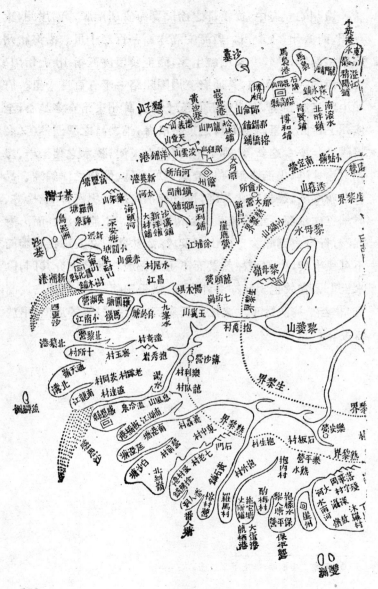

468

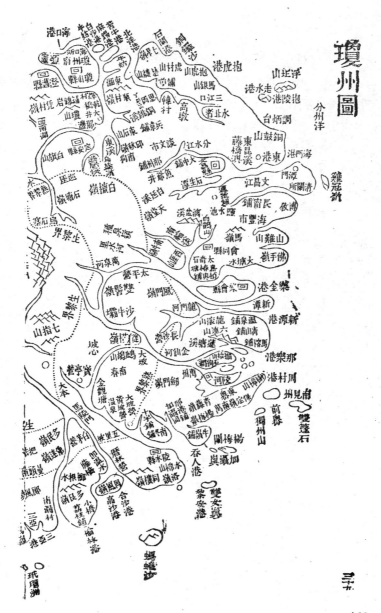

樊 跋

道光、咸豐以來，朝廷以如天之量，涵冒遠人，許各國通商，以息兵禍，紓民力。既中外如一，聲教所可暨者，舟車民物往來交錯，於是豪達識時者流綜其繁賾，著為嫥學，號曰"洋務"。稱之者衆，則機詐騖利之徒往往依傅於其間，致其事見訾於賢士大夫，而經濟之學又隱然有門户矣。臣竊有慨焉，以為事局之變，時會啓之，人心之聰明才智，亦將日新而無窮，惟士大夫以根柢之學出而究習庶務，舉其要領，洞而明之，俾國家有幹濟之才。否則，賢能者既以為不足道，樂道者又非其人，日逞其伺便乘利之謀，而莫能燭其情偽① 得失之所在，前事之償，鮮不繇此。然則洋務者固今日之所急，而所以講求洋務者，則惟恃賢士大夫有以盡其實事而收其實效焉爾。

臣奉命視學來粵，且三載，權藩司臣王之春以所輯《國朝柔遠記》十八卷、附編二卷見示。臣受而讀之，蓋記國朝以來中外交涉之事，既詳且盡，而附編諸作，於各島之地理形勢以及情志之向倍、藝事之得失、物力之盈縮，尤能曠乎言之，殆臣所謂賢士大夫盡其實事者乎！且其所言如此，而平日之經濟勛烈固足副之。當丙戌、丁亥間，越南之事既定，法蘭西請勘其界，天子命使赴之，時方官高廉兵備道，法人於欽防以西諸地嘖有歧辭，之春堅持舊址，據證明確，詰折夷使不少假借，使臣賴之，其事以蔵。曩歲案試廉欽，彼都人士尚由由樂道之，頌其能不置。此固其經濟之一端，而臣所謂盡實事而收實效

① 偽，原作訛，據文義改。

471

者，又灼然有明驗矣。不禁三復斯編，竊願世之賢士大夫汲汲焉求當世之先務，勿使愚不肖者起而承其乏，則於著書者之意殆有當也」

　　光緒庚寅二月，臣樊恭煦跋於西江舟次。

附錄一：人名索引

十一畫

490

491

493

494

附録二：域外地名今釋

二　畫

一

丁零　　古族名,在今貝加爾湖以南地區。　31、355

丁葛奴　丁噶奴　丁加羅　　在今馬來西亞丁加奴州 (Terengganu)。
28、78、79

丨

卜花爾　　即布哈爾,見該條。　115

丿

八察　　今孟加拉國。119

八咀拿　　今印度比哈爾邦首府巴特那(Patna)。165

八答黑商　　即巴達克山,見該條。110

八百大甸　八百媳婦國　　今泰國北部清邁府(Chiang Mai)一帶。
82、95、117

三　畫

一

大洋　　指今太平洋。132

大夏　　古西域國名,在今中亞阿姆河上游地區。　100、115

大宛　　古西域國名,在今蘇聯中亞費爾干納盆地。100、107、112

大尼　大呢　　今丹麥。48、84、308

大泥　大呢　　今泰國南部北大年(Pattani)一帶。11、12、78

大年　　即大泥,見該條。28、79

大西　　指今歐洲西部國家。19、401

四　　畫

一

巴達克山　　今阿富汗東北部巴達赫尚省。109、110、111、112

水真臘　　指今柬埔寨南部地區。28、78

以他里　　卽意大里,見該條。24

以西把尼亞　　卽日斯巴尼亞,見該條。 276

五　　畫

一

古巴　　今古巴。277、387

古喇　　今泰國東北部呵叻府(Korat)一帶。95、117、134

古斯尼　　似指今阿富汗東部城市加茲尼(Ghazni)。 228

古利羣島　　今蘇聯千島羣島。31

布國　布路斯　　卽普魯社,見該條。 38、301、302、303

布路亞　　卽葡萄牙,見該條。62、97

布哈爾　布噶爾　　卽布哈拉,原中亞汗國之一,在今蘇聯阿姆河上游
　地區。110、112、115、181、254、355、358

布海兒　　卽布哈爾,見該條。52

布顏罕　　在今尼泊爾境内。82、138

布加拉亞　　今蘇聯烏茲別克共和國布哈拉(Бухара)。115

布魯克巴　　今不丹。96、359

布倫帥額　　近代德意志諸侯國之一,在今德意志聯邦共和國不倫瑞
　克(Braunschweig)一帶。 302

札布西　　卽布哈爾,見該條。 115

甘查甲　　今蘇聯堪察加半島。30

甘孛智　　卽柬埔寨,見該條。 78

本底國　　在今柬埔寨和越南南部沿海地區。78

平壺島　　今日本平户島。71

平波底阿　　卽柬埔寨,見該條。78

可侖比亞　　今哥倫比亞。339

六　　畫

一

阿羅思　　即俄羅斯，書中指今伏爾加河以西莫斯科、基輔一帶。31

阿薩密　　今印度東北部阿薩姆邦(Assam State)。96、359

阿付顏尼　　即今阿富汗。112

阿黎迷亞　　今阿拉伯地區。401

阿爾泰山　阿爾台山　阿爾台嶺　　今亞洲中部阿爾泰山。31

阿北西尼亞　　今埃塞俄比亞。357

阿塞尼亞洲　　今大洋洲。25、48

阿爾渾楚嶺　　在今阿富汗巴達赫尚省内。111

阿爾敦布爾額　　近代德意志諸侯國之一，在今德意志聯邦共和國西
　北部奧爾登堡(Oldenburg)一帶。302

阿巴拉濟哥剌河　　在今北美洲。132

君士但丁　　今土耳其伊斯坦布爾(Istanbul)，舊稱君士坦丁堡。356

八　畫

一

英　英國　英吉利　英圭黎　　今英國。5、6、9、25、26、29

英倫　英蘭　　今英格蘭。10、47

林邑　　今越南中部和南部部分地區。13、78

披楞　　藏語對英人的稱呼，書中指今孟加拉。139

東京　　今越南首都河内市。88、136、146、374

東洋　　指今日本。75、76、114、276

東洋　　指今太平洋。355、401

東海　　指今太平洋。71、359

東南洋　　指今東南亞地區。11、28、48、63

東南洋　　指今東南亞地區東部，即菲律賓、文萊等地。401、

東俄部　東俄羅斯　　指今蘇聯俄羅斯聯邦歐洲部分的東北部。30、32

東印度　東天竺　　指今孟加拉國和印度東北部。9、94、196

東覺嶺　　在今尼泊爾境内。139

破魯斯　　即普魯社，見該條。301

都莫斯　　今蘇聯西西伯利亞托博爾斯克(Тоболbск)、秋明　(Тюме-
нъ)地區。30

都魯機　　今土耳其。166、255

都魯探　　今地不詳。166

莽格特城　　今地不詳。101

格里士特阿拿　今挪威首都奧斯陸，舊稱克里斯丁亞那 (Christiania)。
356

丨

唧肚　　在今印度西部沿海。165

馬特　　今西班牙首都馬德里。365

馬神　　今印度尼西亞加里曼丹島馬辰(Banjarmasin)。401

馬尼剌　　今菲律賓首都馬尼拉 及附近地區。4

馬剌他　　即麻爾窟，見該條。165、166

恩田國　　即緬甸，見該條。228

盎叽哩　　在今印度孟買東南。165

丿

倭　倭奴　　指今日本。8、14、28、71、72、73、75、76、211

條支　　古國名，在今伊拉克境內。113

倫敦　　今英國倫敦。5、47、188、357、359

秘魯　　今秘魯。276、339、357、387

拿掃　　近代 德意志諸侯國之一，在今 德意志聯邦共和國西部威斯巴
登(Wiesbaden)一帶。302

息力　息辣　　今新加坡。79、230

師古泰　　即蘇格蘭。見該條。48

俾路芝　　今巴基斯坦俾路支省(Baluchistan)。112、355

俺都淮　　在今阿富汗北部安德胡伊 (Andkhui)一帶。 113

狼牙修　　在今泰國南部北大年一帶。書中誤認作錫蘭 (今斯里蘭卡)

一

516

十 三 畫

十 五 畫

横濱　今日本橫濱。332、353、354

歐洲　歐羅巴洲　今歐洲。5、7、10、25、30、32、47、48

歐塞特里　歐塞特里阿　今奧地利。301、317

撒遜　在今德意志民主共和國東南部地區。302

撒子馬　即薩司馬，見該條。75

撒馬兒罕　撒馬兒罕行省　今蘇聯烏茲別克共和國撒馬爾罕（Samar-kand）。7、112、115

撒遜麥寧恩　近代德意志諸侯國之一，在今德意志民主共和國 西南部地區。302

撒遜外抹艾生納　近代德意志諸侯國之一，在今 德意志民主共和國西南部地區。302

撒遜各部而額大　近代德意志諸侯國之一，在今 德意志民主共和國西南部地區。302

撒遜阿里廷部而額　近代德意志諸侯國之一。302

墺地利亞　即奧地利亞，見該條。301

暫波里國　今地不詳。307

丨

暹　暹羅　今泰國。7、11、12、28、29、50、56、58、69

暹丹　今地不詳。88

蝦夷　蝦夷島　今日本北海道。71、359

墨德　今沙特阿拉伯麥地那（Medina），書中泛指阿拉伯 地區。46

墨克　即墨德，見該條。46、111

墨西哥，今墨西哥。276、332、339、357

墨領峽　墨領海峽　今白令海峽。 30、348

墨利加國　今美國。293

墨德墨克國　在今沙特阿拉伯麥地那一帶。107

墨瓦蠟泥加洲　今大洋洲。25

噶留巴　噶羅巴　噶喇叭　今印度尼西亞首都雅加達，亦可指 整個

十 七 畫